응용언어학 질적 연구 방법론
이론과 실제

응용언어학 질적 연구 방법론
이론과 실제

김신혜 지음

한국문화사

응용언어학 질적 연구 방법론
이론과 실제

1판 1쇄 2020년 5월 31일

지 은 이 | 김신혜
펴 낸 이 | 김진수
펴 낸 곳 | 한국문화사
등   록 | 제1994-9호
주   소 | 서울특별시 성동구 광나루로 130 서울숲 IT캐슬 1310호
전   화 | 02-464-7708
팩   스 | 02-499-0846
이 메 일 | hkm7708@hanmail.net
홈페이지 | http://hph.co.kr

ISBN 978-89-6817-871-9 93370

- 이 책의 내용은 저작권법에 따라 보호받고 있습니다.
- 잘못된 책은 구매처에서 바꾸어 드립니다.
- 책값은 뒤표지에 있습니다.

- 이 저서는 2016년 정부(교육부)의 재원으로 한국연구재단의 지원을 받아 수행된 연구임(NRF-2016S1A6A4A01017990)

들어가는 말

　대학원 석사과정에서 영어 통사론을 공부했다. 그때에는 양적 연구, 질적 연구라는 용어를 들어보지도 못했다. 영어 문장의 구조와 문법성에 대한 언어학적 이론을 공부하던 내게 통계분석이라든가 질적 연구라든가 하는 개념은 관심의 대상이 아니었다. 박사과정에서 연구 방법론 수업을 들으면서 통계분석을 처음 접하게 되었다. 내 자신을 양적 연구자로 규정하지는 않았지만 대학원 과정 중에 읽었던 대부분의 논문과 내가 적용했던 방법은 양적 연구 방법을 따르고 있었다. 박사과정 마지막 즈음에 근거이론에 대한 수업을 듣게 된 것이 질적 연구에 대한 첫 경험이다. 강의를 하시는 교수님은 사실 양적 연구를 주로 하시는 분이었지만 근거이론에 대해서도 해박한 지식과 경험을 가진 분이었다. 자신의 주된 연구 관심이 양적 연구이지만 외연을 확장하여 질적 연구 방법을 공부하고 가르친다는 것이 신선하게 느껴졌다.

　수업 중에 과제로 제시된 '흡연경험에 대한 인터뷰'는 나의 첫 번째 질적 연구경험이었다. 수업을 같이 들었던 학생들이 자신의 관심 연구 주제를 이야기 할 때, 이런 주제가 과연 연구의 대상이 될까하는 생각을 했었다. 예를 들어 '루게릭 환자의 가족들이 겪는 경험'과 같이 매우 사적인 주제가 왜 연구의 대상이 되어야 하는지, 이런 연구를 통해 알게 되는 것이 어떤 의미가 있는지 잘 이해되지 않았다. 그러나 통계분석만으로 자료의 유의미성을 판단할 수 없는 삶의 이야기들이 많다는 점을 발견하게 되었다. 연구 참여자들의 응답을 숫자로 변환하고 이를 수학적 공식에 의해 계산하여 의미의 유무를 따지는 분석에는 루게릭 환자 가족의 경험이라는 이야기를 담을 여지가 없다. 따라서 이러한 경험을 수용하고, 이에 의미를 부여할 수 있는 연구 방법으로서 질적 연구가 필요하다는 것을 알게 되었다.

그러나 교육학 관련 프로그램이 대부분 양적 연구를 중심으로 하고 있었기 때문에 질적 연구 강좌를 수강할 기회는 많지 않았다. 관련 강좌가 있다 하더라도 교육학과, 인류학과 등의 학과에서 강좌가 개설되었기 때문에 영어교육이나 응용언어학과 관련되는 직접적인 주제를 다루지는 않았다. 근거이론 수업 이후에 질적 연구에 관한 수업을 한 강좌 정도 더 수강하기는 했지만 대학원 과정에서 나의 질적 연구 방법에 대한 경험은 매우 제한적이었다.

교수가 되어 논문을 쓰면서 드는 고민은, 같은 주제를 계속해서 연구할 수는 없으며 새로운 연구 주제를 탐색하고 공부해 나가야 한다는 점이다. 물리적 시간의 부족을 핑계로 새로운 주제에 대한 공부를 미루는 경우도 있지만 보다 더 큰 고민은 호기심을 가지고 계속해서 연구하고 싶은, 마음에 끌림이 있는 주제를 찾기가 쉽지 않다는 것이다. 학술지에 게재된 최신 논문들을 대략적으로 살펴보는 것이 주된 방법이지만 어느 한 가지 주제로 쉽게 좁혀지지 않았다. 그러던 중 석사과정 학생의 논문 지도를 하면서 영어 학습에 대한 학생들의 태도, 그리고 영어 학습과 관련하여 학생들이 자신의 정체성을 어떻게 인식하는가 하는 주제에 대해 관심을 가지게 되었다. 논문 지도를 계기로 학습자 정체성에 대한 논문을 검색하고, 이 과정에서 캐나다 이민 여성의 영어 학습 과정을 다룬 Norton(2000)의 *Identity and Language Learning*을 접하게 되었다. 영어 학습을 한다는 것이 단순히 언어학적 지식을 습득하는 문제가 아니라 내가 누구이고, 어떤 사람이 되고 싶은가라는 정체성과 관련되어 있다는 Norton의 주장은 매우 설득력 있게 다가왔다. 이를 계기로 학습자 정체성에 대한 연구에 관심을 갖게 되었고, 이는 자연스럽게 질적 연구 방법에 대한 관심으로 이어졌다.

그러나 질적 연구의 기본적인 패러다임을 이해하고, 연구 방법을 활용하여 연구를 설계하고 수행하는 데에는 어려움이 많았다. Denzin과 Lincoln

(2005), Lincoln과 Guba(1985)와 같은 책은 질적 연구에 대한 좋은 가이드였지만 초보 질적 연구자가 전반적인 질적 연구 방법론을 이해하기에는 너무 방대하고 이론적이었다. 이러한 책에 기술된 여러 가지 개념과 낯선 용어를 이해하는 것은 질적 연구 초보자에게 버거웠다. Creswell(2007)의 저서는 이러한 어려움을 조금 덜어주고 다양한 질적 연구 유형과 실제 적용한 사례를 소개하여 질적 연구 방법론을 구체적으로 이해하는 데 많은 도움이 되었다. 질적 연구 방법에 관한 일반적인 개념을 이해하는 데는 그의 저서가 많은 도움이 되었지만 나의 연구에 이러한 질적 연구 방법을 어떻게 적용할 것인가는 여전히 어려운 과제였다. 질적 연구 방법론 저서들은 대부분 교육학 분야 저자들이 집필하거나, 외국 학자의 책을 번역한 것이기 때문에 어느 정도 연관성이 있기는 하지만 응용언어학에서 다루는 주제를 직접적으로 다루지는 않기 때문에 방법론과 내용을 연계하는 것은 여전히 내가 풀어야할 숙제였다.

 질적 연구 방법 중 영어교육 분야에서 가장 많이 언급되는 연구 방법이 근거이론이기 때문에 먼저 이를 적용한 연구를 시도하였다. 대학원 수업 때 읽었던 Strauss와 Corbin(1990)의 책을 다시 읽으면서 방법론을 이해하고 이를 적용하여 자료를 분석하고자 하였다. 학술지에 실린 많은 논문들이 근거이론을 언급하고 있지만 구체적으로 이를 어떻게 자료 수집과 분석 과정에 적용했는지를 밝히고 있지 않기 때문에 이를 파악하는 데 많은 시간이 필요했다. 혼자 책과 논문을 찾아 읽으면서 근거이론에 대한 희미하나마 감을 가지게 되어 이러한 방법론을 적용한 연구를 시도해 보기도 했다.

 2014년 가을 연구학기 동안에는 내러티브 탐구 연구의 권위자인 De Fina교수의 수업을 들을 기회가 있었다. 질적 연구 방법이라는 공통점이 있지만 근거이론과는 다른 시각에서 학습자의 이야기를 수집하고 분석할 수 있다는 점에서 흥미를 가지게 되었다. 미국에 머무르는 동안 조기 유학생들의 이야기를 수집할 수 있었는데 이들의 이야기를 내러티브 탐구 방법을 통해 분석하고 기술하고 싶었다. 그러나 근거이론과 마찬가지로 내러티브 탐구 방법을 사용하는 국내 학자들 및 관련 워크숍 기회 등을 찾기는 어려웠다. 다행히 교육학 분야에서 실시하는 내러티브 탐구 워크숍 등에 참여할 수 있어서 이론과 방법론적 절차를 익히는 데 도움을 받았다.

　이러한 질적 연구에 대한 경험을 하면서 이제는 내 자신을 질적 연구자로 간주하게 되었다. 학회에 논문 발표를 위한 이력을 제출해야 할 때 나의 관심사를 질적 연구 방법이라고 적는다. 그러나 질적 연구에 대해 아주 부분적으로만 알고 있고, 그나마도 잘 알고 있지 않다는 생각 때문에 나 자신을 감히 질적 연구자라고 부르기에 아직 어색하다. 그럼에도 불구하고 질적 연구에 관한 책을 쓰겠다고 마음을 먹은 것은 나처럼 혼자서 오래 좌절하지 않고, 같은 관심사를 가진 사람들이 자신이 알고 있는 정보를 공유함으로써 질적 연구에 관심을 가진 연구자들이 보다 효과적으로 연구를 하는 데 도움이 되었으면 하는 바람 때문이다. 여러 연구자들이 공동의 관심사에 대한 담화를 형성해 갈 때 질적 연구에 적합한 연구 주제를 발굴하고, 신뢰도와 타당도가 높은 연구 방법을 고안하는 데 기여할 수 있을 것으로 생각된다. 따라서 이 책을 쓸 때에는 질적 연구를 처음하게 되는 대학원생을 독자로 가정하고 되도록 '친절한 안내서'를 쓰려고 노력하였다. 학술서의 딱딱한 목소리 대신 연구자의 손을 잡고 안내하는 친절한 가이드를 제공하고자 했다. 내가 연구 방법론에 대한 저서들을 읽으면서 느꼈던 어려움과 막막함을 조금이라도 덜어주면서 쉽게 다시 잡을 수 있는 책이었으면 좋겠다는 바람이 있다. 이를 위해 선행연구를 예시로 삽입하여 구체적인 연구 방법과 기술 방식을 참고할 수 있도록 했다. 교육학이나 다른 학문분야의 질적 연구는 매우 활발한 데 비해 응용언어학 분야에서의 질적 연구 방법은 최근에야 관심의 대상이 되었다. 무엇보다 양적 연구 결과를 보완하기 위해 연구 참여자 몇 명을 대상으로 한 인터뷰 자료를 삽입하는 것이 질적 연구라고 생각하는 인식을 전환하는 것이 필요하다. 이 점에서 질적 연구 방법의 기본적인 전제와 특징을 이해하고, 이를 토대로 응용언어학 분야의 다양한 주제를 탐색하는 데 도움이 되고자 하였다. 아무쪼록 이 책이 질적 연구를 시작하고자 하는 사람들을 위한 입문서, 연구 방법을 새롭게 모색하고자 하는 연구자들이 전체적인 조망을 할 수 있도록 하는 안내서가 되었으면 한다.

    이 책이 나오기까지 질적 연구 방법을 같이 공부해 온 나의 학생들이 많은 도움을 주었다. 원고 수정, 참고문헌 정리에 도움을 준 이유화 선생, 권은숙 선생에게 감사한다. 긴 글을 인내심으로 꼼꼼하게 윤문해 준 김윤혜 박사에게도 깊은 감사를 전한다. 이 작업을 하는 동안 몇 번이나 컴퓨터 고장과 편집의 어려움이 있었다. 그때마다 해결사 역할을 해 준 정수정 선생에게 특별히 감사한다. 학술서적을 출판하기 어려운 여건에도 불구하고 흔쾌히 출판을 허락해 주신 한국문화사에 특별히 감사드린다. 여러 사람들의 도움과 지원에도 불구하고 이 책에 있는 오류는 나의 부족한 공부 탓으로 전적으로 나의 책임이다. 질적 연구의 걸음마를 떼는 마음으로 이 책을 펴낸다. 걸음마 단계를 지나 걸을 수 있을 때까지 보다 성실하게 공부하고 탐색할 것을 다짐해 본다.

2020년 5월

김 신 혜

| 차례 |

■ 들어가는 말 __ v

서론 __ 1
    1. 저술의 목적 ··· 1
    2. 장별 구성 및 개요 ··· 5

1장 질적 연구의 정의 및 특징 __ 9
    1.1 질적 연구의 패러다임 ··· 9
        1.1.1 질적 연구와 양적 연구 비교 ····························· 12
        1.1.2 질적 연구의 존재론, 인식론, 방법론 ················· 13
    1.2 질적 연구의 특징 ·· 20
        1.2.1 자연스러운 상황 ·· 23
        1.2.2 의미에 초점 ··· 24
        1.2.3 해석적, 귀납적 ·· 26
        1.2.4 개방적, 순환적 ·· 28
        1.2.5 과정 중심적, 장기간의 참여 ···························· 30
        1.2.6 삼각화 ·· 31
        1.2.7 두꺼운 기술 ··· 31
        1.2.8 연구자의 성찰 ··· 32
    1.3 질적 연구의 유형 및 연구 목적 ································· 34
    1.4 질적 연구자의 자질 ··· 38

2장 질적 연구 자료 유형 및 수집 __ 41
    2.1 자료 수집을 위한 준비 ··· 41
    2.2 인터뷰 ·· 44
        2.2.1 인터뷰 준비 ··· 44
        2.2.2 인터뷰 유형 ··· 45
        2.2.3 인터뷰 절차와 질문 유형 ································ 49
        2.2.4 인터뷰 빈도와 분량 ······································· 57
    2.3 저널/일기 ·· 65

   2.4 관찰 및 현장노트 ·· 70
      2.4.1 관찰 ·· 70
      2.4.2 현장노트 ·· 74
      2.4.3 구두 보고 ·· 76
      2.4.4 자극 회상법 ·· 78
      2.4.5 개방형 설문 ·· 78
   2.5 자료 수집 및 관리 시 유의사항 ·· 79

3장 자료 분석 __ 81

   3.1 질적 자료 분석의 특징 ·· 81
   3.2 자료 전사 ·· 90
   3.3 연구노트/저널 ·· 99
   3.4 자료 코딩 ·· 101
      3.4.1 코딩의 정의 ·· 101
      3.4.2 코딩 유형 ·· 104
      3.4.3 코딩 시 유의할 점 ·· 121
   3.5 컴퓨터 활용 질적 자료 분석 소프트웨어 활용 ······················ 126
      3.5.1 컴퓨터 활용 질적 자료 분석 소프트웨어의 기능 ····· 126
      3.5.2 컴퓨터 활용 질적 자료 분석 소프트웨어의 유형 ····· 128
      3.5.3 컴퓨터 활용 질적 자료 분석 소프트웨어의 장점 ····· 131
      3.5.4 질적 자료 분석 소프트웨어의 선택 ························ 133
   3.6 질적 연구의 타당도 및 신뢰도 ·· 134
      3.6.1 타당도 ·· 134
      3.6.2 신뢰도 ·· 142

4장 사례연구(Case Study) __ 147

   4.1 연구의 정의 및 특징 ·· 147
      4.1.1 사례연구의 정의 ·· 147
      4.1.2 사례연구의 특징 ·· 152
      4.1.3 사례연구 유형 ·· 156
   4.2 자료 수집과 분석 ·· 161
      4.2.1 사례연구 자료 수집 ·· 161
      4.2.2 자료 분석 ·· 163
      4.2.3 사례연구 절차 ·· 167
      4.2.4 결과 기술 ·· 173
      4.2.5 타당도 및 신뢰도 ·· 174

        4.3 사례연구 시 고려해야 할 점 ·· 177
        4.4 관련 연구 ··· 181

5장 문화기술지 연구(Ethnography) __ 187
    5.1 연구의 배경 및 특징 ··· 187
        5.1.1 문화기술지 연구의 배경 및 정의 ································· 187
        5.1.2 문화기술지의 특징 ·· 189
        5.1.3 응용언어학에서의 문화기술지 연구 ······························ 195
    5.2 자료 수집 및 분석 ··· 197
        5.2.1 자료 수집 ·· 197
        5.2.2 자료 분석 ·· 200
        5.2.3 타당도 및 신뢰도 ·· 202
    5.3 관련 연구 ··· 205

6장 근거이론(Grounded Theory) __ 211
    6.1 연구의 배경 및 특징 ··· 211
        6.1.1 근거이론의 배경 및 정의 ·· 211
        6.1.2 근거이론의 특징 ·· 214
    6.2 자료 수집 및 분석 ··· 219
        6.2.1 자료 수집 ·· 219
        6.2.2 자료 분석 ·· 223
    6.3 관련 연구 ··· 231

7장 내러티브 탐구(Narrative Inquiry) __ 245
    7.1 연구의 배경 및 특징 ··· 245
        7.1.1 내러티브 연구의 배경 및 정의 ······································ 245
        7.1.2 내러티브 탐구의 특징 ·· 248
        7.1.3 내러티브 탐구의 유형 ·· 250
    7.2 자료 수집 및 분석 ··· 252
        7.2.1 자료 수집 ·· 252
        7.2.2 자료 분석 및 절차 ·· 257
        7.2.3 타당도 및 신뢰도 ·· 266
    7.3 관련 연구 ··· 268

8장 담화분석(Discourse Analysis) __ 275
    8.1 연구의 배경 및 특징 ··· 275
        8.1.1 담화분석의 배경 및 정의 ·· 275

8.1.2 담화분석과 대화분석 ················· 278
8.1.3 응용언어학 분야의 담화분석 ········· 280
8.1.4 담화의 유형 ·························· 283
8.2 자료 수집 및 분석 ························ 291
8.2.1 자료 수집 ···························· 291
8.2.2 자료 분석 ···························· 292
8.3 타당도 및 신뢰도 ························· 302
8.4 관련 연구 ································ 304

9장 실행연구(Action Research) __ 315

9.1 연구의 배경 및 특징 ······················ 315
9.1.1 실행연구의 배경 및 정의 ············· 315
9.1.2 실행연구의 특징 ······················ 317
9.1.3 응용언어학 분야의 실행연구 ········· 322
9.2 자료 수집 및 분석 ························ 325
9.2.1 자료 수집 ···························· 325
9.2.2 자료 분석 ···························· 329
9.3 관련 연구 ································ 331

10장 질적 연구 글쓰기 __ 337

10.1 질적 연구 글쓰기의 특징 ················ 337
10.1.1 1인칭 글쓰기 ························ 339
10.1.2 재구성 ······························ 342
10.1.3 심층적 기술 ························· 344
10.2 질적 연구 글쓰기의 유형 ················ 345
10.2.1 사실적 글쓰기 ······················· 345
10.2.2 현장 작업적 글쓰기 ·················· 346
10.2.3 탈장르적 글쓰기 ····················· 347
10.3 질적 연구 결과 작성 ····················· 353
10.3.1 질적 연구 결과 비판적 읽기 ········· 354
10.3.2 질적 연구 결과 쓰기 ················· 358
10.4 질적 연구 글쓰기 예시 ··················· 375
10.5 질적 연구 글쓰기를 위한 제안 ··········· 382
10.5.1 글쓰기 시작 단계 ····················· 382
10.5.2 글쓰기 단계 ·························· 386
10.5.3 수정 및 편집 단계 ···················· 388

10.5.4 글쓰기를 위한 제언 ··· 389

11장 연구윤리 __ 397
　　11.1 연구윤리의 필요성 ··· 397
　　　　11.1.1 연구윤리의 목표 ··· 399
　　　　11.1.2 연구윤리 평가규정 ··· 403
　　　　11.1.3 올바른 출처, 인용표시 방법 ···························· 405
　　11.2 질적 연구자를 위한 연구윤리 ································ 406
　　11.3 기관 심의를 위한 문서 작성법 ······························ 409
　　　　11.3.1 심의 의뢰서 ·· 410
　　　　11.3.2 연구계획서 ·· 411
　　　　11.3.3 연구 참여자 동의서 및 설명문 ························ 415

나가는 말 __ 421

- 참고문헌 __ 424
- 부록 __ 444
- 찾아보기 __ 450
- 표 목차 __ 456
- 그림 목차 __ 458

서론

1. 저술의 목적

연구 패러다임 변화에 대한 이해 필요

　1970~1980년대 응용언어학 분야 연구는 실증주의적 패러다임에 근거한 정량적 연구가 주류를 이루고 있었다. 이러한 정량적 연구는 실증주의적 패러다임에 기초한 가설을 세우고 통계적인 분석을 통해 가설을 검증하는 연구 방법을 주로 사용한다. 실증주의적 관점의 연구는 주로 제2언어 습득 과정에 관련된 인지적 요인은 무엇이며, 이러한 요인들이 습득에 어떠한 영향을 미치는지 밝히는 데 초점을 둔 정량적 연구이다. 그러나 Firth와 Wagner(1997)는 응용언어학 분야의 연구가 인지주의적 관점에 치우쳐 언어학습이 일어나는 사회문화적 상황을 제대로 고려하지 않는다고 비판하면서, 새로운 연구 패러다임과 연구 방법을 모색할 필요성을 제기하였다. 이는 1990년대에 시작된 '사회적 경향' 혹은 '사회적 전회'(social turn, Block, 2007)라는 흐름과 맞물려 기존의 양적인 방법으로 살펴볼 수 없었던 사회문화적 환경이 제2언어 습득 과정에 미치는 영향을 고찰하기 위해서는 질적 연구 방법을 도입할 필요가 있음을 인식하게

하는 데 기여하였다. 응용언어학 연구의 사회적 경향과 더불어 개인이 서술하는 이야기를 통해 세계를 이해하고자 하는 '내러티브적 경향' 혹은 '내러티브적 전회'(narrative turn, De Fina & Georgoupolou, 2012) 역시 질적 연구의 필요성과 다양한 방법을 탐구할 필요를 제시하였다.

1990년대 후반에 생겨난 심리학, 사회학, 교육학 등 인접 학문 영역에서의 이러한 패러다임의 변화는 응용언어학 분야에서도 새로운 패러다임을 수용하고 다양한 연구 방법을 시도하도록 하는 데 촉진제가 되었다. 질적 연구에 대한 관심은 응용언어학 분야의 주요 학회지에 게재된 질적 논문의 양적 증가로 나타났다. 질적 연구 논문이 많이 출판되었다는 것은 단순한 양적 증가를 넘어 연구 방법의 다양성과 개방성을 증가시켰다는 점에서 의의가 있으며, 패러다임의 변화에 따른 연구 주제 및 방법론의 변화를 이해하고 국내 연구 상황에 적용할 필요가 있다는 점을 제시한다. Ortega(2007, 2015)는 제2언어 습득 과정을 폭넓고 깊이 있게 이해하기 위해서는 연구 패러다임과 다양한 연구 방법을 종합적으로 이해하는 것이 중요함을 지적한다. 이러한 점에서 응용언어학 분야 연구 동향을 반영하여, 질적 연구의 활성화와 제고를 선도할 수 있는 핵심적인 이론과 실제를 다루는 연구 방법론 저서가 필요하다.

국내 응용언어학 분야 질적 연구 확대 필요

국외에서 응용언어학 분야의 질적 연구에 대한 관심이 1990년대 이후 지속적으로 증가해 온 데 비해 국내 연구는 아직 정량적 연구에 치우친 경향이 있으며, 질적 연구는 연구 주제 및 방법 면에서 제한적으로 이루어지고 있다(김진완, 2004, 2006). 국내 주요 학회지에 발표된 질적 연구 역시 기술적(descriptive) 연구가 압도적인 반면 해석적(interpretive), 비판적(critical) 연구는 매우 미흡하다. 이는 질적 연구 방법이 질적 연구의 보완적인 수준에서 사용되거나, 사례를 기술하는 수준에서 크게 벗어나지 않고 있음을 말해준다. 질적 연구의 주제 또한 언어습득 과정, 학습책략, 교사언어 등의 인지주의적 주제에서 크게 벗어나지 않고 있어 제 2언어 습득과 관련된 다양한 주제로 확대될 필요가 있다. 또한 국외 질적 연구가 단순한 기술적 경향을 벗어나 해석적, 비판적 시각을 수용하면서 제 2언어 습득을 개인적인 차원뿐 아니라 사회문화라는 거시적 맥락에서 살펴보고, 학습자 및 교사 정체성, 비판적 담화분석, 영어교육 정책, 세계 영어 등의 새로운 주제를 폭넓게 다루고 있다는 점도 고려할 필요가 있다. 따라서 국내 응용언어학 연구도 이러한 연구 경향을 수용하여 우리 상황에 적절한 연구 주제와 방법을 제시할 필요가 있다. 국내 질적 연구가 주제와 방법 면에서 보다 다양화 되고 확장되기 위해서는 현재까지의 질적 연구의 경향을 종합하고 전망할 수 있는 지침서가 필요하다.

국내 응용언어학 분야 질적 연구 확대를 위한 안내서 필요

연구 패러다임 변화에 대한 이해 부족, 국내 질적 연구의 부족과 더불어 국내 질적 연구가 활발하지 못한 이유는 국내 응용언어학, 영어교육 분야 연구 방법론을 심도 있게 다루는 저서가 매우 부족한 데 있다. 인접 학문 영역에는 연구 방법론에 관한 저서들이 비교적 많은 반면 응용언어학 분야에서 연구 방법론에 대한 연구물이 많지 않다. 이는 국외에서 출판된 응용언어학 연구 방법론 관련 저서들이 대부분 정량적 연구를 다루고 있고(Brown & Rodgers, 2009; Dörnyei, 2007; Mackey & Gass, 2012; Nunan & Bailey, 2009), 질적 연구를 다루는 저서(Duff, 2008; Heigham & Croker, 2009; Richards, 2003)가 많지 않을 뿐 아니라, 연구 분석 절차를 구체적으로 다루는 저서(Saldaña, 2009)도 매우 제한적이라는 점과 관련 있다.

질적 연구 저서의 양적인 부족과 더불어 또 다른 문제는 출판된 저술이 여러 연구자들의 글을 편집한 저서인 경우가 많아 일관성 있는 목소리로 이론을 천착하여 상세히 설명하지 못하고 있다는 것이다. 각 연구 방법의 전문가가 간략하게 연구 방법론에 대해 기술하고 있어, 질적 연구 방법론에 대한 대략적인 이해에는 도움을 주지만 다양한 질적 연구 방법론의 유사점과 차이점을 파악하여 연구를 설계하는 데 실질적인 도움을 주기 어렵다. 따라서 'Handbook' 혹은 'Guide' 라는 이름으로 출판된 기존의 많은 연구 방법론 저서들이 결여한 일관성과 통일감을 보완할 수 있는 저서가 필요하다.

질적 연구를 이해하는 데 어려운 점 중 하나는 질적 연구가 양적 연구와 비교하여 존재론, 인식론적으로 어떠한 입장을 취하는지를 이해하는 것이다. 응용언어학 분야에서 대체이론(alternative theories, Atkinson, 2011)에 대한 논의가 활발히 진행되면서 다양한 이론들이 존재론, 인식론, 방법론 면에서 어떤 입장을 취하는지를 이해 할 필요성이 강조되고 있다(Ortega, 2007, 2015). 이러한 인식에 기초했을 때에 연구 주제에 합당한 특정한 연구 방법을 선택하거나, 다양한 방법을 절충할 수 있다. 그러나 대부분의 기존 저서들은 이러한 부분을 생략하거나 아주 간략하게 기술하고 있기 때문에 방법론에 대한 독자의 존재론, 인식론적인 이해를 돕지 못하고 있다. 또한 대부분의 저서들이 구체적인 예시 없이 추상적인 언어로 분석 방법을 기술하고 있기 때문에 실제적으로 어떻게 자료에 적용되는지는 여전히 독자가 추론해야 하는 부분으로 남아 있다. 따라서 연구자가 질적 연구를 시도하기 위한 실질적인 지침서를 구하는 것이 쉽지 않다. 앞서 언급했듯이 기존 응용언어학 연구 저서들은 연구 방법에 대한 간단한 정보만 제공할 뿐 연구 과정을 구체적으로 이해할 만큼 충분한 정보를 제공하지 못하고 있다. 예를 들어 국내 많은 질적 연구가 근거이론(Grounded theory)에 바탕하여 자료를 분석했다고 기술하고 있으나 구체적으로 어떻게 자료를 분석하였는지를 기술하지 않고 있다. 근거이론에 대한 보다 깊이 있는 이해를 위해서는 인접 학문 영역의 저서를 참고로 할 수 있지만, 그러한 저서는 질적 연구에 대한 일반적 기술 혹은 특정 분야와 관련된 내용을 다루고 있기 때문에 응용언어학 분야 질적 연구에 대한 적용과 실제를 파악하기에는 부족한 점이 있다. 또한 이러한 저서를 지침서로 할 경우에 응용언어학 연구 설계 및 분석, 해석 과정에 오류를 초래할 가능성도 없지 않다는 점은 더욱 심각한 문제이다. 이러한 맥락에서 응용언어학 분야의 주제 및 연구 방법론을 다루는 질적 연구 방법론 저서가 무엇보다 필요함을 알 수 있다. 이와 같은 필요성을 고려하여 본 저서는 다음과 같은 목표를 두고 기술하고자 한다.

- 1990년대 이후 연구 패러다임의 변화와 이에 따른 연구 방법론의 변화 이해
- 다양한 질적 연구 방법론의 유사점과 차이를 파악하고 연구 설계 과정 이해
- 국내 응용언어학 분야에서 다양한 질적 연구 방법론을 적용하고 실험하기 위한 안내
- 대표적 질적 연구 예시를 통하여 최근 질적 연구의 경향 파악
- 질적 연구 방법을 통해 응용언어학 관련 연구 주제 및 연구 방법의 확대

2. 장별 구성 및 개요

본서는 국내 응용언어학 연구와 이전 질적 연구 저서의 문제점을 보완하여 질적 연구에 관심을 두는 연구자들이 보다 쉽게 질적 연구 방법을 접하도록 하기 위해 다음과 같은 내용으로 구성하고자 한다.

들어가는 말
본서의 저자가 질적 연구에 관심을 가지게 된 배경, 질적 연구 방법론에 관한 책을 쓰는 이유에 대해 밝힌다.

서론
서문에서는 전체적으로 저서를 개관하여 어떤 내용으로 구성되어 있는지를 소개한다. 각 장이 어떻게 연계되어 있는지와 각 장의 구성에 대해 소개한다.

1장 질적 연구의 정의 및 특징
질적 연구와 질적 연구의 패러다임의 차이를 존재론, 인식론, 방법론적 면에서 비교하여 질적 연구가 무엇인가를 이해하는 데 초점을 둔다. 응용언어학에서 사용되고 있거나 앞으로 적용할 가능성이 있는 대표적인 질적 연구 방법을 개관한다.

2장 질적 연구 자료 유형 및 수집
1장에서 언급한 질적 연구 방법에 사용되는 자료 유형과 자료 수집 방법을 소개한다. 질적 연구 자료의 특징, 자료 수집 방법, 수집 과정에서 주의해야 할 점을 기술하여 연구 문제에 적합한 자료 수집이 이루어지도록 한다.

3장 자료 분석
2장에서 소개한 다양한 유형의 질적 자료를 분석하는 과정을 기술한다. 일반적인 질적 연구 분석 방법과 각기 다른 유형의 코딩 방법을 제시하여 분석의 실제를 익히도록 한다. 컴퓨터 소프트웨어 프로그램을 활용한 분석 방법을 소개하고 질적 연구의 타당도, 신뢰도 확보를 위해 고려해야 할 점을 기술한다.

4~9장 질적 연구 유형
3장이 질적 연구 분석에 대한 일반적 기술이라면 4~9장은 각기 다른 질적 연구 방법의 특징을 기술하여 다양한 질적 연구 방법의 유사점과 차이점을 이해하는 데 도움을 준다. 이 장에서는 관련된 연구를 예시로 제시하여 연구와 관련된 주제 및 분석 경향을 파악하는 데 유용한 정보를 제공한다.

10장 질적 연구 글쓰기

질적 연구는 연구 분석뿐 아니라 결과를 기술하는 것도 매우 중요하다. 양적 연구처럼 정해진 양식을 따르기보다 연구 방법, 연구 주제의 특성 때문에 연구자가 창의력을 발휘하여 결과를 기술할 수 있다는 점과 창의적, 실험적 글쓰기 방법을 소개하여 질적 연구의 글쓰기에 대한 이해를 높이고자 한다. 학술지에 발표된 논문 사례를 통해 다양한 결과 기술 방식을 소개한다.

11장 연구 윤리

질적 연구에서 연구자와 연구 참여자의 관계는 수집하는 자료의 질을 결정할 만큼 중요하다. 일회성으로 끝나는 경우가 많은 양적 연구와 달리 질적 연구의 경우 연구자와 연구 참여자가 장기간에 걸쳐 연구에 참여하기 때문에 연구자가 연구 전 과정에 걸쳐 윤리적 지침을 따르는 것이 필요하다. 연구 과정에서 지켜야 할 윤리적 지침을 소개하는 동시에 기관평가를 위한 문서 작성을 구체적으로 소개하여 논문 준비, 연구 설계에 활용하도록 한다.

나가는 말

이 책에 기술한 질적 연구 방법에 대해 간단히 언급하고, 앞으로의 연구를 위한 제언을 덧붙인다.

부록

질적 연구 관련 학회, 학술지, 컴퓨터 활용 질적 자료 분석 소프트웨어 관련 웹사이트 정보를 제공한다.

찾아보기

주제어 찾아보기를 제공하여 독자가 관심 있는 부분의 정보를 쉽게 찾을 수 있도록 한다.

영문 표기

영문 용어는 한글과 함께 표기하였으나 표준화된 한글 번역 표현이 없거나 번역할 경우 의미가 오히려 불명확해진다고 생각되는 경우 영문을 소리나는 대로 표기하였다. 표와 그림은 원문의 영어 표현을 그대로 두어 번역으로 인한 내용 전달 오류를 최소화하고자 했다.

1장
질적 연구의 정의 및 특징

1.1 질적 연구의 패러다임

Merriam(2009)은 '연구'란 우리가 어떤 사실을 알기 위해 일반적으로 거치는 과정을 보다 체계화하는 것이라고 정의한다. 이러한 과정을 통해 지식의 발전에 기여하기도 하고, 특정 분야의 관행을 향상하는 데 도움을 줄 수도 있고, 가치를 평가하거나 문제점에 대한 해결방안을 찾기도 한다. 그는 연구 유형을 다음과 같이 구분한다.

> In its broad sense, research is a systematic process by which we know more about something than we did before engaging in the process. We can engage in this process to contribute to the knowledge base in a filed (pure research), improve the practice of a particular discipline (applied research), assess the value of something (evaluation research), or address a particular, localized problem (action research)...Qualitative researchers are interested in understanding *how people interpret their experiences, how they construct their worlds, and what meaning they attribute to their experiences.* (Merriam, 2009, pp. 4-5 이탤릭체 필자 삽입)

Merriam은 연구란 어떤 사실에 대해 이전보다 더 알기 위해 수행하는 체계적인 절차이고, 이는 관련 분야의 지식적 기반을 마련하는 순수연구, 특정 분야의 관행을 향상하고자 하는 응용연구, 가치를 평가하는 가치연구, 특정한 문제를 언급하는 실행연구로 구분하였다. 질적 연구 역시 이처럼 체계화된 과정을 통해 새로운 지식을 알아가는 과정이고, 연구자들이 자신의 세계를 구축하고, 자신의 경험에 어떤 의미를 부여하는지를 이해하는 데 초점을 두는 것이라고 보았다. 그는 질적 연구의 핵심을 '이해'(understanding)에 둔다. 이는 연구자 관점에서의 이해가 아니라 연구 참여자의 관점에서의 이해에 초점을 두는 것으로 이믹 관점(emic, 내부자적 관점)에서 경험을 이해하고자 하는 방법이라고 할 수 있다.

질적 연구는 인류학자들이 타문화를 연구하기 위해 현장연구를 한 것이 연구의 시작이라고 할 수 있다. 이후 1920~1930년대 시카고학파 사회학자들이 미국의 이민자들을 연구하는 현장연구 방법으로 사용하였다. 이들은 사회현상을 파악하기 위해 이전의 분석적 연구 방법과 달리 현상을 '총체적'(holistic)으로 파악하는 것이 사회를 이해하는 데 새로운 시각을 제공할 수 있다고 보아 정량적 연구와는 다른 방법으로 사회현장을 관찰하고 분석하고자 하였다. 이 시기에는 심리학, 경영, 교육 등의 사회과학 분야 연구의 목표가 인과관계를 밝히는 데 있었기 때문에 대부분 양적 연구 방법을 채택하고 있었다. 시카고학파 학자들은 질적 연구와 다른 방법을 시도하기는 하였지만 이들이 주로 양적 연구를 하던 학자였기 때문에 현장연구 자료와 함께 통계자료를 연구 자료로 사용하였다.

1970~1980년대는 인류학, 사회학 외에 교육, 간호, 행정, 사회복지 등의 분야에서도 질적 연구 방법을 채택하고 이에 따라 각 분야 별로 질적 연구를 중심으로 하는 학술지가 생겨나기 시작했다. 이후 양적 연구 방법론에 대해 꾸준히 문제가 제기되면서 1980년대 패러다임 전쟁 시기를

거치게 된다. 이 시기에는 질적 연구 내에서도 입장을 달리하는 연구 경향이 생겨나게 되고, 인접학문 분야의 연구 방법론을 수용하면서 질적 연구 방법이 다양화하게 된다. 예를 들면 철학 분야에서 시작된 현상학은 살아온 경험을 살펴보는 데 중점을 두게 되고, 근거이론은 양적 이론과 마찬가지로 질적 연구를 체계적으로 분석할 수 있는 구조를 부여하는 데 기여하였다. 1980~1990년대가 되면서 인류학적 훈련을 받은 연구자들이 멀리 있는 문화 집단에 가는 것이 아니라 교실이나 학교를 연구하는 데 문화기술지 방법을 활용하면서 교육학 분야에 질적 연구가 시작되었다. *Qualitative Research for Education*(Bogdan & Biklen, 1992)은 이러한 문화기술지 방법을 보여준 예이며, 다른 학문 분야에서도 널리 연구 방법으로 사용되었다. 이러한 흐름은 1990년대로 이어져 자가민속지학(autoethnography), 실행연구(action research), 내러티브 탐구(narrative inquiry) 등의 다양한 질적 연구 방법이 제안되었다.[1] 이처럼 질적 연구는 각 학문 분야에 적합한 연구 주제와 방법을 반영하여 발전되어 왔기 때문에 간 학문적(interdisciplinary) 성격을 띤다.

질적 연구라는 용어는 연구 방법을 통칭하는 포괄적 용어로 인류학, 사회학, 철학에 뿌리를 두고 현재는 거의 모든 사회과학 분야에 활용되고 있다. 질적 연구라는 틀 안에서 연구 방법에 대한 이론이 생겨나고, 이에 따라 다양한 자료 수집 방법(인터뷰, 관찰, 개방형 설문, 구두 자료, 일기

---

[1] 질적 연구의 이론적 근거 및 분석 방법을 이해하기 위해서는 교육학 분야의 주요 질적 저서를 알아두면 도움이 된다. Barney Glaser와 Anselm Strauss(1967)는 그들의 저서 *Discovery of Grounded Theory: Strategies for Qualitative Research*를 통해 이론을 실험하는 것이 아니라 추론적으로 사회적 현상을 분석하는 이론 수립과정을 논함으로써 질적 연구의 기본적인 방향을 수립하는 데 기여하였다. 또한 Egon Guba(1978)는 *Toward a Methodology of Naturalistic Inquiry in Educational Evaluation*을 통해 질적 연구는 실험실이 아닌 실제적인 세계(a real world)에서 일어나는 자연스러운 현상을 연구하는 데 초점이 있음을 강조하였다.

등) 및 분석 방법에 대한 논의가 진행되어 왔다. 응용언어학 분야에서 질적 연구 방법에 대한 논의는 비교적 최근에 이루어지기 시작하였다. 따라서 인접 학문 분야에서 연구 방법론에 대해 어떤 논의가 진행되었는지 이해하는 것이 응용언어학 분야에서 질적 연구를 수행하는 데 도움이 될 것이다. 어떠한 질적 연구 방법을 선택하는지에 따라 구체적 연구 자료 수집 및 분석 방법, 결과 기술도 달라지기 때문에, 연구를 수행하기 전에 이론적인 배경을 이해하는 것이 필요하다.

1.1.1 질적 연구와 양적 연구 비교

질적 연구는 흔히 양적 연구와 대비하여 특징을 논하는 경우가 많다. Lichtman(2014, p. 99)은 질적 연구를 양적 연구와 대비하여 다음과 같이 특징을 가진다고 보았다.

- 질적 연구는 가설 검증에 관심을 두지 않음(Qualitative Research [이하 QR] is *not* interested in testing hypotheses);
- 질적 연구는 인과관계를 찾지 않음(QR is *not* looking for cause and effect);
- 질적 연구는 결과를 표본에서 모집단으로 일반화하지 않음(QR is *not* wanting to generalize from a sample to a population);
- 질적 연구는 추론에 초점을 두지 않음(QR is *not* interested in drawing inferences);
- 질적 연구는 신뢰도, 타당도, 일반화에 관한 것이 아님(QR is *not* about reliability, validity, and generalizability);
- 질적 연구는 자연스런 환경에서 일어나는 인간의 상호작용을 살펴보고자 함(QR *does* look at human interactions in natural settings);
- 질적 연구는 개별적 변인보다 전체를 살펴보고자 함(QR *does* look at the whole, not isolated variables);
- 질적 연구는 세계를 기술하고 설명하고자 함(QR *does* describe and explain the world);

- 질적 연구는 연구자에 많이 의존하는 연구 방법임(QR *does* rely heavily on the researcher).

위에서 보듯이 질적 연구는 양적 연구가 추구하는 가설 검증, 인과관계 수립, 일반화에 관심을 두지 않는 대신 자연스러운 환경에서 일어나는 상호작용을 살펴보고자 한다. 질적 연구는 일반화에 목표를 두지 않지만 현상을 관찰하여 전체적인 그림을 보여주는 데 초점을 둔다. 양적 연구에서 연구자는 연구 상황에 전혀 개입하지 않는 객관적인 존재로 있지만 질적 연구에서는 연구자의 개입을 허용하고 인정한다. 연구자와 연구 참여자의 관계가 자료 수집 및 분석에 영향을 미칠 수 있는 여지를 두고, 자료 분석 과정에서 연구자의 통찰, 직관이 해석에 중요한 영향을 미칠 수 있음을 인정한다. 이러한 차이는 질적 연구가 기반하고 있는 존재론, 인식론의 차이에서 출발한다. 다음에서는 질적 연구의 존재론 인식론, 방법론에 대해 자세히 살펴보겠다.

1.1.2 질적 연구의 존재론, 인식론, 방법론

질적 연구를 이해하기 위해서는 인식론과 존재론에 대한 접근을 구별할 필요가 있다. 존재론(ontology)이란 실재란 무엇인가(what is reality)에 대한 답을 추구하는 이론이고, 인식론(epistemology)은 앎이란 무엇인가(what is knowledge), 어떻게 실재에 대한 지식을 얻게 되는가에 대한 이론이라고 할 수 있다. 방법론(methodology)은 어떤 방법으로 지식을 습득하고 이론화할 수 있는가, 실재가 존재한다면 어떤 방법으로 실재를 획득할 수 있는가에 대한 이론이다. 사회과학에서는 인식론, 존재론 및 방법론에 대한 몇 가지 입장이 대체적으로 받아들여지고 있는데 이를 패러다임(paradigms)이라고 한다. 패러다임은 연구의 내용과 방법에 중요한 영향을 미친다. 연구 방법을 결정하기 위해서는 연구자가 어떤 존재론과 인식론을 배경으로 하는지 분명히 해야 할 필요가 있다.

연구의 패러다임은 학자에 따라 분류 방법이 조금 다를 수 있지만 질적 연구에 관한 저서들은 대부분 이를 구분하여 제시한다(Creswell, 2007; Denzin & Lincoln, 2005; Patton, 2002). Lincoln과 Guba(1985)는 실재에 대한 존재론, 인식론의 차이에 따라 실증주의(positivism), 구성주의(constructivism), 비판이론(critical theory)으로 구분한다. Lather(1992, 2006)는 이에 후기구조주의(poststurucutral), 포스트모던(postmodern)을 더해 유형을 구분한다. 마찬가지로 Merriam(2009)도 존재론적 관점에서 질적 연구를 실증주의/후기실증주의, 해석주의/구성주의, 비판이론, 포스트모던/후기구조주의로 구분한다. 다음 [표 1]은 Merriam의 질적 연구 분류를 보여준다.

[표 1] 존재론적 관점에서 질적 연구 분류(Merriam, 2009, p. 11)

	Positivist/ Postpositivist	Interpretive/ Constructivist	Critical	Postmodern/ Poststructural
Purpose	Predict, control, generalize	Describe, understand, interpret	Change, emancipate, empower	Deconstruct, problematize, question, interrupt
Types	Experimental, survey, quasi-experimental	Phenomenology, ethnography, hermeneutic, grounded theory, naturalistic/qualitative	Neo-Marxist, feminist, participatory action research, critical race theory, critical ethnography	Postcolonial, poststurucutral, postmodern, queer theory
Reality	Objective, external, out there	Multiple realities, context-bound	Multiple realities, situated in political, social, cultural contexts (one reality is privileged)	Questions assumption that there is a place where reality resides' "Is there a there there?"

실증주의는 한 개의 고정된 실재(a singular universal 'truth')를 발견하

는 것을 연구의 목표로 한다. 실증주의는 실재(reality)가 바깥 어딘가(out there)에 관찰할 수 있고, 측정할 수 있는 형태로 존재한다고 보고 이를 과학적 방법을 통해 찾는 것을 목표로 한다. 실재는 연구자와 별개로 존재하며 이는 양적으로 표현할 수 있다고 보고, 맥락에 상관없이 객관적인 방법으로 측정할 수 있다고 생각한다. 이러한 패러다임은 주로 자연과학에 근거는 두고 과학적 진리, 법칙(laws), 전제(axioms)가 있다고 보고 이를 찾는 데 노력을 기울인다. 이러한 입장을 받아들이는 연구자들을 가설을 세우고 이를 점검하여 예측을 하는 데 초점을 둔다. 이런 패러다임에서 연구자의 역할은 자료 수집이나 해석 과정에서 초연한(detached) 자세로 객관적(objective)이어야 한다.

초기 실증주의자들은 자연과학의 이러한 논리를 그대로 사회과학에 적용하였지만 인간의 행동을 연구하는 사회과학은 훨씬 다면적이고 복잡하기 때문에 철저하게 자연과학적 방법을 적용할 수 없는 경우가 있다. 따라서 구성주의는 단 한 가지의 보편적인 실재는 없다고 보고, 대신 의미는 개인의 상호작용 속에서 사회적으로 구성되는 것으로 본다. 즉 개인은 자신의 고유한 의미를 구성하기 때문에 실재에 대한 다면적인 의미가 있을 수 있다고 본다. 따라서 실재는 보편적인 것이 아니라 개인, 상황, 시간에 따라 달라질 수 있다고 본다(so reality is not universal but person-, context-, and time-bound, Heigham & Croker, 2009, p. 6). 해석주의 입장에서는 실재란 사회적으로 구성되고 단 하나의 관찰 가능한 실재는 없으며 하나의 사건에 대한 다수의 해석이 존재할 뿐이다. 따라서 연구자는 지식을 '찾는 것이 아니라 구성한다'고 본다. 이 점에서 구성주의와 해석주의와 같은 용어로 사용되기도 한다. 이들에게는 세계를 이해하는 다양한 방법을 이해하는 것이 질적 연구의 주요 과제가 된다.

비판이론은 실증주의, 구성주의에서 논의되지 않았던 집단에 관심을 가지며 이들 집단이 힘(power)의 논리에 어떻게 지배되는지 보임으로써 변화를 가져오는 데 관심을 가진다. 비판적 관점에서는 연구자가 공평하고 어떠한 편견도 갖지 않고 중립적인 것처럼 제시되는 것을 비판한다. 비판이론은 모든 연구는 가치중립적일 수 없으며, 기본적으로 가치편향적이며, 사회적 권력, 힘과 관련되어 있다고 본다. 이러한 점에서 비판이론은 질적 연구가 추구하는 이해에서 한 걸음 더 나아가 변화를 추구한다. 비판적 관점에서는 사회를 근본적으로 대립적이며 압제적(conflictual and oppressive)으로 보고, 연구는 이념적, 해방적, 변형적(ideological, emancipatory, and transformative)이어야 한다고 주장한다. 이들은 사회적 힘의 불균형에 관심을 가지기 때문에 사회적 약자의 입장에 있는 집단이나 개인의 연구에 초점을 둔다. 연구를 통하여 약자가 힘을 얻도록 해주는 것이 궁극적인 목표이다. 비판이론은 관심 대상이 누군가에 따라 인종을 대상으로 한 비판적 인종 이론(critical race theory), 여성을 대상으로 한 페미니스트 이론(feminist theory), 담화분석을 대상으로 한 비판적 담화분석(critical discourse analysis), 그리고 문화를 대상으로 한 비판적 문화기술지(critical ethnography), 현장의 문제를 해결하는 데 초점을 둔 비판적 실행연구(critical action research) 등으로 구분된다.

Lazaraton(2003)은 응용언어학 분야에서는 "뚜렷한 사회정치적 목적"(clear sociopolitical agenda, Lazaraton, 2003, p. 3)을 가진 연구가 많지 않지만 이러한 연구가 응용언어학 분야에 더 필요하다고 지적한다. 학습자의 이동과 교류가 빈번해지면서 다양한 필요를 가진 학습자가 생겨나면서, 영어 학습이 단순히 제2언어 학습에 그치는 것이 아니라 새로운 지위, 나아가 새로운 정체성을 획득하는 문제와 연결되는 경우가 많아졌다. 예를 들면 이민 영어 학습자, 비원어민 영어 교사 등, 학습자와 교사의 정체성을 다루는 연구들은 이들의 소수자적 입장을 대변하는 비판적 경향을 보인다고 할 수 있다. Norton(2000)은 캐나다에 이민 온 여성들의 영어 학습 경험을 페미니스트, 비판적 관점에서 다룬다. 이들 이민자들의 영어 학습동기는 단순히 교실수업에서 이루어지는 학습활동에 의해 결정되는 것이 아니라 이들의 가정, 사회에서의 역할, 지위가 영어습득으로 인해 어떻게 달라지는지에 따라 달라짐을 보여줌으로써 '여성'이라는 젠더가 제2언어 학습과 어떻게 연결되는지 보여준다. 이러한 관점은 영어 학습 현장이 사회적, 정치적으로 중립적이고 모든 학습자들에게 동일한 기회를 보장한다는 전제를 깨고, 언어학습 환경과 기회 자체가 불평등하게 주어질 수 있음을 보여준다. Denzin과 Lincoln(2005)은 사회과학이 사회적 정의, 평등, 비폭력, 평화 등의 보편적인 인간권리와 관련된 주제를 다루어야 하고 이는 더 이상 선택이 아니라 의무임을 강조한다.

> We want a social science that is committed up front to issues of social justice, equity, nonviolence, peace, and universal human rights. We do not want a social science that says it can address these issues if it wants to. For us, that is no longer an option. (Denzin & Lincoln, 2005, p. 13)

포스트모더니즘과 후기구조주의 이론은 과학, 기술, 이성, 추론, 실증 등에 초점을 둔 이전 이론에 강한 의문을 제기하면서 이성, 과학적 방법, 그리고 확실성을 부인한다. 포스트모더니즘은 과학을 부정하지 않지만 과학의 한계를 인정하고 반성적으로 사고할 필요가 있음을 강조하면서 기존의 연구자가 가졌던 지배적인 권위와 역할을 내려놓으려고 한다(곽영순, 2014). 연구 결과를 기술할 때에도 연구자의 목소리뿐 아니라 연구 참여자의 목소리를 반영하려고 한다. 연구자 자신의 주관성이 자료 수집과 분석에 어떠한 영향을 미치는지를 솔직하게 드러냄으로써 연구의 객관성을 확보하고자 한다. 포스트모더니즘은 절대적인 것은 아무것도 없으며 현상에 대한 다양한 해석만이 존재한다고 간주하기 때문에 연구 방법에서 해석에 초점을 둔다. 연구자는 해석자로서의 역할을 하게 되며 자료는 특정 관점을 통해 해석되고, "어떤 현상을 이해하기 위해 사용될 때 의미를 지니게 된다"(김영천, 2012, p. 103). 이러한 관점에서는 실재에 대한 다양성(diversity)과 다면성(plurality)을 인정하기 때문에 때때로 페미니즘, 비판이론, 그리고 퀴어이론과 결합되어 나타난다.[2]

Denzin과 Lincoln(2005)은 각기 다른 패러다임이 오랜 전쟁을 치르면서 발전해 왔다고 본다. 첫 번째 대립은 1970~1990년대 실증주의와 구성주의 간의 대립이었다면 1990~2005년에 걸친 2차 대립은 이분법적인 구분에 반대하고 질적 연구와 양적 연구를 혼합하고자 하는 시도를 한 시기였다. 이는 전통적인 양적, 질적 연구 방법을 고수하고자 하는 측과 두 가지의 장점을 결합하고자 하는 실용적 태도 간의 대립이라고 할 수 있다. 이후부터 현재에 걸쳐 일어난 패러다임 간 갈등은 전통적인 질적 연구 방법과 혼합 방법, 해석적, 비판이론 간의 대립이라고 할 수 있다. 이는 인식론과 존재론이 다른 패러다임 간의 대립이기보다는 질적 연구 내에서 더욱 객관적인 방법을 택할 것인지, 해석적, 비판적 방법, 혹은 혼합적 방법을 택할 것인지에 대한 대립이라고 할 수 있다. 이처럼 1990년대 이후 질적 연구가 활발해진 이래로 패러다임에 대한 논쟁은 성격을 달리하면서 계속되어 왔다. 이는 질적 연구가 한 가지 통일된 방법을 제시할 수 없다는 비난에 대해 보다 객관적인 방법으로 연구 방법을 개선하거나, 다양한 질적 연구 방법을 시도함으로써 새로운 연구 방법을 모색하고자 하였기 때문에 나타난 과정이라고 볼 수 있다.[3]

---

[2] 질적 연구 패러다임에 대한 자세한 기술은 김영천(2012)을 참조할 것.
[3] Denzin과 Lincoln(2011)은 실증주의자들이 질적 연구의 이러한 시도조차도 과학을 하는 것이 아니라 소설, 문화기술지 시를 쓰는 것으로 실증적 과학의 죽음이

질적 연구의 각기 다른 접근법을 이해하는 것은 논문을 읽을 때 도움을 줄 뿐 아니라 연구자가 어떤 패러다임의 입장에 있는지 파악함으로써 일관성 있는 연구 설계를 하는 데 도움을 줄 수 있다. 최근 제2언어 습득 관련 연구들은 이론과 분석 방법 면에서 사회문화 이론(sociocultural theory, Lantolf, 2000), 실행 커뮤니티(community of practice, Wenger, 1998), 학습자 정체성(learner identity, Norton, 2000) 등의 개념에 영향을 받게 되었다. 이러한 이론들은 언어학습을 사회적인 과정으로 보고 학습이 일어나는 상황(context)에 많은 관심을 기울인다. Block(2003)은 이러한 경향을 사회적 전회(social turn)라고 불렀는데 이는 양적 연구 중심적이던 이전의 연구 경향에서 벗어나 질적인 연구를 하도록 하는 데 영향을 미쳤다. 질적 연구에 대한 관심은 주요 저널에 발표된 연구 경향을 살펴보면 확연히 드러난다. 1991~1997년 사이 응용언어학 관련 저널에 발표된 논문 중 질적인 연구는 약 10%에 그치는 반면(Lazaraton, 2000), 1987~2006년 사이에 발표된 논문들 중 질적 연구는 22% 정도가 되어 연구자들이 점점 질적인 연구에 관심을 가지게 되었음을 알 수 있다. 또한 *Applied Linguistics, The Modern Language Journal, Studies in Second Language Acquisition* 등의 저널은 질적 연구에 관한 특집호를 발간하여

라고 공격한다고 개탄한다(positivists further allege that the so-called new experimental qualitative researchers write fiction, not science and ethnographic poetry and fiction signal the death of empirical science, Denzin & Lincoln, 2011, p. 2). 질적 연구자들은 새로운 연구 방법을 모색함으로써 이러한 도전에 대응할 필요가 있음을 공감하고, 질적 연구와 양적 연구의 혼합(mixed methods), 질적 연구 방법 간의 결합(combined qualitative methods), 메타 분석(meta-analysis) 등을 시도하였다. 그러나 이러한 노력은 아직 초보적 수준에 머물러있다. 메타 분석의 경우 양적 연구 분야에서는 절차가 잘 명시되어 있는 반면, 질적 연구 부분에서는 아직 미진한 편이다. 또한 각기 다른 연구 방법을 사용하는 질적 연구를 어떤 방법으로 통합할 것인가에 대해서는 아직 많은 논의가 필요한 상황이다.

변화하는 연구 경향을 소개하고 있는 것도 질적 연구에 대한 관심을 반영한 결과라고 할 수 있다.

1.2 질적 연구의 특징

질적 연구가 무엇인가를 규정하기는 어렵다. 질적 연구를 정의하기 어려운 이유는 이것이 한 가지 분야나 이론을 배경으로 하지 않고 다양한 방법론과 실행방안을 결합하기 때문이다. Denzin과 Lincoln(1998)은 질적 연구를 다음과 같이 정의한다.

> Qualitative research, as a set of interpretive practices, privileges no single methodology over any other. As a site of discussion or discourse, qualitative research is difficult to define clearly. It has no theory, or paradigm, that distinctly its own . . . Qualitative research is used in many separate disciplines . . . It does not belong to a single discipline. Nor does qualitative research have a distinct set of methods that are entirely its own. (Denzin & Lincoln, 1998, p. 5)

질적 연구는 한 가지 이론, 패러다임, 방법으로 정의되기 어렵다. 이러한 점 때문에 연구자가 무엇을 하고자 하는지, 연구가 어떠한 이론적, 방법론적 접근을 택하는지를 분명히 하는 것이 필요하다.[4] 곽영순(2014)은 질적 연구를 "스스로의 피부 바깥으로 뛰쳐나가지 않아도 되며 나를 버리

---

[4] Lazaraton(1995)은 연구자들이 질적 연구와 양적 연구의 차이를 구분하는 데 많은 논의를 하지만 질적 연구 내의 여러 가지 연구 방법과 접근 방법이 어떻게 정의되고 구분되는지에 대해 상당한 모호함과 혼선이 있다고 지적한다. 따라서 그는 질적 연구의 여러 가지 방법들 간의 차이를 분명히 할 필요가 있다고 주장한다.

지 않아도 되는"(p. 12) 연구라고 정의하여 연구자의 특성을 그대로 반영하는 연구 방법이라고 보았다. 그는 또한 질적 연구는 다양한 연구 방법과 패러다임의 차이에도 불구하고, 인간 행동과 경험을 더 잘 이해하기 위한 목적에서 연구를 한다는 공통점이 있다고 보았다(p. 14). 후기실증주의 이후에 등장한 질적 연구 패러다임들은 관점의 차이가 있지만 인간 행동의 의미를 이해하려는 목적을 공유한다. 질적 연구는 인간 행동의 의미와 이해에 도달하기 위해 객관적 접근이 아니라 주관적 접근을 허용한다. 주관적이라는 말은 연구 대상이 되는 연구 참여자가 실제로 상황을 어떻게 정의하고 자신과 타인의 행동에 어떤 의미를 부여하는지 등과 같은 '참여자의 주관적 관점'에 관심을 가진다는 의미이다(곽영순, 2014, p. 19). Bogdan과 Biklen(1992)은 이러한 질적 연구의 특징을 다음과 같이 요약한다.

- 자연적 상황에 대한 연구
- 귀납적 분석 방법
- 수가 아닌 언어나 사진 형태를 통한 서술
- 의미를 찾는 것이 연구의 목적
- 연구도구로서 연구자
- 결과나 산출보다는 과정에 대한 관심

즉 질적 연구는 자연적으로 일어나는 현상에 대한 귀납적, 해석적 연구이며, 연구의 대상인 현상이 어떠한 의미를 가지는지를 밝히는 연구라고 할 수 있다. 이 과정에서 연구자는 연구의 일부로서 자신의 가정과 이론적 틀을 배제하지 않지만 새로운 관점에 대해 개방적이고 수용적인 자세로 자료를 해석해야 한다는 점을 보여준다.
조용환(2004)은 질적 연구가 참여자와 연구자가 감정을 개입하지 않는 객관적인 입장에서 연구에 참여하는 존재로 보는 입장을 비판하며 질적 연구의 특징을 다음과 같이 기술한다.

> 연구자와 연구 참여자는 동일하지 않는 위상 혹은 입장에서 세상을 접한다. 예를 들어 유치원 어린이들을 연구한다고 할 때 연구자는 어린이 특유의 문화적 방식을 고려하면서 연구자와 참여자 간의 '현상학적 실존, 해석학적 지평 차이'를 존중해야 한다고 본다. 즉 <u>연구를 통해 연구자와 참여자가 모두 실존적, 교육적 성장을 체험하는 상생의 길을 지향하는 것이 질적 연구의 목적이라고 본다. 이 점에서 연구자와 연구 참여자 사이에 접촉이 없거나 객관적인 거리를 유지하려는 '과학적인' 접근을 시도하는 양적 연구와 대비된다.</u>
> 또한 연구자는 자신의 학문적 현실 속에서 세상을 경험한다는 사실을 인정할 필요가 있다. 즉 연구자의 눈은 자신의 개성, 학문적 관점, 더 큰 문화의 눈 등으로 복잡하게 구성되어 있다. 질적 연구는 이러한 '복합적인 눈'에 주목한다. 연구자의 학문 세계가 연구에 영향을 미친다는 점과 절대 가치중립적이 아님을 인정한다. <u>양적 연구는 연구자를 냉정한 관찰자 역할을 하도록 요구해 왔다. 연구자 효과(researcher effect)를 배제하기 위해 연구자 자신의 가치나 관점이 없는 것처럼 연구에 참여하도록 강요했다. 그러나 이는 가능하지도 않고, 실제 그런 입장에서 양적 연구를 진행하더라도 실제 객관적인 입장을 유지한다고 보기 어렵다.</u> (조용환, 2004, p. 64 밑줄 필자 삽입)

조용환(2004)은 질적 연구의 목적은 연구자와 연구 참여자가 "상생"하는 것이기 때문에 둘 사이에 객관적인 거리를 유지하는 것은 의미가 없을 뿐 아니라 불가능하다고 본다. 그에 따르면 질적 연구와 양적 연구의 차이는 가치중립적 자세를 주장하는가 아니면 연구자의 주관성을 허용하고 인정하는가에 있다. 이러한 패러다임의 차이는 연구 과정에서 구체적인 차이를 가져온다. 질적 연구의 특징을 좀 더 자세히 살펴보자.

1.2.1 자연스러운 상황

질적 연구는 자연스러운 맥락에서 인간의 행동을 탐구한다는 것이 가장 중요한 특징이다(Bogdan & Biklen, 1992, Hammersley & Atkinson, 1983, Lincoln & Guba, 1985). 질적 연구자들은 개인, 상황, 시간에 관심을 두기 때문에 연구 참여자가 주어진 시간과 특정 상황에서 상황과 어떻게 상호작용하는지, 이 현상이 연구 참여자에게 어떠한 다양한 의미를 부여하는지를 탐구하고자 한다. 이들은 사람들이 자신의 경험에 어떻게 의미를 부여하고, 의미를 구성하는 과정에 관심을 둔다. 또한 이들은 연구 참여자가 일상적으로 생활하는 곳을 배경으로 하기 때문에 자연스러운 상황에서 자료를 수집하고자 한다(Qualitative researchers go to the people; they do not extricate people from their everyday worlds, Rossman & Rallis, 2003, p. 9, Heigham & Croker, 2009, p. 7에서 재인용). 따라서 질적 연구는 실험과 같은 조작된 환경에 연구 참여자를 가두는 것이 아니라 그들의 일상적인 모습을 관찰하고, 가장 자연스러운 방법으로 자료를 수집하고자 한다. 질적 연구는 관찰자를 특정한 상황에 위치하도록 하는 연구이다(qualitative research is a situated activity that locates the observer in the world, Denzin & Lincoln, 2005, p. 3). 다시 말해 질적 연구는 실제적인 상황에서 사람이 살아온 경험을 연구의 대상으로 하여 사람들이 자신의 일상적인 삶을 어떻게 이해하는가를 탐구하는 것으로 질적 연구자들은 실험환경에서 행동을 조작하는 양적 연구 방법은 연구 결과를 해석하는 데 한계가 있고 인간 행동의 의미를 충분히 보여주지 못한다고 본다. 질적 연구는 변인을 통제하여 실험 상황을 만들어 연구 참여자들이 어떤 행동을 하는지를 관찰하는 것이 아니라 참여자들의 일상적인 삶에서 일어나는 일을 관찰하기 때문에 자연적(naturalistic)이라고 할 수 있다. 질적 연구는 현상이 일어나는 상황에 초점을 두게 되는데,

예를 들어 교실수업에 관한 질적 연구를 할 경우, 교실의 물리적 공간, 의자 배치, 교재, 수업활동, 교사-학생, 학생-학생의 관계 이 모든 것이 상황의 일부가 되고 이는 자료 분석의 대상이 된다.

질적 연구는 양적 연구처럼 인위적으로 실험적인 환경을 조성하지 않고 자연스러운 상황에서 발생하는 인간의 상호작용을 연구 대상으로 하기 때문에 연구를 위한 자료를 수집하고, 이를 해석하는 과정이 중요하다. 정해진 절차와 방법을 따라 연구를 수행하는 양적 연구보다 자료를 수집하고 해석하는 과정에서 연구자의 역할이 크다고 할 수 있다.

양적 연구가 일반화에 관심을 둔다면 질적 연구는 주로 작은 규모로 이루어지며 개인이나 상황의 특정 부분에 대한 자세한 정보를 제공하는 것을 목표로 한다. 교실에서의 상호작용에 관한 질적 연구를 한다고 하면 이는 통계적인 유의미성을 연구하는 것이 아니라 개인적인 특징, 차이를 깊이 있게 다루는 것을 목표로 한다.

1.2.2 의미에 초점

질적 연구에서 중요한 것은 특정한 상황과 상호작용의 특이성을 파악하고 이해하는 것 자체가 목적이고 미래에 대한 예측을 하는 것이 목적이 아니다. 이 점을 Patton(1985)은 다음과 같이 지적한다.

> [Qualitative research] is an effort to understand situations in their uniqueness as part of a particular context and the interactions there. This understanding is an end in itself, so that it is not attempting to predict what may happen in the future necessarily, but to understand the nature of that setting-what it means for participants to be in that setting, what their lives are like, what's going on for them, what their meanings are, what the world looks like in that particular setting-and in the analysis to be able to communicate that

faithfully to others who are interested in that setting. . . The analysis strives for depth of understanding. (Patton, 1985, p. 1, Merriam, 2009, p. 14에서 재인용)

즉 특정한 상황에서 그 상황을 경험하는 참여자가 어떠한 경험을 하며, 그러한 경험의 의미가 무엇인지를 심도 있게 이해하는 데 분석의 초점이 있다. 따라서 연구자는 현상에 대한 연구자 자신의 이해가 아니라 연구 참여자의 이해를 밝히는 데 목적을 둔다. 이러한 점에서 질적 연구는 내부자적 관점(emic)을 취하고, 연구자와 떨어져 객관적 입장을 취하는 외부자적 관점(etic)과 구분된다. 양적 연구가 철저히 객관적인 외부적 관점을 고수하는 반면 질적 연구는 외부자적, 내부자 관점 모두를 허용한다. 또한 연구자의 일방적인 관점이나 해석만을 주장하지 않고 참여자가 어떠한 의도를 가지는지에 주의를 기울인다. 주로 멤버 확인(member checking) 등의 과정을 통해 연구자의 해석이 타당한지 검증하고 이러한 결과를 연구자가 자료 분석에 활용하는 것을 허용한다.

　질적 연구는 가설을 검증하는 것이 아니라 현상을 탐구하고, 기술하고, 이해하고 설명하는 데 있다. 이는 무엇을, 어떻게, 그리고 '왜'에 대한 연구이다. 따라서 연구 문제를 설정하는 것은 양적 연구만큼 선명하지 않을 수 있다. 연구 문제는 연구의 목적이 무엇인가 하는 것과 관련 있다. Lichtman(2014)은 연구 문제를 설정하기 위해서는 연구의 대상이 되는 사람, 개념, 장소, 사건을 생각하는 데서 시작할 수 있다고 한다. 많은 경우 질적 연구는 특정한 부류의 사람, 혹은 집단에 대한 관심에서 시작된다. 노숙자 보호소에 살고 있는 여성, 온라인 바의 동성애자, 은퇴를 앞둔 전문직 여성, 자폐아를 둔 부모 등이 그러한 집단의 예이다(Lichtman, 214, p. 19). 응용 언어학의 경우 특정한 자질을 가진 학습자, 교사, 이중언어 구사자 등이 질적 연구의 대상이 될 수 있다. 연구하고자 하는 주제는 학교 경험, 언어학습 경험과 관련되는 개념이 될 수 있는데 주로 선행연구에서 언급하는 이론과 관련이 있다. 연구하고자 하는 장소는 연구자가 누구인가에 따라 결정되는 경우가 많은데, 예를 들어 학습자의 언어학습 과정을 연구하는 경우 연구 장소는 교실수업 현장, 혹은 가상공간 등이 될 수 있다. 연구하고자 하는 사건은 9.11, 혹은 코로나19와 같은 세계적 유행병과 같은 특정 경험을 대상으로 할 수도 있고, 일상적 생활을 대상으로 할 수 있다. 예를 들면 이민 노동자의 언어학습 경험, 신임교사의 학교 적응경험 등이 연구의 대상이 될 수 있다.

1.2.3 해석적, 귀납적

질적 연구자는 인간 행동의 원인을 찾고 결과를 예측하기에는 인간 행동이 너무 복잡하다는 것을 인정한다. 따라서 질적 연구에서는 복잡한 인간 행동과 경험을 해석할 수 있을 뿐이라고 본다. 의미를 추구하는 질적 연구의 목적은 연구자가 철저히 외부인이 되어 초월자의 입장에서 연구 대상을 바라보는 양적 연구와 달리, 내부자 관점에서 이해와 함께 연구자와 연구 참여자의 상호작용이 강조된다. 연구 참여자가 냉정한 과학자로 자신의 가치 판단을 개입하지 않는 주관적 입장을 가지는 것이 아니라 연구자의 가치개입을 전제로 한다. 연구자가 철저히 객관적인 입장에서, 실험실에서 가운을 입은 과학자처럼 인간의 행동을 관찰하고 분석할 수 있다는 가정에 의문을 제기한다. 예를 들어 교실수업을 관찰할 때 연구자는 객관적 입장에서 수업에서 교사와 학생의 상호작용을 관찰해야 한다고 한다. 그러나 연구자와 교사, 연구자와 학생과의 관계, 그리고 연구자의 역할(단순 참관자 혹은 참여 관찰자)은 어떤 점을 관찰할지 결정하고 해석하는 데 영향을 미칠 수밖에 없다. 질적 연구자들은 이러한 관계, 역할에 따라 해석이 영향을 받을 수 있음을 인정하고 이를 기술하는 것이 오히려 연구의 신뢰도를 높인다고 본다. 따라서 질적 연구에서는 연구자가 연구 상황에서 어떠한 위치에 있는지, 어떠한 맥락에서 연구가 이루어지는지, 그리고 연구자가 어떠한 관점에서 자료를 해석하는지를 밝히는 것이 중요하다. 질적 연구는 연구자 자신이 누구인지를 끊임없이 생각하게 하는 연구이고, 어떤 연구가 연구자 자신에게 그리고 연구 참여자들에게 어떤 새로운 의미를 부여할 수 있는지를 생각하게 하는 연구방법이라고 할 수 있다.

질적 연구는 자료를 수집하여 개념을 구성하고, 가설을 세우는 귀납적 성격을 띠게 되는데 이는 이미 수립한 가설을 검증하는 연역적인 방식을 택하는 실증주의적 연구와 대조를 이룬다. 질적 연구의 이론은 관찰 및 현장에서 얻은 통찰력에 근거하여 세워진다. 인터뷰, 관찰, 관련 자료 등에서 얻은 정보들이 하나의 주제를 이루고 이를 토대로 일반적인 이론을 수립하게 된다. Bogdan과 Biklen(1992)은 이를 퍼즐을 맞추는 과정에 비유한다. Merriam(2009)은 질적 연구의 귀납적 성격 때문에 연구자가 현상을 이해하고 해석하는 것이 중요하다고 보았다. Van Maanen(1979) 또한 질적 연구는 빈도가 중요한 것이 아니라 자연스럽게 일어나는 사회현상에 대한 의미를 발견하고 이를 기술하고 해석하고자 하는 해석적 방법이라고 정의한다. 그는 질적 연구를 다음과 같이 요약한다.

> Qualitative research is "an umbrella term covering an array of interpretive techniques which seek to describe, decode, translate, and otherwise come to terms with the meaning, not the frequency, or certain more or less naturally occurring phenomena in the social world. (Van Maanen, 1979, p. 520, Merriam, 2009, p. 13에서 재인용)

질적 연구의 이러한 귀납적 성격 때문에 미래를 예측하기보다 지금 일어나고 있는 일이 어떤 의미가 있을지에 중점을 두고 자료를 해석하게 된다. 자료를 해석하는 데에는 연구자의 주관성이 개입될 수 있다. 질적 연구는 인간 활동의 외형적인 표현뿐 아니라 내재적인 상태에 관심을 가지기 때문에 직접 관찰 가능하지 않더라도 내면적인 상태를 드러내기 위해서는 연구자의 주관적인 판단에 의존해야 한다고 본다. 따라서 질적 연구자는 객관적인 척하는 대신 자신의 주관성을 성찰하고 연구자가 자료의 분석, 해석에 어떠한 영향을 미쳤는지를 명시화하여 연구 과정을 투명하게 하려는 노력을 할 필요가 있다.

1.2.4 개방적, 순환적

질적 연구는 연구자가 미리 가설을 설정하고 이를 검증하는 것이 아니라 열린 마음으로 현상에서 드러나는 것(emerge)을 발견한다는 점에서 개방적 탐구(open inquiry)이다. 이는 연구가 전개됨에 따라 연구 문제, 연구 방법이 드러나게 된다는 것을 의미하는 것으로 질적 연구의 대표적인 특징이라고 할 수 있다. 따라서 질적 연구자는 미리 정한 가설을 가지고 시작하는 것이 아니라 열린 마음으로 현상을 관찰한다는 점을 전제로 연구를 수행한다. 그러나 질적 연구가 사전에 아무런 계획 없이 시작되어도 된다는 것은 아니다. 연구를 시작하기 위해서는 먼저 연구의 목표가 질적 연구 방법을 통하여 가장 효과적으로 이루어질 수 있는지 질문해 보아야 한다. 예를 들어 특정 교수법의 효과를 검증하고 이를 보다 큰 집단에 실시하는 것이 연구의 목표라면 질적 연구 방법은 적절하지 않다, 그러나 조기 어학연수 경험이 있는 학생이 한국 교실수업에 어떻게 적응하는가를 살펴보고자 하다면 이는 일반화에 목표가 있는 것이 아니라 특정한 상황에 대한 세밀하고 자세한 관찰을 통해 현상을 기술하는 데 목표가 있기 때문에 질적 연구 방법을 통해 탐구하는 것이 적절하다.

미리 가설을 설정하는가 그렇지 않은가에 따라 질적 연구와 양적 연구를 나눌 수 있지만 질적 연구를 하더라도 관심 있는 현상에 대한 사전 경험, 선행연구 등을 연구자가 이미 알고 있기 때문에 사전 지식을 완전히 배제하기는 쉽지 않다. 질적 연구자는 최대한 현상 자체를 관찰하는 데 관심을 두되, 연구자의 이론적 관점, 연구 참여자와의 관계 등을 세밀하게 밝힘으로써 독자가 연구자의 위치를 파악할 수 있도록 하는 것이 필요하다.

질적 연구에서는 양적 연구에서 설정하는 가설이나 구체적인 연구 문제를 설정하는 대신 대략적인 연구의 목표와 이론적인 틀만 제시하고 자료를 수집하면서 연구 문제를 구체화하는 과정을 거친다. 이러한 점에서 질적 연구는 동시적이며 비선형적(nonlinear)이고 반복적(iterative)이다. 즉 자료 수집, 분석, 해석이 동시에 이루어진다. 연구자는 이 과정을 반복하면서 연구의 초점을 설정하고, 더 이상 새로운 주제가 발견되지 않은 시점, 즉 자료 포화(data saturation)에 이를 때까지 필요한 자료를 수집하고 해석하는 과정을 거쳐야 한다.

Ellis와 Barkhuizen(2005)은 질적 연구가 자료에 근거하여 이론을 성립하는 과정이라는 점에서 자료기반(data-driven) 방법인 반면 특정 가설이나 이론에서 출발하여 이를 증명하고자 하는 연구를 이론기반(theory-driven) 방법으로 보았다. 양적 연구는 이론에 근거하여 가설을 도출하고 이를 검증한다는 점에서 연역적 연구 방법을 사용한다. 양적 연구가 연구 문제 설정, 연구 설계, 자료 수집, 자료 분석, 결과 발표 등의 선형적, 일회적인 과정을 거친다면 질적 연구는 자료 수집과 함께 분석이 시작되고, 이 과정에서 연구 문제가 설정되고, 다시 자료 수집 과정으로 돌아가는 등 연구의 각 단계가 직선적인 것이 아니라 순환적(cyclic)이다. 질적 연구는 현상 및 인간 행동의 의미를 파악하고자 하기 때문에 이는 단회적이고 직선적인 과정을 통해 파악되는 것이 아니라 연구자가 끊임없이 자료로 다시 돌아가 분석, 해석하는 과정을 필요로 한다. 이 점에서 질적 연구는 연구자의 인내심을 필요로 한다고 할 수 있다. 방대한 자료를 수집하는 과정, 이를 반복적으로 들여다보면서 의미를 추출하는 과정은 정형화된 한 가지 분석 틀로 설명하기 어렵고 연구자의 직관과 통찰을 필요로 하기 때문에 연구자의 인내심이 요구된다.

1.2.5 과정 중심적, 장기간의 참여

질적 연구자들이 결과를 측정하는 데 관심을 두는 반면 질적 연구자들은 과정을 이해하는 데 초점을 둔다. 질적 연구자들은 연구 참여자가 어떠한 과정을 거쳐 향상하게 되었는지, 어떤 요인들이 영향을 미쳤는지에 초점을 두고 연구 참여자를 선정하고, 비교적 장기간에 걸쳐 자료를 수집하게 된다. 자연스러운 맥락에서 참여자와 충분한 시간을 가지고 내재적으로 이해할 필요가 있기 때문에 일회성으로 끝나는 양적 연구에 비해 오랜 시간 연구 현장에 머무를 필요가 있다(Wolcott, 1994). 장기간의 직접적 참여를 통해 연구자는 어떤 일이 일어나고 있는지, 연구 참여자들에게는 이런 현상은 어떤 의미가 있는지에 대한 답을 찾고자 한다. 이러한 질문에 답하기 위해서는 연구자가 자신의 입장을 이해하고 이를 명시할 필요가 있다. 연구 참여자의 입장에서 현상을 이해하기 위해서는 내부인의 시각에서 현상을 관찰해야 하고 동시에 외부인의 시각에서 현상을 객관적으로 살펴 볼 필요가 있다. 내부인의 관점에서 연구 참여자를 이해하기 위해서는 연구자가 연구 현장에서 실제 면대면으로 상호작용 할 필요가 있다.

장기간의 연구 참여를 통해 과정에 초점을 둔 연구를 하는 경우 연구자 스스로가 자료의 일부가 된다. 즉 연구자가 연구 참여자와 객관적인 거리를 유지하는 것이 아니라 참여 관찰자가 되기도 하고, 연구 참여자를 인터뷰하는 경우 연구자의 언어가 현장 텍스트의 일부가 되기도 한다. 연구자가 자료 수집 및 분석에 가장 중요한 도구가 된다는 점이 질적 연구와 양적 연구의 현저한 차이라고 할 수 있다.

1.2.6 삼각화[5]

질적 연구자들은 대체로 여러 가지 종류의 자료를 수집한다. 각기 다른 방법으로 수집한 자료는 세상을 다른 방법으로 볼 수 있도록(makes the world visible in a different way, Denzin & Lincoln, 2005, p. 4) 하여 연구 참여자의 관점을 보다 전체적으로, 풍성하게 제시할 수 있다. 삼각화(triangulation)란 건축에서 사용하는 용어를 비유적으로 사용하는 것으로 반드시 세 가지 자료 수집 방법을 사용하라는 의미가 아니라 복수의 자료 수집 방법을 통해 연구자의 편견에 치우친 자료를 수집하지 않도록 하라는 의미이다. 삼각화는 자료 수집에서도 일어날 수 있고, 복수의 연구자를 두거나, 다양한 분석 방법, 다양한 이론이나 관점을 적용하는 방법을 통해서도 일어날 수 있다. 삼각화는 질적 연구의 타당도, 신뢰도를 향상하는 데 기여할 수 있다.

1.2.7 두꺼운 기술

질적 연구의 또 다른 특징은 "두꺼운 기술"(thick description, Geertz, 1973)에 있다.[6] 질적 연구는 숫자 대신 말이나 그림으로 연구자가 현상에

---

[5] 삼각화, 삼각검증 등의 용어도 같은 의미로 사용된다.
[6] 두꺼운 기술(thick description)이라는 용어는 Geertz(1973)가 문화기술지 연구를 가리키는 용어로 처음 사용하였고, 이후 질적 연구의 특징을 나타내는 용어로

대해 파악한 내용을 기술한다. Watson-Gegeo는 두꺼운 기술을 연구와 설명하고자 하는 행동 혹은 사건에 영향을 미치는 관련된 모든 미시적, 거시적 영향을 기술하는 것(taking account all relevant and theoretically salient micro and macro contextual influences that stand in a systematic relationship to the behavior or events one is attempting to explain" Watson-Gegeo, 1992, p. 54)이라고 정의한다. 두꺼운 기술이란 연구가 이루어진 상황, 연구 참여자, 관심의 중심이 되는 활동에 대한 자세한 기술을 말한다. 질적 연구는 현상에 대한 풍부한 기술(rich description)을 제공하는 것을 목표로 하기 때문에, 관찰의 대상이 되는 상황, 활동, 이러한 상황과 활동에 대한 연구자의 시각 등에 대한 자세한 기술이 중요하다. 질적 연구는 기본적으로 기술적, 해석적(descriptive, interpretive) 성격을 띠기 때문에 연구자가 현상이 의미하는 바를 찾아내기 위해서는 자세한 기술을 하는 것이 필요하다.

1.2.8 연구자의 성찰

질적 연구자는 연구 과정에서 자신의 인식론 윤리에 대해 끊임없이 성찰하게 된다. 이는 연구자의 객관적인 입장을 주장하는 양적 연구와 달리 연구자 개인의 주관성이 연구에 개입한다는 점을 인정하되, 연구자로서의 객관성을 잃지 않도록 자기 모니터링을 한다는 점을 의미한다. 연구자 자신의 편견이나 주관성이 연구에 영향을 미칠 수 있기 때문에 이에 대해 주의를 기울이고, 자료 수집과 해석 과정에서 끊임없이 모니터링 하는 것이 중요하다. 질적 연구자들은 주관성을 부인하지 않고 이를

널리 사용되었다. 두꺼운 기술 혹은 두툼한 기술, 중층 기술, 심층적 기술 등으로 번역되는데 두꺼운 기술이라는 용어가 보다 널리 사용되는 경향을 보여 이 책에서는 두꺼운 기술이라는 용어로 통일한다.

인정하고 연구자 자신의 입장을 밝히고, 연구에 있어 이런 점이 반영되었음을 인정하는 것이 정당하다고 본다. 양적 연구자들처럼 철저히 객관적 입장에서 자료를 분석하고 결과를 기술하는 것은 오히려 사실과 거리가 있으면 이러한 입장이 과학적 객관성을 부여하지 않는다고 본다. 이처럼 질적 연구자들은 자신의 가설, 세계관, 그리고 이론적 틀을 바탕으로 연구를 시작함을 부인하지 않는다. Creswell(2007)은 이 점을 다음과 같이 요약한다.

> Qualitative research begins with assumptions, a worldview, the possible use of a theoretical lens, and the study of research problems inquiring into the meaning individuals or groups ascribe to a social or human problem. To study this problem, qualitative researchers use an emerging qualitative approach to inquiry, the collection of data that in a natural setting sensitive to the people and places under study, and data analysis that is inductive and establishes patterns or themes. The final written report or representation includes the voices of participants, the reflexivity of the researcher, and a complex description and interpretation of the problem and it extends the literature or signals a call for action. (Creswell, 2007, p. 37)

질적 연구에서는 연구자가 자신의 관점을 가지는 동시에 새로운 관점을 수용하여 주제를 찾고 자료를 해석하기 때문에 연구 결과물에는 연구 참여자의 목소리, 연구자의 성찰이 복합적으로 담기게 된다. 질적 연구 결과물은 따라서 연구자와 연구 참여자 공동의 저작임을 염두에 두어야 한다. 이를 확인하기 위해 분석이 끝난 후에 멤버 확인 등의 과정을 거쳐 연구 참여자가 말한 의도가 그대로 전달되었는지 확인할 필요가 있다.

1.3 질적 연구의 유형 및 연구 목적

양적 연구가 자료 수집 및 분석 방법에 따라 다른 유형으로 구분되는 바와 마찬가지로 질적 연구 역시 질적 연구의 일반적인 성격 외에 자료의 종류와 분석 방법에 따라 다른 유형으로 구분될 수 있다. 질적 연구의 유형은 학자마다 분류의 차이가 있는데 Creswell(2007)은 질적 연구를 문화기술지 연구, 근거이론, 현상학, 사례연구, 내러티브 탐구로 구분하는 반면 Merriam(2009)은 이외에 비판적 질적 연구를 덧붙이고 있다. Lichtman(2014)은 Creswell의 다섯 가지 유형 외에 수행 문화기술지(performance ethnography), 현장연구, 비판이론/페미니스트 이론을 추가로 소개하고 있다. Denzin과 Lincoln(2011)은 그들의 질적 연구 핸드북에 사례연구, 수행 문화기술지, 내러티브 문화기술지(narrative ethnography), 혼합연구(mixed methods), 근거이론, 참여적 실행연구(participatory action research) 등을 기술하는 데 많은 지면을 할애하고 있다.

응용언어학 분야의 질적 연구 유형 역시 학자에 따라 조금씩 다르게 분류하고 있다. Mackey와 Gass(2012), Nunan과 Richards(2003)의 유형을 종합해 보면 응용언어학 분야에서 흔히 사용되는 질적 연구 유형은 사례연구, 문화기술지 연구, 실행연구, 그리고 방법론으로서 근거이론을 많이 활용하는 경향을 보인다. 내러티브 탐구는 최근 질적 연구 방법으로 떠오르고 있고, 혼합연구 방법 역시 질적 연구의 보조 자료로서만 아니라 다양한 형태의 혼합연구가 시도되고 있다. Heigham과 Croker(2009)는 교육학 분야의 질적 연구를 바탕으로 하면서 응용언어학에 어떻게 적용될 수 있는지를 접목하여 소개하고 있다. 이들은 응용언어학에 활용되는 질적 연구의 방법을 내러티브 탐구, 사례연구, 문화기술지 연구, 실행연구, 혼합연구 등 다섯 가지로 분류하고 있다. 양적 연구 방법이 연구의 목적과 연구 문제에 따라 다양한 것처럼 질적 연구 역시 다양한 연구의 목적,

혹은 연구자의 이론적인 입장에 따라 각기 다른 연구 방법을 택할 수 있다. 어떤 경우 연구자는 특정 방법론보다 철학적, 이론적 관점을 강조하는 경우도 있고, 특정 질적 연구 방법론을 택하거나, 질적 연구와 양적 연구를 혼합하는 경우, 특정 방법론을 택하지 않는 경우도 있다. 이 중 어떠한 방법을 택하든 질적 연구자는 연구의 목표, 과정, 그리고 연구자의 입장을 밝히는 것이 필요하다.

이러한 질적 연구 방법들은 인터뷰, 관찰, 서면 자료 등의 방법으로 자료를 수집하고, 이를 분석 과정에서 귀납적이고, 자료를 지속적으로 비교 분석한다는 점, 주제, 범주를 발견하여 결과를 기술한다는 점에서 유사하지만 각각 추구하는 이론적 개념, 핵심 자료, 분석 방법에 따라 다른 유형을 보인다. 어떤 연구 방법을 택할 것인가 하는 것은 결국 연구 문제와 관련되며 어떠한 방법이 연구 문제에 대한 답을 찾기에 가장 효과적인가에 달려 있다. 연구 문제는 연구자의 이론적 배경, 연구의 목적과 또한 밀접한 관련을 가진다. 따라서 각기 다른 질적 연구의 차이를 이해하는 것은 연구 문제를 설정하고 이를 탐구하기 위한 연구 방법을 설계하는 데 도움을 줄 수 있다. Hatch(2002)는 연구자는 연구의 기반이 되는 존재론, 인식론, 방법론을 이해하고 자신의 어떠한 패러다임에서 출발하는지를 알고 출발하는 것이 중요하다고 강조한다.

Davis(1995)는 적법한 질적 연구가 되기 위해서는 신뢰성(credibility), 의존성(dependability), 전이성(transferability)을 확보해야 하고, 이를 위해서는 특정한 개념적, 방법론적 절차를 명시해야 한다고 주장한다. 그는 제2언어 습득 분야의 질적 연구가 연구의 바탕이 되는 이론적 방법론적 근거를 명시하지 않기 때문에 연구의 적법성에 대한 문제가 제기됨을 지적한다. 또한 질적 연구는 총체적인 성격을 띠어야 하고 이론적으로 뒷받침되어야 한다. 질적 연구는 연구 주제와 대상에 관련된 단편적이고 지엽적인 사실보다는 연구하고자 하는 대상과 관련된 사회문화적 맥락에서 전체적인 특징을 파악하는 데 초점을 둔다. 따라서 특정한 방법을 사용하는 것이 반드시 질적 연구를 의미하지는 않는다. 즉 인터뷰를 자료 수집 방법으로 사용했다고 해서 연구 자체가 반드시 질적 연구라고 할 수 없다. Larsen-Freeman과 Long(1991)이 지적하는 것처럼 질적 연구에서는 연구자가 우선적으로 연구 패러다임과 방법론을 결정하는 것이 중요한 것이 아니라 연구의 목표가 무엇이며 이를 달성하기 위해 가장 적절한 방법이 무엇인지를 분명히 하는 것이 중요하다.

질적 연구는 어떤 현상에 대해 잘 알려져 있지 않거나, 관련 연구가 제한적일 때 그리고 관련 현상을 탐색할 때 유용하다. 질적 연구는 새로운 아이디어, 통찰력을 얻고자 하는 데 목표가 있으며, 다른 상황으로의 일반화 혹은 예측을 목표로 하지 않는다. 어떤 경우에는 질적 연구의 경우에도 다른 상황에 적용할 수 있는 전이성에 대해 언급하기도 하지만 대개는 독자가 연구 상황의 특징을 판단하여 적용할 수 있는 점이 있는지 판단하도록 한다. 질적 연구의 탐구적 성격 때문에 어떤 경우에는 연구 문제를 처음부터 상정하지 않는 경우도 있다. 이는 또한 연구자의 입장이 관찰하고자 하는 현상에 영향을 과도하게 미치는 것을 막고자 하기 때문일 수도 있다.

흔히 양적 연구의 분석 과정은 체계적이지만 질적 연구는 그렇지 않다고 생각하는 경우가 있다. 그러나 질적 연구 역시 체계적이고 엄격한 절차를 거쳐 이루어져야 한다. 연구자는 연구의 이론적인 틀에 따라 자료를 수집하고 해석해야 하고, 연구자의 주장의 어떻게 도출되었는지를 뒷받침하는 근거가 논리적으로 제시되어야 한다. 즉 질적 연구는 체계적이지만 정형화되어 있지는 않다고 할 수 있다(While qualitative research is systematic, it is not formulaic, so there is no requirement that researchers follow a set of prescribed research steps, Heigham & Crocker, 2009, p. 10). 이러한 점에서 질적 연구자는 자료 내에서 연결점과 패턴을 찾을 수 있는 통찰력과 창의력이 요구된다. 질적 연구에서 연구자의 역할은 단지 자료를 수집하는 데 그치지 않고 자료를 해석하는 역할을 한다. 이때 연구자의 자신의 문화적, 사회적, 종교적, 배경, 경험, 신념을 바탕으로 자신의 연구를 볼 수밖에 없기 때문에 이점을 항상 염두에 두는 것이 중요하다. 물론 연구자의 편견을 최소화하기 위하여 여러 가지 자료를 수집하는 삼각화를 시도할 수도 있다. 어떤 질적 연구자들은 연구자의 입장이 포함되는 것이 오히려 질적 연구의 장점이 될 수 있다고도 본다, Denzin과 Lincoln(2005)은 이를 크리스털에 빛이 비치는 장면에 비교하여 각기 다른 연구자들의 입장이 연구에 투영되어 나타날 수 있다고 했다(like light hitting a crystal, reflects a different perspective, Denzin & Lincoln, 2005, p. 6).

Lichtman(2014)은 연구자가 특정 연구 방법론을 따르지 않고 인터뷰나 관찰을 통해 자료를 수집하고, 코딩 과정을 통해 주제를 찾는 경우를 가리켜 일반적인 질적 연구라고 하였다. 즉 질적 연구라고 해서 반드시 특정 연구 방법을 택해야 하는 것은 아니지만 연구의 목적에 적절한 연구 방법에 대한 이해를 바탕으로 연구를 설계하는 것이 필요함을 지적한다. Lichtman(2014)은 질적 연구자들이 자신의 연구 방법이 과학적임을 주장하지만 실제로는 구체성을 결여하고 있어 어떤 점에서 일반적인 질적 연구 방법과 구분되는지 알기 어렵다고 지적한다. 그는 질적 연구의 구체성 부족을 다음과 같이 지적한다.

> In addition to not implementing a research approach appropriately, a problem is that the research approach itself is lacking in specificity. Many writers are silent with respect to how the data should be collected and analyzed. Most

speak about interviewing, but few provide any specifics. Some address the role of the researcher, while others do not. To further add to the confusion, some writers describe the elements for a particular approach in different ways. (Lichtman, 2014, p. 90)

그는 많은 질적 연구들이 이론적인 관점을 소개하지만 구체적으로 자료를 어떻게 수집하고 분석하는지에 대해서는 밝히고 있지 않고, 인터뷰를 통하여 자료를 수집한다고 하지만 어떤 식으로 진행되는지 밝히고 있지 않아 연구 방법이 구체적인 점에서 어떻게 다른지 구분하기 어렵다는 점을 문제로 지적한다. 또한 연구자의 역할을 명시하는 경우도 있지만 그렇지 않은 경우도 있어 연구자의 역할에 대한 구체적인 이해가 어려운 점도 문제로 언급하고 있다. 따라서 질적 연구자는 자신의 연구 방법론에 대한 이론적 기반을 이해할 뿐 아니라 자료 수집 및 분석 과정에 관련된 자신의 입장을 명시적으로 밝힘으로써 어떤 관점에서 연구가 수행되었는지를 독자에게 알리는 것이 필요하다.

1.4 질적 연구자의 자질

어떤 연구든 연구를 위해서는 연구자가 인내심을 가지고 현상을 관찰, 수집, 해석할 필요가 있다. 그러나 질적 연구는 연구의 특징 때문에 무엇보다 질문하는 태도가 중요하다. 익숙하던 것에 대해 질문하고, 새로운 현상에 대해 탐색하고자 하는 태도는 질적 연구자에게 가장 필요한 자질이다. 앞서 질적 연구는 비선형적이며, 반복적, 순환적이고, 과정 중심적이라고 했다. 일회적인 실험으로 결과를 얻을 수 있는 것이 아니라 지속적으로 연구 현장, 연구 참여자에게 돌아가 관찰과 해석을 점검해야 한다. 연구의 대상이 되는 현상, 대상을 신중하게 관찰하는 능력뿐 아니라 분석 과정에서 겪는 애매모호함을 견딜 수 있는 인내심도 필요하다. 질적 연구자는 귀납적 사고과정에 익숙해져야 한다. 원 자료에서 코딩 과정을 통해 추상적인 개념이나 범주를 생성할 수 있어야 한다. 또한 질적 연구자는 두꺼운 기술을 할 수 있어야 한다. 이는 자료 수집 과정뿐 아니라 결과를 기술할 때에도 적용된다. 따라서 질적 연구자는 글을 쓰는 과정에 익숙해져야 한다. 조용환(2004)은 질적 연구자의 자세를 다음과 같이 언급한다.

> 질적 연구자는 연구 참여자(현장 사람들), 혹은 일반 대중에서 세상을 이해하고 살아가는 특정한 방식을 제시할 수 있다고 본다. 즉 연구자는 삶에 대한 해석과 실천이 매개체(mediator) 역할을 한다. 그는 질적 연구에 대한 다음 기술은 연구자와 연구 참여자, 연구 방법론에 대한 질적 연구의 입장을 잘 대변해 준다. 질적 연구에서는 연구자의 몸가짐과 마음가짐을 중시한다. 작고 적지만 깊이 연구하고, 애써 일반화를 가정하지 않는다. 객관적이지도 않은(객관적일 수 없는) 것을 객관적이라고 우기지 않는다. 어찌해서 그런 연구 결과가 나오게 되었는지 그 과정을 세세하게 언급함으로써 동료나 독자들이 자기 연구의 가치와 오류를 두루 발견할 수 있게 해준다. 오류가 사기보다 낫기 때문이고, 오류는 다음 연구자에게 개선의 기회를 주는 것이기 때문이다. 이와 같이 질적 연구는 과오와 실패를 두려워하지 않는다. 진실하지 못함, 성실하지 못함을 두려워할 뿐이다(그 점은 질적 교육도 마찬가지다). (조용환, 2004, p. 64)

질적 연구자는 몸가짐과 마음가짐이 중요하다는 말이 울림이 있다. 질적 연구이든 양적 연구이든 연구자가 기본적인 연구윤리를 지켜야 한다는 원칙은 동일하게 적용된다. 그러나 질적 연구의 경우 원칙적인 연구윤리 규정을 지킬 뿐 아니라 인간에 대해 따뜻한 이해를 하고자 하는 마음에서 연구를 시작하고, 연구 참여자가 단순히 연구의 대상이 아니라 삶의 의미를 함께 찾고, 만들어가는 가는 동반자로 이해하는 것이 필요하다.

연구자는 완벽하지 않기 때문에 연구 방법과 해석 면에서 오류와 실수를 범할 수 있다. 그러나 완벽하지 않음을 인정하는 겸손한 자세, 그래서 "진실하지 못함, 성실하지 못함을 두려워하는" 자세로 연구에 임하는 것이 좋은 질적 연구를 할 수 있는 연구자의 자질이다.

2장
질적 연구 자료 유형 및 수집

2.1 자료 수집을 위한 준비

연구자에 따라 질적 연구 자료를 구분하는 방법에는 차이가 있지만 질적 연구에 가장 많이 사용되는 자료 수집 방법은 관찰, 녹음 혹은 녹화, 인터뷰, 개방형 설문, 저널 등이다.[7] 어떤 방법으로 어떤 자료를 수집할 것인가 하는 문제는 연구 문제가 무엇인가 하는 것과 밀접한 관련이 있다. 질적 연구는 연구 결과의 타당성을 확보하기 위하여 한 가지 이상의 방법으로 자료를 수집하여 삼각화를 하도록 하고 있다. 가령 학생의 어학 연수 경험이 언어습득에 어떤 영향을 미치는지 연구한다고 하면 학생과의 인터뷰뿐 아니라 저널, 혹은 수업관찰, 실제 언어 사용 상황 관찰 등의 자료를 포함하여 연구 참여자 자신의 내부인적인 시각뿐 아니라 외부인의 객관적인 시각을 포함하는 것이 필요하다. Heigham과 Croker(2009)는

---

[7] 인터뷰는 흔히 면담으로 번역된다. 그러나 면담이라는 용어는 상담(counseling)의 의미를 가진 용어로 사용되는 경우가 많아 이 책에서는 한국어로 번역하지 않고 인터뷰로 쓰기로 한다.

관찰, 인터뷰 자료라고 하더라도 연구자의 통제 정도, 구조화 정도에 따라 세분하고 있다. 그가 제시하는 자료는 다음과 같다.

[표 2] Qualitative data collection methods(Heigham & Croker, 2009, p. 19)

Observation(structured) Interviews(structured) Questionnaires(closed-response) Diaries(prompted) Discourse analysis	Experiments Language analysis tasks
Observation(unstructured) Interviews(open) Questionnaires(open-response) Diaries(unprompted) Conversation analysis	Verbal reports

Heigham과 Croker(2009)는 언어분석을 위한 실험적 연구에 사용되는 자료와 구두 보고(verbal reports)에 속하는 자료로 구분하는데 구두 보고에 속하는 자료가 질적 연구에 좀 더 가까운 것이라고 할 수 있다. 관찰, 인터뷰, 설문, 일기라고 하더라도 구조화하여 연구 참여자의 응답을 유도할 수도 있고, 구조화하지 않고 자연스러운 상황에서 연구 참여자가 자율적으로 자료를 생성하도록 할 수 있다. 즉 연구자가 통제를 적게 하거나 거의 하지 않는 구어 보고 자료를 질적 연구 자료로 보았다. Ellis와 Barkhuizen(2005) 역시 자료 수집 과정에서 연구자의 통제 정도에 따라 자연스럽게 발생하는 자료(naturally-occurring samples), 임상적으로 유도한 자료(clinically elicited samples), 실험적으로 유도한 자료(experimentally-elicited samples) 등으로 나눈다. 이들이 제시한 자료 유형을 요약하면 다음과 같다.

[표 3] 질적 자료 유형

Verbal-report data	Clinically elicited samples	Eliciting focused samples	Experimentally-elicited samples
Self-report – questionnaires, interviews Self-observation – diaries, stimulated recall, self-revelation using think-aloud Self-assessment	Eliciting general samples Communication gap tasks – information gap tasks or opinion gap tasks Open-role plays Text reconstruction tasks Picture composition tasks: watch-and-tell or watch-then-tell Oral interviews	Dictogloss	Discrete point test Traditional language exercise formats Cloze procedure Elicited imitation Elicited translation Prompts Sentence completion Discourse completion

Ellis와 Barkhuizen(2005)의 구분에 따르면 실험적인 상황에서 유도한 자료는 연구자가 가장 통제를 많이 하는 자료로 전형적인 지필고사 유형을 띤다. 클로즈 테스트(cloze-test)를 한다든가, 문장 모방하기, 문장 번역하기, 문장 완성하기 등의 문항은 연구자가 원하는 답이 정해져있다. 임상적으로 유도한 자료는 의사소통 정보차 활동, 의견차 활동, 자율적 역할극, 인터뷰 등으로 실험 상황보다는 통제가 적지만 연구자가 어느 정도 기대하는 방향이 정해져 있다. 딕토글로스(dictogloss)의 경우, 참여자가 문장을 듣고 나머지 부분을 완성할 수 있도록 하는 자료로, 특정 문법요소에 초점을 두기 때문에 연구자가 의도하는 바가 정해져 있다. 반면 자기 보고, 자기 관찰, 자가 평가 등의 자료는 연구자의 통제가 가장 적은 자료이다. 응용언어학 분야에서는 실험 상황에서 이루어지지 않는 자료를 모두 질적 자료로 간주하지만 보다 엄격한 의미에서 질적 자료는 자연스러운 상황에서 일어나야 한다는 것을 전제로 한다. 따라서 단순히 어떤 자료를 사용하였는가보다는 어떤 방식으로 자료를 수집하였는가에 따라 질적 연구 자료로 분류할 수 있다. 다음에서는 응용언어학 연구에서 흔히 사용되는 질적 연구 자료 수집 방법을 자세히 살펴보고자 한다.

2.2 인터뷰

2.2.1 인터뷰 준비

인터뷰를 위해서는 적절한 녹음장비를 마련하는 것이 중요하다. 일대일 인터뷰의 경우 마이크 사용이 필요하지 않지만 교실에서 학생과 교사, 학생들 간의 상호작용을 녹음한다면 녹음의 질을 유지하기 위해서 성능이 좋은 마이크를 여러 곳에 설치할 필요가 있다. 요즘의 녹음장비는 매우 소형화되어 있어 연구 참여자에게 큰 부담을 주지 않고 녹음할 수 있는 장점이 있다. 연구 참여자의 음성뿐 아니라 비언어적 행동을 함께 관찰할 필요가 있을 때, 또한 교실의 경우 누구의 발화인지 구분할 필요가 있을 때에는 오디오 녹음과 함께 비디오 녹화를 할 필요가 있다. 비디오 녹화에 있어서는 특히 연구 참여자가 비디오 장비에 익숙해질 필요가 있기 때문에 본격적인 자료 수집에 앞서 이를 설치하고 익숙해지는 과정이 필요하다. 연구 참여자들은 처음에는 비디오 때문에 다소 어색해 하지만 시간이 지남에 따라 비디오에 특별한 신경을 쓰지 않게 된다. 연구 참여자들이 비디오 장비를 마치 교실의 가구처럼 편안하게 생각하게 되면(Richards, 2003) "관찰자의 역설"(observer's paradox, Labov, 1972, p. 209)을 최소화하는 데 도움이 될 것이다.[8] 관찰자의 역설은 Labov가 사회언어학 현상을 관찰하면서 사람들의 자연스러운 일상에서 대화를 관찰을 하는 것이 필요하지만 관찰을 한다는 사실을 알게 된 순간 자연스러운 상황이 되지 않는 역설을 말한다. 그러나 준비 과정을 통해 연구자와 연구 참여자가 연구 상황에 익숙해지도록 하고, 발생할 수 있는 여러 가

---

[8] Labov(1972, p. 209) who noted that "the aim of linguistic research in the community must be to find out how people talk when they are not being systematically observed; yet we can only obtain this data by systematic observation."

지 문제에 대비함으로써 최대한 자연스러운 인터뷰가 되도록 할 수 있다.

본격적인 녹음/녹화 이전에 시험적으로 녹음/녹화가 되는지 확인하는 과정이 필요하다. 교실녹음의 경우 연구자가 미리 도착하여 참여자들의 행동을 촬영해 보는 것이 필요하다. 녹음/녹화 이후에는 반드시 제대로 녹음/녹화가 이루어졌는지 확인하고, 곧바로 컴퓨터에 파일로 저장하여 자료를 잃지 않도록 해야 한다. 녹음이나 녹화장비가 제대로 작동하는지 거듭 확인하는 것은 상식적인 과정이지만 이 과정에서 가장 흔히 문제가 발생한다는 점도 기억해야 한다. 녹음 버튼 대신 다른 버튼을 눌렀다든가, 전원이 꺼지거나 배터리가 충분하지 않아서 녹음이 되지 않아 자료를 잃게 되는 경우가 자주 있다. 따라서 연구자가 녹음 장비에 익숙해지는 것이 무엇보다 필요하다. 특히 연구를 위해 새로 산 기기인 경우 연구자가 자료 수집 전에 충분히 기능을 파악하고 조작할 수 있어야 한다. 한 개 이상의 녹음 장비를 준비하는 것도 도움이 된다. 만약의 경우 한 개 녹음 기기가 작동하지 않더라도 여분이 있다면 차질 없이 인터뷰를 진행할 수 있다.

2.2.2 인터뷰 유형

질적 연구에서는 관찰을 통해 자연스럽게 일어나는 상황에서의 자료를 수집하는 것이 일반적이지만 연구 참여자의 반응을 유도하여 자료를 수집하기도 한다. 인터뷰는 참여자의 반응을 유도하기 위해 가장 자주 사용되는 자료 수집 방법이다. 인터뷰는 사전에 질문의 내용을 얼마나 준비하여 진행하는가에 따라 비구조적(unstructured), 반구조적(semi-structured) 그리고 구조적(structured) 인터뷰로 나뉜다. 비구조적 인터뷰는 연구자가 미리 질문을 준비하는 것이 아니라 연구와 관련된 주제를 설정하고 연구자와 대화하는 방법으로 이루어진다. 생애사 인터뷰 등을 할 경우 연구자는 연구 참여자의 이야기에 반응만 하는 식으로 진행할 수 있다. 그러나 비구조적 인터뷰의 경우 연구자가 찾고자 하는 정보를 얻지 못할 수 있기 때문에 이런 유형의 인터뷰를 진행하는 경우는 극히 드물다. 이와 반대로 구조적 인터뷰는 연구자가 질문 목록을 만들어 그대로 질문하는 것이다. 구조적 인터뷰는 문자 형태의 설문을 구어로 하는 경우로 연구 참여자들에게 동일한 질문을 하게 된다. 이 경우에 연구 참여자는 자신의 의견을 자유롭게 말할 여지는 거의 없고, 연구자가 알고자 하는 정보를 제공하는 역할만 하게 된다. 예를 들어 국민을 대상으로 하는 인구조사, 영양조사 등에서 하는 질문은 연구자가 동일한 질문을 함으로써 구체적인 답을 얻는 데 목적을 두기 때문에 연구 참여자의 개인적인 의견이나 느낌은 중요하지 않다. 응용언어학 분야 연구에서는 같은 질문을 단순히 반복하는 구조적 인터뷰를 하는 경우는 많지 않다.

반구조적 인터뷰는 연구자가 질문 목록을 작성하되 연구 참여자가 자유롭게 생각을 덧붙일 수 있도록 하는 방법이다. 대부분의 질적 연구는 반구조적 인터뷰 방법을 택하고 있는데 이는 연구 참여자가 연구와 관련 없는 다른 이야기를 할 경우 질문을 통해 초점으로 돌아오도록 할 수 있기 때문에 연구자가 얻고자 하는 답을 얻는 데 효과적이다. 응용언어학, 영어교육 연구에 사용하는 인터뷰 대부분은 반구조적 인터뷰 유형이다. 반구조적 인터뷰의 경우 질문 목록을 가이드로만 사용하는 것이 바람직하고 마치 취조를 하듯이 목록을 따라 질문을 하는 것이 피해야 한다. 연구 참여자가 인터뷰에 대한 답을 하는 과정에서 다른 질문에 답을 하기도 하고, 질문에는 없지만 흥미로운 사실을 말할 수 있기 때문에 연구 참여자가 하고 싶은 말을 충분히 할 있도록 탐색적인 질문(probing questions)을 하는 것이 필요하다.

인터뷰를 준비할 때는 무엇보다 인터뷰의 초점을 분명히 해야 한다.

인터뷰는 선다형 문제처럼 주어진 문제에 답하는 것으로 끝나는 것이 아니라 연구자와 연구 참여자가 상호작용하면서 대화를 하는 과정에서 답을 찾아 가는 과정이므로 연구자가 인터뷰 내내 이를 명시적으로 생각하도록 하는 것이 중요하다. 따라서 인터뷰 질문을 만들 때에는 다음과 같은 점을 고려해야 한다(Friedman, 2012, p. 188, Howard, 2019에서 재인용).

- 단순히 yes/no로 답할 수 있는 질문을 피하라. 예: Do you like English? (x) → Why do you like English?
- 연구 참여자의 답을 유도하는 질문을 피하라. 예: Why do you feel anxious in English conversation class? (x) → How do you feel in English conversation class?
- 복잡한 질문을 피하라. 예: Why do you think you are anxious about speaking English? (x) → How do you cope with the speaking anxiety?
- 연구 참여자가 이해 가능한 질문을 하라. 예: How often do you receive recast from your teacher? (x) → How often does your teacher make corrections?

Friedman(2012, p. 188, Howard, 2019에서 재인용)은 양적 연구와 마찬가지로 인터뷰 역시 예비연구(piloting)를 통해 잠재적인 문제를 파악하고 수정할 것을 권한다. 인터뷰를 할 때 연구자가 연구 참여자를 지배적으로 대하지 않는 것이 중요하다. 연구자와 연구 참여자의 관계가 연구 자료에 영향을 미칠 수 있기 때문에 인터뷰에 있어 연구자와 연구 참여자의 관계는 매우 중요하다. 특히 연구자가 교사이거나 학생보다 지위가 높거나 영향을 미칠 수 있는 위치에 있는 경우 학생들은 솔직하게 응답하지 않을 수 있다. 이런 경우에는 연구 참여자가 좀 더 편안하게 느낄 수 있도록 직접적인 영향을 미치지 않는 사람이 인터뷰를 진행하는 방법을 고려해야 한다. 또한 연구 참여자가 훈계하거나 설명하려는 태도를 취하지 않도록 연구 참여자의 이야기를 듣고, 적절한 반응을 보이는 것이 중요하다. 가장 중요한 것은 연구 참여자가 인터뷰 과정에서 대부분의 이야기를 하도록 해야 하는 것이고 연구자는 적절한 자극과 긍정적인 반응을 통하여 연구 참여자가 말하고자 하는 주제에 대한 이야기를 보다 적극적으로 하도록 하는 것이다.

인터뷰 질문에 대한 연구 참여자의 적극적인 개입을 유도하기 위해서는 가상의 상황을 제시할 수도 있다. 예를 들어 "여러분이 영어를 사용하여 어떤 일을 할지 이상적인 모습을 묘사해 보세요", "여러분이 교사라면 영어 학습동기가 낮은 학생들을 지도할 때 어떤 방법을 사용할까요?" 등의 상황을 제시하면 연구 참여자가 응답하기에 좀 더 쉬울 수 있다. 인터뷰는 대개 지난 일에 대해서는 물어보는 회상적 인터뷰(retrospective interviewing)이지만 참여자가 경험하지 않은 상황을 상상하도록 하여 참여자의 인식, 태도 등을 간접적으로 파악할 수 있다.

인터뷰는 녹음을 해야 하기 때문에 대개 연구자와 연구 참여자가 조용히 이야기할 수 있는 장소(주로 연구실)를 선택한다. 연구 참여자를 편안하게 느끼도록 하기 위해 카페 같은 곳에서 인터뷰를 하는 경우도 있으나, 배경음악, 이야기 소리 등의 잡음이 있어 인터뷰 내용이 명확하게 들리지 않을 수 있다. 또 연구 참여자가 인터뷰에 집중하지 못할 수도 있어서 인터뷰 내용의 충실성에 지장이 있을 수 있다. 인터뷰 장소는 참여자의 이동거리, 선호도, 녹음의 질을 고려하여 선정해야 한다. 이동 인터뷰(mobile interview, Durrheim, 2009)를 제안하기도 하는데 이는 연구자와 연구 참여자가 밀폐된 공간에 앉아있는 대신 걷거나 차를 타고 이동하면서 인터뷰를 진행하는 것으로 연구 참여자가 좀 더 자연스러운 상황에서 의견을 말할 수 있도록 할 수 있다. 특히 비구조적 인터뷰를 할 때에는 이러한 방법을 활용할 수 있을 것이다. 또한 인터뷰와 관련된 사진, 그림, 실물을 프롬프트로 활용하면 연구 참여자가 인터뷰 상황에 좀 더 집중하도록 하는 데 도움이 될 수 있다.

2.2.3 인터뷰 절차와 질문 유형

인터뷰를 할 때에는 사전에 동의를 구하고, 인터뷰 질문과 필요한 장비를 준비하는 것이 필요하다. 인터뷰를 시작할 때에는 연구 참여자를 편하게 느끼도록 하는 것이 필요하다. 연구자와 연구 참여자가 이미 알고 있는 사이인 경우에는 이러한 과정이 순조롭게 이루어지지만 그렇지 않은 경우에는 시작 과정이 인터뷰의 분위기를 결정할 수 있기 때문에 매우 중요하다. 인터뷰 질문은 일반적이고 전체적인 질문(grand tour)에서 구체적인 질문으로 진행하도록 권한다(Lichtman, 2014). 예를 들어 다음과 같이 자기 소개, 수업에 대한 느낌 등 답하기 쉬운 질문으로 시작하는 것이 필요하다. 예를 들면 다음과 같은 질문을 활용할 수 있다.

- 본인에 대한 소개, 가족에 대해 이야기 해 주세요.
- 원어민 교사와 협동수업 할 때 어떤 느낌이 들었나요?
- 처음 영어를 배운 것은 언제인가요?
- 이번 학기는 어떻게 보내셨나요? 특별히 어려운 점이 있었나요?
- 어학연수 프로그램은 만족스러웠나요? 어떤 점이 가장 기억에 남나요?
- 개인적 질문 예: 자신에 대한 소개를 해 주세요. 가족에 대한 이야기를 좀 해줄 수 있나요?
- 구체적 질문 예: 지난주에 수업에서 있었던 이야기를 해 주세요. 수업은 보통 어떤 순서로 진행되나요? 어떤 활동에 시간을 가장 많이 배분하나요?
- 감정에 관한 질문 예: 수업 시간에 졸고 있는 학생이나 조 활동에 참여하지 않는 학생들을 보면 어떤 생각이 드나요? 학생들과의 관계에서 가장 어려운 점은 무엇인가요?

연구자가 자신의 이야기를 하는 것으로 시작하는 것도 도움이 될 수 있다. 예를 들어 연구 참여자의 영어 학습 경험에 대한 인터뷰를 한다면 연구자가 "나는 영어 단어가 잘 외워지지 않아 반복해도 자꾸 잊게 되는데 단어는 어떻게 외우세요?"라는 질문으로 시작할 수 있다. 구체적 질문은 인터뷰 참여자가 관련된 주제에 관한 정보를 제공할 수 있는 기회이기 때문에 연구 참여자가 주제에 관련된 이야기를 할 수 있도록 장을 마련해 주어야 한다. 개방 인터뷰에서 연구자는 보통 참여자에게 인터뷰를 위한 일반적인 틀을 제공함으로써 시작한다. 예를 들면 "여러분이 영어를 배울 때의 느낌, 그리고 영어를 배우면서 어떤 변화를 겪었는지를 말해 주세요", "여러분이 중학교부터 지금까지 영어를 어떤 방법으로 배웠는지 이야기해 주세요" 등의 일반적인 질문으로 시작하는 것이 연구자에게 부담을 덜어 주는 동시에 인터뷰에서 할 이야기에 대한 전체적인 조망을 하는 데 도움이 된다. Duff(2008)는 인터뷰 질문 유형을 다음과 같이 구분한다.

[표 4] 인터뷰 질문 유형(Duff, 2008, p. 136)

- Introducing questions (e.g. "Can you tell me about your L2 learning history?")
- Follow-up questions (asking more about the previous utterance or response; e.g. "Could you say more about that?" or "Could you give an example of that?")
- Probing questions (e.g. "Could you say something more about the courses you attended?")
- Specifying questions (e.g. "How did you react?")
- Direct questions (e.g. "Have you ever had trouble being understood?")
- Indirect questions (e.g. How do you think other students feel about x?)
- Structuring questions (moving onto another topic when off-track or when topic has been covered; e.g. "Now I have a different question/topic/task for you.")
- Silence (to encourage reflection or amplification of responses)
- Interpreting questions (e.g. "You mean that . . .?")

Duff의 질문 유형에 침묵(silence)이 있다는 점은 흥미롭다. 이는 연구자가 질문을 적절하게 하는 것만큼이나 조용하게 기다려 주는 것도 중요하다는 뜻이다. 연구 참여자가 생각할 시간, 답할 수 있는 시간을 주는 것이 필요하다. 인터뷰 질문은 일반적인 질문에서 구체적인 질문으로 진행하는 것이 좋고, 심층 인터뷰를 위해서는 비교, 대조하거나 연구 참여자의 답을 정교화하도록 탐색적인 질문을 하는 것이 필요하다. 다음 인터뷰 질문의 예를 좀 더 구체적으로 살펴보자.

일반적 질문 → 구체적 질문
- 미국에서 외국인 학생으로 공부한다는 것이 어떻습니까? → 공부하는 데 어떤 어려움이 있습니까?
- 신임교사로서 학교에서 어떻게 지내는지 이야기해 주세요. → 학부모를 대하는 데 있어 신임교사로서 겪는 어려움은 무엇인가요?
- 교생실습동안 지도교사와의 관계는 어떠했나요? → 지도교사에게 조언을 받고 싶은 부분은 어떤 것이었나요?
- 의사소통 중심은 어떻게 이루어지나요? → 수업에서 학생들이 구어활동에 참여하도록 하기 위해 어떤 방법을 사용하나요?
- 미국 대학원에서 외국인 학생으로 공부한다는 것은 어떤 느낌인가요? → 미국 대학원에서 외국인 학생으로서 어떤 점이 제일 어렵게 느껴졌나요? 외국인이라는 이유로 차별을 당하거나 불평등한 처우를 받았다고 느낀 적이 있나요?
- 신임교사로서 어떤 점을 느끼는지 이야기 해주세요. → 신임교사로서 동료와 일 할 때 어떤 점이 어려운가요?
- 학교현장실습 동안 지도교사와 어떤 어려움이 있었는지 이야기 해주세요. → 지도교사가 주로 어떤 피드백을 주었나요?
- 학생들을 수업활동에 참여시키기 위해 어떻게 하나요? → 수업에서 조별 활동을 많이 하나요?

비교, 대조
- 지금 가르치는 학교는 이전과 비교해서 어떤가요?
- 지금 학생들은 이전에 가르치던 학생들과 비교하면 어떤가요?
- 방과 후 교사와 영어회화전문강사가 하는 일은 어떻게 다른가요? 어떤 자격조건을 갖추어야 하나요?

정교화(Elaboration)
연구 참여자가 한 말을 정교화하기 위한 질문을 하는 것이 중요하다. 이를 위해서는 구체적으로 좀 더 명시하거나 구체화하도록 하도록 요청하거나 연구 참여자가 한 말을 반복하거나 제스처, 억양을 통해 좀 더 정보를 주도록 요청하는 것이 필요하다.

- 원어민 교사와의 관계가 불편하다고 하셨는데 왜 그런지 이유를 말씀해 주세요.
- 지금 하신 말씀이 무슨 의미인지요?
- 네. 좀 더 자세히 말씀해 주세요.
- 흥미로운 이야기이네요. 좀 더 말씀해 주세요.

이외에도 카드, 사진, 그림 등의 자료를 활용하여 연구 참여자가 좀 더 이야기를 하도록 할 수 있다. 새로운 주제로 넘어갈 때에는 이제까지 했던 이야기를 정리하고, 새롭게 시작하는 이야기의 주제로 전환하고 있음을 알리는 것이 필요하다.

새로운 주제 제시
- 지금까지 임시교사로서 겪는 어려움을 이야기해 주셨습니다. 여러분에게 정교사가 된다는 것은 어떤 의미일까요?
- 영어 교사로서의 어려움에 대해 말씀해 주셨습니다. 이외에 진로상담 교사로 전공을 바꾸게 된 다른 이유가 있으면 말씀해 주십시오.

인터뷰를 끝내기 전에 연구 참여자가 하고 싶은 이야기가 있는지 질문하여 연구자가 질문하지 않았던 내용이지만 관련된 이야기를 할 수 있는 기회를 주는 것이 필요하다. 연구자가 생각하지 못했던 이야기를 할 수 있는 기회이기 때문에 연구 참여자에게 이러한 기회를 부여하는 것이 필요하다.

끝내기
- 영어 학습 경험에 대해 더 추가할 이야기가 있으면 말씀해 주세요.
- 이제까지 말씀하신 것 외에 더 하실 이야기가 있으면 말씀해 주세요.

예를 들면 "영어 교사가 되기까지의 과정을 말씀해 주셨는데 더 하시고 싶은 말씀은 없는지요?", "지금 신입생들에게 영어 학습에 대한 조언을 한다면 어떤 말을 해주고 싶은가요?" 등의 질문은 연구 참여자가 인터뷰 중에 이야기 한 내용과 이 질문에 대한 응답을 비교, 검토할 수 있도록 해준다. 인터뷰의 주제와 직접적인 관련이 없더라도 연구 참여자가 이야기하고 싶은 것이 있다면 충분히 말할 수 있도록 기회를 주는 것이 필요하다.

인터뷰에서는 연구 참여자가 쉽고 명확하게 답을 할 수 있도록 질문을 하는 것이 필요하다. 이를 위해서는 유도하는 질문, 애매하거나 불명확한 질문, 복합적인 질문은 피해야 한다. 다음 예를 살펴보자.

유도 질문 대신 중립적 질문
- 중등교사 자격증을 가지고 초등학교에서 영어회화전문강사를 하는 것은 어렵지요? → 중등학교 자격증을 가지고 초등학교 영어회화전임강사를 하는 것은 어떻습니까?
- 제 기억에 1학년을 맡았을 때 학기가 끝나기를 간절히 기다렸던 것 같습니다. 아이들 때문에 미칠 것 같았어요. 그런 경험을 한 적이 있는지요? → 1학년 담임을 맡는다는 것은 힘들기도 하고 보람 있기도 합니다. 어떤 점에서 1학년 경험이 힘들고 보람 있었나요?

복합 질문(Complex questions) 대신 단일 질문(Single questions)
- 대학원 경험에 대해 이야기해 보려고 합니다. 어떤 수업을 들었나요? 그것이 전공이었나요? 왜 대학원에서 다시 공부하기로 했나요? → 대학원 경험에 대해 이야기해 봅시다. 대학원 경험이 어떠했나요?
- 영어 학습부진 학생들은 어떤 인지적, 정서적 어려움이 있는지요? → 영어 학습부진 학생은 어떤 어려움이 있나요?

연구자가 전문용어나 연구 참여자가 잘 모르는 용어를 사용하는 것은 피해야 한다. 인터뷰에서는 연구 참여자가 편안하게 이야기를 하도록 하는 것이 중요하기 때문에 연구자가 말을 수다스럽지 않도록 해야 한다. '연구 참여자의 인터뷰'가 아니라 '연구자의 인터뷰'가 되지 않도록 조심해야 한다. 이를 위해서는 인터뷰 후에 연구자가 반드시 인터뷰 녹음을 들어 보아야 한다. 이는 인터뷰 내용을 파악하기 위해서도 중요하지만 연구자 자신이 어떤 식으로 질문을 하고, 어떤 질문은 피하는 것이 좋은지 파악하기 위해서도 필요하다.

인터뷰 후에는 연구 참여자에게 인터뷰에 참여해 준 데 대한 감사를 반드시 전달해야 한다.[9] 이후에 인터뷰를 다시 진행할 계획이 있으면 이에 대한 대략적인 계획을 알려주고 연구 참여자의 일정도 확인하는 것이 필요하다. 연구계획에 따라 인터뷰를 진행하기 위해서는 연구 참여자가 연구 일정을 인지하고 있는 것이 필요하도록 하고 부득이한 사정이 생긴 경우에 연락하여 미리 조정할 수 있도록 해야 한다. 그렇지 않으면 연구 참여자가 연구 도중 사라지거나 연구 참여를 포기하는 경우가 생기기 때문에 비교적 장기간에 걸쳐 연구 참여자를 관찰하거나 인터뷰해야 하

---

[9] 많은 경우 연구 참여자에게 감사의 뜻으로 조그마한 선물(온라인 기프티콘 등)을 전달한다. 이 경우 연구자가 속한 기관이 정한 연구윤리 규정을 확인하고 이를 위배하지 않는 범위에서 집행하는 것이 필요하다.

는 경우 연구 참여자가 중도에 사라지는 비율(mortality)을 낮추도록 노력해야 한다.

인터뷰 후에는 녹음 파일이 저장되었는지 반드시 확인해야 한다. 저장한 파일은 소실을 방지하기 위해 두 개 이상의 장치에 저장하도록 한다. 또한 인터뷰 직후에는 인터뷰의 전체적 인상, 중요한 내용, 연구자가 반복적으로 한 이야기, 특징적인 표현, 앞으로 묻고 싶은 질문 등을 연구노트에 기록하는 것이 필요하다. 이는 인터뷰 자료를 분석할 때 참고할 수 있는 좋은 자료가 되기 때문에 인터뷰 후 시간이 많이 지나기 전에 기록해 두는 것이 좋다.

Richards(2003)는 인터뷰는 단순히 질문에 대한 답을 얻는 것이 아니라 "여행 중의 여행"(journey within a journey, p. 26)으로 연구 참여자가 제공하는 정보에 따라 내용이 달라진다는 점에서 여행에 비유하였다. 그러나 실제로 연구자가 전혀 질문을 생각하지 않는 비구조적 인터뷰는 생각하기 어렵다. 왜냐하면 연구자는 항상 연구 목표와 연구 문제를 가지고 참여자를 만나기 때문에 실제 아무런 방향 없이 인터뷰를 진행하기는 어렵다. 연구 문제와 관련된 질문을 가지고 시작하더라고 되도록 연구 참여자가 편안한 분위기에서 자발적으로 이야기를 할 수 있도록 하는 것이 필요하다. 그는 또한 연구자가 참여자의 이야기에 최소한으로 반응하도록 하여(yeah, uh-huh 등) 연구자의 특정한 입장이 전달되지 않도록 하라고 한다.

Chase(2003)는 생애사 연구를 위한 인터뷰의 경우 연구 참여자가 자신의 평범한 말로 자신의 삶에 대해 이야기 하도록 초대하되 연구의 주제에 특정하게 초점을 두지 않도록 하라고 조언한다. 또한 이야기 중에 참여자가 복잡한 이야기를 충분히 할 수 있도록 질문을 통해 지속적으로 격려하여 이야기를 이어가도록 하라고 조언한다. 즉 연구자는 연구 참여자에게 최대한의 자유를 보장하여 연구 참여자가 연구 주제와 관련된 정보를 되도록 많이 제공할 수 있도록 하는 것이 중요하다. Duff(2008)는 좋은 인터뷰를 위해 연구자는 다음과 같은 자질이 필요하다고 제안한다.

[표 5] 좋은 인터뷰 연구자의 자질(Duff, 2008, p. 137)

- Knowledgeable, respectful, organized, and clear, both in language use and purpose for the interview
- Aware of how much they themselves are speaking, and for what purpose
- Careful not to ask leading questions that will suggest a certain desired or preferred response or perspective
- Attuned to the level of proficiency or comprehension of the interview
- Careful not to interrupt and trained to provide sufficient response time following questions
- Sensitive, attentive, and responsive to answer or questions (in less structured interviews)
- Open to relevant new directions (when appropriate)
- Able to keep discussion on track, but do so gently
- Able to remember what interviewees have already said
- Effective in interpreting interviewees' remarks

Duff는 인터뷰를 진행하는 연구자는 주제를 잘 알고 있으며, 공손한 자세가 필요하다고 한다. 또한 인터뷰에서 자신이 어느 정도 말을 하고 있는지 모니터링 할 필요가 있으며, 연구 참여자가 충분히 의사표현을 할 수 있도록 주의 깊게 학습자의 인터뷰 내용에 귀 기울일 필요가 있다.

Richard(2003)에 따르면 좋은 인터뷰를 하기 위해서 연구자는 연구 주제와 관련된 질문을 적절하게 해야 할 뿐 아니라 연구 참여자의 응답을 잘 이해하고 적절한 반응을 하는 것이 중요하다. 또한 연구 참여자의 언어 수준, 질문의 이해 정도를 파악하여 주의 깊게 반응하는 것도 중요하다. 예상하지 못한 응답이나 연구의 의도와는 다른 새로운 방향으로 인터뷰가 전개되더라도 말을 막지 않고 들어주는 것도 필요하다. 그러기 위해서는 연구 참여자가 충분히 생각하고 답할 수 있도록 연구자가 침묵하는 시간도 필요하다. 좋은 인터뷰를 위해서는 연구를 위한 자료 수집에만 집착하여 인터뷰에 참여하는 사람 자체에 대한 관심을 잃지 않아야 한다. 참여자 개인에 대해 존중하는 태도와 함께 연구자로서 전문성을 보여주어 신뢰할 만한 사람이라는 인상을 주는 것이 필요하다. 인터뷰 연구자의 자질은 연습을 통해 길러지는 것이다. 인터뷰를 할 때마다 이전 인터뷰에서 했던 잘못을 반복하지 않으려는 의식적인 노력이 필요하다.

필자는 연구 참여자가 자신과 유사한 경험을 이야기할 때 공감을 표현한다는 것이 지나쳐서 말을 많이 한 적이 있다. 학생들의 영어 학습에 관한 경험을 묻는 인터뷰에서는 학생들이 영어 학습에 대한 질문을 할 때 자신도 모르게 교수자 모드로 여러 가지 조언을 하게 된 경우도 있다. 인터뷰 녹음파일을 듣고 나서야 자신이 얼마나 말을 많이 하는지를 알게 되었다. 인터뷰를 할 때에는 되도록 말을 적게 하고, 연구 참여자의 말에 "네. 좀 더 말씀해 주세요." 라는 응답을 하려고 의식적으로 노력해야 한다. 이런 의식적인 노력의 과정을 통해 좋은 인터뷰 연구자가 될 수 있다.

2.2.4 인터뷰 빈도와 분량

인터뷰를 얼마나 자주, 어떤 분량으로 할 것인가 하는 것은 연구 방법, 연구 문제와 관련지어 결정해야 한다. 인터뷰 기간은 전 언어학습 과정을 포함하는 경우도 있지만(Chick, 2007; Coffey & Street, 2008), 대부분의 경우 특정 기간에 걸쳐 순차적으로 일어난다. 인터뷰를 언제 하는지는 인터뷰의 내용에 영향을 미치기 때문에 인터뷰 시기를 결정하는 것도 중요하다. 예를 들어 학습자의 어학연수 경험에 관한 연구를 할 경우 어학연수 이전과 이후에 인터뷰가 이루어져야 하고, 어학연수 기간 중에도 인터뷰를 실시할 수 있다(화상 혹은 전화 인터뷰). 인터뷰 기간은 전체 연구 기간에 따라 달라질 수 있다. Chik과 Benson(2008)의 경우, 연구 참여자 Ally의 영국에서의 어학연수 경험에 대한 내러티브를 수집하기 위해 4년 동안 3개의 비구조적 인터뷰를 실시하였다. 각 인터뷰는 Ally의 해외수학 이전, 중반, 이후에 다음과 같이 이루어졌다.

- 인터뷰 1: Ally가 영국으로 가기 전 연구자(Chik)가 만남(2003)
- 인터뷰 2: 2년 후 Ally가 홍콩에 방학 중에 돌아왔을 때(2005)
- 인터뷰 3: Ally가 학위과정을 마치고 홍콩으로 돌아온 지 6개월 후(2007)

각 인터뷰는 90~120분 정도 소요되었고, 홍콩어(Cantonese)와 영어가 혼용되었다. Chik과 Benson(2008)은 인터뷰를 바탕으로 한 연구 중 드물게 장기간에 걸쳐 이루어졌다. 인터뷰가 반드시 장기간에 걸쳐 수행될 필요는 없으나 제2언어 정체성을 관찰하거나 학습자의 언어학습 과정을 관찰한다든가 하는 경우처럼 오랜 시간을 두고 변화과정을 살펴보아야 하는 경우는 오랜 시간이 소요될 필요가 있다.

비교적 짧은 기간 동안 여러 번 인터뷰가 실시된 경우도 있다. Swain과 Miccoli(1994)는 2개월 동안 소그룹에서 영어를 배우는 학생들을 대상으로 7번 인터뷰를 실시하여 영어 학습의 정의적이고 사회적인 측면을 살펴보았다. 첫 번째 인터뷰는 주로 연구자와 연구 참여자가 서로를 알아가는 과정이고 이어진 인터뷰는 수업 관찰과 현장노트를 중심으로 관련된 질문을 바탕으로 이루어졌다. 이 후에 진행된 3~4차 인터뷰는 연구 참여자가 쓴 저널을 바탕으로 이루어졌다. 인터뷰가 종료된 후에, 전사 자료와 기본적인 분석에 대한 연구 참여자의 의견을 듣기 위해 다시 만남이 이루어졌다. 이러한 멤버 확인 과정은 자료 및 자료 분석 과정의 신뢰성을 높이는 데 기여하기 때문에 중요한 과정이다. Swain과 Miccoli(1994)

의 연구는 언어학습에 대한 회상적 기술과 수업이 진행되는 과정에 이루어지는 동시적 인터뷰를 통해 자료를 수집하는 예를 보여준다.

So와 Domíngues(2004)는 영어 학습 과정 중의 정서적인 변화에 초점을 둔 연구로, So는 미국 카네기 멜론 대학에서 제2언어 습득을 가르치는 교수였고, Domíngues는 박사과정에 입학한 페루계 스페인어-독일어 이중언어 구사자였다. Domíngues가 그의 영어 학습 과정을 우연히 이야기하게 되면서 연구로 이어지게 되었다. 이들은 연구 과정을 다음과 같이 기술하고 있다.

> Rocío agreed to meet with me [So] regularly for the next couple of months, simply recounting her recent experience related to her acquisition of English language. I remained a listener, occasionally asking questions for clarification and further detail. We met six times in total for this purpose for about an hour each time between 28 October and 8 February 1999. Like the day of our first session, the day for the last session had not been pre-planned. When we both felt we had seen sufficient number of 'interesting' things in Rocio's stories, we were eager to switch our dialogist hat to hat of the researcher. (So with Domíngues, 2004, p. 42)

So와 Domíngues는 5개월 동안 연구 참여자를 6번 만나 인터뷰 자료를 수집하였는데, 연구자는 질문을 미리 계획하지 않고, 연구 참여자인 Rocio가 '재미있는' 일을 충분히 이야기 했다고 느꼈을 때 인터뷰를 종료했다고 밝히고 있다. 물론 '충분히'라는 것은 연구자의 주관적인 판단에 달려 있는 것으로 어떤 특정 시점에서 멈추어야 하는지를 공식화할 수는 없지만 주제와 관련된 새로운 정보가 더 이상 발견되지 않을 때, 즉 정보가 포화상태에 이르렀을 때 자료 수집을 중단하게 된다. 이러한 개방형 인터뷰에서는 연구자가 연구 참여자 Rocío와 동료 관계를 형성하는 것이 인터뷰 내용의 질을 결정하는 데 매우 중요하다. 그러한 동료 관계를 바탕으로 인터뷰가 진행되기 위해서는 라포를 형성할 수 있는 시간이 충분히 있어야 한다.

　Cotterall(2004) 역시 연구자와 연구 참여자의 상호작용이 인터뷰의 방향을 결정하는 데 결정적인 역할을 함을 보여주었다. 연구자는 9개월 동안 연구 동료 Harry와 6번 인터뷰를 통해 '인터뷰'가 아니라 비격식적 '대화'를 하며 끌어내는 방식으로 자료를 수집하였다. 라포와 비격식적 대화가 인터뷰에 중요한 것은 사실이지만 연구자가 연구 참여자의 이야기의 흐름을 잘 통제하지 않으면 연구와 관련 없는 이야기로 흘러갈 수 있는 위험이 있기 때문에 연구 참여자의 응답을 잘 기억하고, 연구 주제에서 벗어난 경우 다시 주제로 돌아올 수 있도록 도움을 주어야 한다. 응용언어학 분야 논문에 발표된 인터뷰 시간은 30분에서 1시간 반 정도가 주를 이룬다. 그러나 Tsui(2007)의 경우 1주일 동안 4번에 걸쳐 4시간 이상 면대면 인터뷰를 진행한 경우도 있다(four intensive face-to-face conversations of about four hours each over the period of one week, p. 659). 이는 연구자가 연구 참여자를 컨퍼런스 기간이라는 짧은 시간 동안 여러 번 만나 인터뷰를 해야 하는 상황 때문이었다. 그러나 이러한 경우는 매우 드문 경우로 연구자와 연구 참여자가 느끼는 피로감은 인터뷰의 질에 영향을 미칠 수 있으므로 지나치게 장시간 인터뷰를 하는 것은 바람직하지 않다. 인터뷰 기간은 연구마다 상이하다.[10] 인터뷰는 연구자 참여자의 제약 조건(만날 수 있는 시간, 장소 등)에 따라 기간이 결정되어야 한다. 또한 인터뷰 기간이 짧을 경우 보다 긴 기간의 관찰 혹은 테스트가

---

[10] 예를 들면 Kinginger(2004), Chik과 Benson(2008)은 4년, Block(1998), Tsui(2007) 등은 1~2주, Barkhuizen(2010), Cotterall(2004), Swain & Miccoli(1994)은 수개월에 걸쳐 인터뷰 자료를 수집하였다.

보완적인 자료로 사용되어야 한다.

    Richards(2003)는 인터뷰를 하기 전 연구자가 인터뷰를 통해 얻고자 하는 것이 무엇인지, 그리고 "핵심적인 질문"(big questions, p. 69)이 무엇인지 파악하라고 조언한다. Coryell, Clark과 Pomerantz(2010)의 연구는 인터뷰 질문과 내러티브가 어떻게 연결되는지 보여주는 좋은 예라고 할 수 있다. 이들은 스페인어-영어 이중언어를 구사하는 교포 학습자들이 대학에서 제공하는 스페인어 온라인 강좌를 왜 수강하는지에 관심을 갖고, 교포 학습자의 공식, 비공식적 언어학습 경험이 온라인 학습에 어떠한 영향을 미치는지 파악하고자 하였다. 7명의 여성 학습자와의 대화 자료와 인터뷰 자료를 수집하여 분석한 결과, 모든 학습자들은 공식적인 스페인어 수업을 통해 "진정한 스페인어"(true Spanish) 배우고자 하는 동기를 가지고 스페인어를 수강하고 있었다. 이들은 일상생활에서 사용하는 스페인어, 즉 지역성이 강한 텍스멕스(Tex-Mex) 스페인어를 사용하는 것이 아니라 적법한 스페인어를 사용함으로써 스페인어 화자의 정체성을 형성하고자 하는 욕구에서 온라인 학습을 시작하게 되었음을 보여주었다.[11] 이 연구는 다음과 같은 절차로 진행되었다.

- 텍사스 주 내 2개 기관에 연구 참여자 모집 공고
- 7명의 스페인어 여성 학습자가 참여 의사를 표시하여 연구 참여자로 선정
- 면대면, 전화로 반구조적 인터뷰 진행(1.5~2시간), 인터뷰는 영어로 진행하였으나 필요한 경우 스페인어를 사용함
- 각 참여자와 이메일 혹은 전화를 통한 대화
- 전사 과정 중 보충 설명, 명확한 설명을 위해 개별적 연락 취함
- 13시간 인터뷰, 17개의 전화 및 이메일 교환 자료

---

[11] 미국 텍사스에서 발견되는 멕시코 영향이 강한 음악, 음식 등의 문화를 가리키는 용어임

이들은 연구 참여자들의 언어학습사(Language Learning History) 수집을 위해 Murphey, Chen과 Chen(2004)의 인터뷰 질문을 사용하였다. 질문의 내용은 다음과 같다.

[표 6] 언어학습사를 위한 인터뷰 질문(Coryell et al., 2010, p. 469)

학습자 배경에 관련된 일반적 질문
1. Which language do you consider your native or first language? Why?
2. In what other languages do you consider yourself fluent?
3. Do you consider yourself a good language learner?
온라인 학습과 관련된 구체적 질문
4. Why did you decide to take this class online?
5. How do you feel about using computers and technology in your learning?
6. How do you know your are learning in your online course?
7. What kinds of online learning activities do you like best? Worst? Why?
8. How do you describe your own ethnicity or culture?
9. Tell me about your experience in learning languages other than English.
10. Tell me about online language learning experiences you have liked.
11. Tell me about experiences that may have been uncomfortable or disturbing with regard to your learning or practice in Spanish classes online.
스페인어 학습과 사용에 관한 구체적 질문
12. How do you feel when you need to speak Spanish? (examples)
13. How do you feel using Spanish while native Spanish speaking people are present or when bilingual Americans learning Spanish are present? Why? How is the experience different? Can you give me some examples?
14. How do you feel writing in Spanish? (examples)
15. Do you think learning online is better or worse for learning a new language?
16. How do you feel now after addressing this issue?

위에서 보듯이 인터뷰 질문은 일반적인 배경을 묻는 질문에서 보다 구체적인 연구 문제와 관련된 질문으로 옮겨온다. 이러한 가이드는 연구 참여자뿐 아니라 논문을 읽는 독자에게 자료의 내용이 어떤 것인지를 짐작하게 하는 데 도움이 된다. 예를 들면 참여자가 이야기한 진정한 스페인어가 무엇인지를 자료를 통해 증명하게 된다.

인터뷰는 주로 일대일 상황에서 이루어지지만 여러 명의 연구 참여자가 함께 참여하는 경우도 있다. 특히 포커스 그룹(focus group) 혹은 표적 집단의 경우 6~10명 정도의 인원이 참여하고 사회자가 있다(Barkhuizen, Benson, & Chik, 2014). 이 경우 특정한 방향을 정하지 않고 사회자가 주제를 소개하고 참여자들이 자유롭게 의견을 말하도록 한다. 다음 예는 영어 학습부진에 대한 교사들의 의견을 묻기 위해 실시한 인터뷰 전사문이다. 필자와 공동연구자 1명이 연구자로, 그리고 교사 2명이 연구 참여자로 인터뷰에 참여하였다. 필자가 인터뷰 질문을 하고, 공동 연구자는 주요 내용을 메모하는 역할을 하였다. 많은 인원이 참여한 인터뷰는 아니지만 일대일 인터뷰와는 다른 면을 관찰할 수 있다.

[표7] 영어 학습부진에 관한 인터뷰 전사문

연*	이제 저희가 선생님께 좀 여쭙고 싶은 거는 혹시 교직 하시면서, 계시면서 영어 학습 부진아는 이런 애들일 거다, 하는 학생들 혹시 한번 보신 적 있는지, 아니면 현재 그런 학생들이 있는지
교사1	많죠, 예, 많고 일단 성적이 뭐 중간고사나 이런 거 시험 쳤을 때 성적이 일단 제가 봤을 때 한 40점정도 밑으로 내려가는 학생들은 거의 모르고 친다고 보면..(연: 찍는 거 마냥..)예, 그러니까 뭐 알고 치는 거는 거의 없고 대부분 그냥 뭐 맞춰도 그냥 뭐 그 확신은, 이라기보다는 뭐 이럴 것이다 이래서 찍고 이렇게 했... <u>한 40점정도 되겠죠, 선생님 그죠? 40점에서 50점 사이, 요 사이 애들은</u>(교사2: 그것 좀 보다 더 아래일 수도 있을 것 같은데..)예, 근데 이제 40점 뭐.. 이렇게 맞는 애들도 사실은 뭐.. 많이 알지는 못하는 것 같아요.
교사2	제가 시험을 쳐보면 느끼는 게 문제를 좀 쉽게, 성적이 안 나와서 문제를 쉽게 내잖아요. 100점을 맞는 학생이나 상위권 학생들은 점수가 올라가는데, 하위권 학생들은 변동이 없어요(교사1: 안 올라가요) 변동이 없어요, 아무리 쉽게 내도. 그거를 보면 이거는 진짜 기초 학력이 너무 떨어지고.. 이게 외국어라, 외국어이기 때문에 아무리 쉽게 내도 애들한테는 그게 거의 암호 수준으로(웃음과 섞여 잘 안들림) 일 거 같다는 생각이 들거든요. 우리가 볼 때 쉽다는데, 이들이 보기에는, 예.
연	읽을 수는 있나요?
교사2	제가, 저는 이제 여기 OO중학교에서는 사실 부진 수업을 안 해봤고 다른 학교에서 해봤었는데 부진아 대상은 한 학년에 열 명 정도, 많으면 열

	명 정도 데리고 하는데
교사1	하위에서 이제 열 명을 끊어요. 근데 그 열 명만 사실은 부진은 아니고 그 위에 올라가서도 부진은 있지만 이제... 그 뭐라고 해야 되나, 그 한 사람이 지도하기에 그냥 이제 적당하게 이제 열 명으로 끊어가지고 열 명이 있는 거지, 사실은 그것보다는 더 많지만 그래서 열 명 정도 하면... 잘 못 읽어요. 그러니까 알파벳도 이제 쓰면 한 개 쓰고 한 개 보고 <u>이런 식으로... 쓰고 그죠?</u>
교사2	예, 그리고, 그래서 저희가 뭐 문법이나 이런 거는 아예 이 학생들한테 가르칠 엄두가 안 나고, 단어 가지고 우리 하는데, 단어를 읽는 거 안 되는 애들도 있구요, 열 명 중에서도 잘하는 애들이, 읽을 수 읽을 수 있는 애들. 그러니까 못 읽는다는 단어 수준이 어느 정도냐면 School이란 단어를 못 읽어요. 그리고 여러 번 반복해서 해줘야 되고, 그러니까 애들한테 그 45분 시간 내에 수업을 하면 이 스펠링까지 완벽하게 외우는 건 불가능하구요. 가리고 이 단어를 봤을 때 읽을 수 있고 뜻 말하는 거. 요거 하는 건데, 그 다음 줄이면 또, 또 다 까먹어요.

*연구자

위 전사문에서 보면 연구자의 질문에 대해 연구 참여자가 번갈아 답을 하지만 연구자가 굳이 순서를 정하지는 않는다. 자연스럽게 한 사람이 답을 하고 다른 사람이 이어서 답을 하는 형식으로 연구자의 개입이 거의 없다. 밑줄 친 부분처럼 교사1은 자신이 인터뷰 질문에 대한 응답을 하는 동시에 교사2에게 질문을 함으로써 인터뷰를 진행하는 역할을 하기도 하고, 교사2의 응답 중간에 자신의 의견("안 올라가요")을 밝히기도 한다. 이처럼 포커스 인터뷰에서 일어나는 상호작용과 담화는 커뮤니티 내러티브(community narrative, Rajadurai, 2010, p. 97)를 구성함을 보여준다. 포커스 그룹 인터뷰는 대개 서로 잘 아는 사람들이 참여하기 때문에 서로 간의 친밀감이 이미 형성되어 있고, 개인이 아니라 전체를 향해 질문을 하기 때문에 자신이 반드시 답을 해야 한다는 부담도 적을 수 있다. 또한 낯선 연구자와 마주하여 응답을 해야 하는 심리적 거리감, 방어적 태도를 줄일 수 있기 때문에 훨씬 자연스러운 상황에서 자신의 이야기를 할 수 있다는 장점이 있다. 그러나 참여자들의 관계, 지위, 나이,

성별에 의해 응답 내용이 영향을 받을 수도 있고, 자기 의견이 강하거나 말차례(turn)를 오래 장악하는 사람이 있을 경우 모든 사람들이 골고루 말할 기회를 가지지 못할 수도 있다. 따라서 포커스 그룹 인터뷰를 진행할 경우 연구자가 참여자들이 모두 참여할 수 있도록 적절한 조정을 하는 것이 필요하다.

2.3 저널/일기[12]

인터뷰는 질적 연구에 가장 많이 사용되는 자료 수집 방법이지만 상황이 일어난 시점과 인터뷰를 하는 시점 사이에 상당한 시간 차이가 있을 수 있고, 참여자가 자신의 경험을 이야기하는 자기보고이기 때문에 실제로 그렇게 한 것인지 확인할 수 없다. 또한 인터뷰의 질문이 어떻게 구성되는가에 따라 응답의 내용도 상당히 달라질 수 있기 때문에 자료의 타당성을 확보하기 어려운 점이 있다. 이에 비해 저널/일기는 연구자가 저널에 대한 일반적인 지침을 주고(예: 어학연수 기간 동안 수업 외에 영어를 사용하는 경험에 대한 일기 쓰기), 연구 참여자가 자율적으로 기록을 하도록 하는 것이기 때문에 연구자의 통제 없이 자연스러운 상황에서

---

[12] 저널(journal)이나 일기(diary)는 같은 의미를 지니지만 저널의 경우 어떤 필요에 의해서 정규적으로 일어난 일을 기록한다는 의미가 강하고, 일기는 개인의 자율인 의사에 따라 다른 사람에게 보여준다는 전제 없이 일어난 일, 그에 대한 의견 감정을 쓰는 보다 사적인 글로 구분하는 경향이 있다. 가령 영어권 국가에 어학연수를 간 동안 매일 수업, 수업 외에 일어난 일을 기록했다면 이는 일기라고 하는 것이 적절한 것이다. 그러나 연구자가 어학연수 프로그램에 참여하는 학생들의 언어 습득 과정을 알아보기 학생들에게 일정 기간 어학연수 경험에 대한 기록을 하도록 했다면 저널이라고 하는 경우가 많다. 그러나 이 두 가지 용어가 구분 없이 혼용되어 사용되기도 한다. 이 책에서는 의미를 구분하지 않고 사용하기로 한다.

자료를 수집할 수 있는 방법이다. 저널/일기는 연구자의 통제하에 자료 수집이 이루어지지 않기 때문에 연구 참여자가 자신의 생각을 정리할 기회를 가질 수 있어 자료 수집에 용이하다. 그러나 저널이나 일기는 연구 참여자의 개인적인 특성에 영향을 많이 받으므로 자료의 양, 참여자의 관점에 따른 주관성이 많이 작용한다. Pavlenko(2007)는 제2언어 학습자의 저널이나 일기를 자전적 내러티브(autobiographic narrative)의 한 가지 유형으로 보았다. 일기는 1인칭 관점에서 기록되기 때문에 경험과 기록 사이에 동시성, 밀접성이 있고(Bailey, 1990), 참여자가 일어난 일을 다시 이야기(retelling)하도록 함으로써 경험에 대한 의미를 부여할 수 있다(Clandinin & Connelly, 2000).

개인적인 일기를 제2언어 습득 연구에 활용한 것은 비교적 최근이다. Bailey와 Ochner(1983)는 일기연구를 다음과 같이 정의하고 한다.

> A diary study in second language learning, acquisition, or teaching is an account of a second language experience as recorded in a first-person journal. The diarist may be a language teacher or a language learner but the central characteristic of the diary studies is that they are introspective: The diarist studies his own teaching or learning. Thus he can report on affective factors, language learning strategies, and his own perceptions – facets of the language learning experience which are normally hidden or largely inaccessible to an external observer. (Bailey & Ochner, 1983, p. 189)

위에서 기술하듯이 일기는 1인칭 관점의 기록으로 자신의 경험을 기술하는 성찰적(introspective) 특징을 가진다. 즉, 자서전적 성격을 띠는 내면적 자료라고 할 수 있다. 교사나 학습자가 자신의 제2언어 교수 혹은 학습 경험에 대한 정의적 요인, 전략, 자신의 관점을 자유롭게 기술하기 때문에 외부적인 관찰자가 쉽게 접근할 수 없는 자료를 얻을 수 있다.

이를 통해 학습자들이 언어학습에 대해 어떠한 인식을 하고 있는지 탐구할 수 있기 때문에 학습자의 1인칭 관점에서 제2언어 학습 경험을 기록하기 때문에 다른 자료 수집 방법으로는 알 수 없는 부분에 대한 통찰력을 얻을 수 있다. 학습자의 관점에서 자신의 학습전략, 학습 스타일, 정의적 태도 등 어떤 한 가지 부분에 초점을 두고 기록할 수도 있다. Benson(2004)은 학습자 저널/일기는 학습과 동시에 이루어지기 때문에 정서적 요인, 학습전략, 학습자의 인식에 대한 정보를 얻는 데 유용하다고 하였다. 저널/일기 기록의 목적이 수업 중 과제의 일부일 수도 있고, 연구를 위해 기록된 자료일 수도 있고, 이 두 가지가 섞여 있는 경우 자료 삼각화에 사용될 수 있다.

일기 자료를 바탕으로 한 대표적인 연구로 Bailey(1983)를 들 수 있다.[13] 그는 경쟁심과 불안감이 제2언어 학습에 어떠한 영향을 미치는지 살펴본 연구로 본인의 일기를 본인이 분석하는 1인칭 사례연구이다. 일기는 내면적 혹은 성찰적 관점에서 기술될 수 있고, 일기 분석은 자신이 할 수도 있고 연구자가 할 수도 있다. 자전적 성격의 일기연구가 많지만 제3자인 연구자가 일기를 분석하는 경우도 있다(예: Numrich, 1996). 인터뷰 자료의 경우 연구 참여자와 시간, 장소적 제약이 있을 수 있고, 전사 과정에 많은 시간과 노력이 들 수 있는 데 비해 저널/일기 자료는 비교적 쉽게 자료를 수집할 수 있다.

이러한 장점에도 불구하고 저널/일기를 자료로 활용하는 연구가 많지 않은 것은 인터뷰와 마찬가지로 연구 참여자가 소수이기 때문에 연구 결과를 일반화하기 어렵고, 일정 기간 동안 정기적으로 작성되어야 하는 어려움 때문이다. 자료로서 충분한 분량이 될 만큼 저널/일기를 작성하는

---

[13] 제2언어 학습자들과 교사들의 저널/일기를 바탕으로 한 연구의 예는 Nunan과 Bailey(2009, pp. 294-299) 참조.

데는 상당한 시간이 소요되는데 연구 참여자가 인내심을 가지고 작성하는 것이 쉽지 않기 때문이다. 예를 들어 어학연수 기간 동안 학습자의 언어활동을 일기로 작성하는 경우, 학습자 스스로 작성했다기보다 과제의 성격으로 부여되어 강제적 성격을 띠는 경우가 많다. 이러한 이유로 일기는 주로 응용언어학 분야의 학자, 교사들에 의해 쓰여 학습자의 경험을 대표하지 못한다는 비판이 있다. 또한 일기는 매우 사적인 영역의 글인데 이를 연구자가 분석할 것을 염두에 두고 일기를 작성하는 경우 그렇지 않은 경우와 다르게 작성할 가능성이 있고, 자전적인 일기의 경우 연구자의 주관적인 해석이 강하게 영향을 미칠 수 있다는 점도 주의를 기울여야 할 부분이다.

일기를 자료로 사용한 몇 가지 연구의 예를 살펴보자. Campbell(1996)은 멕시코에서 2개월간 스페인어를 배운 경험을 일기로 작성하면서 이전의 독일어 학습 경험이 새로운 언어학습 과정에 어떻게 영향을 미치는지 파악하고자 하였다. 그의 일기는 멕시코로 가기 전, 자신의 이전 영어 언어학습 경험 역사를 기록하였다. 그는 매일 하루에 두 번씩, 주말에는 보다 자주, 보다 길게 일기를 작성하였다. 매 일기는 3~4쪽 정도 분량으로 총 71개 일기를 자료로 수집하였다. 일기 외에도 음성 녹음(1회), 친구와의 편지도 자료로 활용하였다. 이러한 자료를 통해 그는 교사와 친구가 되고, 교실 밖 비공식적 상황에서 언어를 사용하는 전략을 통해 스페인어를 학습하게 되었음을 보여주었다.

김신혜(2019b)는 중국어 학습 과정 동안에 작성한 일기를 분석하여 학습동기에 영향을 미치는 요인을 살펴보았다. 연구자이자 참여자인 필자가 중국어 학습에 참여한 약 26개월간(휴지기 제외) 중국어 학습자, 영어 학습자, 교수법 전문가로서 느끼는 생각, 갈등, 성찰을 일기로 기록하였다. 일기를 쓰게 된 것은 연구를 위해서가 아니라 성인이 되어서 제2언어를 학습한다는 것이 어떤 것인지, 교수자가 아닌 학생이 된다는 것이 어떤 것인지를 적기 위해 쓰기 시작한 것이다. 따라서 누구에게 보여 주기 위해 기록한 것이 아니라 개인적 생각과 감정을 솔직하게 기록한 내면적 자료로 수정하거나 편집하지 않고 사용하였다. 학습 시기마다 일기를 작성한 분량에는 차이가 있다. 중국어 학습을 시작하고 중단하고 다시 시작한 시기를 학습 방법에 따라 3기로 나누었다(교실수업-튜터링-교실수업). 중국어 학습 1기에는 거의 매일 일기를 작성하였고(9,594 단어 분량), 2, 3기 수업에는 1주일에 한 번 정도로 작성하였다. 일기에 사용한 언어에도 차이가 있는데 초기에는 영어로, 학습 2기(4,645 단어), 3기(8,851 단어)는 국문으로 작성하였다. 다음은 논문에 인용된 일기의 일부이다.

> I'm considered one of the regular students. Even though I didn't come for the whole week, I am still considered 'a good student'. I seem to consciously and unconsciously try to live up to that expectation - to try to come to class on time, to review the lesson, and to think about sentences while walking... I couldn't accept myself being a poor student in a foreign language learning situation. But I am now rather a good student, this gives me extra motivation to get up early in the morning even when I have to teach 16 hours of classes.
> (2010. 4. 16, 김신혜, 2019b, p. 156)

> 177번에 CCTV 채널이 있다는 것을 처음 알았다. 아니 굳이 찾아보려 하지 않았다. 30분 정도 알아듣지 못하는 뉴스를 봤다. 중국어 뉴스방송을 30분이나 보고 있었다는 게 놀라웠다. 전에는 그냥 소음이었는데 오늘은 사람의 언어로 들렸다. 간간이 들려오는 단어가 반갑기도 하고, 자막으로 나오는 글자가 사람의 음성으로는 저렇게 나오는구나 하고 알게 되는 게 좋기도 하고, 중국 아나운서들은 흔히 생각하는 그런 중국 사람의 모습이 아니구나 그런 생각도 들었다. 뉴스를 알아들을 만큼 중국어를 하면 좋겠다는 생각이 들었다. 영어와 중국어 채널을 오가며 뉴스를 듣는 모습이 꽤 cool하게 느껴진다.
> (2017. 2. 4, 김신혜, 2019b, pp. 160-161)

위 일기에서 보듯이 중국어 학습에서 'good student'가 되어야 한다는 기대, 중국 문화에 대한 새로운 생각이 중국어를 배우는 데 동기 요인이 되었다. 그러나 중국어를 계속해야 할 외부적인 자극이나 부담이 없고 중국어를 사용하여 의사소통할 기회를 가지지 못하면서 탈동기화 되고, 이는 학습중단으로 이어진다. 이 연구를 통해 필자는 중국어 학습동기가 학습자 내적인 요인에 의해 영향을 받을 뿐 아니라 학습자가 위치해 있는 상황의 여러 가지 요인들에 의해 영향을 받고, 이러한 요인들이 '성공적인 제2언어 학습자 롤모델'이라는 지향점에 어떠한 영향을 미치는지를 살펴보았다. 일기를 쓰는 과정을 통해 필자는 제2언어를 배우면서 효과적인 교수법이란 무엇인지 다시 생각하게 되고, 이제까지 주장해왔던 의사소통중심 언어교육이 한국 교실 상황에서 어떻게 적용되어야 하는지를 성찰하는 계기가 되었다. 또한 학습자가 겪는 정서적 어려움을 경험하면서 학습자들을 이해할 수 있는 폭이 조금 넓어졌다고 할 수 있다. 영어로 영어수업을 하는 것이 왜 어려운지, 영어로 대화할 때 왜 긴장하게 되는지, 학습자로서 느끼는 계기가 되었다. 이런 점은 일기라는 자서전적 성찰을 통해서만 기록할 수 있기 때문에 다른 자료와 차별되는 관점을 제공할 수 있다. 제2언어 학습에 대한 일기 연구는 학습자로서의 경험뿐 아니라, 교수법에 대한 성찰을 하도록 하고, 이를 바탕으로 수업에 변화를 가져올 수 있는 계기가 될 수 있다는 점에서 유용하다.

2.4 관찰 및 현장노트

2.4.1 관찰

관찰은 원래 문화기술지 연구와 가장 밀접한 관련을 가지는 연구 방법이지만 모든 질적 연구에 널리 사용되고 있다. 관찰이란 실험 상황이 아닌 자연스러운 상황에서 참여자의 행동을 주의 깊게 살피고 자세히 기록하는 것을 말한다. 응용언어학 분야에서는 주로 교실, 교사들의 사무실, 또는 이중(혹은 다중)언어 사용 가정 등이 관찰 현장이 된다. 관찰만을 연구 방법으로 하는 경우는 거의 없고 대부분 인터뷰 혹은 설문 등의 연구 방법과 함께 연구 참여자의 행동에 대한 정보를 수집하는 방법으로 많이 사용된다. 참여 관찰(participant observation)은 인류학, 사회학 등의 분야에서 오랫동안 사용해 온 문화기술지 연구 방법이라고 할 수 있다. 이는 연구자가 연구하고자 하는 환경에 오랫동안 머물며 부분적으로 같은 활동에 참여하면서 부분적 동화(partial immersion)가 일어나게 된다. 이 경우 연구자는 관찰과 참여를 동시에 진행하게 되는데, 연구자는 이 과정에서 관찰하는 내용을 현장노트(field notes)에 자세히 기록해야 한다. 현장노트는 특정한 상황에 참여한 사람, 상호작용, 상황 등을 자세히 기록해야 하는데 이에 대한 상당한 훈련이 필요하다. 관찰에 있어 또 다른 문제는 관찰자의 역설(Lavob, 1972)인데 이는 연구자가 현장에 있는 것 자체가 자연스러운 행동을 방해할 수 있다는 것이다. 양적 연구의 경우는 연구자의 존재 여부와 관계없이 연구 결과를 도출한다고 보지만 질적 연구의 경우 연구자의 존재가 연구 참여자의 행동에 영향을 미칠 수 있다는 점 때문에 되도록 연구자가 방해요소가 되지 않도록 노력하되 어떤 영향을 미칠 수 있는지를 정직하게 기술하려는 노력을 해야 한다.[14]

관찰은 관찰자가 관찰하는 연구 현장에 참여하는가의 여부에 따라 참여 관찰과 비참여 관찰(non-participant observation)로 나뉠 수 있는데, 응

---

[14] 양적 연구에서도 호손 효과(Hawthorne effect), 할로 효과(Halo effect) 등 연구 참여자가 태도가 연구 결과에 영향을 미칠 수 있다(Mackey & Gass, 2005, p. 114). 호손 효과는 연구 참여자들이 연구에 참여하고 있다는 사실 때문에 행동을 달리 하는 것을 말하고, 할로 효과는 연구 참여자가 연구자가 원하는 답을 하고 싶어 하는 경향 때문에 정확한 결과를 얻지 못하는 것을 말한다.

용언어학에서는 비참여 관찰이 주된 방법이라고 할 수 있다. 또한 미리 준비한 항목을 가지고 하는 폐쇄형/구조적 관찰과 개방형 관찰로 나뉠 수 있다. 전자의 경우 관찰하고자 하는 항목을 정리한 관찰표를 만들어 관찰하는 동안 해당 항목에 표시하는 것이고, 후자의 경우 관찰을 하고 난 이후에 필요한 범주를 만드는 것이라고 할 수 있다. 관찰을 하는 동안 연구자는 오디오로 녹음하거나 비디오 녹화를 하고(사전 허락을 받은 경우), 현장노트를 자세히 기록한다. 관찰의 경우 연구자가 관찰 상황에 지나치게 친숙하여 새로운 것을 발견하지 못하는 것도 문제가 되고, 반대로 너무 많은 것을 새롭게 발견하기 때문에 초점이 무엇인지 발견하지 못하는 것도 문제가 된다. 따라서 관찰을 처음 하는 경우 체크리스트 등을 참고로 하여 관찰할 것을 권장하고 있다. 이러한 체크리스트는 흔히 상황(setting), 사람(people), 행동(behavior) 범주로 나뉘어 관련된 부분을 확인하도록 한다.

관찰은 교사나 학생들이 일상생활을 자세히 살펴봄으로써 실제 어떤 일이 일어나고 있는지를 밝힐 수 있다. 일반적으로 어떻게 하고 있다고 믿고 있지만 실제 자세히 들여다보았을 때는 그와는 다른 양상이 있을 수 있음을 보여줌으로써 신념과 행동 간의 괴리를 보여줄 수 있다(help demystify what is actually going on as opposed to what one might hope or assume is happening, Anderson, Herr, & Nihlen, 1994, p. 129, Heigham & Croker, p. 168에서 재인용). Patton(2002)은 관찰을 통해 참여자의 행동을 보다 열린 관점에서, 귀납적이고 총체적(an open, inductive, and holistic perspective)으로 볼 수 있다는 장점을 들고 있다. 학습자의 행동을 학습자가 있는 상황과 관련하여 살펴봄으로써 이전에 밝혀지지 않았던 새로운 통찰력을 얻을 수도 있다. 교사들은 어떤 점에서 가르치는 과정을 통해 관찰에 참여한다고 할 수 있다. 특히 교실을 대상으로 한 관찰의 경우 교사의 관찰내용이 연구에 포함될 수 있도록 하는 것이 필요하다.

학교에서 이루어지는 수업 관찰은 교사의 수업능력을 평가한다거나 새로운 교수법을 제시한다든가 하는 경우에 많이 이루어지기 때문에 자연스러운 수업이라기보다 인공적인 수업일 때가 많다. 그러나 응용언어학 분야에서 이루어지는 관찰의 경우 이러한 인공적인 요소를 최대한 배제하고, 일상적으로 일어나는 상황을 관찰할 필요가 있다. 그러기 위해서는 학교나 관련 기관의 문지기(gatekeeper)의 허락을 구하는 것이 가장 필요하며, 경우에 따라서는 연구자의 참여를 적극적으로 수용하는 경우도 있고, 그렇지 않고 철저히 비참여적 관찰자로 관찰을 허용할 수도 있다. 학교 수업을 관찰하는 경우 대개 학기 단위로 진행되기 때문에 6개월 정도의 기간을 두고 관찰하는 것이 일반적이지만 경우에 따라서는 몇 년에 걸쳐 이루어질 수도 있고 짧아질 수도 있다. 연구 현장에서의 관찰을 효과적으로 하기 위해서는 현장에 가기 전에 관찰 기술을 향상하기 위한 연습이 필요하다. 어느 곳에서든지 30분 정도 집중적으로 어떤 일이 일어나고 있는지를 자세히 관찰하고 이를 노트에 적는 연습을 한다. 개인에 따라 관찰력이 뛰어난 사람도 있고 그렇지 못한 사람도 있지만 대개 시간을 두고 연습을 하면 어느 정도 관찰력을 향상할 수 있다.

모든 질적 연구는 사람과의 관계에 관련된 것이기 때문에 연구자와 연구 참여자가 긍정적이고 협조적인 관계를 형성하는 것이 무엇보다 중요하다. 관찰의 경우 외부인의 존재가 수업을 방해하지 않도록 할 필요가 있다. 연구자의 존재에 대해 무감각해지는 시간이 필요하다. 또한 관찰 대상이 되는 교사와 문지기의 관계에 대해서도 특별한 주의가 필요하다. 교사는 원하지 않으나 문지기의 권위에 의해 하게 된 경우, 관찰 자체가 교사에게 거부감을 일으키는 요인이 되고, 이 때문에 일상적인 행동을 하지 않을 가능성도 있다. 따라서 관찰 전에 이러한 관계가 원만하게 조정된 상황에서 관찰이 시작될 수 있도록 하는 것이 중요하다. 또한 관찰 과정에서 문제의 조짐을 보이는 요인들을 미리 점검해야 한다.

2.4.2 현장노트

현상을 자세히 관찰하는 것이 중요한 만큼 이를 자세히 기록하는 것도 매우 중요하다. 현장노트의 핵심은 두꺼운 기술과 "익숙한 것을 익숙하지 않게 하기"(making the familiar strange, Holliday, 2007, p. 13)라고 할 수 있다. 두꺼운 기술이란 연구 현장에 대해 되도록 자세하고 풍부하게 기록하는 것을 말한다. 이 용어는 문화인류학자인 Geerts가 맥락의 중요성을 강조하기 위해 사용한 용어로 단순히 행동을 기술하는 것은 그 행동의 의미를 이해하는 데 도움을 주지 못하기 때문에 그 행동이 일어나는 맥락을 상세하게 기술할 필요가 있다고 주장하는 데서 비롯되었다. 이러한 기술은 연구 결과의 신빙성과 진실성을 확보하는 데 중요한 요소가 되며, 독자들은 연구자가 보여주는 현실과 독자 자신의 현실을 연결하는 역할을 하게 된다. 연구자가 연구 현장에서 일어나는 현상을 당연하게 생각하지 않고 새롭게 보기 위해서는 생각하는 훈련이 필요하다. 즉 연구 현장에서 이방인처럼 어떤 일이 일어나고 있는지, 이전에 질문하지 않았던 것에 대해 의문을 제기하는 노력을 해야 한다. 그러나 이는 실제로 매우 어렵기 때문에 연구 현장을 새로운 시각으로 보려는 노력을 끊임없이 할 때 가능하다.

Heigham과 Croker(2009)는 노트를 세 부분으로 나누어 왼쪽 열에는 일어나고 있는 상황에 대한 시간, 장소 등을 자세히 기록하고, 중간 부분에는 연구자 자신의 생각을, 그리고 마지막 열에는 분석 내용을 적도록 권하고 있다. 현장노트는 연구자 자신만을 위한 것이기 때문에 연구자만 알아볼 수 있는 기호나 약호를 사용하여 되도록 상황을 놓치지 않고 자세히 기록하는 것이 필요하다. 이외에도 포스트잇을 이용하거나, 녹음기를 이용하여 자신의 의견을 기록할 수도 있다. 현장노트를 처음 기록하는 경우에는 미리 목록을 만들어 기록할 수도 있다. 이들은 관찰을 위해 다음과 같은 범주목록을 제시한다.

[표 8] 관찰 범주 내용(Heigham & Croker, 2009, p. 172)

Dimension	Definition
Space	The physical place or places
Actors	The people involved
Activities	A set of related acts people do
Objects	The physical things that are present
Acts	Single actions that people do
Events	A set of related activities that people carry out
Time	The sequencing that takes place over time
Goals	The things that people are trying to accomplish
Feelings	The emotions felt and expressed

이러한 목록은 관찰을 처음 할 때 효과적이기는 하나 이에 지나치게 의존하게 되면 이외에 일어나는 다른 현상을 놓칠 수도 있기 때문에 적절하게 사용하는 것이 필요하다. 현장노트를 어떻게 정리하는가 하는 것은 개인에 따라 달라질 수 있지만 중요한 것은 현장에서 일어나고 있는 현상에 대한 큰 그림을 보여줄 수 있어야 한다는 점이다. 연구자가 관찰 과정과 현장노트를 쓰는 과정을 겪으면서 점점 관심을 가지게 되는 상황에 집중하게 된다. 이때에도 관심의 대상이 되는 현상뿐 아니라 그러한 현상이 일어나는 전체적인 상황을 알 수 있도록 현장노트를 기록하는 것이 필요하다.

2.4.3 구두 보고

구두 보고(verbal reports, verbal protocol)는 언어학습 혹은 교수 과제를 수행하고 있는 도중이거나 직후에 참여자의 생각을 구어로 말하도록 하는 방법이다. 이는 특정한 형식에 구애받지 않고 참여자가 자유롭게 말하도록 하면 된다. 구두 보고는 자료가 언제 수집되는가에 따라 소리 내며 생각하기(think-aloud) 방법과 회상 보고(retrospective report)로 나뉠 수 있다. 소리 내며 생각하기는 연구 참여자가 자료를 읽거나 쓰기를 하는 과정에서 떠오르는 생각을 말하는 것이고, 회상 보고는 과업이 끝난 직후에 생각을 말하는 방법인데, 둘 다 학습자가 과제를 수행하는 동안 내면에서 일어나는 인지적, 정서적 과정을 추적하기 위해 활용하는 기법이다.

Kasper(1998)는 회상방법 역시 학습자의 인지과정을 그대로 보여주는 것이 아니기 때문에 다른 자료와 마찬가지로 습득과정, 인지과정에 대한 유추가 필요하다고 본다. 그가 지적한 것처럼 구두 보고 자료가 다른 자료보다 더 확실하게 학습자의 인지과정을 보여줄 수 있는 것은 아닐 수도 있고 경우에 따라서는 참여자 개인의 특징 때문에 잘못된 해석을 할 수도 있는 가능성이 있다. 또한 연구자와 연구 참여자가 같은 언어를 사용하지 않는 경우 학습자가 모국어가 아닌 제2언어로 생각을 표현하는 경우에도 문제가 된다. 그럼에도 이 방법은 학습자의 생각을 가장 직접적으로 알아낼 수 있는 방법이라는 점에서 응용언어학 분야에서 자주 사용되고 있다.

Brown과 Rodgers(2009)는 구두 보고 자료 수집의 경우 다음과 같은 원칙을 제시한다.

- 과제가 수행되는 시점과 리포트가 진행되는 시점 간의 간격을 최소화해야 함
- 과제를 수행하면서 구두 보고를 하는 것 자체가 이중 부담일 수 있기 때문에 연구 참여자가 이를 수행할 수 있는지 확인해야 함
- 구두 보고를 연구자를 위해서 하도록 하지 말고 연구 참여자 자신에게 하는 이야기로 말하도록 하는 것이 부담을 줄일 수 있고, 다른 사람이 어떻게 생각할 것인지를 고려해야 하는 부담을 줄일 수 있음
- 연구 참여자가 구두 보고를 하는 동안 연구자를 이를 들을 뿐 아니라 어떠한 몸동작을 사용하는지 등을 자세히 기록하는 것이 필요함. 가능하면 비디오 녹화를 하는 것이 좋음
- 구두 보고를 할 수 있는 자료인지를 잘 분별해야 함

구두 보고 절차
- 연구 참여자에게 연습할 기회 제공
- 예시 제시
- 되도록이면 방해하지 않기
- 어떤 특정한 부분에 구두 보고를 하는지 정확하게 알려 줌
- 유도 질문 피하기
- 구두 보고상황 녹화하기
- 몸동작, 표정 등을 기록

이러한 절차를 거쳤음에도 불구하고 문제가 발생할 수 있다. 연구 참여자가 신뢰성이 떨어지는 보고를 하는 것이 가장 큰 문제일 수 있다. 이를 방지하기 위해서는 참여자에게 상황에 대해 설명을 하는 것이 아니라 기술을 하도록 해야 함을 알려 주고 자료 수집 전에 충분한 연습을 하도록 할 필요가 있다. 또한 연구 참여자의 기억이 흐려지기 전에 되도록 빨리 자료 수집을 하도록 해야 한다. 참여자가 기억에 의해 이야기를 지어내도록 하지 않도록 하기 위해서는 오래 전의 일에 대해 묻기보다 단기 기억에 있는 상황만 보고하도록 해야 한다. 구두 보고를 하는 자체

가 내용에 영향을 미치지 않도록 하기 위해서는 과도한 집중력을 요구하지 않고도 말할 수 있도록 유도하는 것이 중요하다. 구두 보고와 유사한 과제를 미리 연습하면 보다 자연스럽게 구두 보고를 하는 데 도움이 될 것이다.

2.4.4 자극 회상법

자극 회상법(stimulated recall)은 내적 성찰적 자료 수집(introspective method)의 한 가지 유형으로 연구의 대상이 되는 행동 직후에 행동에 대한 기억을 자극하여 참여자가 성찰을 하도록 하는 방법이다(a procedure for generating introspective data...The researcher uses data that were collected during the event (e.g., a videotape, audiotape, field notes, etc.) to stimulate the recollection of the people who participated in the event, Nunan & Bailey, 2009, p. 289). 이 방법은 주로 교실 상황에서 교사나 학생이 자신의 행동을 다시 기억하면서 행동의 이유나 설명을 하도록 하는 데 사용된다. 이를 인터뷰 과정에 활용하여 연구 참여자의 기억을 새롭게 하고 생각을 명시적으로 하도록 할 수 있다. 예를 들어 초보교사의 수업을 녹화한 뒤, 연구자와 함께 보다가 비디오를 멈추고 연구자가 질문을 하여 교사가 자신이 인식하지 못했던 수업행동에 대해 생각하고 이야기할 수 있도록 할 수 있다.

2.4.5 개방형 설문

개방형 설문은 인터뷰의 서면 형태라고 볼 수 있다. 설문에 선택지를 주는 대신 연구 참여자가 자유롭게 응답을 적도록 하는 방법으로 관련된 연구자가 자유롭게 자신의 생각을 적을 수 있다는 장점이 있다. 이는 구두 인터뷰보다 쉽게 실시할 수 있고 참여자들이 쓰는 과정에서 생각할 시간이 있기 때문에 좀 더 신중한 답을 얻을 수 있다. 반면 연구자가 연구 참여자에 답에 대한 질문을 더 함으로써 내용을 보강할 수 없고, 연구 참여자가 반드시 성실하게 답을 쓰는 것은 아니기 때문에 충분한 자료를 얻지 못할 위험도 있다. 이 방법은 연구 참여자와 인터뷰를 할 수 없는 상황일 때 대체방안으로 활용할 수 있다. 또한 연구 참여자가 연구 내용과 관련된 전문성, 지식을 충분히 가지고 있고, 성실하게 응답할 수 있다는 확신이 있는 경우에 활용할 수 있다.

2.5 자료 수집 및 관리 시 유의사항

연구자가 관찰현장에서 일어나는 모든 일을 기억하거나 기록할 수 없기 때문에 현장을 녹음하거나 녹화하는 것이 필요하다. 전사가 필요 없이 녹음 자료를 바로 분석하는 경우도 있으나, 담화분석, 내러티브 분석을 위해서는 자세한 전사가 필요하다. 비디오 녹화의 경우 언어적인 자료뿐 아니라 비언어적, 물리적 상황까지 기록할 수 있다. 경우에 따라서는 시각적인 자료가 필요한 경우도 있다(시선, 자세, 피치, 억양, 웃음, 등) 있기 때문에 자료를 녹화하고, 이를 다시 서면 자료로 옮기는 전사 과정이 자료 수집 과정에서 필요하다. 그러나 녹음이나 녹화 자체가 수업 혹은 관찰 상황에 방해가 될 가능성이 있다는 점에 유의해야 한다. 녹음/녹화를 하는 경우에는 반드시 사전 승인이 필요하고 참여자들이 녹음이나 녹화에 둔감해지는 시간이 필요하다.

질적 자료 분석은 자료의 정리 및 분석부터 시작된다. 방대한 양의 자료가 어디에 있는지 쉽게 알 수 있도록 연구나 나름의 정리 방식을 가지는 것이 필요하다. 인터뷰 전사 자료, 현장노트, 관련 자료, 연구자의 메모 등에 적절한 레이블을 붙여 정리하도록 하여야 필요할 때마다 자료를 꺼내 다시 보기 쉽다. 원문 자료와 함께 분석한 파일을 따로 보관해야 원 자료를 훼손하지 않고 보관할 수 있다. 가능한 여러 장소(인쇄물, 컴퓨터 하드, 이동저장장치, 클라우드 등)에 원 자료 및 분석한 자료를 저장하여 분석 과정을 다시 반복해야 하는 재앙이 일어나지 않도록 해야 한다. 자료를 분실하는 일이 생각보다 자주 일어나고, 예상하지 못한 순간에 일어난다는 점을 생각해야 한다.

　자료 관리는 자료를 정리하는 과정으로 중요한 자료를 복사하고 현장 노트를 작성하고, 인터뷰와 전사 자료에 이름표와 순서를 매기는 것이다. 이러한 과정은 자료 수집이 끝나고 나서 이루어지는 것이 아니라 자료 수집이 되는 순간부터 이루어져야 한다. 이는 자료를 분실하지 않기 위해 필요할 뿐 아니라 근거이론과 같이 이론적 표본추출을 해야 하는 경우 자료에 대한 일차적인 분석이 이루어져야 어떠한 대상을 연구에 추가로 포함할 수 있을지 결정할 수 있기 때문이다.

3장

자료 분석

3.1 질적 자료 분석의 특징

자료 분석은 수집한 자료를 정리하여 구조를 부여함으로써 방대한 자료를 감소시켜 구조 간의 관계를 파악하고 이를 해석하는 과정이라고 할 수 있다. 자료의 감소를 통해 유형을 찾아내는 과정이 질적 연구 분석의 특징이라고 할 수 있다. Patton(2002)은 연구자가 수집한 자료를 순서 있게 정리하는 것, 방대한 좀 더 압축된 자료로 바꾸는 것, 연구자가 자료 속에서 유형과 주제를 발견하는 과정이라고 정의한다. Wolcott(1994)는 질적 자료 분석을 기술, 분석, 해석의 세 가지 차원에서 자료를 어떻게 변형하는가의 문제라고 하였다. 기술은 '어떤 일이 일어나고 있는지'라는 질문에 답을 하는 것으로 연구자의 관찰, 연구 참여자의 보고서 등의 자료로 구성된다. 분석이란 필수 요인들을 파악하고 이들 간의 관계를 체계적으로 기술하는 것으로 '이런 요인들이 어떻게 작용할지', '왜 어떤 요인이 제대로 기능하지 않는지?', '요인들이 잘 기능하기 위해서는 어떤 방법이 필요한지?' 등의 문제에 답을 하는 과정이라고 할 수 있다. 해석은 앞서 기술하고 분석한 자료들이 의미하는 바가 무엇인지, 이로부터 알 수 있는 것은 무엇인지에 답을 하는 과정이라고 할 수 있다.

Miles와 Huberman(1994)은 질적 자료 분석 과정을 자료 축소, 배열, 결론 도출의 세 단계로 설명한다. 질적 자료 분석을 위해서는 자료를 범주화하고 주제로 세분화하여 축소하는 과정이 필요하다. 방대한 질적 연구 자료에서 연구 문제와 관련된 주제를 찾기 위해서 이를 범주화하는 과정을 통해 자료를 응축할 필요가 있다. 이렇게 응축된 자료에서 의미하는 바를 나타내기 위해서는 자료를 다이어그램, 그림 등의 시각적 형태로 배열하는 것이 필요하다. 이는 정보를 조직적으로 배열하여 범주 간의 연관성을 찾는 데 도움을 주고자 하는 과정이다. 이런 단계를 거쳐 자료가 나타내는 의미를 찾는 과정이 결론 도출과정이다. Saldaña(2009)는 자료 분석을 다음과 같이 정의한다.

> Data analysis is a process that requires astute questioning, a relentless search for answers, active observation, and accurate recall. It is <u>a process of piecing together data, of making the invisible obvious, of recognizing the significant from the insignificant, or linking seemingly unrelated facts logically, of fitting categories one with another, and of attributing consequences to antecedents.</u> It is a process of conjecture and verification, of correction and modification, of suggestion and defense. It is <u>a creative process of organizing data so that the analytic scheme will appear obvious.</u> (Saldaña, 2009, p. 150 밑줄 필자 삽입)

Saldaña(2009)는 질적 연구 분석은 답을 찾기 위한 끈질긴 노력과 적극적인 관찰과 정확한 기억을 요구하는 과정이라고 기술한다. 분석을 통하여 보이지 않았던 것들이 명백해지고, 하찮게 보이던 것이 중요하게 되고, 언뜻 보기에 논리적으로 연결되지 않았던 것들이 연결되고 이유와 결과가 파악되도록 하는 것이 분석 과정이라고 설명한다. 따라서 자료 분석은 과정에서는 자료를 창의적으로 조직하는 과정이라고 정의한다. Lather(2006)는 이러한 질적 자료 분석의 개념을 확대하여 분석 결과에 대한 글쓰기와 표현의 문제까지 포함하는 것으로 정의한다. 그는 질적 자료 분석은 수집된 자료로 이야기를 만드는 과정이기 때문에 연구자가 중요하다고 생각하는 연구 결과를 효과적으로 엮는 기술이 중요하다고 보았다. 그는 사용 가능한 자료, 가치 없는 자료, 의미 있는 자료와 그렇지 않은 자료로 구분하여 연구 문제에 적합한 자료를 엄선하고 체계화하여 이야기를 만든다는 점이 중요하다고 강조한다. 그는 질적 연구 분석의 주요 주제는 어떻게 질적 자료를 하나의 이야기로 만들어 써 나갈 것인가라는 '글쓰기 표현'의 문제로 보고 있다. 따라서 질적 연구 분석은 글쓰기의 내용이 될 주제를 찾는 데 초점을 두어야 한다.

질적 자료 분석의 특징은 무엇보다 분석의 과정이 선형적으로 이루어지지 않는다는 점이 중요하다. 질적 연구 자료 분석은 자료 수집과 분석이 동시에 일어나야 한다. 양적 연구의 경우 자료 수집이 끝나야 분석이 이루어질 수 있는 반면 질적 연구는 자료 수집이 끝나는 시점이 처음부터 결정되어 있다기보다 연구가 진행되면서 더 이상의 새로운 정보가 없다고 생각되는 시점에서 자료 수집이 종료되기 때문에 수집과 분석이 상호보완적으로 일어난다. 자료를 수집하여 전사한 뒤 분석하면서 필요한 자료를 더 수집할지 결정하고, 수집한 자료를 다시 분석하는 과정을 반복하기 때문에 자료 분석은 연구의 전 과정에 걸쳐 이루어진다. 자료 수집을 하면서 분석하고, 필요한 자료를 추가적으로 수집하는 현장 작업을 하기 때문에 자료 수집(면담, 관찰, 문헌자료, 현장일지 등)과 분석(수집한 자료로부터 의미를 생성하는 작업)이 교차하며 반복적으로 일어난다. 분석 중에 생겨난 또 다른 개념을 분석하기 위하여 수업과 분석을 반복할 수 있다. 따라서 질적 연구자는 자료 수집이 끝난 것으로 생각하는 것이 아니라 분석 과정에서 필요에 따라 자료를 더 수집할 수 있다는 가능성을 염두에 두어야 한다. 자료에서 새로운 정보를 찾을 수 있는지를 판단하기 위해서는 자료가 수집되는 때부터 자료 분석이 시작되어야 하고 이를 통해 새로 수집하는 자료에 대한 감을 가지고 앞으로의 분석의 방향을 설정해야 한다. 자료 분석을 미루게 되면 방대한 자료의 분량 때문에 막상 분석을 시작할 때 무엇부터 해야 되는지 모르게 될 수 있다. Merriam(2009) 역시 질적 자료 분석은 단계적, 선형적으로 이루어지는 것이 아니라 자료 수집과 분석이 동시에 일어나는 과정, 인터뷰 자료, 관찰 자료, 관련 서류 등을 읽으면서 분석이 시작되고 이 과정에서 생기는 통찰력, 예감, 잠정적 가설이 다음 자료 수집 과정에 방향을 제시할 수 있다고 강조한다. 그는 질적 연구 분석이 반복적, 순환적으로 이루어져야 하기 때문에 자료 수집과 분석을 동시에 해야 할 필요를 다음과 같이 강조한다.

> The final product is shaped by the data that are collected and the analysis that accompanies the entire process. Without ongoing analysis, the data can be unfocused, repetitious, and overwhelming in the sheer volume of material that need to be processed. Data that have been analyzed while being collected are both parsimonious and illuminating. (Merriam, 2009, p. 171)

양적 연구는 연구의 타당성, 신뢰성이 연구 이전에 설명되어야 하지만 질적 연구는 연구자의 존재, 연구자와 연구 참여자 간의 상호작용, 자료의 삼각화, 자료의 해석, 풍부하고 두꺼운 기술이라는 점에서 연구의 타당성과 신뢰성을 확보할 수 있다고 본다. 이러한 분석 과정에서 연구자는 자신의 자료 해석 외에 다른 해석이 가능한지 따져 보아야 한다. 또한 자신의 해석에 맞지 않는 부정적 사례(negative case)가 없는지 살펴보아야 한다. 사회과학적 현상을 이해하고 설명하는 데에는 여러 가지 시각이 있을 수 있고, 한 가지의 해석만이 가능한 것이 아니기 때문에 여러 가지 가능성을 충분히 고려하고, 그중에서 자료를 설명하기 위한 방법으로 가장 적절한 것을 택해야 한다.

Richards(2003, p. 272)는 질적 연구 분석 과정에서 (a) 자료를 수집하고, (b) 자료가 연구의 목적에 어떻게 부합하는지 생각하고, (c) 자료가 어떠한 유형과 주제를 보이는지를 찾기 위해 정리하고, (d) 떠오르는 주제를 보다 큰 개념과 이론에 연결하고, (e) 자료를 추가적으로 더 수집하는 과정을 거친다고 하였다. 연구자는 연구 과정에서 이러한 과정에서 일어나는 생각들을 분석노트(analytical memos) 혹은 연구저널(research journal)에 기록해 두어야 한다. 간혹 자료를 수집하고 분석하는 데 바빠서 이러한 과정을 기록해 두지 않는 경우 연구 방법을 기술할 때 정확하게 기술하지 못할 수도 있다. 자료 수집과 분석 과정에서 생기는 여러 가지 생각, 의문점, 중요한 주제 등이 자료 분석의 중요한 단서를 제공하기 때문에 되도록 자세히 기록해 두는 것이 필요하다. 최근에 널리 사용되는 컴퓨터를 활용한 질적 연구 분석 도구는 연구자가 이러한 메모를 할 수 있도록 하고 있어 편리하게 활용할 수 있다.[15]

질적 연구에서는 분석과 수집이 동시에 이루어지기 때문에 Silverman (2000)은 자료 분석은 자료를 수집한 후에 가능한 한 빨리 이루어져야 한다고 강조한다. 자료 분석에 빨리 착수할수록 자료 수집 과정에 대한 결정, 분석에 사용할 개념에 대해 생각할 여지가 많이 생기고 이에 대한

---

[15] 필자의 경우 분석 도구로 NVivo(Version 10)을 활용하고 있는데 여기에 Memo라는 기능을 활용하면 코딩에 대한 메모를 하여 나중에 열어볼 수 있다. 연구저널이나 분석노트를 다른 문서로 작성한 경우에도 NVivo 프로그램에 삽입하여 열어 볼 수 있어 분석 과정의 생각을 정리할 수 있다.

조속한 결정을 할 수 있다. 또한 연구자가 분석 과정에서 쓰게 되는 분석 노트는 분석 과정에 중요한 자료가 될 수 있기 때문에 분석 과정에서 떠오르는 생각, 예감(hunch)을 기록해 두는 것이 필요하다. 또한 관련된 선행연구를 찾아보고 분석 방법에 대한 아이디어를 찾아 적어 둘 수도 있다. 질적 연구는 지속적인 분석 과정이 없으면 자료의 초점이 없어지고 분석해야 할 자료의 분량만 많아질 수 있다. 자료 수집과 분석이 함께 이루어졌을 때 자료는 보다 집약적이고 현상을 이해하는 데 도움이 될 수 있다.

질적 자료 분석은 또한 성찰적이고 예술적인 특성을 가진다. 양적 연구의 기계적이고 객관적인 분석과 달리 연구자는 수집된 자료에 숨겨진 의미와 메시지를 찾아내기 위하여 계속적인 사유와 성찰의 작업을 해야 한다. 이 과정에서 연구자가 인간, 세계에 관한 민감성과 감수성을 가지는 것이 중요하다. 질적 자료 분석에는 양적 연구와 다른 탐구기술이 요구된다. 방대한 자료 중에서 의미와 주제를 찾고, 은유적으로 주제를 표현하고, 관련성이 없어 보이는 자료를 연결하는 능력, 주제의 생성과 발견을 독자에게 설득력 있게 전달할 수 있는 글쓰기 능력이 필요하다. 특히 질적 연구 결과는 흔히 은유를 통해 표현되기 때문에 이를 생성할 수 있는 상상력, 표현능력이 요구된다는 점에서 예술적 특성을 지닌다고 할 수 있다.

응용언어학 분야에서도 이와 마찬가지로 질적 연구 분석 과정의 순환적, 반복적 특징을 강조한다. Dörnyei(2007)는 질적 연구 분석의 특징을 반복적(iterative), 창발적(emergent), 해석적(interpretive)이라고 하였다. 반복적이라는 것은 양적 연구가 정해진 순서에 따라 연구 분석이 진행되는 것과 대조적으로 지그재그식으로 앞뒤를 오가면서 분석하는 것을 말한다. 질적 연구는 자료 수집, 분석, 해석 과정이 선형적으로 이루어지는 것이 아니라 이 과정 사이를 오가며 분석할 수 있다. 질적 연구가 창발적인 것은 새로운 자료나 범주가 발견될 수 있는 융통성(flexibility)을 허용하는 것을 말한다. 질적 연구는 정해진 가설로 시작하기보다 상당히 광범위한 질문, 목적에서 시작하고 이에 대한 답을 찾기 위한 과정에서도 여러 가지 가능성에 대해 열려있는 관점으로 보는 것이 중요하다. 그는 질적 연구는 연구자의 주관적 자료 해석을 허용하기 때문에 근본적으로 해석적이라고 본다(fundamentally interpretative in the sense that the research outcome is ultimately the product of the researcher's subjective interpretation of the data, Dörnyei, 2007, p. 37). 질적 연구 논문들이 결과를 기술할 때 '분석을 통해 이러한 범주가 생겨났다'(emerge)고 기술하여 마치 범주가 자연스럽게 드러나는 것처럼 느껴지지만 실제로는 연구자가 공들여 자료를 분석하고 이에 대한 해석을 부여한 결과물이라는 점을 기억해야 한다. 질적 연구 결과물은 자료를 그대로 보여준다기보다 자료에 대한 연구자의 창의적 해석을 보여주는 것이라고 할 수 있다.

마찬가지로 Coffey와 Atkinson(1996)은 질적 연구 분석은 고정된 한 가지 방법을 따르는 것이 아니라 상상력을 발휘해야 하고, 예술적이고, 유연해야 하며 성찰적이라고 한다. 즉 연구자가 기계적으로 한 가지 방법을 따라가는 것이 아니라 필요한 경우 다른 방법을 수용할 수 있어야 하고, 자료와 분석, 해석 간의 관계를 잘 성찰해야 함을 강조한다. 즉 해석과 일치하지 않는 자료를 무시하지 않아야 하고, 다른 자료 분석 가능성을 고려해야 한다. 이들은 이를 다음과 같이 지적한다.

> Analysis is not about adhering to any one correct approach or set of right techniques; it is imaginative, artful, flexible, and reflexive. It should be methodical, scholarly, and intellectually rigorous. (Coffey & Atkinson, 1996, p. 10)

무엇보다 질적 연구 분석에는 명확한 한 가지 방법만 존재하는 것이 아니라는 점을 수용하는 것이 필요하다. 질적 연구 학자들 간에도 방법론에 대한 이견이 많지만 대체적으로 수용하는 특징들이 있다. Bogdan과 Biklen(2007)은 자료 수집과 자료 분석을 동시에 진행하기 위해서 다음과 같은 점을 염두에 둘 것을 제안한다.

- 연구의 초점을 제한하도록 결정하라: 자료에 나타난 모든 점을 연구의 대상으로 할 수 없기 때문에 초점이 되는 중요한 점을 정하는 것이 필요하다. 초점을 일찍 결정할수록 보다 깊이 있고 생산적인 분석을 할 수 있다.
- 연구하고자 하는 연구의 자료를 분명히 하라: 관찰한 현상에 전반적인 기술을 목표로 하는지, 특정 부분을 기술하고자 하는지 분명히 해야 한다.
- 분석을 위한 연구 문제를 생각하라: 현장에서 자료를 수집한 직후에 어떤 질문이 적합하며 어떤 표현으로 말할지 결정해야 한다. 현장에 들어간 후 연구자가 찾아내거나 결정한 연구 질문이 무엇인지 명료히 한다.
- 이전 관찰 과정에서 발견한 자료에 따라 자료 수집을 계획: 현장노트와 메모를 다시 살펴보면서 다음 자료 수집 과정에서 찾아야 할 상세한 내용들이 무엇인지 파악하는 것이 필요하다.
- 관찰자 코멘트를 되도록 자주 쓰라: 현장을 단순히 관찰하기보다 이에 대한 비판적 생각을 기록하도록 한다.
- 자료 수집 과정에서 알게 된 내용을 기록하라: 메모를 통해, 상황에서 제기된 문제를 생각할 수 있고, 이론적, 방법론적 분석과 어떻게 연결되는지 생각하는 데 도움이 된다. 현장일지에 이론적, 기술적, 방법론적, 반성적 노트를 만들어 연구자의 여러 가지 생각과 해석을 기록한다.
- 자료에서 발견한 유형을 인터뷰 참여자에게 이야기해 보라. 모든 참여자가 도움이 되는 것은 아니지만 핵심 인터뷰 참여자를 통해 분석에 도움이 되는 통찰력을 얻을 수 있다.
- 현장에서 자료 수집을 하는 동안 관련된 자료를 살펴보는 것이 필요하다. 새로운 자료를 찾기보다 연구를 위해 살펴본 이전의 자료들을 다시 살펴봄으로써 분석에 대한 아이디어를 얻을 수 있다.
- 은유, 비유, 개념을 이용: 은유, 유추의 개념을 개발하기 위해 노력한다.

은유적 용어는 분석의 지평을 넓혀주고, 연구 결과를 명료하게 전달하는 동시에 연구 문제를 생각할 수 있는 폭을 넓혀준다. 또한 연구 결과가 다른 상황에 어떻게 적용될 수 있을지에 대한 아이디어를 제공한다.
- 시각자료 활용: 분석에서 찾은 내용을 시각화하는 과정이 분석 내용을 명료화하는 데 도움이 된다. 그래프, 차트, 표, 매트릭스 등은 언어로 포착하기 어려운 복잡한 관계와 상황을 효과적으로 보여주고 결과를 요약적으로 제시할 수 있다.

자료 수집을 언제 중단해야 하는가 하는 것은 이론적, 실용적 상황을 고려해서 결정해야 한다. Lincoln과 Guba(1985)는 자료 원천의 고갈, 범주의 포화, 정형성의 발견, 과일반화(overgeneralization) 등을 고려하여 언제 자료 수집을 중단할지 결정해야 한다고 주장한다. 다음 인용문을 보자.

> Exhaustion of sources (although sources may be recycled and tapped multiple times); saturation of categories (continuing data collection produces tiny increments of new information in comparison to the effort expended to get them); emergence of regularities – the sense of "integration" (although care must be exercised to avoid a false conclusion occasioned by regularities occurring at a more simplistic level than the inquirer should accept); and over-extension – the sense that new information being unearthed is very far removed from the core of any of the viable categories that have emerged (and does not contribute usefully to the emerge of additional viable categories). (Lincoln & Guba, 1985, p. 350)

Lincoln과 Guba(1985)는 자료를 수집할 수 있는 원천이 더 이상 남아 있지 않거나, 자료를 수집하여도 새로운 정보를 더 이상 찾지 못하는 상황에 이르면 자료 수집은 중단되어도 된다고 보았다. 이는 자료 수집을 중단하는 시점을 결정하기 위해서는 자료 수집과 분석이 동시에 일어나야 함을 시사한다. 몇 개의 코드가 필요한가 하는 것은 자료와 연구의 초점에 따라 달라질 수 있지만 분명한 것은 다룰 수 있을 만한 정도의 코드여야 한다는 점이다. Creswell(2007, p. 152)은 25~30개 정도의 범주로 시작하여 결과를 보고할 때에는 5~6개 정도의 범주로 줄여가도록 해야 한다고 한다. 그러나 연구의 주제 및 목표에 따라 몇 개의 범주가 적절한지는 달라질 수 있다.

질적 연구는 결과를 일반화하기보다 어떠한 상황에서 일어나는 특이한 현상이 왜 일어나는지 관찰하고 이에 대한 설명을 제공하는 데 관심을 두기 때문에 양적 연구처럼 결과를 일반화하는 것이 목표는 아니다. 그러나 유사한 상황이 있다면 비슷한 해석이 동일하게 적용될 수 있어야 하기 때문에 자료에 대해 풍부한 설명을 하는 것이 필요하다.

3.2 자료 전사

질적 자료 분석은 전사 과정부터 분석이 시작된다고 할 수 있다. 자료를 수집하는 과정에서 연구자가 쓴 메모나 연구 과정을 상세하게 기술한 연구저널은 분석 과정에서 코딩을 하거나 주제를 찾을 때 참고 자료로 활용할 수 있다. 코딩은 수집한 자료를 의미 있게 함으로써 연구 문제와 관련된 주제를 찾는 과정이라고 할 수 있다. 코딩 과정은 자료 그대로에 1차적인 코드만 부여하는 개방 코딩과 코드 간의 연결 관계를 찾기 위한 추론적 해석이 포함되는 심층 코딩 과정으로 구성된다(김영천, 2012, p. 530). 전사(transcribe)는 현장 작업에서 수집하거나 기록한 자료를 분석을 위하여 정확하게 받아 적는 것을 뜻한다. 이 작업을 거쳐 나타난 정리된 자료를 전사문(transcript)이라고 한다. 연구자가 관찰한 내용을 기록한 관찰일지, 녹음 테이프, 비디오 테이프, 수업현장 자료(학생들의 일기,

포트폴리오, 교사의 상담일지, 학급관리기록 등) 등을 체계적으로 정리하는 것을 말한다. 이 과정에서 연구자는 표현의 문제가 있는 잘못된 정보를 찾아내어 수정하고, 철자, 띄어쓰기 등의 표기에 관련된 오류를 수정한다. 자료가 섞이지 않도록 연구자 나름의 정리 체계를 갖추어 명칭을 붙여두는 것이 필요하다. 분실에 대비하여 복사본을 반드시 만들어 관리하는 것도 잊지 않아야 한다.

전사는 질적 연구에서 가장 시간을 많이 차지하는 단계일 수 있다. 자료를 수집한 기간, 연구 참여자의 수에 따라 자료의 양이 다르지만 질적 연구의 경우 오디오, 비디오 자료를 전사하는 작업이 자료 분석의 첫 단계가 된다. 어떤 면에서 전사 과정 자체가 이미 분석의 일부라고 할 수 있다. 왜냐하면 연구자는 자료 전사 과정에서 어떤 부분을 얼마나, 그리고 어떻게 전사할 것인가를 결정해야 하기 때문이다. 이런 점에서 Crabtree(1999)는 전사란 "냉동된 해석적 구인"(frozen interpretive constructs, p. 104, Dörnyei, 2007, p. 246에서 재인용)이라고 하였다. 이는 전사 과정이 다시 말하기(retelling)로, 자연스럽고 객관적인 방식으로 기록될 수 없다는 점을 의미한다(all transcription is representation, and there is no natural or objective way in which talk can be written, Dörnyei, 2007, p. 247). 즉 전사하는 과정에서 연구자의 의도가 반영되어 재구성 될 수 있음을 말한다.

전사 작업은 원 자료를 체계적으로 구성하고 정리하는 일차적인 기능 외에도 다른 다음과 같은 여러 가지 기능을 하고 있다(김영천, 2012).

- 연구를 위한 기본적인 준비, 손쉽게 찾을 수 있도록 분석 과정
- 편집기능을 이용하여 자유롭게 변형할 수 있음
- 다수의 연구자가 참여할 경우 자료를 공유할 수 있음
- 무엇을 입력하고 입력하지 않을 것인지 결정하는 자료감소 작업, 자료에

대한 비교와 대조, 전체적인 종합에 대한 감각을 얻게 됨. 자료의 가치성, 충분성, 적절성, 대표성 등의 기준으로 전사내용을 평가하게 됨
- 연구자에게 분석에 필요한 아이디어를 주기도 함. 자료에 숨은 의미를 찾아내고, 그 의미에 학문적 의미를 부여하는 역할
- 현장에서 수집된 모든 자료가 전사되는 것은 아니며 연구자의 판단에 의하여 자료가 취사선택되기 때문에 전사과정은 연구자의 의지가 반영된 주관적인 표현작업

연구자는 현장에서 수집한 모든 원 자료를 빠짐없이 전사할 수도 있고, 연구자가 워드작업을 할 자료와 하지 않을 자료를 구분하는 경우도 있다. 또한 전사는 연구자의 목적에 맞게 재구성될 수도 있다. 원 자료가 가지는 여러 가지 문제점(방대함, 복잡함, 비체계적임 등)을 해결하고 연구의 목적에 맞는 자료만을 효과적으로 선별해 제시하기 위하여 원 자료의 내용과 이미지를 재구성하는 경우를 말한다. 독자들이 전사문이 연구자의 선택적 결정을 반영하여 재구성된 결과임을 이해하고, 전사문에 표시된 참여자들은 누구이며, 이들의 상호작용 속에 드러난 관계, 목적, 상호작용을 통해 구성되는 주제는 무엇인지, 또한 전사 자료에 표시되지 않은 정보는 무엇인지를 살펴볼 필요가 있다.

전사는 연구 방법 및 연구 문제에 따라 얼마나 자세히 할 것인가를 결정해야 한다. 어떤 전사 기호를 사용하는지에 따라 동일한 인터뷰 자료라고 하더라도 독자에게 다른 의미로 읽힐 수 있다. 따라서 어떤 전사 기호를 사용할 것인지, 어떤 부분을 전사할지, 비언어적인 부분을 포함해야 하는지 등에 관한 결정은 연구의 목적과 관련지어 결정되어야 한다. 인터뷰를 전사하는 경우에도 내용을 분석하는 데 초점을 두는 경우 필요한 전사 기호가 비교적 단순할 수 있지만 인터뷰 참여자의 억양, 어조(tone), 겹침(overlap), 말차례(turn-taking)와 같은 것이 중요한 내러티브 분석이나 대화 분석의 경우 매우 자세하게 전사되어야 할 필요가 있다.

예를 들어 학습자의 영어 학습동기 요인에 관한 인터뷰를 한다면 연구 참여자가 한 인터뷰 내용을 파악할 수 있는 차원에서 전사하면 되기 때문에 아주 세밀한 전사 기호를 필요로 하지 않는다. 반면 원어민 교사와 학생 간의 대화분석에 관심이 있다면 언제 누가 말을 하고, 언제 동시에 말하고, 언제 오랫동안 멈추는지를 세밀하게 표시해야 한다. 어떤 경우에든 연구에 일반적으로 많이 사용되는 전사 기호에 익숙해질 필요가 있다. 어느 정도로 자세하게 전사기호를 표시해야 할 것인가에 대한 답을 간단히 할 수는 없다. 그러나 일반적으로 많이 사용되는 전사 기호를 사용하여 전사하고 필요에 따라 더 자세한 전사기호를 포함할 것인지를 결정하는 것이 방법일 수 있다. 지나치게 복잡한 전사 기호는 자료를 이해하는 데 오히려 방해가 될 수 있다. 그러나 간명함을 이유로 필요한 전사 기호를 생략하는 데 따르는 위험이 있음을 기억해야 한다. 다음 두 전사 자료를 비교해 보자.

전사문A

01　A:　　Should have put one up somewhere shouldn't we really?
02　　　　We need a social organizer.
03　B:　　Yes you should. Oh, is that your responsibility?

전사문B

01　A:　　Should have put one up somewhere shouldn't we really?
02　　　　We need a sowcial [owganisah
03　B:　　　　　　　　　　[Yeah you should- (.) Oh, is that your
04　　　　*responsibility*? ((Spoken while laughing.))

(Richards, 2003, p. 200).

위 대화 상황은 학교 특별활동을 기획하는 교사 A가 학생들의 참석률이 저조한 점을 언급하면서 학교에 보다 널리 홍보를 했더라면 좋았을 것이라고 이야기하는 장면이다. 전사문A에서는 B가 책임을 실제 social organizer인 A에게 부여하는 판단적인 느낌이 있는 반면, 전사문B에서는 A의 역설적인 표현에 대한 B의 유머를 읽을 수 있다. 전사문A의 경우 교사 물음표나 should 다음의 마침표는 실제 발화를 반영했다기보다 전사문을 읽기 좋게 하기 위해 정리한 버전이라고 할 수 있다. 반면 전사문B에서는 교사 A의 첫 문장은 질문이 아니라 자신의 입장에 대한 역설적인 진술이라고 할 수 있다. 이에 대해 B는 A에 대해 동의하다가 A가 social organizer라는 사실을 깨닫고 중간에 문장을 끊게 된다. B가 웃으면서 문장을 말함으로서 유머로 끝을 맺는다.

전사에 있어 한 가지 주의할 점은 포크 전사(folk transcription, Stubbs, 1983, Richards, 2003, p. 201에서 재인용), 시각 사투리(eye dialect, Robert, 1997, Richards, 2003, p. 201에서 재인용) 사용여부에 관한 것이다. 위 대화 사용된 "sowcial owganisah"는 시각 사투리의 예이다. 또한 전사문A에는 "Yes"로 표기했지만 전사문B에서는 "Yeah?"로 표기하고 있다. 표준적인 철자를 사용하고 시각 사투리를 사용하지 말아야 한다고 주장하는 학자도 있으나 이러한 점이 자료 해석에 중요한 차이를 만들 수도 있다. 예를 들어 "Yeah?"를 사용하는 경우 발화자가 비격식적인 언어를 사용하기 때문에 이어 나오는 유머를 이해하는 데 도움이 될 수 있다. 일반적으로 비표준적인 철자를 표기하는 것이 분석에 있어 중요할 때에는 시각 사투리를 표기하되, 그렇지 않은 경우에는 굳이 비표준적인 철자나 시각 사투리를 따를 필요는 없다고 권고한다. 일반적으로 많이 사용되는 전사표기 기호는 다음과 같다.

전사 표기 기호

,	지속적 발화
.	하강조(falling pitch)
?	상승조(rising pitch, 반드시 의문문은 아님)
!	감탄
(...)	간략한 휴지(1초 정도) (..) .5초 정도 휴지
:::	장모음화
____	강조표현(loud volume 등)
=	앞선 발화에 이어 연속된 발화(거의 휴지가 없음)
[	이전 발화자와 겹치는 발화
° °	음량 감소
@@@	웃음
(( ))	비언어적 행동
(xxx)	알아듣지 못한 발화

Richards(2003, p. 186)는 교사가 학생에게 교정 피드백을 주는 수업에서의 상호작용에 대한 전사의 예를 다음과 같이 보여준다.

Question and answer

01   T: But the writing is on 'weekends' which tells you::
02   S1: When
03   T: Whe::n. Ye:::s. ((To S2)) So would you like to give me the
04   question again.
05   S2: When do: when do you go: (.) to on: [weekends
06   [(xxxxxxxx)
07   S2: When do you (..) when do you go: (..) er
08   T: to
09   S2: to er (..) er (.) er (...) weekends
10   S3: ((whispered to S2) Taif
11   T: When do you go to where? Banana Street?
12   S2: When do you (.) when do you go (.) to Taif.
13   T: Ye:::s!

위 전사문은 교사가 학생들에게 'When do you go to~'라는 문장을 유도하기 위해 학생들과 상호작용하는 과정을 보여준다. 이 과정에서 S2는 이 문장을 발화하는 데 상당한 머뭇거림이 있음을 알 수 있고, S3의 도움과 교사의 질문을 프롬프트로 하여 문장을 발화하게 되는 과정을 보여준다. 만약 적절한 전사 기호가 사용되지 않았다면 교사와 학생이 실제 어떠한 상호작용을 했을지 알기 어렵다. 전사는 실제 녹음/녹화를 옮긴 2차적인 자료이기 때문에 내용에 의문이 있을 때는 항상 원 자료로 돌아가 다시 확인하는 과정이 필요하다. 전사 과정에서 중요한 정보가 누락되는 경우 분석에도 영향을 미칠 수 있기 때문에 전사문이 완벽하지 않을 수 있음을 인정하고 원 자료와 비교하는 것을 잊지 말아야 한다.

전사 과정에서 자세한 전사 기호를 처음부터 사용하면 시간이 많이 걸릴 뿐 아니라 전체적인 내용을 파악하기 어려운 점이 있기 때문에 1차 전사 과정에서는 내용 및 기본적인 전사 기호(마침표, 물음표, 느낌표 등)를 사용하여 전사하고, 다음 단계에서 다시 들으면서 자세히 표기하는 것이 효과적이다. 인터뷰 혹은 교실담화에 참여자가 2명 이상 여러 명인 경우에는 훨씬 시간이 많이 걸리기 때문에 한꺼번에 전사 작업을 다 하려고 하면 매우 피곤한 작업이 되고, 전사 과정의 피로감 때문에 정작 분석에 집중하지 못할 수 있다. 따라서 전사 과정에서는 Richards(2003)의 제안처럼 조금씩 자주(a little and often) 하는 방법을 택해야 한다.

인터뷰에 사용된 언어가 연구자의 모국어가 아닌 경우에 인터뷰에 사용된 모국어 화자에게 1차 전사 작업을 맡기는 경우가 있다. 이 경우에도 연구자가 반드시 전사내용을 확인해야 한다. 전사 과정에서 연구자는 녹음/녹화 당시에 인지하지 못했던 연구 참여자의 여러 가지 특징 등을 발견할 수 있기 때문에 전사된 문헌자료만을 분석하기보다 반드시 다시 들으면서 녹음/녹화된 내용을 확인할 필요가 있다.

효과적인 분석이 되기 위해서는 연구자가 익숙해서 잘 보이지 않는 부분을 자료에서 새롭게 찾아내는 기술이 필요하다. 여러 가지 색과 그림이 숨겨져 있는 그림을 보고 어떠한 패턴이 있는지 찾기 위해서는 여러 각도에서 그림을 새롭게 보려는 노력이 필요하듯이 자료에서 새로운 패턴을 찾기 위해서는 반복적으로 그림을 다른 각도에서 보는 노력이 필요하다. Richards(2003)는 좋은 연구란 사람들이 방법을 알고 있다면 스스로 찾을 수도 있는 명백한 것을 즉각적으로 찾아내는 것이라고 정의한다 (The best research is often that which finds things that people immediately recognise as being so obvious they could have found it themselves if only they'd known how to look, p. 197). 즉 자료가 특이하기 때문에 특이한 유형을 찾을 수도 있지만 가장 일상적이고 평범해 보이는 데서 특이한 유형을 발견해 내는 것이 필요하다. 발견하고 나면 누구나 명백하게 볼 수 있지만 연구자가 그렇게 찾기까지는 잘 보이지 않는 것을 찾는 과정을 질적 연구 분석 과정이라고 할 수 있다. 교실에서의 상호작용 유형 가운데 가장 잘 알려진 IRF(initiation, response, follow-up, Sinclair & Coulthard, 1975)는 그러한 발견의 예이다. 교실에서 일어나는 교사와 학생 간의 발화는 주로 교사가 주도하고, 이에 대해 학생이 답하고, 다시 교사가 후속적인 발화를 하는 것으로 구성된다. 다음 발췌문에서도 이러한 예를 볼 수 있다.

- *Initiation*   T: But the writing is on 'weekends' which tells you::
- *Response*   S1: When
- *Follow-up* T: Whe::n. Ye:::s. (Richards, 2003, p. 198)

교사가 주도적인 교실담화를 자세히 관찰하면 이러한 유형이 매우 빈번히 반복되는 것을 볼 수 있다. 이러한 상호작용은 자료 안에 명백히 있지만 연구자가 이러한 유형을 발견해 내는 과정을 분석이라고 할 수 있다. 이러한 유형을 발견하기 위해서 연구자는 일단 자료가 어떤 상황을 보여주는지 파악해야 하고, 다음 단계에서는 한 줄 한 줄 자세히 읽으면서 어떠한 과정이 전개되고, 이러한 과정이 의미하는 바가 무엇인지 파악해야 한다. 예를 들어 위 Question and answer발췌문을 분석하기 위해 Richards(2003)는 다음과 같은 단계를 거친다고 기술한다(pp. 186-188).

- 1단계: 대화 상황에 대한 일반적 기술
이 발췌문을 학생에게서 정확한 발화를 이끌어 내려는 교사의 노력으로 보고 발화자 간의 관계, 누가 누가에게 말을 하는지, 말차례가 어떻게 대화 내에서 분포되는지를 기술한다.

- 2단계
이 대화에서는 교사와 학생이 대화에 참여하지만 교사가 대부분의 말차례를 가지고 있다. 교사는 학생의 반응을 유도하기 위한 질문을 하고, 학생이 답을 하는데 학생2가 반응의 대부분을 차지한다. 이러한 기술은 누가 보아도 명백한 부분인데 연구자는 교사가 이러한 상호작용을 어떻게 조절하는지, 어떤 반응이 수용 가능한지 아닌지를 어떻게 결정하는지 살펴볼 수 있다.

- 3단계
발췌문을 보면 누가 대화의 장을 차지하는지, 주제를 결정하는지 분명하다. 교사는 질문을 하고(11), 활동을 결정하고(3-4), 필요한 곳에 도움을 제공한다(8). 교사에 대한 학생들의 직접적인 반응을 제외하면 학생 입장에서 대화를 주도한 경우는 속삭이는 말을 하는 경우(10)뿐이다.

- 4단계: 기술하기
대화문에서 발견한 교사와 학생의 관계가 대화에 어떻게 구현되는지를 기술한다.

3.3 연구노트/저널

수집한 자료를 통해 알게 된 것에 대해 성찰적 노트를 작성하는 것으로 질적 연구는 계속적인 분석 과정이기 때문에 떠오르는 생각을 기록하는 것이 중요하다. 자료에서 발견한 주제나, 갑자기 떠오르는 생각, 자료 수집의 필요성, 자료를 구성하는 데 필요한 대조 자료 등을 적어 두어야 한다. 분석을 하기에 앞서 연구저널을 기록하는 것이 필요하다. 이는 연구자가 자신의 코딩 과정에서 내리는 여러 가지 결정, 의문사항, 떠오르는 생각들을 적는 것으로 자신의 코딩 결정이 주제로 만들어지기까지 과정을 추적할 수 있도록 해준다. 이는 특정한 형식이 있는 것이 아니라 연구자의 필요, 선호에 따라 자유롭게 기록하면 된다. Bazeley(2007, pp. 29-30, Mackey & Gass, 2012, p. 230에서 재인용)은 다음과 같은 질문을 가이드로 하여 내용을 기록할 것을 제안하고 있다.

- 이 연구를 하는 이유는 무엇인가?(Why are you doing *this* project?)
- 이 연구는 무엇에 관한 것이라고 생각하는가?(What do you think it's about?)
- 여러분이 묻고 있는 질문은 무엇이고 이 질문은 어떻게 생겨나게 되었는가?(What are the questions you're asking, and where did they come from?)
- 어떤 점을 발견하려고 하는지, 왜 발견하려고 하는가?(What do you expect to find and why?)
- 이제까지 관찰한 점은 무엇인가?(What have you observed so far?)

분석 과정은 연구 방법론 책에 기술되어 있듯이 문제없이 진행될 수 있는 과정이 아니다. 자료에서 의미 있는 범주를 찾고, 이들 간의 관계를 설명하는 것은 쉬운 과정이 아니고, 따라서 어떤 경우에는 눈에 보이는 아무런 진전 없이 시간을 보낼 수 있다. 이렇게 분석 과정에서 시행착오를 많이 겪게 되고, 좀처럼 방향이 보이지 않을 때 연구자는 좌절하게 되고, 이로 인해 분석 과정에 시간이 더 많이 걸릴 수 있다. 이러한 좌절감에 빠지지 않기 위해 연구진행 과정에 대한 저널을 쓰는 것이 도움이 될 수 있다. Richards(2003)는 이를 눈에 보이지 않는 과정을 보여줌으로써 연구가 진전되는 데 실질적인 도움을 줄 수 있다고 하였다(A diary can help bring otherwise hidden progress to light and provide a means of resisting the temptation to make what might be called 'paper progress' at the expense of genuine analytical development, p. 273). 컴퓨터를 활용한 소프트웨어 프로그램인 NVivo는 MEMO 기능을 사용하여 분석 중에 떠오르는 생각을 기록할 수도 있고, 다른 문서를 삽입하여 관련되는 원자료와 분석을 비교하여 볼 수 있다.

연구노트 외에도 Coffey와 Atkinson(1996)은 분석적 메모(analytical memoing), 비네트(vignettes), 인터뷰 프로파일을 기록할 것을 권장한다. 분석적 메모란 1차 코딩 이후 2차 코딩으로 넘어가기 과정에 드는 아이디어, 예감, 코드에 대한 생각들을 적는 것을 말한다. 이를 통해 결론을 도출하는 데 필요한 기본적인 아이디어를 얻을 수 있다(invaluable in facilitating second-level coding and are also likely to contain the embryos of some of the main conclusions to be drawn from the study, explorations or ideas, hunches, and thoughts about the codes, Coffey & Atkinson, 1996, pp. 254-255). 비네트란 특정 사건, 경험에 대한 서술이라기보다 이야기처럼 생생한 현장의 경험을 기록한 것을 말한다(short narratives that provide focused descriptions of events or participant experiences, not analytical but storylike, a vivid description of something that is seen as typical or representative, Coffey & Atkinson, 1996, p. 256).

3.4 자료 코딩

3.4.1 코딩의 정의

질적 자료 분석 과정은 자료를 의미 있게 하는 과정이다. 이 과정은 사람들이 말한 것, 연구자가 발견한 요소들을 확인, 축소, 해석하는 과정을 필요로 한다. 이 과정에서 연구자는 자료에 나타난 구체적인 사실과 추상적인 개념 사이를 오가며 의미를 찾기 위한 노력을 하는 것이다. Merriam(2009)은 이를 연구 문제에 대한 답을 찾는 과정이라고 보고, 답은 바로 범주, 주제 혹은 결과물로 요약될 수 있다고 말한다. 질적 연구에서 코딩(coding)이란 수집한 자료를 해석할 수 있도록 재정리하는 과정이라고 할 수 있다(Coding in qualitative research is the analytical process of organizing raw data into themes that assist in interpreting the data, Baralt, 2012, p. 222). 질적 연구의 코딩 과정은 본질적으로 보다 해석적이며 자료를 반복적으로 읽고 상호작용하면서 현상을 기술하는 과정이라고 할 수 있다(Qualitative coding is inherently more interpretive. It is a process of delineating the nature of a phenomenon by continuous interaction with and re-reading of the data, Baralt, 2012, p. 223). 또한 연구자는 자료에 나타나는 주제를 비교하면서 유형을 찾아가는 과정이라고 할 수 있다. 이러한 점에서 질적 연구는 양적 연구의 수치가 보여줄 수 있는 것보다 훨씬 상세하고 복잡한, 풍성하고(rich), 심화된(deep) 그림을 보여줄 수 있다고 한다. 양적 연구의 결과는 통계처리를 통해 주로 숫자로 표현되는 반면 질적 연구의 코딩 과정은 자료를 축약하는 과정(reducing data)으로, 현상에 관련된 주요한 주제를 찾아 범주를 만드는 과정이라고 할 수 있다. 코딩을 통해 많은 분량의 자료가 분석 가능한 적은 양의 자료로 압축되는데 Goetz와 LeCompte(1981)는 이를 잘게 쪼

개진 자료(crunched data)라고 불렀다.

질적 분석은 자료를 반복하여 읽으면서 자료가 내포하고 있는 내용을 함축하고 있는 범주를 찾아내는 작업이다. 이 단계는 질적 자료가 가지고 있는 다양한 주제어를 도출하여 이후의 축 코딩과 같은 분석을 보다 용이하게 해주는 역할을 한다. 전사 자료를 읽으면서 주제와 관련된 부분, 혹은 주제와 직접적인 관련이 없더라도 흥미 있는 부분에 코드명을 부여하는 과정이다. 이때 코딩의 단위를 문장, 혹은 구, 문단으로 해야 할지에 대한 결정은 연구자가 해야 하다. 문단 단위로 코딩을 할 경우 세세한 코드를 부여할 수 없기 때문에 중요한 주제를 놓칠 수 있는 위험이 있고, 반면 문장을 단위로 할 경우 지나치게 자세하게 코드를 부여하여 전체적인 주제를 찾는 데 어려움이 있을 수도 있다. 분석의 대상을 어떻게 정할 것인가에 대해서는 학자마다 의견이 다르지만 일단 문장 단위에서 코딩을 하되, 구조적으로는 한 문장이 아니더라도 의미적으로 분리되지 않는 경우 한 문장으로 취급하여 코딩할 수도 있다.[16]

코드란 자료에서 발견한 개념에 부과하는 이름 혹은 태그라고 할 수 있다. 코드명은 한 단어, 혹은 구, 혹은 발화 전체가 될 수 있다. 이러한 코드는 연구자가 부여할 수도 있고, 자료에서 나올 수도 있다. 예를 들어 시험에 대한 불안감 같은 코드를 연구자가 부여할 수 있다. 자료 자체에서 코드를 가져오는 경우를 인비보(in vivo) 코드라고 한다. 자료에서 발견한 단어, 구, 문장이 연구 문제에 대한 답을 찾는 데 적절할 경우 그 자체를 그대로 코드로 사용할 수 있다. 경우에 따라서는 선행연구가 어떤 코드를 부여할 수 있을지에 대한 가이드가 되기도 한다. 즉 코드명은 연구자가 부여하는 것, 자료 자체에서 나오는 것, 선행연구에서 이미 사용된

---

[16] 코딩을 처음 하는 경우 일단 문장단위에서 코딩을 할 것을 권한다. 이때 코딩의 대상이 되는 부분과 그렇지 않은 부분을 분리하여 코딩 작업을 해야 한다.

코드명을 부여하는 경우로 나눌 수 있다. 그러나 실제 질적 연구 분석 과정에서 연구자가 한 가지 방법으로만 코드를 부여하는 경우는 드물고, 이 세 가지 방법을 혼용하는 경우가 많다. 근거이론의 경우 철저하게 다른 연구에 사용된 코드의 형식을 가져오는 것을 반대하지만 다른 연구 방법의 경우 이에 대해 보다 허용적이다. 실제로 연구자가 이전에 읽은 논문, 이전에 했던 연구 등에서 완전히 자유로울 수 없기 때문에 유사한 코드명을 사용할 수 있다. 그러나 현재의 자료가 이전 코드와 맞지 않는 경우 수정하고 자료가 보여주는 새로운 코드를 찾을 수 있도록 해야 한다.

　이전의 코딩 방식은 독서카드, 연필, 메모용지 등을 이용해 수작업으로 이루어졌다. 해당하는 텍스트에 줄을 치고 여백에 코드명을 쓰는 방식으로 이루어졌기 때문에 많은 시간이 걸릴 뿐 아니라 코드명을 한 눈에 보기 어려웠다. 최근에는 문서 작업 프로그램(한글, 워드, 엑셀) 혹은 컴퓨터 활용 질적 자료 분석 소프트웨어를 활용하여 보다 편리하게 자료를 분석할 수 있다. 컴퓨터 활용 질적 자료 분석 소프트웨어를 활용하는 경우 분석 과정을 다른 연구자와 공유할 수 있어 연구자 간 코딩의 신뢰도를 확인할 수도 있다. 그러나 자료의 양이 많지 않은 경우에는 읽으면서 수기로 코딩하는 과정이 여전히 사용되기도 하고, 자료에 대한 감을 익히는 데 도움이 될 수도 있다.

　코드는 흔히 글자로 표현되는 연상기호로 자료에 있는 특정 부분을 가리킨다. 이는 짧아야 하고 자료의 어떤 부분을 가리키는지 알 수 있도록 분명해야 한다. 따라서 코드는 추론과 가치 판단이 최소한으로 개입되도록 해야 한다. 코드명은 분석 과정에서 수정되고 변경될 수 있기 때문에 각 코드에 대한 조작적 정의를 코드북에 따로 기록해 두는 것이 필요하다. Ellis와 Barkhuizen(2005)은 코드명과 그에 대한 정의들을 별도의 노트에 기록하여 코딩 과정을 정리하라고 조언한다. 자료를 읽으면서 중요하다고 생각되는 부분에 코드를 부여하는 1차적인 코딩이 끝나면 유사한 개념(혹은 주제)끼리 묶게 되고 다음 범주를 형성하게 된다. 이러한 과정에서 연구자는 연구 문제/연구 퍼즐을 늘 염두에 두어야 한다. 코드 명칭을 어떻게 부여하는가 하는 것은 주제를 찾는 데 중요하기 때문에 신중하게 결정해야 한다. 코드명을 지나치게 추상적이거나 광범위하게 부여하면 현상에 대한 정확한 이해가 어려울 수 있다. 예를 들어 '학습자 동기'와 같은 코드는 관련된 내용이 정확하게 무엇인지 알 수 없기 때문에 바람직한 코드가 아니다. 초기 코딩 단계에서는 되도록 연구자의 해석이 들어간 코드를 피하고, 연구 참여자가 말하거나 관찰한 내용 그대로를 반영하는 코드명을 부여하는 것이 다음 단계에서 관련된 코드를 주제별로 범주화하는 데 좋다. 연구 참여자가 사용된 어휘나 표현이 흥미 있는 단서를 제공한다고 생각되는 경우 이를 그대로 코드명으로 사용할 수 있는데 이를 인비보 코딩이라고 한다. 연구자 자신의 언어로 코드명을 부여하는 것이 가장 일반적이나 다른 연구에서 사용된 코드명을 사용할 수 있다. 다른 사람이 사용한 범주를 적용하여 코딩을 할 경우 이미 정해진 개념이 새로운 범주를 찾는 과정을 방해할 수 있기 때문에 주의가 필요하다. 다른 사람이 사용한 범주가 본인의 자료에 부합하는지, 같은 의미를 부여하는지 살펴보아야 한다.

3.4.2 코딩 유형

질적 연구 분석은 기본적으로 추론과 비교를 통해 이루어진다. 이는 근거이론이 제안하는 지속적 비교 방법(constant comparative method)으로 근거이론이 추구하는 이론정립을 목표로 하지 않고 추론과 비교라는 방법만을 질적 자료 분석에 활용하는 것이다(Merriam, 2009). 추론과 비교를 하기 위해서 자료의 내용을 코딩하는 것이 필요하다. 코딩을 어떻게 할 것인가 하는 것은 연구자마다 방법이 다르고, 양적 연구와 달리 한 가지로 통일되는 방법이 있는 것이 아니라 연구의 목적, 자료의 특징, 연구 기간, 참여자 등에 따라 여러 가지 방법이 있을 수 있다. 따라서 다양한 코딩 방법을 이해하고 연구자가 자신의 자료에 가장 적절한 방법을 절충해 사용하는 것이 바람직하다고 할 수 있다. Patton(2002)은 모든 질적 연구는 그 자체로 고유하기 때문에 분석 방법 면에서도 고유한 특성을 가질 수밖에 없다(Because each qualitative study is unique, the analytical approach used will be unique, p. 433)고 지적한다. 다음에서는 학자들이 제시하는 코딩 유형을 소개하여 연구 목적에 적합한 코딩 방법을 찾는 데 도움이 되고자 한다.

Miles와 Huberman(1994)은 사전 코드 목록을 작성하여 코딩 작업을 할 것을 제안한다. 연구자가 자료를 수집하기 전에 미리 분석할 코드의 종류를 개발하고 이에 기초하여 수집된 자료를 분류하고 범주화하는 분석 방법이다. 연구자가 코드를 미리 만들어 둔다는 점에서 사전 코드(prior codes)라고 하고, 이렇게 만들어진 사전 코드의 목록을 마스터 목록(master list)이라고 한다. 사전 코드를 만들었다고 하더라도 만들어진 코드에 맞는 적절한 코드가 없을 때에는 새로운 코드를 생성해야 한다. 코드는 12개 내외에서 50~60개로 구성될 수 있다. 이들은 코드 목록에 어떤 코드가 어떤 연구 문제와 연관이 있는지 보이도록 정리하여 연구자가 연구의 전체 구조를 생각하면서 분석할 수 있도록 할 것을 제안한다. 이러한 사전 코드는 주로 선행연구에서 아이디어를 얻기도 하고 연구자가 관찰한 내용을 바탕으로 만들어질 수도 있다. 이러한 코딩 방법은 연구 주제와 관련된 선행연구에서 제시하는 코드, 주제가 명확할 때 사용할 수 있는 방법이다. 미리 코드를 정하기 때문에 자료에서 어떤 부분을 분석해야 하는지가 비교적 명확하여 자료에서 무엇을 보아야 할지 탐색하는 시간을 줄일 수 있는 장점이 있다. 또한 어떤 방식으로 코드를 생성하고 분류를 하였는지가 비교적 용이하게 보이기 때문에 분석의 타당성이나 신뢰도를 높이는 데에도 용이하다. 그러나 사전 코드를 가지고 분석하는 경우 자료에서 새롭게 떠오르는 점을 놓칠 수 있고 질적 연구 자료에서 기대하는 새로운 발견(epiphany)을 기대하기 어렵다는 단점이 있다. 새로운 발견을 목적으로 하는 것이 아니라 자료에서 연구 주제와 관련된 기존의 내용을 확인하고자 하는 경우 유용한 방식이라고 할 수 있다.

일반적으로 코딩은 자료를 읽으면서 텍스트에 나타난 문장 혹은 문단을 바탕으로 코드를 부여하는 1차 코딩 과정이 있다. 이를 연구자에 따라서 1차 코딩(first cycle coding, Saldaña, 2009), 혹은 개방 코딩(Strauss & Corbin, 1990), 초기 코딩(initial coding)이라고 한다. 1차 코딩 과정에서 발견한 코드를 바탕으로 이 코드간의 관계를 수립하는 과정을 2차 코딩(second cycle coding, Saldaña, 2009), 혹은 축 코딩(axial coding), 이론적 코딩(theoretical coding, Strauss & Corbin, 1990)이라고 한다. 학자들마다 다른 이름을 사용하기 때문에 혼란스러운 점이 있으나 크게 보면 기본적인 코딩 과정과 그 다음 단계의 심화 분석 과정으로 볼 수 있다. 먼저 Strauss와 Corbin(1990)의 코딩 유형을 살펴보자.

Strauss와 Corbin(1990)의 코딩 유형

개방 코딩

수집한 자료를 축소하기 위한 첫 단계를 개방 코딩이라고 할 수 있다. 개방 코딩은 세그멘팅(sementing)과 초기 코딩의 두 단계로 나눌 수 있다.

세그멘팅(Segmenting)

세그멘팅은 자료의 의미나 요지가 잘 드러나 있는 문장을 찾아 괄호를 넣거나 줄을 긋는 작업을 뜻한다. 즉 코딩을 위한 전 단계로서 자료 분석을 위해 필요한 자료와 그렇지 않은 자료를 구분하는 작업이다. 자료 분석은 연구 문제에 대한 답을 제공하는 데 관련되는 의미 단위를 분리하는 데서 시작한다. 따라서 자료의 단위는 연구 문제에 대한 답과 밀접한 관련이 있다. 이 단위는 단어 수준이 될 수도 있고, 몇 페이지에 걸친 현장노트가 될 수도 있다. Lincoln과 Guba(1985)는 의미 있는 단위가 되기 위해서는 연구의 질문과 관련된 정보를 제공할 수 있는 발견적 (heuristic) 성격이어야 하며, 독립적으로 정보를 가질 수 있는 가장 작은 단위로, 연구 상황에 대한 추가적인 정보 없이도 해석 가능해야 한다고 했다(the smallest piece of information about something that can stand by itself—that is, it must be interpretable in the absence of any additional information other than a broad understanding of the context in which the inquiry is cared out, p. 345).

초기 코딩

초기 코딩은 세그멘팅 된 자료를 코딩하는 단계로 세그멘팅 된 자료를 종합적으로 평가하면서 반복되는 내용, 의미, 주제에 이름을 부여하는 작업이다. 초기 코딩 과정에서는 연구자가 만들 수 있는 가능한 표현을 모두 사용하여 자료의 의미를 다양하고 개방적으로 표현하려고 하기 때문에 조금 혼란스럽고 산만할 수 있다. 초기 코딩 과정은 "자료를 양동이와 바구니에 담는"(buckets or baskets into which segments of text are placed, Marshall & Rossman, 2006, p. 159, Merriam, 2009, p. 182에서 재인용) 과정이라고 할 수 있다. 컴퓨터에서 새 폴더를 생성하는 것처럼 자료에서 찾은 범주를 새로운 폴더 안에 넣는 과정에 비유할 수 있다. 이 과정에서 연구자가 수집한 자료를 바탕으로 직접 코드를 만들어 낸다. 직접 자료를 대상으로 만들어진 코드를 귀납적 코드(inductive codes)라고 한다. 전사된 자료를 읽고 추론하고 의미를 도출하는 과정에서 반복적인 개념과 사고를 찾으려고 노력하고, 이 과정에서 자료에 포함된 의미를 요약적인 개념으로 표현하는 과정이라고 할 수 있다. 이때 코드 이름은 연구 참여자들이 제공한 용어, 텍스트의 의미를 포괄적으로 드러낼 수 있는 새로운 표현, 연구자가 만들어 낸 은유를 통해 만들어진다. 코드명은 특히 연구 참여자의 생각을 잘 드러내는 것이 필요하기 때문에 주로 내부자적 용어(emic terms)를 사용하도록 권장한다. Bogdan과 Biklen(2007)은 30~50개 정도의 초기 코드가 개발되는 것이 좋다고 하였다.

초기에 임시 범주를 발견한 후에는 이러한 범주가 인터뷰 자료, 관찰 노트, 문서에서 발견되는지 확인해야 한다. 이 과정에서는 귀납적이 아닌 연역적인 사고 과정을 거칠 수도 있다. 즉 이미 발견한 범주가 자료에서 발견되는지 살핌으로써 연구자의 임시 가설을 자료를 통해 검증하는 과정이라고 할 수 있다. 더 이상 새로운 정보가 발견되지 않는 포화상태에 도달하게 되면 귀납적 방법보다는 연역적 방법을 사용하여 범주의 타당성을 검증해야 한다. 자료 분석의 마지막 단계로 갈수록 귀납적 방법보다는 연역적 방법으로 자료와 범주를 확인하는 것이 필요하다.

심층 코딩

심층 코딩은 개방 코딩을 바탕으로 새로운 포괄적 코딩을 만드는 과정이다. 개방 코딩을 통하여 도출된 코드를 요약적으로, 주제별로 묶는 코딩 작업이다. 개방 코딩과 심층 코딩은 자료를 분석하고 범주화한다는 점에서 유사하나 개방 코딩에서는 다양하고 다각적인 측면에서 질적 자료의 내용을 여러 주제어로 정리하는 반면, 심층 코딩은 핵심적이고 통합적인 주제어로 전반적인 내용을 포괄하고 종합한다는 점에서 다르다(김영천, 2012, p. 538). 즉 심층 코딩은 개발된 코드의 양을 줄이는 역할을 할 뿐 아니라 개방 코딩 자료에 내재되어 있는 의미를 드러내는 주제화 작업이라고 할 수 있다. 심층 코딩은 자료에 특성을 단순히 부여하는 차원이 아니라 자료를 범주화하고 발달시키고, 이를 통해 수집된 자료가 몇 개의 코드 영역으로 범주화하는 것을 의미한다.

주제의 발견

질적 자료 분석의 마지막 단계는 주제의 발견이다. Merriam(2009)은 이를 연구 문제에 대한 답을 제공하는 과정(a theme, a pattern, a finding, an answer to a research question, p. 179)이라고 정의한다. Creswell(2005, p. 239)은 "데이터베이스에 수집된 모든 자료 중에서 자료가 나타내려고 하는 중요한 아이디어를 만들기 위해 연결되거나 응축되는 유사한 코드 모음"이 주제라고 정의한다. 그는 한 연구에서 약 5~7개의 주제가 생성되며 동일 연구 내에서 너무 많은 주제보다 적은 수의 주제를 생성하는 것이 연구 주제에 대해 보다 심층적으로 기술하기에 용이하다고 하였다. 이 단계에서는 초기 코딩과 심층 코딩을 통해 나타난 20~30개의 코드들 중에서 서로 관련 있거나 유사한 내용을 담고 있는 코드를 모두 종합할 수 있는 새로운 코딩 과정이라고 볼 수 있다. 이 과정은 일련의 코드들이 어떤 관계, 어떤 특징, 혹은 공통된 메시지를 전달하고 있는지 찾아내야 한다. 이를 위해 연구자는 선행연구, 자료의 의미, 연구 참여자들이 사용한 코드, 내부자적 시각, 연구자의 창의력 등을 종합적으로 사용하여야 한다. 이 과정에서 주제를 부각하기 위하여 은유적 상상이 필요하며 그러한 상상력은 자료를 이해하고 해석하는 데 유용한 도구가 된다(Coffey & Atkinson, 1996).

Saldaña(2009)의 코딩 유형

Saldaña(2009)는 실용적 절충주의(practical eclecticism, p. 47)를 강조하면서 자료가 보여주는 주제를 찾기에 효과적인 방법은 한 가지 이상일 수 있기 때문에 연구자가 가능한 한 여러 가지 코딩 방법을 알고 이를 절충적으로 적용해 보기를 권한다. 즉 가장 기본적인 코딩 방법을 사용하여 분석하되 다른 가능성을 열어 두고, 충분한 발견이 이루어질 때까지 여러 가지 방법으로 자료를 살펴보는 것이 중요하다. 어떤 코딩 방법을 사용할 것인가의 핵심은 연구자가 사용하는 방법이 자료로부터 새로운 발견을 하도록 도와주는가 하는 것이다. Saldaña(2009)이를 다음과 같이 요약한다.

> The "bottom line" criterion is as you're applying the coding method(s) to the data, are you making new discoveries, insights, and connections about your participants, their processes, or the phenomenon under investigation. (Saldaña, 2009, p. 51)

즉 새로운 발견을 하고, 통찰력을 주는가, 연구 참여자, 과정, 현상을 연결하는 데 도움이 되는 방법인가 하는 것이 코딩 방법을 선택하는 기준이 된다고 하였다. 그가 소개하고 있는 코딩 방법은 여러 가지 다른 학자들의 연구 방법으로 소개된 것을 모은 것으로 명칭이 다르지만 상당한 부분 겹치는 부분도 있기 때문에 한 가지 방법만을 배타적으로 사용해야 한다고 생각할 필요가 없다. Saldaña(2009)는 코딩 방법을 크게 1차 코딩(first cycle coding), 2차 코딩(second cycle coding)으로 나누고, 각 단계에서 사용할 수 있는 코딩 방법을 소개하고 있다.[17]

---

[17] Saldaña(2009)는 총 29개의 코딩 방법을 소개하고 있는데 각 방법마다 관련 연구

1차 코딩

1차 코딩에서 몇 개 정도의 범주를 생성해야 하는가 하는 질문에는 정해진 답이 없다. 그러나 다음 단계에서 유사한 범주끼리 그룹으로 묶여야 한다는 점을 생각해야 한다. 범주는 연구자가 읽은 선행연구, 연구자의 분석노트, 관찰 등 여러 자료에서 힌트를 얻을 수 있다. 1차 코딩은 우선 자료를 읽는 데서 시작한다. 자료를 읽으면서 전체적으로 어떤 내용인지를 파악하는 것이 우선된다. Saldaña(2009)가 소개하는 코딩 유형 중 응용언어학 분야에서 언급되거나 활용할 수 있는 코딩 유형을 중심으로 살펴보고자 한다.

속성 코딩(Attribute coding)

연구 자료가 수집된 일시, 참여자에 대한 인적 정보(성별, 나이, 종교, 사회경제적 지위 등)에 대한 기록으로 연구의 상황적 배경을 이해하는 데 매우 중요하다. 이는 기술적 코딩(descriptive coding, Miles & Huberman, 1994) 혹은 세팅/상황 코드(setting/context codes, Bogdan & Biklen, 2007)라고 불린다. 속성 코딩이라는 명칭은 질적 연구 컴퓨터소프트웨어 프로그램에서 이 부분을 속성으로 분류하고 있기 때문에 용어상의 일관성을 유지하기 위해서 사용한다고 보면 된다. 예를 들어 연구자의 나이, 학년, 성적, 인종, 성별, 사회경제적 계층, 종교 등에 관한 정보나 특정 그룹의 특정한 행동을 코딩할 수 있다(예: 초등학교 남녀 학생의 쉬는 시간의 행동). 이러한 속성 코드는 참여자의 행동을 범주화하거나 관계를 파악

자, 코딩 방법에 관한 간단한 기술, 적용 가능한 연구, 그리고 실례를 소개하고 있어 코딩 과정을 이해하는 데 구체적인 도움을 주고 있다. 질적 연구 분석 과정을 이해하고자 할 때, 혹은 새로운 방법으로 자료를 분석할 필요를 느끼는 연구자들에게 좋은 지침서이다.

하고자 할 때 유용한 정보를 제공한다.

중요도 코딩(Magnitude coding)

중요도 코딩은 자료에 알파벳이나 숫자를 부여하는 것으로 자료의 내용을 강도, 빈도 면에서 분석할 필요가 있을 경우 활용한다. 이 방법은 양적 연구와의 혼합연구를 시도한다면 활용할 수 있는 유용한 방법이다. 중요도 코드는 단어, 숫자, 혹은 기호 등으로 표시될 수 있다. 다음은 이러한 코딩의 몇 가지 예를 보여준다(Saldaña, 2009, pp. 58-59).

STRONGLY　　　→ (STR)
MODERATELY　　→ (MOD)
NO OPINION　　 → (NO)
3=HIGH 2=MEDIUM 1=LOW 0=NONE OR N/A

← = BACK TO BASICS EDUCATION
→ = PROGRESSIVE EDUCATIONAL CHANGE
↓ = MAINTAIN STATUS QUO IN THE SCHOOLS
↔ = MIXED RECOMMENDATIONS FOR EDUCATION

동시 코딩(Simultaneous coding)

같은 자료에 두 개 이상의 코드명을 부여하거나 두 개 이상의 코드가 연속적인 자료에 부여되는 것을 말한다. Miles와 Huberman(1994)은 이러한 코딩은 자료가 기술적으로, 추론적으로 의미 있을 때만 적용하라고 충고한다(if a segment is both descriptively and inferentially meaningful, p. 66). 자료가 보여주는 내용에 두 가지 이상의 코드를 부여할 만한 근거가 있거나 연속적으로 나오는 내용이 반복적으로 코딩을 할 만한 내용일 때 동시 코딩을 해야 하고 단순히 연구자의 우유부단함 때문에 여러 코드가 부여되어서는 안 된다는 의미이다. 즉 어떤 코드명을 부여할지 결정하기 어려운 점 때문에 여러 개의 코드명을 부여해서는 안 되고, 타당한 이유가 있을 때만 복수의 코드명을 부여해야 한다. 특히 자료의 양이 방대하다면 동시 코딩은 필요한 경우에만 사용해야 한다. 그러지 않으면 지나치게 많은 코드가 생성되어 코드간의 관계를 살펴보는 데 상당한 어려움이 있을 수 있다.

구조적 코딩(Structural coding)

연구의 주제를 나타내는 내용이나 개념을 바탕으로 코드를 부여하거나 전체 자료를 범주화하는 방법이다. 이 방법은 거의 모든 질적 연구에 활용될 수 있으나 특히 여러 명의 연구 참여자가 있을 때, 표준화된 자료 수집 방법에 의해 자료를 수집했을 때, 가설 검증이나 주제에 대한 주요 범주를 찾기 위한 탐구적인 연구를 할 때 사용될 수 있다. 또한 구조적 코딩은 질문에 근거한 코드로 방대한 자료에서 질문에 관련 정보를 찾을 때 효과적이다. 예를 들어 '담배를 끊기 위해 어떤 방법을 사용해 보았나요?'라는 질문에 대한 응답을 '실패한 금연 방법'이라는 구조적 코드를 부여하고, 이어지는 다른 질문에 대한 답도 마찬가지로 이런 방법으로 코드를 부여할 수 있다. 그리고 몇 명의 연구 참여자가 특정한 코드에 해당하는 내용을 언급했는지 빈도를 측정할 수 있다. 이러한 분석은 연구 참여자가 여러 명이고 자료가 방대할 경우 누가 어떤 내용을 언급했는지를 한눈에 보고자 할 때 유용하다.

기술적 코딩(Descriptive coding)

기술적 코딩은 자료에 가장 기본적인 코드를 부여하는 과정으로 거의 대부분의 질적 연구가 이를 분석의 첫 단계로 삼을 수 있다. 기술 코딩은 짧은 단어(대개는 명사), 구에 대해 코드명을 부여하는 것이다. 이러한 코드는 대개 내용을 요약하기보다 주제(topic)가 무엇인지를 밝히는 데 사용된다. 즉 자료에서 무슨 일이 일어나고 있는지(What is going on here?), 연구가 무엇에 대한 것인지(What is this study about?)에 대한 답을 찾도록 하는 것이 기술 코딩이라고 할 수 있다. Turner(1994)는 이를 보다 분석적인 작업을 위한 '기본 어휘'와 같은 것이라고 불렀다(basic vocabulary of data to form 'bread and butter' categories for further analytical work, p. 199, Saldaña, 2009, p. 70에서 재인용). 즉 자료에서 연구자가 찾은 내용에 가장 간단한 형태의 어휘를 코드로 부여하여 자료에 포함된 주제가 무엇인지를 파악하도록 하는 과정이 기술 코딩이다.

인비보 코딩(In vivo coding)

인비보 코딩은 근거이론에서 사용하는 분석 방법으로 연구 참여자의 말 그대로를 코드명으로 사용하는 것을 말한다. In vivo라는 용어는 'within the living'이라는 의미의 라틴어로 자료 자체에서 발견되는 실제적인 언어, 즉 연구 참여자가 사용한 언어를 말한다. 인비보 코딩이란 연구자가 다른 단어를 사용하여 코드를 부여하지 않고 연구자의 용어를 그대로 코드로 활용하는 방법을 말한다. 이는 어떤 질적 연구에나 활용될 수 있지만 연구자의 해석이 아니라 참여자들의 목소리를 담고자 할 때 사용될 수 있다. 인비보 코딩은 연구 참여자에게 중요한 것이 무엇인지를 찾고자 할 때 중요한 단서를 제공할 수 있기 때문에 연구자가 코드명을 따로 부여하지 않고 자료에 있는 표현을 그대로 코드로 사용한다. 연구자가 부여한 코드와 인비보 코드를 구별하기 위해 인비보 코드에는 인용부호를 사용하기도 한다(예: "Hated School").

과정 코딩(Process coding)

과정 코딩은 변화과정을 살펴보는 데 사용되는 방법으로 코드명에 진행형(~기, ~ing)을 사용하여 과정적인 변화를 기술하고자 할 때 사용한다. 예를 들어 reading, playing, drinking 등의 단순한 행동부터 struggling, negotiating, adapting 등의 개념적인 행동까지 모두 이러한 방법으로 코딩할 수 있다. 이러한 코딩은 특히 진행 중인 행동, 상호작용, 상황에 대한 감정적인 반응, 문제 등을 다루는 데 활용된다.

2차 코딩

2차 코딩의 목표는 1차 코딩에서 얻은 코드를 바탕으로 주제, 범주, 개념 등을 형성하는 과정이다. 1차 코딩 과정에서 한 코딩이 2차 코딩에서 다시 이루어질 수도 있지만 2차 코딩 과정에서는 보다 광범위한 의미를 담은 코드로 코드수를 축소하여 코드를 다시 정리하고 배열하는 과정이라고 할 수 있다. 예를 들어 1차 코딩 과정에서 50개의 코드가 만들어졌다고 하면 2차 코딩 과정에서는 이를 A, B, C 등의 세 개 범주로 나누고, A 범주에 20개, B 범주에 20개, C범주에 10개로 나누는 과정이라고 할 수 있다. Saldiña(2009)는 이를 가구 조립에 비유하여 설명한다. 가구를 조립해야 하는 경우 일단은 전체 부품에 무엇이 있는지 알아야 하고, 각 부품이 가구의 어느 부분에 해당하는지 나누어야 한다. 이 과정을 2차 코딩 과정이라고 할 수 있다. 질적 연구 분석은 그러나 가구 조립과 달리 순서와 가구의 모양이 미리 정해져 있는 것이 아니라 연구자가 이를 만들어가야 한다는 것이다. 같은 자료라고 하더라도 연구자가 어떤 창의성을 발휘하는가에 따라 최종 모양이 달라질 수 있다. 따라서 Saldiña(2009)는 질적 연구 분석에 있어 연구자의 해석적인 자유와 창의성이 매우 중요하다고 강조한다. 1차 코딩이 여러 가지 코딩 방법을 절충해 사용할 수 있는 것과 마찬가지로 2차 코딩 역시 가능한 여러 가지 방법을 절충할 수 있다. 2차 코딩에 활용되는 코딩 방법은 다음과 같다.

패턴 코딩(Pattern coding)

패턴 코딩은 코드에 코드를 부여하는 일종의 메타 코드(meta-code)를 구성하는 과정이라고 할 수 있다. 그러나 이는 단순히 코드를 부여하는 것이 아니라 새롭게 형성하는 구조에 의미를 부여하는 과정이다. Miles와 Huberman(1994)은 패턴 코드를 다음과 같이 정의한다.

> Pattern Codes are explanatory or inferential codes, one that identify an emergent theme, configuration, or explanation. They pull together a lot of material into a more meaningful and parsimonious unit of analysis. They are a sort of meta-code. . . . Pattern coding is a way of grouping those summaries into a smaller number of sets, themes, or constructs. (Miles & Huberman, 1994, p. 69)

패턴 코딩은 떠오르는 주제, 배경, 설명을 찾기 위한 코드이기 때문에 설명적이고 추론적이다. 이는 많은 정보를 의미 있고 간소한 의미 단위로 묶는 역할을 한다. 이런 의미에서 패턴 코딩은 메타 코드를 묶어 하나의 단위, 주제, 구인요인을 형성하는 방법이라고 할 수 있다. 따라서 초기 코딩 후에 주제, 규칙, 원인, 설명을 찾거나, 이론적인 구인을 형성할 때 유용하다. LeCompte와 Schensul(1999)은 이를 직소퍼즐 조립에 비유하여 다음과 같이 설명한다.

> The pattern level of analysis is something like the middle stages of assembling a jigsaw puzzle; once the player has found all of the orange pieces and all of the blue pieces, for example, or all of the pieces with a particular pattern on them, he or she then can begin to assemble those pieces into a coherent chunk of the design portrayed in the completed puzzle. Furthermore, the player can begin to see how the orange chunks are related to the blue chunks, or where they fit into the overall picture. (LeCompte & Schensul, 1999, p. 98)

패턴 코딩은 직소퍼즐을 맞추기 위해서 처음에는 같은 색끼리 분류하고, 다음에는 이를 전체 그림에 맞게 끼워 넣어야 하는 것과 비슷한 절차를 거친다고 할 수 있다. 퍼즐이 맞춰지면서 오렌지색과 파란색이 어떻게 연결되어 전체 그림을 이루는지 보게 되는 것처럼 패턴 코딩을 통해 연구자는 각각의 코드가 어떻게 전체와 연결되는지 파악하게 된다. 또한 직소퍼즐과 마찬가지로 전체 그림에 맞지 않는 조각이 있을 수 있다. 이러한 부정적 사례도 이후에 맞는 자리를 찾을 수 있기도 하지만 반복적 분석을 통해서도 전체적인 패턴과 맞지 않는 부정적 사례를 관찰할 경우도 있다. 이러한 경우도 불필요한 것이 아니라 구인을 설명하고 해석하는 데 기여하는 것으로 간주해야 한다. 예를 들어 1차 코딩 과정에서 다음과 같은 코드를 얻었다고 가정하자(Ellis & Barkhuzen, 2005, p. 152).

- Unclear instructions
- Rushed directions
- Incomplete directions
- Expectations of info
- "She doesn't communicate"
- Writing directions needed
- "You never told me"

이러한 유사한 코드들을 함께 묶어 패턴 코드를 형성하고자 할 때 "She doesn't communicate"라는 인비보 코드를 사용할 수도 있고, '기형적 방향'(dyfunctional direction)이라는 코드명을 부여할 수 있다. 연결어(if, and, then, because)를 사용하여 코드를 연결하면 규칙, 이유, 설명을 찾는 데 도움이 된다. 예를 들어 인비보 코드를 부여한 "she doesn't communicate"에 "if"를 사용하여 "I can't do my job effectively if she doesn't communicate with me."라는 문장을 만들어 의사소통 부재의 결과를 주장할 수 있다. 이러한 주장을 뒷받침할 수 있는 근거를 자료에서 찾음으로써 기형적 방향의 특징을 독자들에게 전달할 수 있다.

이처럼 패턴 코딩에서는 1차 코딩에서 얻은 유사한 코드를 모으고, 이들의 공통점을 찾아 패턴 코드명을 부여한다. 패턴 코드는 전체적인 주제, 행동 유형, 상호관계, 이론적인 구인 등을 기술하는 문장을 구성하기 위한 기반으로 사용될 수 있다. 많은 경우 패턴 코드는 비유 형태로 나타난다. 왜냐하면 비유적인 표현은 자료의 큰 부분을 하나의 개념으로 묶을 수 있기 때문이다. 패턴 코딩 과정에서 몇 개의 코드를 찾을 수 있고 각각의 코드가 주요한 주제로 발전될 수 있지만 패턴 자체는 일종의 예감을 줄 뿐이고 모든 패턴 코드가 주제로 발전되는 것은 아님에 유의할 필요가 있다(pattern codes are hunches: Some pan out, but many do not, Miles & Huberman, 1994, p. 72). 패턴 코딩은 어떤 현상이 '왜'(why) 일어나는지에 대한 답을 찾는 과정이라고 할 수 있다. '무엇'(what), '어떻게'(how)를 찾음으로써 '왜'에 대한 다양한 답을 찾을 수 있다. Ellis와 Barkhuzen(2005)은 패턴을 찾기 위해서는 다음 몇 가지를 주의해서 볼 필요가 있다고 제안한다.

- 빈도: 패턴을 찾기 위한 가장 일반적 방법으로 자료에 자주 나타나는 요인들이 일정 패턴을 보일 가능성이 많다.
- 연구 참여자: 연구 참여자 자신의 패턴에 대한 정보를 제공할 수 있다. 예를 들어 학습자들이 영어에 대한 불안감을 언급하고 있는 부분에서 문법적 실수에 대한 이야기를 한다면 이러한 코드들이 패턴을 이루는지 살펴보아야 한다.
- 유사성: 코드의 의미 혹은 표현의 유사성이 있는지 살펴볼 수 있다. 예를 들어 'I'm afraid of speaking English', 'I feel nervous about speaking English' 등의 표현은 말하기에 대한 학습자의 감정적 반응의 패턴으로 묶을 수 있다.

- 연구자의 경험: 연구자가 연구 주제에 대해 알고 있는 지식과 연구경험이 패턴의 유형을 파악하는 데 도움을 줄 수 있다.
- 선행연구: 연구 주제와 관련된 이론, 선행연구에서 발견한 주제 등이 패턴을 찾는 데 길잡이 역할을 할 수 있다. (Ellis & Barkhuzen, 2005, pp. 268-269)

포커스 코딩(Focus coding)

포커스 코딩은 코드를 유사한 주제, 개념으로 다시 묶는 과정이다. 포커스 코딩은 가장 자주 나타나거나, 혹은 가장 중요한 코드를 찾아 가장 두드러지는 범주(the most salient categories)를 찾는 과정이다. 이는 초기 코딩 과정에서 발견한 코드 가운데 어떤 코드가 가장 분석적인 의미를 가지는가에 대한 결정을 내리는 과정이라고 할 수 있다(Charmaz, 2006). 이 코드 방법은 모든 질적 연구에 다 사용될 수 있지만 특히 근거이론을 사용하는 연구 방법의 경우에 유용한다. Saldiña(2009)는 Tiffany라는 16세 고등학교 여학생의 친구관계에 대한 인터뷰 자료를 바탕으로 초기 코딩과 포커스 코딩의 예를 보여준다.

[표 9] 포커스 코딩의 예(Saldiña, 2009, pp. 82-83, pp. 156-157)

초기 코딩	포커스 코딩
Hanging out with everyone "Choosing" who you hang out with Recalling friendships "Best friend with everybody" Qualifying: "practically" Qualifying: "Almost" Friends with "certain people" Friends with "since forever" "Not fair to stereotype" Labeling: "Really super popular pretty girls" Identifying stereotypes Dispelling stereotypes ⋮	Category: Defining oneself as a friend Defining self through others: "Popular" Category: Maintaining Friendships "Hangout out with everyone" "Recalling friendships" "Best friend with everybody" Friends with "certain people" Category: Labeling the groups Labeling: "Really super popular pretty girls" Labeling: "Geeky people" Labeling: "Strange-psycho-killer-geek"

	Category: Qualifying the groups Category: Dispelling stereotypes of the groups Category: Setting criteria for friendships

위에서 보듯이 1차 코딩에서 얻은 코드를 바탕으로 과정에 초점을 둔 동명사 형의 코드를 중심으로 묶어 임시적인 범주를 형성할 수 있다. 이러한 범주("Defining oneself as a friend", "Labeling the groups", "Qualifying the groups", "Dispelling stereotypes of the groups", "Setting criteria for friendships") 간의 관계를 형성하기 위해서는 연구자가 작성한 메모가 중요한 역할을 한다. 다음은 연구자의 메모를 통해 범주 간의 관계가 어떻게 형성되는지의 예를 보여준다.

31 May 2007
CODING: FOCUSING THE CATEGORIES
After reviewing the categories, I feel that QUALIFYING THE GROUPS can be subsumed under DISPELLING THE STEREOTYPES OF THE GROUPS. Tiffany provides exceptions to the stereotypes through her use of qualifiers. DEFINING ONESELF AS A FRIEND seems to have some connection with how adolescents go about MAINTAINING FRIENDSHIPS. Perhaps DEFINING ONESELF AS A FRIEND might be more accurately recoded as PERCEIVING ONESELF AS A FRIEND. According to Tiffany, others perceive her as "popular," so that's how she may perceive herself, which in turn influences and affects how she goes about MAINTAINING FRIENDSHIPS both in the past and present. (Saldiña, 2009, p. 158)

이러한 메모를 바탕으로 범주 간의 관계를 다음과 같이 구성할 수 있다 (Saldiña, 2009, p. 158).

I. DEFINING ONESELF AS A FRIEND
    A. Maintaining Friendships
        1. Setting Criteria for Friendships
    B. Dispelling Stereotypes of the Groups
        1. Labeling the Groups
        2. Qualifying the Groups

이러한 포커스 코딩은 근거이론의 축 코딩과 유사하다고 할 수 있다. 즉 Setting Criteria for Friendships, Labeling the Groups, Qualifying the Groups와 같은 코드를 분류하여 Maintaining Friendships, Dispelling Stereotypes of the Groups로 묶고, 이 전체를 묶어 Defining Oneself as a Friend라는 범주를 형성하여 범주 간의 위계를 부여하는 과정을 거친다.

위에서 기술한 어떤 유형의 코딩 방식을 택하든 코드를 부여하거나 범주를 구성할 때는 실제 세계를 반영해야 한다(Your study fits the empirical world when you have constructed codes and developed them into categories that crystallize participants' experience, Charmaz, 2006, p. 54). 이를 위해서는 코드를 생성한 후 멤버 확인 등의 과정을 통해 연구자의 코딩이 연구 참여자의 현실과 부합하는지 확인하는 과정이 필요하다.

3.4.3 코딩 시 유의할 점

Richards(2003)는 코딩 과정에서 생성하는 범주가 분석에 유용하기 위해서는 다음과 같은 특징을 가져야 한다고 한다.

- 분석적 효용성(analytically useful): 생성된 범주명이 자료에 대해 새로운 이해를 하는 데 도움이 되는가? 아니면 지나치게 광범위하거나 개략적인가?
- 개념적 일관성(conceptually coherent): 연구자의 해석이 이루어지는 개념적 틀과 범주가 일관성이 있는가?

- 경험적 관련성(empirically relevant): 범주와 자료가 연결되는가? 범주명을 부여할 수 있는 부분이 자료에 있는가?
- 실용적 적용성(practically applicable): 범주를 부여한 기준을 명시할 수 있는가?, 범주 간 경계가 분명한가?

Merriam(2009)도 이와 유사한 조건을 제시한다.

- 범주가 연구의 목적에 부합해야 한다(Categories should *be responsible to the purpose of the research*).
- 자료의 관련 있는 중요한 부분이 모두 코딩되어야 한다(Categories should *be exhaustive*).
- 범주는 상호배타적이어야 한다(Categories should *be mutually exclusive*). 분석 단위는 한 가지 범주에 속해야 한다. 한 가지 이상의 범주에 속하는 경우 범주가 좀 더 정교화 될 필요가 있다.
- 범주명은 자료의 내용에 가장 민감하도록 표현되어야 한다(Categories should *be sensitizing*). 현상을 설명하기 위한 코드로서 너무 광범위한 범주명을 부여하지 않아야 한다.
- 범주는 개념적으로 일관성 있어야 한다(Categories *should be conceptually congruent*). 동일한 수준의 코드명이 부여되어야 한다. 개념적 일관성을 확인하기 위해서는 차트 등의 시각적인 방법을 이용하는 것이 필요하다. (Merriam, 2009, pp. 185-186, 이탤릭체 원문).

Davis(1995)는 연구자가 자료 분석을 위해 어떠한 분석의 틀을 사용하는지를 밝히는 것이 연구의 신뢰도를 높이는 데 매우 중요하다고 강조한다. 그는 거대이론(grand theory)보다는 중간 단계 이론(middle-range theories 혹은 grounded theory), 연구를 통해 밝혀지는 중간 단계 이론 혹은 미시적 이론에 주의를 기울일 필요가 있다고 주장한다.[18] 예를 들면

---

[18] J. Kim(2016)은 연구의 바탕이 되는 이론의 층위를 거시적, 중간, 미시적 단계로

문화기술지의 대표적인 연구인 Heath(1983)는 흑인학생이 학교에서 성공적이지 못한 이유가 가정에서의 사회화 과정과 연관 있음을 밝히면서 가정/학교 언어 사회화의 차이에 관한 이론을 수립하였다. 이러한 이론 수립은 근거이론을 바탕으로 하는 질적 연구에서 특히 중요하지만 모든 질적 연구가 이론을 수립하는 것은 아니다. 질적 연구는 이론 수립 여부와 상관없이 분석을 통해 현상을 설명할 수 있는 기술을 찾는 것을 목표로 한다. 따라서 연구자는 어떠한 관점에서 이러한 설명에 도달하는지를 밝히는 것이 중요하다.

질적 연구의 신뢰도를 확보하기 위해서 Davis(1995)는 자료 분석 과정에서 다음과 같은 점에 주의해야 한다고 지적한다. 연구자가 내부자적 관점, 총체적 관점에서 자료를 분석한다고 하더라도 연구자는 관련된 이론과 설명하고자 하는 현상과 관련 있는 미시적, 거시적 상황적 영향을 고려해야 한다. 즉 현재 관찰하고 있는 현상보다 상위 단계의 의미를 구성하기 위해서는 필요한 상황을 고려하는 것이 필요하다. 예를 들어 ESL 쓰기 수업을 관찰한다고 하면 수업현장뿐 아니라 교실 내의 사회적 관계, 교실뿐 아니라 학교, 지역사회, 학교군, 그리고 사회적, 역사적 요인들까지 고려할 필요가 있다.

질적 연구 분석 과정에서 기억해야 할 점은 질적 연구의 해석 과정이 순환적이라는 것이다. 질적 연구 분석 과정은 정량적 연구처럼 자료를 수집하고, 통계적인 분석을 거쳐 결과를 도출하는 직선적인 과정이 아니

구분한다. 거시적 단계 이론(macro-level theory, holistic level)이란 해석적 틀을 말하는 것으로 현상학, 후기구조주의, 비판적 이론과 같이 질적 연구에 적용되는 전체적이고 통합적인 이론을 말한다. 중간 단계 이론(meso-level theory, methodology level)은 사례연구, 근거이론, 민속기술지처럼 연구의 방법과 관련된 이론이고, 미시적 단계 이론(micro-level theory, content level)은 개별 내용, 주제와 관련된 이론을 말한다.

라 자료 수집과 분석을 통해 가설을 수립하고 이를 확인해 보고 더 이상 새로운 증거가 나오지 않을 때까지 자료를 더 수집하는 과정으로 자료 수집, 분석, 결론 도출 과정을 순환한다. 이러한 순환적 과정을 통해 앞서 세운 가설을 수정하기도 하고, 새로운 이론적 틀을 적용하기도 한다. 이를 두고 Davis는 해석적 질적 연구 설계는 지속적으로 새롭게 떠오르는 것이라고 한다(the design of interpretive qualitative studies is constantly emerging, Davis, 1995, p. 445). Lincoln과 Guba(1985) 역시 질적 연구가 미리 결정된 과정을 따르는 것이 아니라 분석 과정이 진행되면서 새로운 형태를 띠어가는 것임을 강조한다.

> (research designs) must be emergent rather than preordained: because meaning is determined by context to such a great extent; because the existence of multiple realities constrains the development of a design based on only one (the investigator's) construction; because what will be learned at a site is always dependent on the *interaction* between investigator and context, and the interaction is also not fully predictable; and because the nature of mutual shadings cannot be known until they are witnessed. (Lincoln & Guba, 1985, p. 208)

즉 분석이 진행될수록 보다 더 초점을 맞추게 되고, 두드러지는 요인들이 보이게 되고, 통찰력이 생기고, 이를 설명하기 위한 외부 이론이 결정되고, 이를 통해 자료에 근거한 내부 이론이 자리 잡게 된다(As the inquiry proceeds, it becomes increasingly focused; salient elements begin to emerge, insights grow, external theory appropriate to interpretations is determined, and the study's internal theory begins to be grounded in the data obtained, Davis, 1995, p. 445). 질적 연구의 이러한 특징 때문에 연구자는 가지고 있는 자료와 분석, 해석 과정을 반복할 수 있는 인내심을

가져야 한다. 이전의 코딩과 부합하지 않는 자료가 발견될 때 이전의 분석과 해석을 기꺼이 수정하려는 자세를 가져야 한다.

질적 자료 분석 과정에서 가장 힘든 점은 코딩 과정에서 겪게 되는 애매함이다. 이런 애매함을 연구자 자신이 자신에게 명료화하고, 이를 독자에게 전달하기 위해서는 다양한 코딩 방식을 이해하는 것이 필요하다. 이러한 코딩 과정을 거쳐 자료에 대한 적절한 설명이 기술되고, 이러한 설명이 보다 거시적 차원에서 이론과 연결되었다고 하더라도 다시 자료로 돌아가 다른 연구 방법 면에서 자료를 다르게 설명할 수 있는 방법이 있는지 고려하는 것이 필요하다. 자료 분석 과정에서 가장 범하기 쉬운 오류는 자료 수집 과정에 사람이 포함되어 있다는 사실을 잊는 것이다. 마치 연구자가 인터뷰나 관찰 과정에 참여하지 않은 것처럼 자료를 해석하고 설명하는 것은 연구자가 미치는 영향을 충분히 고려하지 않는 것이다. 이와 더불어 자료를 선명하고 명쾌하게 설명하고자 하는 욕구 때문에 설명과 부합되지 않는 경우를 무시하거나 덮고 지나가려는 경향이 있다. Glaser(1978) 같은 초기 근거이론 학자는 미리 정해진 코드나 존재하고 있는 코드에 맞추거나, 혹은 이론에 부합하기 위해 자료를 선택하거나, 기존의 이론에 맞추기 위해 자료를 버리지 않아야 한다고 주장한다(Data should not be forced or selected to fit pre-conceived or pre-existent categories or discarded in favor of keeping an extant theory intact, Glaser, 1978, p. 4). 따라서 연구자 자신의 신념이나 관점을 고집하지 않고 자료가 보여주는 현상을 있는 그대로 관찰하되, 연구자의 해석과 설명이 연구자의 관점을 반영할 수밖에 없음을 인정하는 것이 필요하다. 인간 행동은 자연 현상처럼 인과관계를 선명하게 설명할 수 있지 못하는 경우가 있다는 점을 기억해야 한다. 자료에서 중요한 부분을 놓치지 않는 것이 중요하지만 이것이 반드시 자료의 모든 부분을 설명해야 함을 뜻하는 것은 아니다. 따라서 연구의 주제가 무엇인지 분명히 하고 초점이 되는 부분을 설명하는 데 집중하는 것이 필요하다. 자료에 대한 연구자의 첫 인상은 매우 강력한 영향을 미치기 때문에 이러한 직관이 자료를 분석하는 데 지나치게 주관적인 시각을 가지지 않도록 주의할 필요가 있다.

3.5 컴퓨터 활용 질적 자료 분석 소프트웨어 활용

3.5.1 컴퓨터 활용 질적 자료 분석 소프트웨어의 기능

1990년대 이후로 컴퓨터를 활용한 질적 자료 분석 방법에 대한 논의가 활발해졌다. 최근에는 다양한 테크놀로지를 활용하여 자료를 수집하고 분석하는 것이 연구의 중요한 부분이 될 정도로 컴퓨터를 활용한 질적 자료 분석이 연구의 전문성을 높이는 데 활용되고 있다. 초기 질적 연구 분석 소프트웨어는 사용법을 익히는 데 드는 시간과 노력이 커서 사용하는 데 부담이 많았지만 현재는 사용자 중심의 편리한 기능과 사용자 매뉴얼이 있고, 각 소프트웨어 회사에서 제공하는 사용 안내 프로그램도 마련되어 있어 쉽게 접근할 수 있게 되었다. 컴퓨터 활용 질적 자료 분석(Computer-aided Qualitative Data analysis System, CAQDAS) 소프트웨어는 다음과 같은 기능을 한다.

자료 입력 및 구조화

수집된 자료를 컴퓨터에 어떻게 입력할 것인지, 어떤 순서로 입력할 것인지 등은 분석을 위해 매우 중요하다. 컴퓨터 활용 질적 자료 분석 소프트웨어는 한글이나 워드프로세서 같은 기본적인 텍스트 프로그램뿐 아니라 오디오, 비디오, 그래픽 형태의 디지털 자료를 입력하여 한꺼번에 보관할 수 있는 장점이 있다. 또한 연구자가 연구 과정에서 보고, 듣고, 느낀 내용을 적는 메모를 원 자료와 연결하여 입력할 수 있다. 컴퓨터 활용 질적 자료 분석의 가장 큰 장점은 다양한 형태의 자료를 한 곳에 저장하여 병합하거나 호환할 수 있다는 점이다. 오디오, 비디오, 그래픽 자료는 하이퍼스페이스를 통해 데이터베이스로 통합될 수 있고, 이러한 자료들은 텍스트에만 의지하지 않고 다양한 종류의 자료를 활용하도록 하는 데 도움이 된다. 컴퓨터 활용 질적 자료 분석 소프트웨어는 프로젝트 파일을 생성하는데 이는 연구자가 가지고 있는 다양한 형태의 자료를 한 곳에 모을 수 있도록 해준다. 연구자가 여러 곳에서 작업을 하거나 공동 연구자가 있는 경우 프로젝트 파일 하나만 복사하면 되기 때문에 편이성이 있다.

자료 검색

텍스트 내에서 필요한 단어, 주제를 검색하도록 하여 텍스트의 특징을 발견하도록 해주어 코딩 과정에서 비슷한 내용을 쉽게 찾아볼 수 있도록 해준다. 주석달기 등의 기능이 포함되어 있어 주석 단위의 검색 혹은 연구자가 생성한 코드, 주제, 문장이나 키워드 검색을 통해서 연구자가 찾고자 하는 특정 요소가 어떤 자료에 있는지 쉽게 확인해 줄 수 있다. 이를 통해 연구자는 관련성을 가진 요인들을 파악할 수 있고, 이는 추가적인 분석을 도와줄 수 있다.

코드의 생성

컴퓨터 활용 질적 자료 분석 소프트웨어의 가장 기본적 기능이자 중요한 기능은 코드 생성이다. 연구자는 귀납적, 연역적 방법을 통해 원 자료에서 코드를 추출하게 된다. 이때 자료에 코드를 부여하는 과정을 시각화해 줌으로써 효율적으로 코딩할 수 있다. 코드명을 변경하거나 불필요한 코드를 삭제하거나, 코드 간의 위계에 변화가 있을 때 일일이 자료를 확인하고 수정할 필요 없이 쉽게 수정할 수 있기 때문에 시간을 절약할 수 있고, 다른 사람의 코딩 결과를 비교할 수 있다.

자료 관리

연구 참여자 정보, 다양한 자료 등을 정리하여 현장에서 수집한 자료를 보관할 수 있다. 소프트웨어와 관련된 자료들은 데이터베이스화되어 필요시에 참고문헌, 초록을 작성하여 저장할 수 있다. 질적 연구가 순환적인 점을 고려하면 언제든 다시 자료로 돌아와 분석을 할 수 있도록 자료를 보관할 수 있다는 점에서 유용하다.

분석 결과 제시

대부분의 컴퓨터 활용 질적 자료 분석 소프트웨어는 결과물을 워드프로세스, 엑셀 등으로 생성할 수 있고, 연구자가 코딩한 내용 전체 혹은 부분을 출력할 수 있다. 또 코드의 빈도를 제시하여 주고, 코드 간의 관계성을 도식화하여 보여주는 기능을 가지고 있는 소프트웨어도 있다.

3.5.2 컴퓨터 활용 질적 자료 분석 소프트웨어의 유형

질적 연구 소프트웨어의 종류는 매우 다양하기 때문에 연구자는 연구의 목적, 코딩 유형에 따라 적절한 소프트웨어를 결정해야 한다. 현재 사용되고 있는 소프트웨어 중 질적 연구자들이 가장 많이 활용하고 있는 프로그램은 NVivo, ATLAS.ti, 그리고 NUD*IST라고 한다(김영천, 김진희, 2008). 다음 표는 많이 활용되는 소프트웨어의 종류와 특징을 요약하여 보여준다.[19]

[표 10] 질적 연구 소프트웨어의 종류(김영천, 김진희, 2008, p. 39)

소프트웨어	ATLAS.ti	Hyper Research	MAXqda	The Ethnograph	NUDI*ST	NVivo
개발년도	1992	1991	1988	1985	1981	1995
언어	영어, 독어	영어, 독어, 스페인어, 프랑스어, 중국어, 일어	영어, 중국어, 아랍어	영어	영어 (한글읽기 가능)	영어 (한글읽기 가능)
자료 유형	텍스트, 오디오, 비디오, 그래픽	텍스트, 미디어, 그래픽, 비디오	텍스트, 미디어	텍스트, 미디어	텍스트, 미디어	텍스트, 미디어, 그림, 표
검색 및 자동코딩	줄간 검색 및 자동코딩	검색 및 자동코딩	텍스트 메모 찾기	자동코딩 지원 안됨	줄간 검색 및 자동코딩, 문서와 노드 선별	줄간 검색 및 텍스트 결과 노드화
도식방법	위계적 네트웍 구조 지원	코드간 연결관계 지원	사이드웨이 나무구조 지원	사이드웨이 나무구조 지원	위계적 나무구조, 노드구조 자동지원	문서, 노드, 속성지원
양적자료 활용	빈도분석 SPSS 호환	빈도출력 지원	빈도출력 지원, 코드 분리	빈도출력 지원, EXEL 호환	사례별 데이터베이스, 백분율, SPSS 호환	단어, 줄, 노드 수 계산, SPSS 호환

이 중 현재 많이 사용되고 있는 NVivo(현재 verion 12)의 특징에 대해서 간단히 언급하고자 한다. NVivo는 NUD*IST라고 하는 소프트웨어가 업데이트 되면서 새로운 명칭을 가지게 된 프로그램이다.[20] NUD*IST는 호주 La Trobe대학의 Tom Richards와 Lyn Richards에 의해 개발되었으

---

[19] 각 소프트웨어 프로그램에 대한 자세한 특징과 이를 활용한 연구의 사례는 김영천, 김진희(2008)를 참고하거나 부록에 제시된 해당 소프트웨어 프로그램 웹사이트 정보를 활용하면 된다. 유튜브에 사용방법에 대한 자세한 동영상이 탑재된 경우도 있으므로 이를 활용해도 된다.

[20] 영어교육 분야에서는 박종원 교수가 NVivo를 활용한 질적 자료 분석 방법을 소개하는 저서를 꾸준히 발간하고 있으므로 참고할 수 있다.

며 현재는 QSR International(https://www.qsrinternational.com)이라는 회사에서 제공되는 프로그램이다. NVivo의 최신 버전은 가격이 높은 편이나 학생용은 조금 저렴하게 구입할 수 있다. 한 달간의 시험기간 동안 무료로 사용할 수 있기 때문에 시험적으로 사용해 보고 구입여부를 결정하면 된다. 온라인 데모 비디오와 상세한 매뉴얼을 제공하고 있고, 때때로 실시간 사용자 안내 워크숍을 통해 사용법을 안내 받을 수 있다.

 NVivo는 자료의 크기가 작은 경우 자료 자체를 프로그램 안으로 불러서 저장할 수 있고, 멀티미디어 자료와 같이 크기가 큰 자료는 프로그램과 자료를 링크해서 분석을 진행할 수 있다. NVivo 프로그램의 코딩 방식에 따르면 'free nodes'는 단일 수준의 여러 가지 코딩을 배열하는 것이고 'tree node'는 코드 간의 위계를 설정하여 코딩하는 것이다. 또한 코드 간의 연계성을 분석하기 위해 'relationships' 기능을 사용할 수 있고, 담화나 내러티브 분석을 위해 'cases' 같은 기능을 활용할 수 있다. NVivo는 그래프, 코드 간 관계 등을 시각적 형태로 잘 표현해준다는 장점이 있다. 다음 그림은 NVivo를 이용한 코딩 작업의 화면 예시를 보여준다.

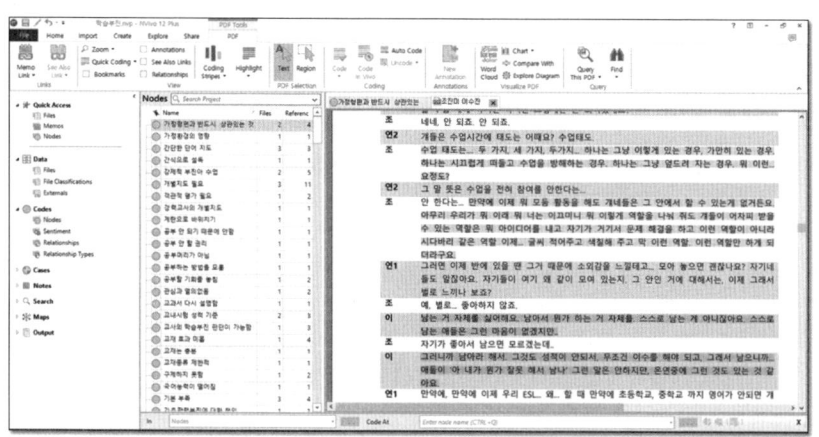

[그림 1] NVivo 코딩 작업 화면 예시

위 그림은 필자가 교사를 대상으로 영어 학습부진에 관한 인터뷰 자료를 개방 코딩한 화면이다. 한글파일로 작성한 문서는 NVivo에서 읽을 수 없기 때문에 Adobe 파일로 전환하여 NVivo에 탑재할 수 있다. 인터뷰 자료를 읽으면서 코딩할 부분을 하이라이트하고 코드명을 부여하면 왼쪽 열에 노드가 생성된다. 같은 코드명을 부여한 부분은 같은 노드에 코딩이 되고 빈도가 표시되기 때문에 어떤 코드에 해당하는 내용이 자주 언급되는지 확인할 수 있다. 다음 단계에서는 생성된 코드 간의 위계를 보면서 tree node를 형성하는 작업을 하게 된다.

3.5.3 컴퓨터 활용 질적 자료 분석 소프트웨어의 장점

컴퓨터 활용 질적 자료 분석 소프트웨어 프로그램을 활용하면 연구가 수집한 자료를 한눈에 볼 수 있을 뿐 아니라 코딩을 체계적으로 할 수 있다. 연구자가 여러 가지 형태의 자료를 한 곳에서 볼 수 있도록 하여 코딩하기 쉽도록 해준다. 예를 들어 연구자가 문서파일, 비디오 자료 등을 동시에 코딩할 수 있도록 해준다. 이것은 예전에 질적 연구 분석을 위해서 필요했던 노트카드, 형광펜, 메모노트 등이 필요 없게 해줄 뿐 아니라 연구 분석 내용을 쉽게 보관할 수 있도록 해준다. 질적 연구 소프트웨어 프로그램의 또 다른 장점은 자동검색 기능을 통해 반복되는 단어, 문장 등을 쉽게 찾을 수 있도록 한다. 이런 과정을 수동적으로 한다고 하면 많은 시간이 걸릴 수 있고, 정확성이 떨어질 수 있으나 소프트웨어 프로그램은 이를 단시간에 할 수 있도록 해준다. 코드 검색을 하는 경우 동일한 코드명이 부여된 텍스트 전체를 찾을 수 있기 때문에 코딩이 일관성 있게 되었는지 확인하는 데 유용하다.

컴퓨터 활용 질적 자료 분석 소프트웨어는 무엇보다 방대한 분량의 질적 연구 자료를 정리할 수 있도록 해준다. 질적 연구의 경우 전사자료

뿐 아니라 현장노트, 관찰일지, 저널, 사진, 비디오 자료 등 여러 가지 형태의 자료가 포함되는데 이처럼 다양한 자료를 수집하는 경우 자료를 잘 정리하는 것이 일관성 있는 코딩을 하는 데 매우 중요하다. 질적 연구의 소프트웨어는 자료의 보관과 분석을 쉽게 해줄 뿐 아니라 분석의 신뢰도를 높이는 데에도 기여할 수 있다. 이러한 프로그램들은 감사추적을 할 수 있기 때문에 연구자가 분석한 과정을 볼 수 있다. 코딩에 대한 결정, 코드 간의 관계 등을 통해 연구자가 주제를 발견하는 과정을 볼 수 있도록 한다는 점에서 연구 결과에 대한 신뢰감을 줄 수 있다.

컴퓨터를 활용한 질적 연구 분석도구는 자료 분석 과정을 투명하게 보여주어 신뢰도를 높일 뿐 아니라 공유할 수 있는 가능성(sharability)도 높여준다. NVivo의 경우 다수의 연구자가 동시에 작업할 수 있도록 해주고, 분석 결과를 서로 공유할 수 있도록 해준다. 연구자 간에 코딩에 대한 결정을 의논하고, 협의할 수 있다는 장점이 있다. 그러나 이러한 소프트웨어 프로그램은 자료 분석의 결과를 정리하고 요약하는 데 유용한 것이지 분석 자체를 자동적으로 해주는 것은 아니다. SPSS 등의 통계 프로그램은 원 자료를 입력하면 계산하는 과정을 소프트웨어 프로그램이 해주는 기능을 하지만 질적 자료 분석 소프트웨어 프로그램의 경우 원 자료를 입력했다고 해서 코딩 과정이 자동적으로 이루어지는 것은 아니다. 연구자가 생각하고 결정한 코드, 범주를 시각화하여 생각하고 결정하는 과정을 도와주는 프로그램이라고 보는 것이 적절할 것이다. 이런 이유 때문에 자료의 양이 방대하지 않은 경우 수기로 자료에 코딩하거나, 엑셀, 워드 등의 프로그램을 이용해서 하는 것이 소프트웨어 프로그램의 기능을 익혀서 코딩하는 것보다 시간을 절약할 수 있기도 하다. 그러나 자료의 양이 많거나 자료의 종류가 다양한 경우(인터뷰, 비디오, 노트 등) 이를 한군데 모아 정리하고자 할 때에는 질적 연구의 소프트웨어 프로그램을 활용하는 것이 바람직하다.

3.5.4 질적 자료 분석 소프트웨어의 선택

연구자가 어떤 분석 소프트웨어 프로그램을 사용할지는 전적으로 연구자의 선호에 달려있다. 각각의 소프트웨어의 특징을 잘 이해하고 연구의 목적에 맞게 활용하는 것이 중요하다. Lewis와 Silver(2009)는 다음과 같은 질문을 통해 연구자의 상황에 가장 적합한 기능을 가진 소프트웨어를 선택하라고 제언한다.

- 내가 수집한 자료는 어떠한 종류이고(글자, 그림, 음성, 비디오) 양은 얼마나 되고 이것을 어떻게 관리하고자 하는가?
- 질적 자료의 분석에 있어서 내가 선호하는 방식이 있는가? 이러한 방식은 얼마나 체계화되어 있는가?
- 내가 사용하고자 하는 분석 방법의 이론적 배경은 무엇이며 이러한 분석 방법을 얼마나 잘 이해하고 있는가?
- 내가 질적 자료 분석 소프트웨어를 통해 도움을 얻고자 하는 기능들의 수준은 어느 정도인가?
- 방대한 양의 자료를 효과적으로 관리하는 데 중점을 둘 것인가? 기본적인 코딩을 생성하고자 하는가?
- 수집한 자료 가운데 양적인 자료가 있으며, 이 양적 자료도 분석의 대상에 포함되는가?
- 하나의 자료를 대상으로 다양한 분석 방법을 적용해야 할 필요가 있는가?
- 새로운 소프트웨어를 사용해야 한다면 내가 소프트웨어를 배우는 데 어느 정도의 시간을 투자할 수 있는가?
- 전체적인 연구기간 가운데 자료의 분석에 할당된 기간은 어느 정도인가?
- 내가 속한 기관이나 조직에 가용한 질적 자료 분석 소프트웨어가 있는가? (Lewis & Silver, 2009, 유기웅, 정종원, 김영석, 김한별, 2012 pp. 303-304 에서 재인용)

앞서 언급한 것처럼 컴퓨터를 활용한 질적 자료 분석이 연구의 효율성을 높이고 새로운 연구 방법에 대한 가능성을 제공하지만 이러한 테크놀로지의 사용이 질적 연구의 본질을 훼손하고 있다는 주장도 제기되고 있다. 테크놀로지를 활용한 질적 자료 분석을 옹호하는 입장은 소프트웨어를 통해 자료를 체계적으로 관리하고 분석 과정을 투명하게 함으로써 신뢰도를 높이는 데 기여할 수 있다고 본다. 그러나 소프트웨어를 반대하는 입장에서는 이러한 분석이 질적 연구의 타당도나 신뢰도에 영향을 주지 못하며 오히려 기계적인 코딩 방식에 의존하게 되어 의미 있는 결과를 도출하기 위한 연구자의 반복적 탐색과 해석을 도외시할 수 있다는 점을 지적한다. 질적 연구자들은 이러한 논쟁이 있음을 인식하고 소프트웨어 없이 코딩하는 전통적인 질적 연구 분석 방식과 소프트웨어를 사용하여 분석하는 방식 두 가지에 모두 친숙할 필요가 있다. 가령 자료의 분량이 많다거나 여러 유형의 자료를 수집하였거나, 공동 연구자가 있는 경우에는 소프트웨어를 활용하는 것이 분석하는 데 효율적이다. 그러나 자료의 양이 적거나, 소프트웨어를 사용할 수 있는 기반이 마련되어 있지 않는 경우 워드프로세서, 엑셀 프로그램을 활용하는 것이 더 효율적일 수 있다. 어느 방식을 택하든 연구자가 기계적으로 분석하는 것은 질적 연구가 추구하는 바가 아니다. 이 점에서 어떤 소프트웨어 프로그램을 선택하는가보다 이를 활용하는 연구자의 성실한 자세가 중요하다고 할 수 있다.

3.6 질적 연구의 타당도 및 신뢰도

3.6.1 타당도

질적 연구의 타당도와 신뢰도를 이해하기 위해서는 양적 연구의 타당도와 신뢰도를 어떻게 정의하는지 이해하는 것이 도움이 된다. 양적 연구에서는 독립변수와 종속변수의 관계를 얼마나 객관적으로 명확하게 보여주는가에 따라 타당도가 결정된다고 할 수 있다. 타당도란 연구가 측정하고자 하는 것을 측정하는가 하는 문제이다. 연구에 참여하고 있는 대상에게 유의미한 결과일 뿐 아니라 모집단에게도 의미가 있는 연구인가 하는 것이다. 양적 연구의 타당도는 다음과 같이 내적 타당도와 외적 타당도로 구분한다.[21]

---

[21] 양적 연구의 타당도는 내적, 외적 타당도 외에 다음과 같은 몇 가지로 구분할 수 있다(Mackey & Gass, 2005).
- 내용 타당도(Content validity)
  관심 있는 대상을 측정하는 것이 충분히 대표성(representativeness)을 가지는가 하는 문제와 관련 있다. 예를 들어 학습자의 관계절 습득에 관심을 두고 관계절의 문법성을 묻는 문법성 판단 문제(grammaticality judgement test)를 낸다고 했을 때 "The boy who is running is my friend" 와 같은 문장만을 포함한다면 다른 유형의 관계절을 다루고 있지 않기 때문에 충분히 대표성을 가진다고 할 수 없다.
- 안면 타당도(Face validity)
  안면 타당도는 내용 타당도와 밀접한 관련을 가지는데, 한마디로 측정도구에 대한 친밀도, 혹은 다른 사람이 측정도구를 보고 내용 타당도를 얼마나 쉽게 알아 볼 수 있는가에 관련된 타당도이다. 안면 타당도는 연구 참여자가 시험에 참여하는 태도에 영향을 미칠 수 있다는 점에서 중요하다. 예를 들어 말하기 시험이 면접의 형태로 이루어지는 경우 학생들이 이러한 형태의 과제에 익숙하고, 이를 말하기 능력을 측정하는 도구로 타당하게 간주하게 되지만, 구두시험이 아니라 지필 시험으로 이루어질 경우 이를 말하기 능력을 측정하는 도구로 간주하지 않기 때문에 참여자가 적극적으로 시험에 참여하지 않을 수도 있다.
- 구인 타당도(Construct validity)
  구인 타당도는 가장 정의하기 어려운 타당도 중 한 가지인 동시에 가장 필요한 타당도이다. 언어 유창성(proficiency), 적성(aptitude), 입력 노출(exposure to input) 등은 직접적으로 측정할 수 있는 변인이 아니기 때문에 이를 구성하는 구인 요인을 잘 정의하는 것이 필요하다. 구성 타당도는 구성 요인을 측정하는 다면적 측정 방법을 통해 향상될 수 있다. 예를 들어 입력의 양은 거주 기간, 교실학습 경험, 학교에서의 언어 사용 등의 방법으로 측정할 수 있는 것으로

내적 타당도(Internal validity)

내적 타당도는 독립변수와 종속변수의 관계가 얼마나 직접적으로 관련되어 있는가 하는 것으로, 다른 모든 변인들을 통제했을 경우 종속변수에 나타난 차이가 얼마나 독립변수 때문이라고 할 수 있는가 하는 것이다. 내적 타당도를 높이기 위해서는 연구를 설계할 때 연구 결과에 영향을 미칠 수 있는 변수들을 통제하는 것이 중요하다. 예를 들면 연구 참여자의 언어적 배경, 학습 경험, 언어 숙달도, 참여자 주의 부족 및 태도, 참여자의 자연성장, 자료 수집 장소 및 자료 수집자, 사전·사후검증 간의 균형, 연구 목적 명시 정도, 설명 및 질문 등이 모두 내적 타당도에 영향을 미치는 요인들로 이러한 요인이 결과에 영향을 미치는 정도를 최소화하는 노력이 필요하다.

외적 타당도(External validity)

모든 연구는 특정 장소에서 특정한 상황에서 일어나지만 양적 연구는 결과가 보다 일반적인 상황에 적용가능한가에 관심을 두기 때문에 주어진 결과를 얼마나 일반화할 수 있는가가 중요하다. 외적 타당도를 높이기

정의할 수 있다.
- 준거 타당도(Criterion-related validity)
  준거 타당도는 연구에 사용된 측정 도구가 이미 잘 정립된 측정도구와 비교할 수 있는 정도를 가리킨다. 유창성의 경우 대부분 학교 내 연구자가 자체적으로 만든 측정 도구를 사용하여 측정하지만 이렇게 측정된 점수와 공인시험 점수 간에 높은 상관관계가 있을 때 준거 타당도가 있다고 할 수 있다.
- 예측 타당도(Predictive validity)
  예측 타당도는 지금 측정치가 미래의 다른 측정치를 예상하는 데 유용하게 사용되는가에 관련된 타당도이다. 예를 들어 영어 유창성을 측정하는 시험 점수를 바탕으로 교내 성적을 예측할 수 있다면 예측 타당도가 있다고 할 수 있다.

위해서는 표본추출(sampling) 과정이 중요하다. 무작위 표본추출(random sampling)을 하도록 하고 있지만 이렇게 했을 때 연구자가 원하는 특징을 가진 참여자가 다 포함되지 않는 경우가 많기 때문에 층화추출(stratified sampling)을 하거나 혹은 집단추출(cluster sampling)을 하는 경우가 많다 (Mackey & Gass, 2005, p. 120). 무작위 표본추출이 아닌 경우 계통 표본 추출(systematic sampling), 편의추출(convenience sampling), 유의표본추출(purposive sampling)을 할 수 있다.

질적 연구자들은 이러한 타당도 개념에 근거하여 질적 연구의 타당도에 대해 문제를 제기한다. Einer와 Peshkim(1990)은 질적 연구를 표준화된 방법도 없고, 무작위 표본 추출이 이루어지지 않은 상황에서 이루어진 연구는 일반화할 수 없기 때문에 문제가 있다고 한다. 또한 연구자의 태도나 개인적 성향에 따라 달라질 수 있는 여지가 있기 때문에 객관적이고 과학적 탐구 방법이라고 할 수 없다고 주장한다. Chaudron(1988)은 이보다 좀 약하기는 하지만 질적 연구가 현상을 객관적으로 설명하기 위해서는 양적인 분석이 반드시 포함되어야 한다고 주장한다. 그러나 질적 연구의 이러한 타당도 개념이 질적 연구에 그대로 적용될 수 있는가에 대해서 많은 논의가 있어왔다. Merriam(1998)은 질적 연구는 양적 연구와 본질적으로 다른 존재론, 인식론에 기반하고 있기 때문에 질적 연구의 진실성(trustworthiness)을 결정하는 기준도 달라야 한다고 주장한다. 질적 연구자들은 질적 연구가 인과관계, 일반화, 검사, 예측을 목적으로 하는 양적 연구와는 다르기 때문에 이와는 다른 방법으로 타당성과 신뢰성을 입증해야 한다고 주장한다(Lincoln & Guba, 1985; Merriam, 1998; Patton, 2002). Lazaraton(1995)은 그러나 질적 연구의 일반화는 양적 연구의 일반화와 마찬가지로 반드시 숫자로 표시되어야 되는 것은 아니라고 반박한다. Davis(1995)는 질적 연구자들은 일반화를 추구하는 것이 아니라 전이가능성, 즉 연구 상황과 비슷한 상황에서 유사한 점을 발견할 수 있는 가능성을 찾기 때문에 상황에 대한 충분히 두꺼운 기술이 중요하며 이 기술의 자세함 정도가 전이가능성을 보여준다고 주장한다. 이러한 주장은 질적 연구에서는 양적 연구와 구별되는 타당성, 신뢰성 개념과 이를 향상하기 위한 방안이 필요함을 제시한다.

질적 연구의 타당도에 대해서는 여러 학자들이 다양한 관점을 제시하고 있으며 이에 따라 양적 연구에서 사용하는 타당도 개념과 구별하기 위하여 조금씩 다른 용어를 사용하기도 한다. 다음 예를 살펴보자.

[표 11] 질적 연구 타당도에 대한 관점 및 용어(Creswell & Poth, 2018, p. 255)

Authors	Perspective	Terms
LeCompte & Goets(1982)	Use of parallel, qualitative equivalents to their quantitative counterparts in experimental and survey research	Internal validity, external validity, reliability, and objectivity
Lincoln & Guba(1985)	Use of alternative terms that apply more to naturalistic axioms	Credibility, transferability, dependability, and confirmability
Lather(1991)	Use of four types for reconceptualizing validity	Triangulation, construct validation face validation, and catalytic validation
Wolcott(1990, 1994)	Use of terms other than *validity* because it neither guides nor informs qualitative research	Understanding is a better word than validity
Creswell & Poth(2018)	Use of a validation process for assessing the accuracy of the findings as best described by the researcher and the participants	Process involved a combination of qualitative research strategies-for example, extensive field time, thick description, and closeness of researcher to participants

LeCompte와 Goets(1982)는 질적 연구에서 사용하는 개념인 내적 타당도, 외적 타당도, 신뢰도, 객관성 등의 용어를 그대로 사용하는 반면 Lincoln과 Guba(1985)는 질적 연구의 타당도 및 신뢰도에 해당하는 개념을 신뢰성(credibility), 전이성(transferability), 의존성(dependability), 확

증성(confirmability)이라는 용어로 대체하고 있다. Wolcott(1994)는 타당도를 결국 '이해'라는 개념으로 치환한다. Creswell과 Poth(2018)는 용어 구분보다 타당성을 높이기 위해 어떠한 과정적 노력(장기간 현장에 머무르기, 두꺼운 기술, 연구자와 연구 참여자의 관계)을 했는지 보이는 것이 중요하다고 하였다.

질적 연구의 타당도를 높이기 위해서 Patton(2002)은 엄격한 현장조사를 기본으로 해야 함을 지적한다. 또한 연구자의 연구 경험, 지위, 자기표현 등에 근거한 신뢰성과 조작되지 않은 자연스러운 탐구, 귀납적 분석 과정, 종합적 사고 등에 대한 연구자의 질적 연구 가치에 대한 철학적인 믿음이 질적 연구의 타당도를 높인다고 하였다. Merriam(1998)은 질적 연구의 타당도를 높이기 위해 다음과 같은 전략을 제시한다.

삼각화 혹은 삼각검증법

삼각화는 다수의 연구원, 혹은 다수의 자료원, 연구 결과를 확인하기 위한 다수의 방법을 사용하는 것을 말한다. 이는 삼각형의 원리를 이용하여 좌표의 위치와 거리를 알아내는 삼각측량법에 빗대어 제안한 것이다. 즉 질적 연구의 타당도를 높이기 위해서는 한 가지 이상의 자료 수집 방법, 다수의 조사자, 다수의 이론을 동원하는 것이 필요하다는 것이다. 질적 연구에서는 자료의 삼각화를 통해 타당도를 높이고자 하는 경우가 많다. 인터뷰 한 가지 자료에 의존하기보다 관찰, 혹은 참여자의 일기 등 다수의 자료를 수집하는 것이 타당도를 높일 수 있다.

멤버 확인(Member Check)

멤버 확인은 자료를 분석하는 과정에서 분석 결과를 연구 참여자들에게 보여주고 의견을 물어 자료 분석 및 해석의 정확성을 높이는 방법이다. 몇 명의 연구 참여자에게 물어볼지는 연구 참여자의 수, 참여자들의 가용성, 동의 여부와 관련 있기 때문에 단정 지을 수는 없다. 그러나 최소 1~3명에게 의견을 물어 자료의 정확성을 확인하는 방법을 통해 타당도를 높일 수 있다. 연구 참여자는 자신들의 의견이 왜곡되지 않고 그대로 전달되었는지, 결과 기술의 표현이 정확하고 오류가 없는지, 분석 과정에서 빠지거나 연구자 임의로 추가된 사실은 없는지 확인해야 한다.

동료 검토(Peer Review, Peer Examination)

멤버 확인이 연구 참여자에게 연구 분석 결과에 대한 의견을 묻는 것이라면 동료 검토는 연구 주제, 연구 방법에 관해 전문성이 있는 동료를 선정하여 검토를 요청하는 방법이다. 동료 검토자들은 연구의 목적, 자료 수집 및 분석, 자료의 해석 등이 적절하고 합리적으로 이루어졌는지에 대해 점검하고 의견을 제시해야 한다.

장기 관찰(Long-term Observation)

연구가 수행되는 장소 혹은 같은 현상이 반복되고 있는 현장에서 비교적 장시간 관찰함으로써 사실의 왜곡, 연구자의 주관적 해석의 가능성을 최소화하는 방법이다. 이런 이유로 질적 연구는 대부분 장기간의 관찰을 권장하지만 시간 및 경제적인 제약, 연구 참여자의 동의 및 참여 가능 여부에 따라 기간이 달라질 수 있다. 특히 질적 연구에서는 연구 참여자 소모(attrition)가 일어날 가능성이 많기 때문에 적절한 연구 기간을 산정하는 것이 중요하다.

연구자 편견 명시

이는 연구자가 자신의 성별, 인종, 언어, 과거 경험, 연구 참여자와의 관계 등이 연구를 수행하는 과정에서 어떠한 영향을 주었을 것이라고 밝히는 것이다. 질적 연구에서는 연구자가 객관적인 자세로 자신의 편견은 전혀 개입하지 않고 연구를 수행한 존재로 기술되지만 질적 연구에서는 이러한 객관성은 불가능하다고 보고, 오히려 연구자가 어떠한 관점, 지향성을 가지는지를 밝힘으로써 독자가 이를 고려하여 결과를 읽도록 하는 것이 바람직하다고 본다.

외부 감사(Audit)

외부 감사는 연구자가 외부 전문가에게 연구 과정과 결과의 타당성을 평가하도록 하는 방법이다. 이는 연구 결과가 개인의 주관적인 해석이 아니라 전문가적인 의견을 고려하여 연구 결과를 보다 객관화하여 타당도를 높일 수 있다.

질적 연구에서 가장 많이 논의되는 개념은 일반화 혹은 외적 타당도이다. 이는 연구의 결과를 얼마나 일반화하여 적용할 수 있는가 하는 개념인데 연구의 목적이 가설 검증을 통한 일반화가 아니기 때문에 이 용어 자체가 부적절하다고 보는 입장과 이를 대신하여 다른 개념을 제안하는 입장으로 나뉜다. Lincoln과 Guba(1985)는 전이성이라는 개념을 대안으로 제시하여 유사한 환경에서 비슷한 경험을 할 수 있는 가능성을 질적 연구의 일반화로 보았다. 마찬가지로 Stake(1995)는 질적 연구에서는 연구 결과를 통해 독자들에게 다양한 경험을 제공하여 독자 스스로 자신의 경험과 이야기를 채워가도록 하는 독자의 자연주의적 일반화(readers' naturalistic generalization)를 제안하였다. Merriam(1998)은 질적 연구의 외적 타당도를 높이기 위해서는 독자들에게 가능한 한 풍부하고 두꺼운 기술(rich and thick description)을 제공하여 독자의 경험과 상황과의 전이성을 가지도록 하는 것이 필요하다고 하였다. 또한 전형적인 사례 혹은 다수의 사례, 상황 등 다양성을 증가시키는 것이 외적 타당도를 높이는 데 도움이 된다고 하였다.

3.6.2 신뢰도

신뢰도란 같은 측정도구를 반복해서 시행했을 때 얼마나 유사한 결과를 얻는가 하는 것으로 질적 연구에서는 채점자 간 신뢰도, 채점자 내 신뢰도를 측정할 수 있다. 채점자 간 신뢰를 측정하기 위해서는 이론적인 구인에 대한 정의가 분명해야 한다. 두 사람 혹은 그 이상의 채점자가 자료를 동일하게 판단하는가를 보거나, 동일한 연구자가 시간적 차이를 두고 자료를 다시 판단하였을 때 유사한 결과를 얻는지 살펴보는 것이다. 양적 연구에서는 측정도구의 신뢰도를 높이기 위해서 시험-재시험(test-retest) 방법을 쓰거나 그룹을 나누어 동일한 시험의 절반을 보도록 하는 방법(split-half)을 사용하여 신뢰도를 측정할 수 있다. 신뢰도는 내적 신뢰도(internal reliability)와 외적 신뢰도(external reliability)로 구분된다. 내적 신뢰도는 다른 연구자가 자료를 다시 분석했을 때에도 같은 결과를 얻을 수 있는가에 관련된 것이고, 외적 신뢰도는 다른 연구자가 복제연구(replication study)를 했을 때 같은 결론을 얻을 수 있는가 하는 것이다.

반면 질적 연구의 경우 연구 절차를 똑같이 재현하여 연구 과정을 복제하는 것은 불가능하다. Lincoln과 Guba(1985)는 질적 연구에서의 신뢰도를 일관성(consistency), 의존성(dependability) 등의 개념으로 제시하였다. 질적 연구의 신뢰도는 연구자 간의 일치도를 보는 대신 관찰하는 현상에 대한 다양한 예를 제시함으로써 독자가 코딩 범주의 정확성에 대한 판단을 할 수 있도록 하는 정도에 따라 결정된다. 질적 연구의 신뢰도는 장기간에 걸쳐 수집한 자료, 수집한 자료의 적합성, 풍부한 기술, 특별한 사례를 재미있게 만드는 해석, 다른 상황과의 관련성, 연구 방법, 자료 분석, 성찰 등이 얼마나 잘 기록되어 다른 사람에게 보여지는가 하는 정도에 따라 결정된다. 질적 연구는 연구 과정을 복제할 수 없고 표준화된 연구 절차가 없기 때문에 증명하는 것이 불가능하다는 점이 신뢰도를 위협하는 요인으로 언급된다. 또한 연구자의 주관성을 배제하기 어렵고, 연구 참여자가 반드시 신뢰할 만한 정보를 제공하는 것은 아닐 수 있다는 점도 신뢰도를 낮추는 요인으로 지적된다. 이런 점을 고려하여 질적 연구의 신뢰도를 높이기 위해서는 다음과 같은 점을 고려할 필요가 있다 (유기웅 외 3인, 2012).

삼각화

질적 연구의 타당도를 높이기 위해서도 삼각화가 필요하지만 다수의 연구자, 다수의 연구 참여자를 연구에 포함하여 연구자의 편견이나 지나친 주관성을 어느 정도 배제할 수 있다. 이를 통해 연구의 신뢰도를 높일 수 있다.

장기간 참여 및 지속적 관찰

질적 연구의 신뢰도는 장기간의 연구에 참여하는 것과 지속적인 관찰을 통해 확보될 수 있다. 장기간의 연구 참여는 연구자와 연구 참여자 간의 관계를 형성하고 하고, 이러한 관계는 또한 연구 참여자가 연구에 참여할 기회를 보다 많이 제공할 수 있다. 연구를 시작하기 전 연구 상황, 연구 참여자와 친숙해지는 과정이 필요하다. 자료 수집이 종료된 이후에도 연구 결과를 점검하고 피드백을 주는 과정에 참여자가 개입할 수 있기 때문에 연구를 수행하는 기간이 중요하며 이는 신뢰도에도 영향을 미친다.

두꺼운 기술

자료 분석 과정에서는 여러 가지 방법으로 수집된 자료를 분석적 귀납 방법(analytic inductive method)을 통해 빈번히 관찰되는 유형 혹은 드물게 나타나는 유형을 찾는다. 이 과정에서 자료에 대한 주장이 신뢰성을 갖기 위해서는 두꺼운 기술로 보고되어야 한다. 즉 유형에 대한 자세한 범주화와 이에 대한 증거(인용, 문서자료, 기술)가 제시되어 독자가 경험을 공유할 수 있어야 한다.

연구자의 관점 명시

질적 연구자는 자신의 이론적 입장, 전제 등을 명시적으로 기술하여 독자가 어떤 입장에서 연구를 이해해야 하는지를 알도록 하는 것이 필요하다. 또한 연구 참여자, 연구가 이루어지는 사회적 맥락에 대한 자세한 기술도 연구 결과를 이해하는 데 중요하다. 이처럼 연구자와 연구 참여자가 어떤 맥락에 놓여 있는지를 이해하는 것이 연구 결과를 이해하는 데 도움을 줄 뿐 아니라 신뢰도를 높일 수 있다.

감사 추적(Audit Trail)

감사 추적은 연구자가 전체 연구 과정을 상세히 문서로 기술하여 제3자가 그 기록을 통해 연구 결과가 도출된 경위를 파악할 수 있도록 하는 방법이다. 이는 연구 결과의 근거를 명확히 파악할 수 있도록 하여 연구 과정의 엄격함과 진정성을 밝히는 것이다. 감사 추적은 연구 설계, 자료 수집 및 분석 과정, 연구자의 의사결정 과정, 연구 자료의 관리 등에 대한 자세한 기록을 포함해야 한다. 연구 과정에 대한 이러한 투명성을 확보하는 것은 신뢰도를 향상하는 데 도움을 줄 수 있다.

Creswell과 Poth(2018)는 질적 연구의 타당도와 신뢰도를 향상하기 위한 전략을 연구자, 연구 참여자, 독자 혹은 논문 심사자의 관점에서 9가지로 요약한다. 다음 그림은 질적 연구의 타당화를 위한 전략을 요약하여 보여준다.

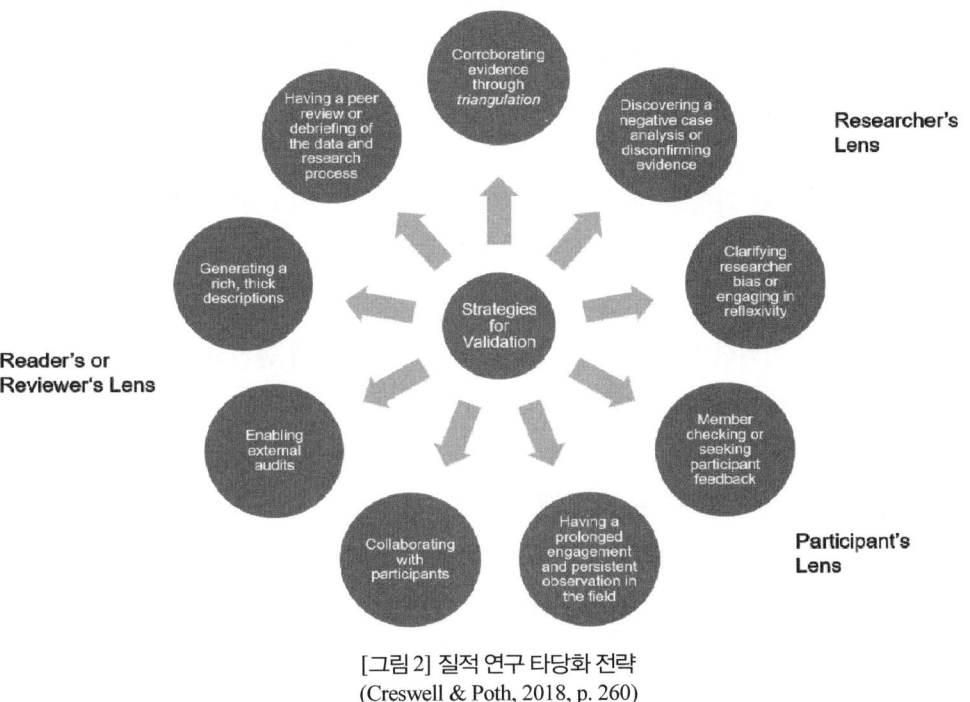

[그림 2] 질적 연구 타당화 전략
(Creswell & Poth, 2018, p. 260)

위에서 보듯이 연구자 렌즈를 통해서는 삼각화를 통해 자료에서 근거를 확증해야 하고, 부정적 사례가 있는지 확인해야 한다. 또한 자신의 편견이나 성찰 내용을 명시화하는 것도 필요하다. 연구 참여자의 렌즈로는 멤버 확인, 참여자 피드백, 장기간의 연구 참여와 지속적인 관찰, 그리고 참여자와의 협력을 통해 타당도와 신뢰도를 향상시킬 수 있다. 또한 외부 감사, 두꺼운 기술, 동료 점검을 통해 독자의 렌즈로 연구의 타당도와 신뢰도를 검증할 수 있다.

질적 연구의 경우 연구자가 자료에 나타난 주제를 바탕으로 해석을 하는 과정이 있기 때문에 연구자의 주관이 개입될 여지가 많다는 점에서 과학적 연구로서의 타당도에 의문을 제기하는 경우가 많다. 그러나 연구자의 해석은 어디까지나 자료에 근거해야 하고, 해석의 타당성이 인정되어야하기 때문에 연구자의 작위적인 해석을 허용한다는 의미는 아니다. 질적 연구에 타당성 및 신뢰성을 부여하기 위해서는 양적 연구와 마찬가지로 자료 수집, 자료 분석 과정이 연구의 목적에 합당한가를 따져야 하고, 자료 코딩 과정을 다른 연구자가 분석하여 일치 정도를 보여야 한다. 연구자 간의 코딩에 대한 의견이 일치하지 않을 경우, 이를 해결하는 과정을 거쳐야 한다.

　그러나 이러한 방법은 지나치게 실증주의적 방법에 근거하여 타당도 및 신뢰도를 검증하는 것으로 생각하여 질적 연구만의 다른 기준이 필요하다는 주장을 하는 경우가 있다(Edge & Richards, 1998; Lazaraton, 2003). 즉 (내적)타당도는 신뢰성(자료에 대한 설명이 타당한가, 그럴듯한가 하는 정도)으로, 신뢰도는 의존성이라는 개념으로 대신하는 경우도 있다. Lincoln과 Guba(2000)는 질적 연구의 또 한 가지 기준으로 진정성(authenticity)을 들고 있다. 이는 연구자들이 현상을 관찰하고 해석하는 과정에 영향을 미칠 수 있는 자신들의 가치관, 가능한 편견, 입장에 대해 얼마나 솔직한가 하는 부분이다. 질적 연구자들은 어떤 연구든 연구자의 입장, 편견이 절대적으로 배제될 수는 없다고 보고, 대신 이를 솔직하게 인정하고, 어떤 입장에서 자료를 분석하고 해석하는지를 밝힘으로써 독자들이 이러한 점을 염두에 두고 연구 결과를 보도록 하는 것이 중요하다.

4장
사례연구(Case Study)

4.1 연구의 정의 및 특징

4.1.1 사례연구의 정의

　사례연구는 흔히 질적 연구와 동일한 개념으로 혼동할 정도로 많이 사용되는 연구 방법이다. 이는 양적 연구와 달리 적은 수의 연구 참여자를 대상으로 비교적 장기간에 걸쳐 연구가 진행되고, 양적인 자료보다 관찰, 인터뷰 등의 질적인 자료를 수집하는 방법으로 흔히 양적 연구와 대비되어 기술되기 때문일 것이다. 그러나 사례연구는 질적 연구의 한 가지 유형이며, 연구 방법, 절차 면에서 다른 질적 연구 유형과 구분된다. 사례연구는 전통적인 양적 연구 방법으로 답할 수 없는 복잡한 문제들, 양적 연구 방법에 의한 일반화뿐 아니라 특이한 상황에 대한 깊은 성찰이 필요한 문제를 다루는 데 이용된다. 이는 20세기 초반 인류학에서 사회와 문화를 관찰하는 방법으로, 인터뷰, 관찰, 공적 혹은 사적 문서, 특별한 사건에 대해 관심을 가지게 된 데서 유래한다(Goets & LeCompte, 1984). 심리학 분야에서는 인간의 행동 이해를 위해, 사회학에서는 개인의 사회 내에서의 역할을 살펴보기 위해 활용되었고, 교육학에서는 1960년대부터 교육 현장과 관련된 이슈들을 살펴보기 위해 사용되었다. 1960~1970년대 연구 방법론에 관한 저서들이 모두 실험연구 및 통계적 분석을 바탕으로 한 연구였다면, 1980년대에 이르러서 사례연구를 연구 방법으로 기술하기 시작했다.

응용언어학 분야에서는 푸에르토리코에서 미국으로 이민 온 Alberto를 대상으로 한 Schumann(1978)의 연구와 하와이의 일본인 영어 학습자 Wes를 대상으로 한 Schmidt(1983)의 연구, Schmidt 자신의 포르투갈어 학습 경험에 관한 일기를 바탕으로 한 Schmidt와 Frota(1986)의 사례연구가 초기 사례연구의 대표적 예이다. 이외에도 일본 어린이의 영어 학습 과정을 살펴본 Hakuta(1976), 캐나다 이민 여성을 대상으로 한 Norton(2000)의 연구들은 새로운 이론을 제시하는 데 기여했을 뿐 아니라 응용언어학 분야 전체의 연구 방향에 중요한 영향을 미쳤다는 점에서 주목할 만하다.

사례연구를 이해하기 위해서는 사례가 무엇인지 정의하는 것이 필요하다. 사례라는 용어는 한 마디로 정확하게 정의하기 어려운데 Merriam(2009)은 사례연구는 사례를 어떻게 경계 짓는가 하는 것이 가장 중요하다고 보았다. 그는 사례란 "무엇에 대한 경계 지어진 시스템"(A *case study* is an in-depth description and analysis of a bounded system, p. 40, 이탤릭체 원문)이고, 연구자가 "연구하고자 하는 부분에 대한 울타리를 치는 것"(I can fence in what I am going to study, Merriam, 2009, p. 40)이라고 정의하였다. Miles와 Huberman(1994)은 사례를 "경계 지어진 상황에서 일어나는 현상"(a phenomenon of some sort occurring in a bounded context, p. 25)이라고 정의한다. 이렇게 경계 지어진 체계는 현상, 프로그램, 조직, 기관, 커뮤니티, 혹은 정책 등 다양할 수 있다. Creswell(2007)은 사례연구를 다음과 같이 정의한다.

> Case study research is a qualitative approach in which the investigator explores a bounded system (case) or multiple bounded systems (cases) over time through detailed, in-depth collection involving multiple sources of information (e.g., observations, interviews, audiovidual materials, and documents and reports), and reports a case description and case-based themes. (Creswell, 2007, p. 73)

그에 따르면 사례연구는 경계 지어진 사례, 혹은 복수의 사례들을 자세하고, 심층적으로 연구하여 사례에 바탕한 주제를 결과로 기술하는 것이라고 하였다. 이처럼 사례연구는 사례를 어떻게 정의하는가에 따른 다양한 정의, 혼돈의 여지가 있다. 그러나 학자들이 공통적으로 사례연구의 "경계성"(boundedness)을 언급하고 있다.

이처럼 사례연구의 성격을 결정짓는 것은 연구 주제가 아니라 연구의 단위이다. 예를 들어 성인 영어 학습자를 대상으로 한 연구에서 학습자의 경험, 성인 학습자의 수는 연구의 단위가 될 수 있는데 사례연구가 되기 위해서는 특정 프로그램, 혹은 특정 개인 학습자, 혹은 특정 교실수업 참여자 등이 선택되어야 한다. 이렇게 선택된 참여자가 연구의 단위가 된다. 연구를 위해 선택한 현상이 자체적인 경계를 가지지 않으면 사례가 될 수 없다. 연구의 주제가 경계를 가지고 있는지를 결정하기 위해서는 인터뷰에 참여하는 사람, 관찰 등이 무한히 이루어지는 것이 아니라 끝을 확실하게 보여 줄 수 있는지 보아야 한다. 그렇지 않다면 사례연구로 정의할 만큼 충분히 경계 지어지지 않았다고 할 수 있다. 사례연구는 이러한 점에서 문화기술지 연구, 내러티브 탐구, 현상학과 구분된다고 할 수 있다.

반면, 대표적인 사례 연구자인 Stake(1995)는 사례연구란 연구 방법적인 선택이 아니라 연구의 대상(Case study is not a methodological choice, but an object to be studied, p. 14)임을 강조한다. 즉 사례란 방법론이라기보다 무엇을 연구하는가를 결정(a choice of what is to be studied, Stake, 2005, p. 443)하는 것이 중요하다고 보았다. 그는 무엇이 연구의 경계와 상황을 결정하는지 즉각적으로 분명하지는 않다고 주장한다. 마찬가지로 Yin(2008)은 사례연구를 현상과 상황의 경계가 분명하지 않은 경우에 유용한 연구 방법으로 규정하고 사례의 경계를 정하는 것은 실제적인 삶에서 경험적으로 이루어져야 한다고 보고, 사례연구를 다음과 같이 정의한다.

> A case study is an empirical inquiry that investigates a contemporary phenomenon within its real-life context, especially when the boundaries between phenomenon and context are not clearly evident. (Yin, 2008, p. 18)

사례의 경계성을 이해하기 위해서 Heigham과 Croker(2009)가 제시한 예를 살펴보자. 예를 들어 연구자가 2명의 영어 학습자를 관찰하고자 했을 때, 사례의 경계는 연구자의 관심 분야가 무엇인가에 따라 정해진다. 연구자의 관심이 학습자의 교실학습에서의 상호작용이라면 연구 상황은 교실학습에 관련된 교사, 동료, 수업자료, 과제 등의 특징들을 포함할 것이다. 만약 연구자의 관심이 학교 차원에서 이들 학생들에게 어떠한 지원을 하는지에 관심이 있다면 연구 상황은 학교 전체를 대상으로 하게 되고, 튜터링, 상담, 학교 정책 및 프로그램 등을 살펴보게 될 것이다. 만약 연구자가 이들 학습자의 언어발달에 영향을 미치는 사회적 네트워크를 살펴보고자 한다면 연구 상황은 교실, 학교뿐 아니라 학교 밖의 활동, 여가시간 등을 살펴보게 될 것이다. 즉 사례연구의 경계는 연구자의 연구 주제, 관심이 무엇인가에 따라 결정된다고 할 수 있다. 이들은 사례연구는 경계 지어진 시스템이어야 하지만 경계가 무엇인가 하는 것은 명확하지 않으며 연구자의 관심에 따라 결정되어야 하는 부분이라고 본다.

> . . .for a qualitative researcher a 'case' can be seen as a bounded system comprised of an individual, institution, or entity and the site and context in which social action takes place, the boundaries of which may not be clear and are determined by the scope of the researcher's interests. (Heigham & Croker, 2009, p. 69)

이 점에서 그는 연구자가 상황에 맞는 적절한 도구를 사용하는 것이 중요하다고 보고, 사례 연구자를 '크고 다양한 도구함'을 지닌 사람에 빗대어 표현하고 있다.

> Quantitative researchers tend to apply prescribed methods and tools to a research question, believing that such standardization guarantees the validity of their results. The qualitative researcher, however, looks first to the object of study and determines which methods and types of data are most likely shed light upon it. Therefore, the qualitative case study researcher carries rather large and diverse toolbox. (Heigham & Croker, 2009, p. 69)

양적 연구자들은 표준화된 절차를 따르는 것이 연구의 타당성을 확보하는 것으로 간주하기 때문에 미리 규정된 연구 방법과 도구를 사용하여 연구 문제에 대한 답을 찾고자 한다. 반면 질적 연구자는 연구의 대상이 무엇인지 살펴보고 적절한 도구를 결정한다. 이 점에서 사례연구자는 크고 다양한 연장함을 지니고 있는 것과 같다고 묘사한다.

연구의 경계가 결정되었다고 해서 이것이 불변하는 것은 아니다. 질적 연구의 일반적인 특징이 그러하듯 사례연구에서도 이러한 경계는 연구가 진행되면서 변화할 수 있다. 매우 개인적이고, 맥락화된 연구의 특성 때문에 연구의 절차를 미리 정해진 절차를 따라 진행하기 어렵다. 그러나 이는 단점이라기보다 연구의 목적에 부합하는 모든 연구 방법을 동원함으로써 보다 다양한 시각을 제공할 수 있다는 점에서 장점이 되기도 한다. Merriam(2009)은 사례연구의 연구 방법 및 특징을 모두 보여주는 포괄적인 정의를 제공한다. 그는 사례연구를 다음과 같이 정의한다.

> In summary, then, the qualitative case study can be defined in terms of the process of actually carrying out the investigation, the unit of analysis (the bounded system, the case), or the end product. As the product of an investigation, a case study is an intensive, holistic description and analysis of a single entity, phenomenon, or social unit. Case studies are particularistic, descriptive, and heuristic and not to be confused with case work, case method, case history, or case record. As in all research, the choice of a case study depends upon what the researcher wants to know. (p. 46)

그는 사례연구가 연구 과정, 연구 단위, 혹은 결과물 등에 의해 정의될 수 있다고 보고 개별적, 기술적, 해석적이라는 점과 사례연구를 결정하는 것은 결국 연구자가 알고 싶은 것이 무엇인지에 달려있음을 강조한다. 응용언어학 분야에서의 사례연구는 학습자, 교사, 학교, 교실 등을 연구 대상으로 하는 경우가 많고, 언어정책에 관한 연구의 경우 국가를 대상으로 하는 경우도 있다. 앞서 언급한 바처럼 사례연구는 단순히 연구의 단위가 누구인가 하는 것보다 대상이 어떻게 경계 지어지는가가 중요하다.

4.1.2 사례연구의 특징

사례 연구자들은 하나의 고정된 불변의 진리는 없으며, 동일한 현상도 관찰자에 따라 달라질 수 있다고 본다. 연구자는 사심 없는 객관적인 관찰자가 아니라 사례에 속하는 사람들을 만나고 이야기하는 사람으로 연구와 깊이 관련되어 있다고 본다. 양적 연구에서처럼 연구자의 존재를 중개 변수로 보고 통제하려는 대신 연구자의 존재와 있을 수 있는 편견을 투명하게 밝히고, 연구자와 연구 참여자 간의 상호작용을 자세히 밝히는 것이 필요하다고 본다. 사례연구는 무엇보다 개별적, 기술적, 발견적이라고 할 수 있다. 각각의 특징을 살펴보면 다음과 같다.

개별적

사례연구는 특정 상황, 사건, 프로그램, 혹은 현상에 초점을 두어 그 현상이 무엇인지, 의미하는 바가 무엇인지를 보여준다. 이러한 특징 때문에 사례연구는 일상에서 일어나는 문제, 상황 혹은 의심스러운 사건 등을 살펴보는 데 유용한 연구 방법이다. 결과를 표본 전체로 일반화하기보다 특정한 현상이 왜 일어나는지, 왜 그러한 방식으로 존재하는지를 이해하는 것에 목표를 둔다는 점에서 일반화를 추구하는 양적 연구와 대비된다.

기술적

사례연구의 결과물은 흔히 두꺼운 기술을 목표로 장기간에 걸쳐 현상을 관찰하고 관련된 여러 변인들의 관계를 자세히 기록한다. 두꺼운 기술이란 원래 인류학에서 사용된 용어로 연구의 대상이 되는 사건이나 대상에 대한 완전하고 문자적인 기술을 말한다. 사례연구 또한 사례에 대한 연구자의 이해를 기술하기 위해 총체적이고, 실제적이며 탐구적으로 기술하고자 한다.

발견적

사례연구는 다른 질적 연구와 마찬가지로 현상에 대한 새로운 의미를 찾거나, 이미 알고 있는 현상에 대한 정보를 확인하거나 확대한다는 의미에서 발견적(heuristic)이다. Stake(1981)는 사례연구를 통해 변인들 간의 알려지지 않았던 관계를 파악함으로써 현상을 새롭게 생각하도록 한다. 그는 이를 다음과 같이 진술한다.

> Previously unknown relationships and variables can be expected to emerge from case studies leading to a rethinking of the phenomenon being studied. Insights into how things get to be the way they are can be expected to result from case studies. (Stake, 1981, p. 47, Merriam, 2009, p. 44에서 재인용)

위 기술에서 보듯이 변인들 간의 잘 알려지지 않은 관계를 조명하거나, 현상에 대한 새로운 통찰력을 찾는 것이 사례연구의 특징이다. 따라서 자료 자체에 근거하여 의미를 추론하고자 하며 이러한 추론 과정을 자연적 일반화라고 불렀다. 이는 사례연구가 간접적인 사건, 에피소드를 제공하여 이미 존재하는 일반화가 강화, 수정되기도 하고, 어떤 경우에는 이해불가로 결론짓기도 한다.

Merriam(2009)은 사례연구의 고유한 특징이 연구 방법에 있다기보다 연구의 문제, 그리고 연구 문제와 결과물과의 관계에 있다고 하였다. Stake(1981)은 한 걸음 더 나아가 사례연구를 통해 습득하는 지식은 다른 연구의 지식과 다르다고 주장한다. 그는 사례연구를 통해 획득하는 지식은 다음과 같은 특징이 있다고 하였다.

- 경험에 바탕을 두어 추상적이지 않고 보다 생생하고 구체적임
- 경험에 근거한 지식이기 때문에 추상적, 형식적이지 않고 맥락, 상황에 근거함
- 독자들은 사례연구를 자신의 경험과 이해에 접목할 수 있고 이를 통해 이전 자료에 새로운 자료가 더해져 일반화가 가능함
- 연구자가 일반화를 시도하지는 않으나 독자는 모집단을 염두에 두고 사례

연구를 읽기 때문에 독자가 모집단에 일반화를 확대할 수 있음(Stake, 1981, pp. 35-36, Merriam, 2009, pp. 44-45에서 재인용)

사례연구는 직접적인 관찰 혹은 주관적인 요인(생각, 감정, 욕구 등)을 통해 연구 대상을 되도록 밀접하게 관찰하고자 할 때 유용한 방법이다. 또한 특별하거나 비전형적인 경우를 연구함으로써 통계적인 방법으로 관찰할 수 없는 현상을 이해하는 데 유용하다. Duff(2008)는 사례연구의 장점으로 완결성, 심층적 분석 및 가독성을 들고 있다. 사례연구는 새로운 가설을 생산하고 언어학습 과정에 대한 이해를 높이는 데 기여할 수 있다. 특히 장기간의 사례연구는 변화 혹은 발달 단계를 확인하는 증거를 제공해 줄 수 있어 대규모의 횡단연구에 대한 증거를 제시할 수 있다. 또한 사례연구는 1~2명 혹은 적은 수의 연구 참여자를 대상으로 심층적인 분석을 하여 두꺼운 기술 혹은 풍부한 기술을 제공할 수 있다. 이러한 기술은 자료의 삼각화를 통해 확보되는 것으로 인터뷰 전사자료, 과제 관련 혹은 교실담화, 학습자의 작문 샘플, 연구자 노트 등의 다양하고 방대한 자료를 의미 있게 압축함으로써 얻어진다.

사례연구를 통해 이전에 알려지지 않았던 사실을 밝히게 되고 이는 횡단적 연구, 실험 연구, 메타 분석 연구를 위한 가설 수립에 기여할 수 있다. 이 점에서 사례연구는 자료기반(data-driven), 해석적(hermeneutic, interpretive) 성격을 띠고, 가설이나 모형을 수립하고 이를 바탕으로 이론을 수립하는 연구 방법이라고 할 수 있다. 예를 들어 Schumann은 푸에르토리코 이민자인 Alberto를 관찰하여 화석화, 문화변용(acculturation), 피진화(pidginization)와 같은 개념을 도출하였다. 이처럼 사례연구는 특이하거나 비전형적인 경우를 연구 대상으로 할 수 있기 때문에 제2언어 학습 과정에 대한 새로운 통찰력을 제공할 수도 있다. 장기간에 걸쳐 사례연구를 진행하는 경우 횡단 연구로만 관찰할 수 있었던 언어학습 발달

과정에 대한 증거를 제시할 수 있다.

그러나 사례연구는 흔히 일반화의 문제, 객관성, 자료 중심적 경향 때문에 비판을 받는다. 실증주의적 연구 방법에 익숙한 연구자들은 편의적 표본추출에 의해 몇 명만을 연구 참여자로 한 연구 결과는 그 참여자에게만 유효할 뿐 다른 대상(학습자)에게는 유효하지 않다고 본다. 사례연구는 학습 과정에 영향을 미칠 수 있는 외부적 변인을 통제하지 않기 때문에 인과관계를 확실하게 설명할 수 없다는 점을 단점으로 꼽는다. 그러나 Merriam(1998)이 지적하듯이 사례연구는 연구자가 특정한 한 가지 사례를 깊이 있게 연구하고자 하는 것이 목적이고 일반화가 목적이 아니기 때문에 이러한 주장은 관련이 없다고 본다. Stake(2000)는 이를 두고 특이성(the search for particularity)과 일반화의 추구(the search for generalizability)가 경쟁하는 것으로 보고, 사례의 목적에 따라 내재적 사례연구(intrinsic case study)와 도구적 사례연구(instrumental case study)로 구분하였다. 내재적 사례연구란 특정 사례의 특이성에 초점을 두는 것이고 도구적 사례연구는 특정 사례를 살피되 일반화를 새롭게 도출하기 위한 연구로 사례에 대한 심층적 분석이 외부적 관심을 일으키도록 하는 데 목적을 두는 것을 말한다.

4.1.3 사례연구 유형

사례연구는 질적 연구처럼 어떤 가설을 검증하거나 증명하는 것이 아니라, 특정한 사례에 관련된 관행을 개선하거나, 연구의 결과를 유사한 환경에 확대하거나, 사례 자체를 이해하는 데 목적을 둔다. 따라서 연구의 목표에 따라 사례연구의 유형도 달라질 수 있다. 사례연구를 위해서는 전형적인 현상(typical case)을 사례로 택하기도 하지만 모범적인 사례(exemplary or model case), 혹은 특이한 경우(unusual or unique case)를 사례로 택할 수 있다. Yin(2003)은 연구 목적에 따라 사례연구를 탐구적, 기술적 설명적 유형으로 분류하였다.

> An exploratory case study (whether based on single or multiple cases) is aimed at defining the questions and hypotheses of a subsequent (not necessarily a case) study or determining the feasibility of the desired research procedures. A descriptive case study presents a complete description of a phenomenon within its context. An explanatory case study presents data bearing on cause-effect relationships - explaining how events happened. (Yin, 2003, p. 5)

그에 따르면 탐구적(exploratory) 사례연구는 사례에 대한 정보가 많지 않을 때, 이후의 질적 연구를 위한 기초를 찾거나 연구 문제의 가설을 세울 수 있는 정보를 찾고자 할 때 하는 연구이다. 기술적(descriptive) 사례연구는 특정 사례에 대한 자세하고 맥락화된 그림을 제공하기 위해 자세한 기술을 제공한다. 설명적(explanatory) 사례연구는 현상에서 일어나는 인과관계를 이해하는 데 초점을 둔 경우로 비교적 장기간의 연구인 경우가 많다.

그는 또한 연구의 범위에 따라 사례연구를 단수, 복수사례로 구분하였다. 단일 사례연구는 비판적이거나 통찰적(critical or revelatory)인 연구의 경우에 적절하며, 이는 새로운 지식을 발견하거나 이론 수립에 적절하다. 그러나 단일 사례연구의 경우 결과를 오해하지 않도록 하고 연구의 증거가 되는 자료를 수집할 기회를 최대화하는 것이 필요하다. 복수 사례연구의 경우 보다 많은 증거를 제시할 수 있다는 점에서 매력적이지만 반드시 그럴 이유가 있는 경우에만 시행되어야 한다.

Stake(2005) 역시 연구의 목적에 따라 사례연구의 유형을 분류하나 초점이 조금 다르다. 그는 연구자의 목적이 추상적인 개념을 이해하거나 이론을 수립하는 데 있는가 그렇지 않은가에 따라 내재적, 도구적 사례연구로 구분하고, 한 개 이상의 사례를 포함하는 경우를 집합적(collective) 사례연구로 구분하였다. 내재적 사례연구는 연구자가 특정 대상, 교육과정, 기관 등을 심층적으로 이해하는 데 관심을 두고 실시하는 연구이다. 예를 들어 두 명의 영어 학습자가 왜 각기 다른 영어 학습 과정을 겪는지에 관심을 두고 이들의 경험의 특수성, 개별성을 기술하는 연구가 이에 해당한다. 도구적 사례연구는 사례에 대한 해석과 평가에 관심을 두고 개념적인 범주를 개발하거나 이론적 가정을 지지, 반박할 때 활용하는 연구 유형이다. 예를 들어 영어 학습에 성공적인 학습자와 그렇지 않은 학습자가 있을 때 이들의 학습 경험을 특징짓는 범주를 만들고 이를 통해 학업성취와 학습자 요인에 관한 이론을 지지하거나 반박할 수 있다. 내재적, 도구적 사례연구는 비교적 연구가 많이 되지 않은 부분에 대한 기본적인 정보를 제공함으로써, 앞으로의 연구를 위한 기초를 다지는 작업을 하는 데 유용하다.

반면 집합적, 다중적 사례연구는 한 개 이상의 사례를 통해 사례에 대한 종합적인 이해를 제공하고자 하는 데 목적이 있다. 예를 들어 다른 모국어 배경 혹은 다른 전공의 학습자를 사례로 포함하여 비교함으로써 학습자를 이해하는 좀 더 폭넓은 시각을 제공할 수 있다. 다중 사례연구는 교차 사례(cross-case), 다중사례(multicase), 다중지역 연구(multisite studies) 혹은 비교 사례연구(comparative case studies)로 불리기도 한다. 다중 사례연구는 한 가지 사례만을 대상으로 하지 않고 여러 사례로부터 자료를 수집하고 분석하게 된다. 예를 들어 학교에 대한 연구를 할 때 여러 학교의 개별 사례를 수집하고 이를 교차 분석하여 학교에 대한 일반적인 특질을 도출하는 것이 다중 사례연구에 해당한다. 포함된 사례가 많을수록 변인도 다양하고 따라서 보다 설득력 있는 해석을 할 수 있다.

다중 사례연구는 연구의 외적 타당도를 높여서 일반화할 수 있는 가능성을 높일 수 있다. Bogdan과 Biklen(2007)은 한 번에 여러 곳에서 자료를 수집하기보다 한 곳에서 자료를 수집할 것을 권고한다. 한 곳의 사례연구가 끝난 다음 다른 사례를 할 때에는 먼저 했던 사례가 초점을 제공할 수 있기 때문에 연구 수행을 용이하게 할 수 있고, 한꺼번에 여러 곳에서 자료를 수집함으로써 자료에 혼동을 가져올 위험도 피할 수 있다.

Duff(2008)는 사례연구는 기본적으로 연구 문제를 찾기 위한 탐구적 목적을 가지며, 변인들 간의 관계를 설명한다는 점에서 관계적, 설명적 성격을 지닌다고 보았다. 또한 이전 연구 결과를 확증하거나, 평가하는 성격을 띠기도 하는데 이 중 한 가지 유형의 사례연구일 수 있고, 이런 유형이 결합된 유형으로 연구될 수도 있다. 어떤 유형의 연구 유형을 택하든 연구자는 사례의 심리적, 언어적, 기관적, 사회문화적, 혹은 생물학적 특징 때문에 사례를 선택하게 된다. 이러한 점에서 사례연구는 개인이나 실재에 관한 속성에 관심을 두는 반면 문화기술지 연구는 집단, 사회적 집단의 문화적 기반, 그에 관련된 행동이나 가치에 관심을 둔다는 점에서 차이가 있다. 즉 문화기술지 연구는 문화적 지향성이라는 광범위한 영역에 관심을 두는 반면 사례연구는 보다 좁은 범위의 연구 주제에 관심을 둔다고 할 수 있다. Duff(2008)는 이를 다음과 같이 기술한다.

> Case study focuses on the behaviors or attributes of individual learners or other individual/entities, [ethnography] aims to understand and interpret the behaviors, values, and structures of collectivities, or social groups with particular reference to the cultural basis for these behaviors or values (Duff, 2008, p. 34).

Duff(2008)는 응용언어학 분야의 사례연구를 연구 주제에 따라 3기로 구분하고 있다. 1970년대 중반에서 1980년대까지의 언어습득관련 연구들은 이중언어 학습자들의 언어발달을 주로 다루었다. 제2언어 학습자들이 특정한 의미를 표현하기 위해 어떤 언어 형태를 사용하였는지, L1의 어떠한 특징이 L2로 전이되었는지 등을 살펴보았다. 유럽의 이주 노동자들이 교실 상황이 아닌 환경에서 어떻게 언어를 습득하는지, 외국인 학생, 이민자들의 언어 습득과정을 관찰한 경우도 이 시기에 이루어진 연구이다. 1990년대에 들어서는 언어적 요인보다 사회문화적, 정서적 요인이 제2언어 학습에 미치는 영향에 관심을 가졌다. 예를 들면 Norton(2000)의 연구 참여자는 캐나다에 이민 온 여성들이다. 이들을 사례로 묶는 특징은 경제적으로 나은 삶을 위해 이민을 택하고, 캐나다에 적응하고 살기 위해서는 영어를 습득해야 한다는 공통적인 특징이다. 그러나 이들이 영어를 배우고 캐나다에 적응하는 과정은 각기 다른 과정을 보여준다. 연구 참여자들의 공통적이면서 상이한 특징을 설명하기 위해 Norton은 상상적 커뮤니티(imagined community), 투자(investment)라는 개념을 사용한다. 이를 통해 인지주의적 관점에서 학습자 동기를 설명하던 이전 이론들을 반박하고 학습자의 사회문화적 환경이 학습자 동기를 설명하는 데 포함되어야 함을 주장하는 이론을 수립한다.

최근 사례연구는 어학연수 학습자(study-abroad learners, Kinginger, 2008), 테크놀로지를 사용한 제2언어 학습자(Lam, 2004)들에 관심을 둔다. 다른 나라와 언어를 오가며 모국어, 제2, 제3언어 사용을 협상해야 하는 초국가적 학습자(transnational learners)에 대한 관심도 증가하고 있다(S. Kim, 2018). 이처럼 응용언어학 분야의 사례연구는 연구 대상이 변화하면서 존재론, 방법론, 맥락화의 수준도 확대되는 경향을 보인다. 초기의 사례연구는 구조주의, 실증주의 관점에서 이루어졌지만 최근에는 해석적이고 비판적인 연구가 증가하고 있다. 연구 방법 면에서도 구어 능숙도 시험, 구조화된 인터뷰, 문법성 판단 시험, 제2언어 태도 및 동기 측정 등에 국한되지 않고 생애사 인터뷰, 회고록, 일기, 다중모드 자료를 통한 연구가 보다 널리 사용되고 있다. 이러한 인식론, 방법론의 변화는 사회과학 전반에 걸쳐 사회적 전회(Block, 2003)의 영향을 받았기 때문이다. 학습자 언어의 형태적, 음운적, 통사적 발달보다 학습자들이 사회의 일원으로, 부모로, 자녀로, 이민자로, 노동자로 특정 커뮤니티 내에서 역할이 학습자의 언어 발달에 어떠한 영향을 미치는지에 관심을 두게 되었다고 할 수 있다.

4.2 자료 수집과 분석

4.2.1 사례연구 자료 수집

사례 연구자들은 실재는 다면적이고, 모순적이며, 변화하는 것으로 본다. 만약 연구자가 단 하나의 실재가 있다고 보고, 연구자가 중립적인 입장에서 모든 중개변수를 통제하려는 입장에 있다면 사례연구는 적절한 연구 방법이 아니라고 할 수 있다. Yin(2003)은 사례연구에 필요한 자료가 포괄적인 목록 형태로 존재하는 것이 아니라 연구의 목적에 부합하는 자료 수집 방법을 연구자가 결정해야 한다고 본다. 질적 연구는 선형적이 아니라 순환적이어서 자료 수집, 분석 과정에서 연구 문제가 점검되고, 수정되면서 진화해갈 수 있기 때문에 자료 수집 방법도 이에 따라 변화할 수 있다. 예를 들어 '대학이 외국인 학생들의 학업에 어떠한 도움을 줄 수 있을까?'라는 주제로 연구를 시작했다 하더라도 연구를 진행하는 과정에서 '교수들이 외국인 학생들을 어떠한 시각으로 보는가?', '외국인 학생들은 교수와 어떻게 상호작용하는가?' 하는 문제로 바뀔 수 있다. 이러한 변화는, 인터뷰 과정에서 어떠한 도움을 줄 수 있을지 파악하기 위해서 교수와 외국인 학생들 간의 관계, 시각의 차이, 상호작용 유형을 파악하는 것이 더 중요하다고 판단하였기 때문일 수 있다. 사례연구는 연구 과정에서 연구자와 연구 대상, 연구가 진행되는 상황 간에 일어나는 이러한 변화를 허용하는 유기적이라는 점에서 양적 연구와 대비된다.

사례연구에서 무엇보다 중요한 것은 연구자가 매우 조심스러운 관찰자로서 귀와 눈, 마음을 열고 사례를 관찰해야 한다는 것이다. 또한 연구자 자신이 자료를 도출하는 도구로 사용되기 때문에 연구자의 선입견이나 입장에 매우 주의를 기울여야 한다(Yin, 2003). 연구자의 입장이 자료 수집이나 해석 과정에 과도한 영향을 주는 것을 피하기 위해서는 무엇보다 연구자가 어떤 식으로 영향을 미쳤을 수 있는지 정직하게 밝히는 것이 필요하다. 또한 연구를 진행하는 과정에서 메모를 함으로써 연구자의 입장, 연구 참여자에 대한 연구자의 입장 등을 기록하는 것도 도움이 될 수 있다. 연구가 진행되면서 연구저널을 기록하여 연구자의 입장이 어떻게 변화하는지 기록하는 것도 방법이다. 또한 멤버 확인(member check)과 같은 방법을 통해 연구 결과를 연구 참여자와 공유하여 연구자의 편견과 선입견을 최소화할 수도 있다.

Yin(2003, p. 86)은 사례연구의 자료 수집은 다음과 같은 방법으로 이루어질 수 있다고 소개한다.

- 인터뷰: 구조화, 반구조화, 개방형 인터뷰, 연구자와 연구 참여자의 역할에 따라, 녹음, 주요한 사실을 기록하는 것이 필요
- 직접 관찰: 참여자가 아니라 관찰자로서, 방해를 최소한으로 할 수 있는 범위, 관찰일지를 기록
- 참여 관찰: 직접 관찰과 달리 연구자가 연구 상황에서 특정한 역할을 하면서 관찰하는 것, 이 경우 방해 요인을 최소화할 수 있지만 중요한 점을 놓칠 수 있음
- 일기/저널: 연구 참여자의 기록, 연구 참여자의 자서전적인 기록을 통해 후속 질문을 생각할 수 있음

- 서류: 편지, 팸플릿, 회의록, 보고서, 신문 기사 등
- 기록 자료(archival record): 기관의 경우 자료를 보관, 차트, 예산서, 지도, 인구 자료, 개인 노트 등
- 인공물(artifacts): 사진, 예술작품, 기구 등

사례연구는 인터뷰를 통해 자료 수집을 하는 경우가 많지만 인터뷰 외에도 다른 방법을 사용하여 자료를 수집할 수 있다. 연구 목적이 무엇인가에 따라 자료의 유형도 달라질 수 있다. 자료 유형을 결정하고 이후에는 구체적으로 어떤 절차를 거쳐야 하는지 계획을 세워야 한다. 인터뷰의 경우 어떤 질문을 해야 하는지, 학습자의 모국어로 하는지 목표어로 하는지, 관찰은 얼마나 오랫동안 어떤 방법으로 할 것인지, 자료는 누가 어떤 방식으로 전사하고 분석할 것인지에 대한 계획을 수립해야 한다. 장기간의 연구라면 누구와 어떤 방식으로 의사소통할지 등에 대한 결정을 내려야 한다.

이런 의사결정 과정에 대해 연구저널을 기록하는 것이 중요하다. 인터뷰 후에 인터뷰에 대한 인상, 자주 반복된 말이나 표현, 떠오르는 주제, 결정해야 하는 문제 등을 곧 바로 기록해 두는 것이 필요하다. 연구 자료를 분석할 때 인터뷰 당시의 상황을 다 기억할 수 없기 때문에 기억에 남는 부분을 기록해 두면 자료를 분석하는 과정에서 주제를 찾아가는 데 도움이 된다. 저널을 기록하는 것은 단순히 기록을 남기는 것 이상으로 개념화를 위한 바탕을 마련하고, 주의를 기울이고, 새로운 가설이나 아이디어를 실험해 볼 수 있게 한다.

4.2.2 자료 분석

사례연구는 집중적이고 총체적인 시각에서 한 가지 사례를 기술하고 분석하는 연구 방법이다. 따라서 사례에 대한 이해를 정확하게 전달하는

것이 핵심을 이룬다. 사례연구는 주로 인터뷰, 현장 관찰, 그리고 문서 자료를 바탕으로 한다. 다양한 범위의 자료, 그리고 방대한 분량의 자료라는 특징으로 인해 보기에 상충되거나 배치되는 정보가 있을 수 있기 때문에 이러한 자료를 의미 있게 해석하는 것이 어려운 점이다. 사례연구 분석을 위해서는 모든 형태의 자료가 일단 통합되어야 하고, 이 자료들은 쉽게 볼 수 있도록 정리되어야 한다.

여러 가지 사례를 비교하기 위한 다중, 비교 사례연구는 한 개 이상의 사례를 포함한다. 예를 들어 '좋은 고등학교란 무엇인가'에 대한 사례연구를 위해서는 한 개 고등학교를 사례로 하기보다 5~6개의 학교를 포함하여 좋은 고등학교에 대한 일반적인 결론을 도출할 수 있다. 다중 사례연구의 경우 사례 내 분석(within-case analysis)과 사례 간 횡단분석(cross-sectional analysis)의 단계를 거친다. 사례 내 분석은 사례 자체에 대한 종합적인 분석을 말한다. 이 단계 후에 사례들을 비교함으로써 이들 사례에 부합하는 일반적 설명을 찾고자 한다. 사례연구 학자들은 무엇보다 방대한 자료를 관리하는 어려움을 지적하면서 간단한 사례연구에서 시작하도록 권하고 있다. 다중 사례연구의 경우 다중 사례를 통합하는 틀을 찾거나 다수의 사례를 개념화하는 범주, 주제, 유형을 찾는 데 초점을 둔다. 사례연구는 다양한 자료 분석을 통해 사례를 이해하기 위한 가장 중요한 특징을 찾는 것이 중요하다.

질적 연구의 일반적인 분석 과정과 마찬가지로 연구자 이외에 전문가가 자료를 분석하여 결과를 비교하는 것이 필요하다. 복수 사례연구의 경우 개별 사례를 먼저 분석한 후 연구 주제와 관련된 횡단 분석을 하도록 한다. 포커스 연구 참여자(대개 4~6명)가 있는 경우 이들에 대한 기술을 보다 상세히 하고, 이들에 대한 횡단적 분석을 한 후에 전체 자료를 대상으로 분석을 한다. 복수 사례의 경우 몇 개의 사례를 포함할지에 대해 정해진 기준은 없으나 사례가 너무 많은 경우 개별 사례에 대한 충분히 깊이 있는 고찰이 이루어지지 않을 수 있다. Duff(2008)는 8개 미만의 사례가 적절하다고 제안한다. 예를 들어 Kinginger(2008)는 프랑스에 어학연수를 하는 미국 학생 24명을 대상으로 했지만 6명의 포커스 참여자를 설정하여 자세히 기술하는 사례연구를 실시하였다.

언어 발달에 초점을 둔 사례연구의 경우(특정 언어 형태나 기능)에도 해석이 필요한 경우가 많기 때문에 자료의 삼각화가 중요하고, 연구 참여자의 의도한 의미가 무엇인지를 다른 자료 형태, 그리고 다른 과제를 통해 살펴보는 것이 언어 발달 단계에 대한 정확한 정보를 얻는 데 도움이 된다. 학습자 정체성, 자율성 등의 주제를 살펴보는 경우 왜, 어떻게 그러한 주제가 파악되었는지 밝히고, 관계되는 예를 포함하는 것이 중요하다. 이러한 주제가 대표성을 가지는지 아니면 한 번만 나타났는지, 대표성을 가진다는 증거는 무엇인지, 반증이 되는 예는 없는지, 연구의 주제는 아니나 살펴볼 만한 가치가 있거나 눈에 띄는 점은 없는지를 살펴보는 것이 필요하다. 주제분석, 내용분석을 위해서는 이러한 주제와 관련된 이론을 살펴보고 이러한 이론적 개념이 어떻게 조작적으로 정의되었는지 살펴보는 것도 중요하다. 한 가지 연구에 너무 많은 주제를 찾는 것을 피하고, 되도록 깊이 있고 일관성 있고 논리적으로 연결된 주제를 찾는 것이 필요하다.

Yin(2003, p. 59)은 사례연구를 위해서는 연구자가 다음과 같은 자질이 필요하다고 한다.

- 좋은 질문을 하고, 해석하고 답할 수 있어야 한다.
- 좋은 청취자여야 하고, 자신의 관념이나 선입관에 갇혀있지 않아야 한다.
- 새로운 환경에 부딪히는 것을 위협으로 느끼지 않고 기회로 생각할 수 있는 적응력과 유연성이 있어야 한다.

- 관련 있는 사건이나 정보를 통제할 수 있도록 연구 주제에 대한 깊은 이해가 있어야 한다.
- 이론이나 선입견에 의해 편중되지 않도록 민감하고 반증을 수용할 수 있어야 한다.

실험연구와 달리 자료 수집이나 분석 방법에 있어 사례연구에만 적용되는 특정한 방법을 주장하지는 않는다. 또한 다른 질적 연구와 마찬가지로 자료 수집과 분석이 동시에 계속해서 진행되기 때문에 이 두 과정이 분리되지 않는다. 연구자는 계속적이고 반복적인 분석을 통하여 앞으로의 자료 수집 방향을 결정하게 된다. 따라서 연구자는 필수적으로 현장노트, 전사, 요약, 문서 등을 날짜와 시간 별로 정리해야 하며, 수집과 함께 코딩을 진행해야 한다. 자료 수집과 분석이 동시에 일어나야 함을 Richards(2003)는 다음과 같이 기술한다.

> analysis is neither a distinct stage nor a discrete process; it is something that is happening, in one form or another, throughout the whole research process. The relationship between data and analysis is therefore an intimate one... (Richards, 2003, p. 268)

Coffey와 Atkinson(1996)은 분석 과정이 한 가지 방법으로 고정되어 있는 것이 아니기 때문에 연구자가 창의력을 발휘하여 유연하게 분석 과정에 임할 필요가 있음을 강조한다.

> analysis is not about adhering to any one correct approach or set of right techniques; it is imaginative, artful, flexible, and reflective. It should be methodical, scholarly, and intellectually rigorous. (Coffey & Atkinson, 1996, p. 10)

다른 질적 연구와 마찬가지로 사례연구에서도 여러 가지의 자료를 수집하여 다각도로 현상을 볼 수 있도록 하는 삼각화가 필요하다. 삼각화란 동일 현상에 대한 다른 시각을 제공하기 위해 자료를 비교하는 과정으로 정의할 수 있다.

> triangulation as the comparison of data relating to the same phenomenon but deriving from different phases of the fieldwork, different points in the temporal cycles occurring in the setting, or...the accounts of different participants...differentially located in the setting. (Hammersley & Atkinson, 1995, p. 230, Heigham & Croker, 2009, p. 81에서 재인용)

4.2.3 사례연구 절차

사례연구 결과 분석은 일반적으로 질적 분석 절차를 따르지만 자료의 종류에 따라서는 양적 분석을 할 수도 있다. 예를 들어 교실수업에서 학습자들의 발화 빈도나 용어 사용 빈도는 기본적인 경향을 파악하는 데 유용할 수 있다. 사례연구는 여러 가지 다른 학문 분야의 전통에서 유래한 것이기 때문에 실증주의 입장의 연구 분석 방법에 따라 연구에 타당성을 부여하려고 하는 경우도 있고(Yin, 2003), 반면에 해석적, 구성적 전통을 따라 현상이 어떻게, 왜 발생하였는지에 초점을 둘 수도 있다 (Merriam, 1998). 비판적 경향의 연구에서는 특정 그룹과 관련된 사회적, 정치적, 경제적 환경을 이해하는 데 초점을 둘 수도 있다. 사례연구의 절차가 규정화되어 있지는 않지만 일반적으로 다음과 같은 절차에 따라 연구가 진행된다.

선행연구와 친숙, 주요 주제 파악

제2언어 습득관련 저서 및 학회지(*Applied Linguistics, Journal of*

Language, Identity, and Education, Language Learning, The Modern Language Journal, Studies in Second Language Acquisition, System, TESOL Quarterly 등)를 통해 최신 발표된 사례연구를 탐색하는 것으로 시작할 수 있다. 사회과학 분야 사례연구에 대한 저서를 통해 인식론적, 방법론적 이해를 돕는 것도 방법이 된다(Duff, 2008; Stake, 2005; Yin, 2003). 선행연구를 읽는 것은 자신의 연구를 보다 넓은 맥락 내에 위치시키기 위해 필요하다. 왜 본인의 연구가 독창적이고 시기적절하고 새로운 지식을 창조하는 데 기여할 수 있는지를 정당화하기 위해 필요하다. 연구 문제, 연구 방법, 주요 결과를 파악하는 것도 중요하지만 이 연구가 가지는 의의, 연구의 제한점 등을 눈여겨보는 것이 필요하다. 연구의 장점을 살리고 약점을 보완하기 위해서 무엇을 해야 할지를 비판적으로 생각하고 기록하는 연습은 자신의 연구를 설계할 때 도움이 된다.

연구 문제 혹은 범위 설정

먼저 선행연구를 통해 연구할 주제가 무엇인지 찾고, 본인 연구의 이전 연구와 어떤 점에서 차별화될 것인지, 어떤 문제를 연구의 범위에 포함할지 결정해야 한다. 예를 들어 교사 정체성에 관한 연구들은 ESL환경에서 비원어민으로서 교사 정체성을 어떻게 구성하는지를 다루었다면 앞으로의 연구를 위해서는 반대로 EFL환경에서 원어민 교사는 어떤 정체성을 형성하는지(S. Kim, 2017), 혹은 원어민과 한국인 교사가 팀티칭을 하는 과정에서 어떠한 정체성을 형성하는지(K. Lee, 2018)를 조사하는 것으로 연구의 대상과 초점을 다르게 설정할 수 있다.

선행연구를 통해 자신이 하고 싶은 연구 주제를 파악한 후에는 이를 구체적인 연구 문제로 기술할 필요가 있다. 연구 문제는 명확하고, 구체적이며 답할 수 있어야 할 뿐 아니라 연구의 노력을 기울일 만한 가치가 있어야 한다(meaningfully interconnected and substantively relevant, Duff, 2008, p.104). 예를 들어 Spack(1997)은 Yuko라는 일본인 학생이 미국 대학에서 영어를 배우는 과정에 대한 탐구적 연구를 하는 과정에서 다음과 같은 과정을 거쳐 연구 문제를 개발하는 과정을 보여준다. 그는 Yuko가 영어 시험성적이 우수함에도 불구하고 International Relations 과목에서 고전하는 이유를 밝히고자 하였다. 처음 제시한 연구 문제는 Yuko의 일본에서의 영어 학습 경험, 그리고 이 경험이 미국 대학에서의 경험과 어떻게 다른지, TOEFL 성적과 ESL 작문 수업의 중요성은 무엇인지에 대한 질문의 나열이었다면, 다음 단계에서는 Yuko의 언어적, 교육적, 문화적 배경이 미국 대학에서 수업을 듣는 데 어떤 장애 요인이 되는지에 초점을 두어 연구 문제를 제시한다. 이처럼 연구 문제는 단번에 선명하게 설정되지 않는다. 연구자의 관심을 연구 문제로 기술하고, 자료를 수집하고 분석하면서 연구의 초점이 분명해지고 연구 문제 역시 명시적으로 되는 과정을 거친다고 할 수 있다. 다음 그림은 Spack(1997)의 연구 문제 도출 과정을 보여준다.

1. How and how much had Yuko studied and learned English before matriculating in the [Japanese] university?
2. How much reading and writing - and what kind of reading and writing - had she done in Japanese?
3. Did these literacy experiences differ?
4. What could my knowledge of this background teach me about both the significance of her TOEFL score and her performance in a first-year ESL composition program (consisting of one-semester courses)?

→

1. What features of Yuko's linguistic, educational, and cultural background constrained her ability to manage an introductory [International Relations] course (in spite of her high TOEFL score)?
2. What features of this particular IR course acted as barriers to Yuko's success in the course?

[그림 3] Spack(1997)의 연구 문제 개발(Duff, 2008, p. 105에서 재인용)

사례 선정(연구 참여자)

연구 참여자는 연구의 목적과 밀접한 관련이 있다. 연구 참여자는 또한 자료의 내용과 결과 기술에 영향을 미치게 된다. Duff(2008)는 소규모의 예비연구의 경우 연구 기준(예: 언어수준, 언어학습 기간, 성별 등)에 부합하는 한 사람을 연구 참여자로 선정할 것을 추천하고, 대규모 연구의 경우 6~7명의 연구 참여자를 추천한다. 학위 논문의 경우에도 3~4명이면 충분하다고 하나 연구 중간에 연구 참여자가 참여를 포기할 경우에 대비하여 여유 있게 대상자의 수를 결정하는 것이 필요하다. 물론 한 명의 참여자라고 하더라도 충분히 기간이 길거나 대표성(혹은 특이성)을 가질 경우 연구 참여자로 충분할 수 있다. 질적 연구의 경우에도 이전의 연구 자료를 활용하여 새롭게 분석할 수도 있다. 이 경우에는 반드시 사전 승인을 얻어야 하고 연구의 맥락과 관련된 설명을 포함해야 한다.

복수의 연구 참여자를 선정하는 것은 공통점, 차이점을 관찰할 수 있고, 보다 풍부한 자료를 제공한다는 점에서 이점이 있다. 따라서 유사하거나 매우 다른 대상자를 선정할 수도 있다. 이러한 경우에도 샘플링을 다양하게 하는 이론적인 근거가 있는지 생각해 보아야 한다. 예를 들어 성별이 다르거나 언어 수준이 다른 대상자를 포함할 때에는 그러한 요인이 살펴보고자 하는 현상에 관련된 변인인지 살펴보아야 한다. 보다 전형적이거나 대표성을 띤 대상자를 선정하는 경우에는 외적 타당도 혹은 관련성을 확보한다는 점에서 유리한 점이 있다. 극단적인 사례(예: 성취도, 학습동기 면에서 양극단을 보이는 학습자)를 택하는 경우 그러한 특이성에 대한 통찰을 제시할 수 있다.

참여자(사례) 모집

연구 참여자를 어떤 방법으로 선정할지를 결정하기 위해서는 연구 참여자의 기준에 해당하는 사람을 연구자가 알고 있는지 파악해야 한다. 사례연구의 경우 연구자가 연구 내용에 합당한 대상자를 적어도 한 명 알고 있고, 그를 통해 누증표집(snowballing sampling 혹은 눈덩이 표집)을 하게 된다. 예를 들어 영어 학습부진에 관한 연구를 하고자 할 때에는 영어 부진 학생을 지도하는 교사를 파악하고, 그 사람에게 부진 학생을 지도하는 다른 교사를 아는지, 혹은 관심을 가진 교사를 아는지 물어보고, 이런 방법으로 연락하게 된 교사를 통해 점점 참여자를 모집하게 된다. 따라서 사례연구에서는 연구 참여자의 개인정보를 보호하는 범위 내에서 연구자와 연구 참여자를 밝히는 것이 필요하다. 연구자와 참여자의 관계가 연구 참여자 모집, 자료 수집 및 분석과 해석 과정에 어떤 영향을 미칠 수 있는지 연구자 스스로 성찰할 뿐 아니라 연구 결과를 읽는 독자도 이런 점을 감안하여 이해하도록 하기 위해서이다.

사례연구를 위한 참여자를 모집하기 위해서는 연구자가 연구 참여자 커뮤니티와 관련을 가지는 것이 필요하고, 외부인 혹은 내부인, 대상자의 경험을 이해하는 사람으로서 연구자의 위치를 수립하는 것이 필요하다. 그렇지 않을 경우 문지기 때문에 연구 참여자에 대한 접근이 불가능할 경우도 있다. 예를 들어 영어 부진아 학습 과정에 대한 교사 인터뷰, 학생 인터뷰, 수업 관찰 등을 하고자 하는 경우, 담당교사 및 학교장의 허락을 받아야 하는데 연구자가 학교 현장과 아무런 연계가 없는 경우 대부분 강한 저항이 있을 수 있다. 해당 학교의 교사 혹은 관리자와 우호적인 관계가 수립될 수 있도록 연구를 시작하기 전에 관계적 노력을 할 필요가 있다.

연구 참여자 선정에 대한 예로 Morita(2000, 2004)의 연구를 들 수 있다. 그는 캐나다 대학에 유학하고 있는 일본 여학생들의 침묵(silence)에 대한 연구를 위해 일본 여자 대학원생 6명을 선택하였다. 원래 연구 참여자에는 남자 1명이 있었으나 성별을 변인으로 고려하지 않기로 하여 남자 참여자를 제외하였다. 따라서 동질적인 참여자를 대상으로 연구자 자신이 유학생이라는 내부자적인 입장과 경험을 공유함으로써 다른 성별, 모국어 및 인종, 나이, 지위 등이 다르기 때문에 생기는 어려움을 피할 수 있었다.

    Norton(2000)은 5명의 캐나다 이민 여성을 연구 참여자로 선정하였다. 그녀가 ESL 수업에서 알게 된 학생 중 잠재적 연구 참여자를 선정하고, 이들에게 다음과 같은 과제를 부여하였다:

- 상세한 인적사항 설문(남녀 14명)
- 개인적 인터뷰(남녀 12명)
- 2개월간의 일기 및 인터뷰, 설문(여성 5명)

Norton(2000)은 일기연구까지 참여한 여성 5명이 다른 자원자와 달리 자신들에 관한 주제에 대해 쓰는 것을 편하게 생각하고 자신의 경험을 만나서 이야기 할 수 있을 여유가 있는 것으로 판단하여 이들을 최종 연구 참여자로 선정하였다. 최종 분석에서는 이들 5명을 두 그룹으로 나누게 된다. 20대 젊은 참여자인 폴란드에서 온 Eva와 베트남에서 온 Mai, 그리고 결혼해 자녀가 있는 Katrina(폴란드), Martina(체코슬로바키아), Felicia(페루)로 구분하여 각각 한 장을 할애하여 기술하고 있다. 김신혜(2015)의 경우 연구자가 연구년 동안 조기 유학생들이 출석하는 교회에 나가게 되면서 유학생들과의 만남, 관계가 시작되었다. 이 연구의 참여자인 Andy는 교회에서 만난 조기 유학생 중 한 명으로, 연구자와의 친분을 계기로 자신의 유학생활에 대한 이야기를 솔직하게 들려주어, 그의 내러티브를 자료로 수집하게 된 예를 보여준다.

윤리적 문제 점검

연구를 시작하기 전에 연구자는 자신이 속한 기관이 요구하는 연구윤리 준수 절차를 따라야 한다. 대학의 경우 책임 연구자가 연구윤리에 관한 온라인 강좌를 일정시간 수강하도록 하고 있다. 또한 연구자가 연구계획서를 기관 연구윤리위원회(Institutional Research Board)에 제출하여 문제가 없음을 확인하는 과정을 거치도록 하고 있다. 이러한 과정을 통해 연구 참여자가 연구를 통해 어떤 위험에 노출될지 혹은 혜택이 있을지, 연구 참여에 대한 보상이 이루어지는지 등에 대한 상세 계획을 포함해야 한다. 응용언어학 분야의 경우 연구 참여자에게 신체적, 정신적 해가 가는 경우는 거의 없기 때문에 비교적 절차가 간소하나, 아동 학습자가 연구 참여자인 경우 교사와 학부모 모두의 동의를 받아야하기 때문에 충분한 시간을 두어 기관 연구윤리위원회의 승인을 받아야 한다.

4.2.4 결과 기술

사례연구는 주로 내러티브의 형태로 기술된다. 연구 결과의 진실성(trustworthiness)을 확보하기 위해서는 결과가 어떻게 도출되었는지 독자가 알 수 있도록 두꺼운 기술을 하는 것이 중요하다. 초보 연구자의 경우 해당 분야의 모범적인 사례연구를 모방하는 것이 질적 연구 결과를 기술하는 데 도움이 될 수 있다. Stake(1995, p 123)는 비네트를 사용하도록 권장하고 있다. 비네트란 연구가 진행된 상황을 짐작하도록 하는 데 도움을 주기 위한 기술로 결과 기술의 처음과 마지막 부분에 삽입할 수 있다.

단일 사례의 경우 기술이 간단한 데 비해 복수 사례의 경우 결과를 어떻게 구성할지에 대한 여러 가지 결정을 해야 한다. 복수 사례의 경우 자료를 사례별로 제시할지, 주제에 따라 구성하는 것이 좋을지 고려해야 한다. 학술지에 실리는 논문의 경우 여러 가지 사례 중 하위 사례를 선택적으로 기술하는 경우도 있다.

사례연구는 연구자가 적은 수의 연구 참여자와 개인적인 관계에 유의하면서 일정 기간 자료를 수집하기 때문에 결과 기술이 주의를 끌기 쉽고 잘 쓰인 전기문이나 소설처럼 재미있는 정보를 제공할 수 있다. 반면 사례연구는 소수 연구 참여자를 대상으로 했기 때문에 타당성을 결여할 위험이 있다. 독자들은 결과를 통해 응용언어학 분야 주제에 대해 어떤 새로운 점을 배울 수 있는지 생각하기 때문에, 연구자는 이론적 맥락 내에서 결과를 일관성 있게 기술하고, 연구가 어떤 점에서 독창적이며 다른 연구에 도움이 될지를 기술하는 것이 필요하다.

4.2.5 타당도 및 신뢰도

사례연구를 평가하는 기준으로 Miles와 Huberman(1994), Yin(2003)과 같은 연구자들은 실증주의 연구에 적용하는 타당도, 신뢰도를 연구 평가의 기준으로 삼기도 한다. 그러나 구인 타당도와 같이 개념적 정의를 바탕으로 하는 타당도의 경우 사례연구에 잘 적용되지 않는다. 사례연구에서 연구되는 '자율성', '투자', '정체성' 등의 개념은 상대적으로 정의가 어렵거나 자세한 조작적 정의를 가지고 있지 않기 때문이다. 내적 타당도는 연구 결과와 해석의 신뢰도에 관련된 것인데 사례연구가 인과관계를 찾는 데 초점을 두지 않기 때문에 해당되지 않는다고 보기도 한다. Merriam(1998)과 같이 해석적 연구 방법에서 타당도를 살피고자 하는 학자들은 연구를 읽는 독자에 대한 민감성, 연구자료 수집 및 분석 면에서 사례연구를 평가하여야 한다고 주장한다.

외적 타당도 혹은 일반화 역시 연구의 중요한 기준이 되지만 실증주의적 연구에 적용되는 것과 같은 기준으로 적용되지는 않는다. 왜냐하면 사례연구는 특정 사례에 적용되는 현상을 집단 전체에 적용되는 것으로 확대하여 해석하는 것을 연구의 목표로 하지 않아 본질적으로 일반화와 거리가 있다. 그러나 연구 결과를 모집단에 적용하는 것이 아니라 이론이나 모형에 일반화한다는 점에서 분석적 일반화(analytic generalizability)를 추구한다고 할 수 있다. 사례연구가 특이한 경우를 대상으로 한다는 비판을 피하기 위해서는 대표성을 지니거나 전형적인 연구 참여자 혹은 현상을 연구의 대상으로 할 수 있다. 그러나 이 역시도 전형적인 사례가 어느 특정 상황에서 그렇다는 의미로 이해해야 하고 다른 상황에 적용되지 않을 수 있음을 염두에 두어야 한다. 일반화를 위한 또 다른 방법으로 다중 연구 사이트, 다중 사례를 연구에 포함할 수 있다. 일반성, 보편성에 대해 연구자가 판단할 부분을 남겨두어 독자들의 이해를 돕도록 해야 한다. 장기간에 걸쳐 다중의 자료와 다른 유형의 과제를 포함하는 것도 외적 일반화를 향상하는 방법이다.

양적 연구의 신뢰도는 연구 참여자 선정, 인터뷰, 자료 분석 과정이 일관성 있게 이루어졌는지에 관한 것으로 타당도에 대한 학자들 간의 이견이 적다. 그러나 실증주의적 연구에서의 신뢰도처럼 다른 연구자들이 같은 방법으로 연구를 수행했을 때 동일한 결과를 가져올 것이라는 가설에 동의하지 않는다. 대신 사례연구의 신뢰도는 의존성과 일관성(consistency)을 기준으로 하여 결과가 얼마나 "말이 되는지"(make sense to others)를 살펴보는 것으로 확보할 수 있다.

사례연구의 타당도 및 신뢰도를 높이기 위해 Gall, Gall과 Borg(2005, pp. 319-323, Duff, 2008, p. 177에서 재인용)는 다음과 같은 사례연구 검증기준을 제시한다.

[표 12] 사례연구의 검증기준

Sensitivity to readers' needs	1. Strong evidence of evidence; audit trail (provision of links between research questions, data, analysis, and conclusions; audit trail involves documentation of entire process and provision of examples in text or appendix) 2. Truthfulness of representation; "verisimilitude," "a style of writing that draws the reader so closely into the subjects' worlds that these can be palpably felt" (Adler & Adler, 1994, p. 381) 3. Usefulness (e.g., of reports to reader of or search to participants themselves)
Use of sound research methods	1. Triangulation (also called "crystallization;" Richardson, 1994): corroboration from different sources of data during the study; data may be convergent or divergent 2. Coding checks (consistency or reliability of coding) 3. Disconfirming case analysis: an "outlier analysis" (of extreme cases or negative evidence that can strengthen the validity of claims and interpretations) 4. Member checking (another way of achieving corroboration and getting the emic perspectives on a researcher's report or interpretations, after the fact)
Thoroughness of data collection and analysis	1. Contextual completeness (comprehensiveness of description of setting, participants, activities, etc); multivocality (different points of view included from participants and their "tacit knowledge" and "ecology of understanding" (Atheide & Johnson, 1994, p. 492) 2. Long-term observation (provides more consistent, stable evidence from observations) 3. Representativeness check (certification of the typicality of sites, participants, observations, etc) 4. Researcher's self-reflection (or reflexivity, researcher positioning; subjectivities that may affect interpretations)

이들은 사례연구의 적절성을 평가하기 위해서는 독자의 요구에 대한 민감성, 연구 방법의 적절성, 자료 수집 및 분석의 철저함을 살펴보아야 한다고 하였다. 연구자가 어떠한 방식으로 연구를 진행하였는지에 대한 자세한 기록을 남기는가, 독자가 흥미를 가지고 읽을 수 있도록 그럴듯한 이야기로 기술하는가, 독자와 연구 참여자에게 유용한가 하는 점을 고려하여 독자가 알고 싶어 하는 내용을 충분히 기술할 필요가 있다. 연구 방법의 적절성을 확보하기 위해서는 자료의 삼각화, 코딩확인, 부적합

사례 확인, 멤버 확인 등의 과정이 필요하다. 연구 절차가 철저하게 진행되었음을 보이기 위해서는 연구가 진행되는 상황에 대한 자세한 기술이 있는지, 다양한 목소리가 포함되었는지, 장기간 연구를 통해 일관성을 확보했는지, 연구의 대상이 대표성을 가지고 있는지, 연구자 자신의 성찰이 포함되었는지 등을 점검해야 한다.

4.3 사례연구 시 고려해야 할 점

사례연구는 적은 수의 연구 참여자를 대상으로 하기 때문에 연구 결과의 신뢰도에 대한 논쟁이 많을 수 있다. 결과의 신뢰도를 높이기 위해서는 결과를 도출하기까지의 과정을 명시적으로 기술하는 것이 필요하다. 연구자와 연구 참여자 간의 관계, 상호 감정적 관계, 연구진행 과정에서 이러한 관계가 어떻게 변화되었는지 기술하고, 이를 추적하기 위해 자주 메모를 하는 것이 필요하다. 무엇보다 어떠한 방법으로 자료를 수집하는지, 왜 그런 방법을 사용하는지에 대한 정당화가 필요하다. 특정 사례 혹은 연구 참여자를 연구 대상으로 설정한 이유가 충분히 설명되어야 사례로서 어떠한 가치가 있는지 판단할 수 있다. 자료에 대한 많은 추론을 할 수 있도록 보다 여러 가지 자료가 필요하다. 독자가 누구인지, 연구의 목표가 무엇인지 기억하고 적절한 양의 구체적인 정보를 제공해야 신뢰성 있는 연구 결과 제시가 가능하다.

사례연구를 비판하는 가장 큰 이유는 결과를 일반화할 수 없다는 것이다. 그러나 이는 사례연구가 표본에서 얻은 결과를 전체 집단에 일반화하는 것을 목표로 하는 실증주의적 접근을 하지 않는다는 점을 간과하고 있다. 사례연구의 대상이 되는 현상은 일반화에 목적이 있는 것이 아니라 현상에 대한 이해를 목적으로 하기 때문에 현상에 관련된 지식을 얻고자 하는 것이 가장 중요한 목적이고 근본적으로 다른 상황에 적용할 수 있는 보편적인 진리를 부정한다. 어떤 현상이든 상황에 관련된 특수성을 가지고 있으며 이를 통해 현상에 대한 새로운 통찰력을 얻는 것이 중요하다. 이러한 점에서 사례연구는 연구 가설을 생성하는 것뿐 아니라 이전의 가설을 검증하는 방법이 되기도 한다. 흔히 사례 연구자가 다른 연구에 비해 연구자의 편견이 더 많이 작용한다는 비판이 있지만 사례 연구자 역시 다른 질적 연구 혹은 양적 연구자가 일반적으로 가지고 있는 편견 이상의 편견을 가지고 연구를 진행하는 것을 허용하지 않는다. 사례연구는 연구자가 연구 과정에서 끊임없이 자기 성찰을 통해 연구자의 이론적 입장, 연구 과정에서의 감정적 참여, 연구자와의 관계 등을 명시적으로 밝히도록 함으로써 연구 방법의 투명성을 추구한다는 면에서 이러한 주관성이 100% 배제된 것처럼 기술하는 다른 연구들보다 오히려 객관적일 수 있다.

　사례연구에 대한 또 다른 비판은 연구자가 주요 연구 참여자와 유대관계를 가지게 되기도 하고, 연구 참여자를 선정하는 과정에서 연구자의 관점, 가치가 반영되기 때문에 주관적이라는 것이다. 또한 연구 참여자가 자신의 경험을 성찰적, 회고적으로 진술하기 때문에 매우 주관적 자료일 수 있다는 점을 지적한다. 이러한 점에서 주관성이 있다는 점은 어느 정도 사실이나 어느 연구이든 자료를 해석하고 결과를 도출하는 데 있어 주관성이 전혀 배제된 객관적인 연구란 있을 수 없다. 연구를 진행하는 데 있어 어느 정도의 주관성은 당연한 것이라고 본다. 보다 중요한 것은 연구자가 이러한 주관성을 연구 과정에 포함할 수 있음을 인정하고 주관적인 오해(subjective misunderstanding, Stake, 1995, p. 45)에 빠지지 않도록 신뢰도를 높이는 방안을 강구하는 것이다.

　사례연구의 결과는 몇 가지 명제나 이론으로 간략하게 요약하여 제시할 수 없는 경우도 있다. 이는 연구 방법에 문제가 있는 것이 아니라 사례연구의 대상이 되는 현상이 그러한 방식으로만 기술될 수 있기 때문이다. 양적 연구는 현상을 몇 가지 변인으로 축소하여 이들 변인 간의 관계에만 초점을 두기 때문에 이들 간에 상관관계가 있다든가, 독립변수와 종속변수 간에 유의미한 인과관계가 있다는 식으로 기술할 수 있다. 그러나 사례연구는 현상에 관련된 요인들 간의 관계가 숫자로 요약될 수 없다고 보기 때문에 이에 관련된 두꺼운 기술로 결과를 기술한다.

양적 연구의 일반화에 해당하는 개념을 가설, 원칙, 결과의 전이성으로 정의하기도 한다(Lincoln & Guba, 1985). 이는 비교가능성(comparability)이라고 하는데 이는 연구 간에 공통점이 있는지, 한 연구가 다른 연구와 연결점이 있는지를 결정하는 책임을 연구자가 아닌 독자에게 부여한다는 점에서 차이가 있다. 질적 연구는 일반화에 지나친 강조를 두기보다 한 가지 사례에 대해 풍부한 자료를 접함으로써 유사한 사례를 이해할 수 있도록 하는 데 초점을 두는 것이 바람직하다. 사례연구와 관련된 오해를 요약하면 다음과 같다.

[표 13] 사례연구에 대한 오해(Flyvbjerg, 2006, pp. 219-245, Merriam, 2009, p. 53에서 재인용)

Misunderstanding	Restatement
1. General knowledge is more valuable than context-specific knowledge.	Universals can't be found in the study of human affairs. Context-dependent knowledge is more valuable.
2. One can't generalize from a single case so a single case doesn't add to scientific development.	Formal generalization is overvalued as a source of scientific development; the force of a single example is underestimated.
3. The case study is most useful in the first phase of a research process; used for generating hypotheses.	The case study is useful for both generating and testing of hypotheses but is not limited to these activities.

4. The case confirms the researcher's preconceived notions.	There is no greater bias in case study toward confirming preconceived notions than in other forms of research.
5. It is difficult to summarize case studies into general propositions and theories.	Difficulty in summarizing case studies is due to properties of the reality studied, not the research method.

사례연구의 또 다른 단점은 연구 참여자의 소모(attrition) 혹은 소멸(mortality)이다. 장기 연구가 아닌 경우에도 연구 참여자가 너무 바쁘거나, 연구에 대한 관심을 잃거나, 이주하거나, 다른 사정으로 연구에 계속 참여할 수 없는 경우가 생기면 적은 수의 연구 참여자를 대상으로 한 연구가 큰 지장을 초래할 수 있다. 특히 장기간 연구의 경우 연구 참여자가 중도에 연구 참여를 중단할 경우가 생기기 때문에 이러한 점을 감안하여 연구 참여자를 충분히 확보하는 것이 필요하다.

어떤 경우에든 연구자는 연구 참여자를 보호하고, 비밀, 익명성, 안전을 보장해야 하며, 어떤 해도 가하지 않는다는 원칙을 지켜야 한다. 성인을 대상으로 비디오 녹화 없이 인터뷰 녹음만 하는 사례연구의 경우 연구윤리위원회를 거치는 과정이 크게 까다롭지 않을 수 있다. 그러나 위원회에 걸리는 시간을 충분히 생각하여 미리 관련 자료를 준비해야 한다. 위원회가 요구하는 자료를 준비하는 동안 연구 방법을 명시화하고 다듬을 수 있기 때문에 연구를 시행하기 전에 생길 수 있는 문제를 예측하고 방지하는 데 도움이 된다. 사례연구의 경우 설문, 관찰이나 인터뷰 프로토콜, 연구 대상이 되는 기관의 허락, 연구 계획서(연구 목적과 방법, 연구 참여자에 대한 상세한 정보)가 필요하다.

4.4 관련 연구

Morita(2004)는 일본인 여학생들이 캐나다 대학원이라는 아카데믹 커뮤니티에 어떻게 적응하는가에 관한 다중 사례연구의 예를 보여준다. 이는 장기간(1년)의 자료 수집을 통해 학습자들의 살아온 삶과 관점을 심도 있게 관찰하였다는 점에서 사례연구이자 문화기술지적 성격을 가지고 있다(a qualitative (or ethnographic) multiple case study approach to gain an in-depth and holistic understanding of learners' lived experience and perspectives, p. 578). 또한 6명의 학습자 개인의 사례를 다루고 있다는 점에서 다중 사례연구라고 할 수 있다. 따라서 구체적이고 복잡한 기술, 두꺼운 기술을 특징으로 한다. Morita는 제2언어 학습자들이 대학원 수업에 참여하면서 자신의 정체성을 어떻게 협상하고, 자신의 학습을 위해 주체성을 어떻게 행사하는지에 대한 내적 음성(inner voice)을 들려주는 데 연구의 목적이 있다고 기술한다. 연구의 내용은 다음과 같다.

[표 14] 연구 요약: Morita(2004)

Morita, N. (2004). Negotiating participation and identity in second language academic communities. *TESOL Quarterly, 38*(4), 573-603.

연구 문제
- 제2언어 학습자들이 새로운 제2언어 커뮤니티에서 자신의 능력과 정체성을 어떻게 협상하는가? 특히 이들이 토론과 같은 구두 활동에서 어떻게 참여하는가?(How do L2 students negotiate competence and identities in their new L2 classroom communities as they participate in primarily oral activities such as open-ended discussions?)
- 수업에서 조용한 제2언어 학습자들의 관점, 생각, 느낌은 무엇인가? 이들의 침묵 뒤에 있는 목소리는 무엇인가?(What are the thoughts, perspectives, and feelings of L2 students who remain relatively silent in the classroom? In order words, what voices lie behind their apparent silence?)

- 제2언어 학습자들이 수업에서 어떠한 역할, 위치를 협상하는가? 이들의 주체성, 위치성, 수업 참여 간의 관계는 무엇인가?(What kinds of roles or positionalities do L2 students negotiate in the classroom? What are the relationships between their agency, positionality, classroom participation, and personal transformation?)

연구 방법
- 캐나다 대학원에 재학 중인 일본인 석사과정 여학생 6명, 1년간(1999~2000) 대학원 세미나 과정 전체 혹은 조별 토론 과정 관찰
- 자기 보고서(이메일), 학생 인터뷰, 담당 교사 인터뷰, 수업 관찰

연구 결과
- 연구 참여자들은 담화, 능력, 정체성, 힘의 관계를 협상하여 수업 커뮤니티에 참여하고 합법적이고 능숙한 멤버로 인정받는 것이 과제임
- 연구 참여자들은 수업의 내용을 잘 이해하지 못하거나, 토론에 기여하지 못한다는 점 등 다른 사람들이 이들을 어떻게 인식하는가에 따라 능숙하지 않은 멤버로 규정됨. 그러나 이러한 정체성은 변화할 수 있는 것으로 인식하여 참여자들은 다른 수업에서 혹은 비슷한 상황에서 시간이 지남에 따라 다른 정체성을 협상하는 과정을 보여줌
- 참여자들의 성별, 문화, 혹은 언어 하나로만 이들의 수업에서의 침묵을 설명할 수 없고, 실제로 이들은 수업에서 수동적이고 물러나 있게 보일 때조차도 사실은 다면적 역할과 정체성을 협상하고 있음
- 참여자들은 수업에 최소한으로 참여하고 주변적, 소외된 위치를 차지함. 수업 외에 일대일로 대화를 통해 교수의 도움을 구함, 대부분의 학생들은 새로운 아카데믹 문화에 적응하려고 하지만 본인이 스스로 선택하여 주변인으로 남아 있는 경우도 있음, 학생들은 자신을 소외시키거나, 침묵하게 하거나 자신들에게 부여하는 역할이나 정체성에 대해 여러 가지 방법으로 반응함을 보여줌

Morita(2004)는 연구의 이론적 배경으로 Wenger(1998)의 실행 커뮤니티 이론(community of practice, COP)을 들고 있다. 학습은 커뮤니티에 적법한 멤버십을 획득하는 과정으로 새로운 멤버가 아카데믹 활동에 참여함으로써 말하기, 쓰기에 점차 자신감을 가지게 되는 과정이라고 보았다. 즉 학습은 학문적 사회화 과정이며 이 과정에서 개인이 실행 커뮤니

티 내에서 어떠한 위치를 차지하는가가 중요하다고 본다. 이러한 실행 커뮤니티에 참여하는 과정은 변화와 적응을 요구하기 때문에 내면적, 외면적 갈등이 있고 이를 협상하는 절차가 필요하다. Morita(2004)는 일본인 학생들이 캐나다 대학원이라는 새로운 환경에서 어떻게 적응하며 자신의 위치를 수립하는지를 실행 커뮤니티 이론을 바탕으로 기술하고자 하였다. 그는 연구의 목적을 다음과 같이 밝히고 있다.

> The central purpose of this study was to better understand how L2 students participate and negotiate membership in their new L2 classroom communities. The data analysis and interpretation were guided by the following sets of questions that were developed from the theoretical framework outlined earlier as well as the ongoing data collection and analysis. (Morita, 2004, p. 577)

Morita는 자신의 연구 문제가 이론적 배경과 관련이 있을 뿐 아니라 자료 수집과 분석 과정을 통해 도출되기도 했음을 밝힌다. 이는 질적 연구의 특징을 보여주는 것으로 양적 연구와 달리 연구 문제가 연구 처음부터 결정되지 않고 자료 수집과 분석 과정에서 도출될 수 있음을 보여준다. 자료는 다음과 같은 방법으로 수집되었다.

[표 15] 자료 수집 방법

자료 수집 방법	수집 기간(1999. 9~2000. 4)	자료
학생의 매주 자기 보고서	지속적으로 진행 학생 1명 당 1주일에 1~3회	이메일 전화 대화(녹음) 16개 수업에 대한 총 238개 보고서
6명 학생과 인터뷰	인터뷰 1: 학년 초 인터뷰 2: 1학기 마칠 때 인터뷰 3: 2학기 마칠 때	인터뷰 전사문 인터뷰 18개(평균 1.7시간)
수업 관찰	지속적	5개 과목에 대한 59개 현장노트

담당 강사 인터뷰	수업이 끝나갈 때 각 강사와 1회	인터뷰 전사문 총 10개 인터뷰(평균 1.2시간)
문서	지속적	수업 개요 발표 자료 수업참여에 대한 자기 평가

연구 결과 부분은 연구 문제에 답을 하는 방식으로 기술되었고, 각 주제를 잘 보여주는 연구 참여자(Lisa, Nanako, Rie 사례)에 대해 상세한 기술을 함으로써 다중 사례연구의 결과를 어떻게 기술할 수 있을지 보여준다. 이 연구는 교실이라는 상황과 학습자 참여는 불가분의 관계이며, 학습자가 처한 상황에 대한 고려 없는 비맥락화된 연구(설문)는 학습자의 참여가 상황에 의해 어떻게 영향을 받는지 보여주지 못한다는 전제하에 장기간의 사례연구를 통해 각 사례를 자세히 기술하고자 하였다. Morita(2004)는 제2언어 학습자들의 침묵이 복잡하고 다양한 배경에 원인이 있고, 이러한 침묵이 사회적으로 구성되는 것임을 보여주었다는 점에서 의의가 있다. 제2언어 학습자들은 교실 내에서 단순히 문화적, 개인적 선호도에 따라 행동하는 것이 아니라 교실 내 주어진 역할에 따라 상호작용이 규정되기 때문에 교사는 제2언어 학습자의 위치가 적법성을 가지도록 인정할 필요가 있다는 점을 시사한다. 이 연구는 무엇보다 학생들의 행동과 목소리에 대한 맥락화된 설명을 제공할 수 있도록 다양한 자료를 수집하고 장기적인 연구를 할 필요를 제시하고 있다는 점에서 의의가 있다.

Morita(2004)의 연구가 캐나다 대학원이라는 새로운 공간에 적응해야 하는 제2언어 학습자를 대상으로 한다면 S. Kim(2017)은 한국 대학이라는 공간에서 원어민 교사들이 '교수'(professor)라는 정체성을 어떻게 협상하는지를 보여주는 연구이다. 연구의 내용을 요약하면 다음과 같다.

[표 16] 연구 요약: S. Kim(2017)

Kim, S. H. (2017). We are English professors: Identity construction of native English speaker teachers at a Korean University. *English Teaching, 72*(2), 3-28.

연구 목적
한국 대학의 원어민 강사들이 교수로서 자신의 위치를 어떻게 파악하고 다면적인 정체성 간의 갈등을 어떻게 협상하는지 기술하고자 함(the purpose of the study is to describe how the NETs position themselves as a professor and how they negotiate conflicts among multiple identities in the Korean university context.)

연구 방법
- 대학 교양영어 프로그램에서 영어를 가르치는 원어민 강사 4명(Alex, Bob, Charles, Daniel)
- 학기 초, 학기말 인터뷰, 수업 관찰
- 개방코딩, 축 코딩, 분석적 메모, 동료 브리핑(peer debriefing)

연구 결과
- Wenger(1998)의 engagement, imagination, alignment에 따라 기술
- 원어민 강사들은 자신을 "an English educator, a collaborative volunteer, not a professor but an instructor, an outsider in English island"로 간주
- 학습자 중심, 의사소통중심 언어교육이라는 이론적 전문성, 학생들의 구어 영어 능력을 향상하기 위해 노력하는 교사로서 자신의 정체성 구축
- 'professor'의 의미를 연구가 아니라 교수 중심(teaching-focused)로 재해석하여 자신들이 학생과 라포를 이루는 친절한 교사로서 적법한 'professor'의 위치를 가지는 것으로 협상함

S. Kim(2017)은 한국 대학에서 영어를 가르치는 원어민 강사들이 자신의 정체성을 어떻게 협상하는지를 관찰한 연구로 한 학기에 걸쳐 원어민 강사 3명을 대상으로 인터뷰와 수업 관찰을 진행하였다. Wenger(1998)의 실행 커뮤니티 이론에 근거하여 원어민 강사들의 커뮤니티 참여 활동이 이들의 정체성 형성에 어떠한 영향을 미치는지 살펴보고자 하였다. 이들

은 자신이 엄격한 의미에서 연구를 하는 교수는 아니지만 영어 교수법에 대한 전문성을 가진 교사로서 자신의 교수라는 위치를 협상한다. 연구 참여자들은 자신을 영어 교육자, 협조적 자원자, 교수가 아닌 강사, 문화적·언어적 외부인이라는 다면적인 정체성을 수립하고, 학생의 요구에 부응하는 전문성을 가진 교수로서의 이상적 커뮤니티의 일원으로 정체성을 협상한다. 이를 다음과 같이 기술하고 있다.

> They negotiated their role of a friendly educator to legitimize their professor position. The professor position was significant in defining them as a valuable member of the community and provided the grounds to resist to the assigned identity of being simple "add-ons" (Charles, 4th interview). By imagining themselves to be part of an ideal communicative teacher community, they aligned themselves with the principles advocated by recent language learning and teaching approaches. (S. Kim, 2017, p. 22)

교사 정체성에 대한 연구들이 대부분 ESL 환경의 비원어민 교사 정체성에 초점을 두어 이들이 자신의 언어 능력을 어떻게 증명하고 적법한 교사로서 인정받는지를 기술한 반면 S. Kim(2017)의 연구는 EFL 환경의 대학에서 영어를 가르치는 원어민 강사들이 자신의 적법성을 어떻게 협상하는지를 보여준다는 점에서 이전 연구와 차별된다.

5장
문화기술지 연구(Ethnography)[22]

5.1 연구의 배경 및 특징

5.1.1 문화기술지 연구의 배경 및 정의

문화기술지 연구는 인류학에서 시작된 연구로 사회적, 문화적 집단의 관행에 관한 연구이다. 19세기 말 영국, 유럽에서 인류학 분야에서 시작되어, 20세기에는 미국에서도 주목을 받게 되었다. 초기 문화기술지 연구는 식민주의자 입장에서 원시문화(primitive cultures)를 연구하는 것을 연구의 주 내용으로 삼았지만 식민주의 시대가 막을 내리면서 원시문화에 대한 연구에 국한하지 않고 잘 알려지지 않은 맥락이나 상황을 연구하는 데 사용되었다(Mackay & Gass, 2005). 영국학자 Edward Burnett Taylor(1832~1917), Lewis Henry Morgan(1818~1917) 등이 문화적, 사회

---

[22] 문화기술지 혹은 민속지학적 연구, 두 가지 용어가 혼용되어 사용되고 있다. 응용언어학 분야의 연구는 인류학 연구처럼 연구자가 멀리 떨어진 지역에 가서 특정 집단의 문화를 연구하는 경우가 아니라는 점에서 민속지학적 연구라는 용어 대신 문화기술지 연구라는 용어를 사용하기로 한다.

적 차원의 문화기술지 연구의 선구자였고, 이후 미국의 Franz Boas (1858 ~1942), Bronislaw Malinowski(1884~1942), Ruth Benedict(1887~1948), Margaret Mead(1901~1978) 등의 인류학자들이 문화기술지 연구 방법을 사용하면서 다른 학문 분야로 확대되었다. 문화기술지 연구자들의 주된 관심은 어떤 특정 집단의 문화를 파악하고 기술하는 데 있다. 따라서 현장(field)에 나아가 참여 관찰자로서 현장을 자세히 관찰하고 기록하는 것을 기본 요소로 한다. 인류학자들은 문화기술지를 연구의 과정으로 '수행한다'(do ethnography)고 할 수 있고, 연구의 결과로써 문화기술지를 기술한다고 할 수도 있다. 즉 문화기술지라는 용어는 연구 과정과 연구 결과 모두를 가리키는 용어라고 할 수 있다.

1960년대 이후 교육학자들은 교실수업의 문화적 구조를 살펴보기 위해 문화기술지 연구 방법을 수용하게 되는데 이는 멀리 떨어진 곳에 있는 집단을 연구하기보다 연구자 가까이에 있는 소규모 집단(기관, 학교, 회사, 조직 등)의 문화를 연구하는 데 초점을 두고, 집단의 구성원이 어떻게 유사한 행동 체계, 생활양식, 신념을 공유하는지를 살펴보는 데 초점을 둔다. 최근에는 비판적 문화기술지 연구(critical ethnography) 이론이 등장하면서 교실수업을 정치적 상황(교육정책)과 연관하여 비판하는 연구들이 이루어지고 있다. 또한 1970년대 이후 포스트모더니즘, 페미니즘이 소개되면서 페미니스트 문화기술지(feminist ethnography) 연구도 시작되었다. 이외에도 자신과 자신이 연관된 집단의 문화에 대한 성찰을 연구하는 자문화기술지(autoethnography), 최근의 인터넷 문화를 반영한 가상 문화기술지(virtual ethnography) 등의 다양한 분야로 발달하게 되었다.

5.1.2 문화기술지의 특징

'문화'에 초점

여러 형태의 문화기술지가 있지만 문화기술지 연구의 핵심은 지속적이고 자연적인 환경에서 일어나는 인간 행동의 문화적 의미에 초점을 둔 것이라고 할 수 있다(Watson-Gegeo, 1988). 즉 자연스러운 상황에서 일회적이 아니라 지속적으로 일어나는 현상을 관찰해야 하고, 이를 통해 집단의 행동에 대한 문화적인 면을 해석하는 것이다. 사례연구나 내러티브 탐구가 개인을 대상으로 하는 반면 문화기술지 연구는 문화를 공유하는 집단을 대상으로 한다는 점에서 가장 큰 차이가 있다. 문화기술지 연구는 일반적으로 응용언어학 분야에 많이 사용되는 연구 방법은 아니지만 어떠한 현상이나 상황에 대해 알려진 바가 거의 없을 때 특히 유용한 연구 방법일 수 있다(Ethnographic approaches ar particularly valuable when not enough is known about a context or situation, Mackey & Gass, 2005, p. 169). 예를 들어 특정 지역의 이민자 집단이 어떻게 제2언어를 습득하는지 알기 위해서는 문화기술지적 방법을 사용할 수 있다. 특정 문화를 바탕으로 하는 집단의 구성원이 어떠한 신념, 가치체계, 태도를 공유하는지를 밝힘으로서 특정 집단에 대한 문화적 초상화(a cultural portrait)를 그리는 것이 연구의 목적이 된다.

문화의 개념은 매우 광범위하여 여러 가지로 정의될 수 있다. D'Andrade (1992)는 문화라고 규정하기 위해서는 다음과 같은 요건을 갖추어야 한다고 기술한다.

> To say something is cultural is – at a minimum – to say that it is shared by a significant number of members of a social group; shared in the sense of being behaviorally enacted, physically possessed, or internally thought.

Further, this something must be recognized in some special way and at least some others are expected to know about; that is, it must be intersubjectively shared. Finally for something to be cultural it must have the potential of being passed on to new group members, to exist with some permanency through time and across space. (D'Andrade, 1992, p. 230, Merriam, 2009, p. 27에서 재인용)

문화라고 일컬어지기 위해서는 행동으로 나타나거나, 물리적으로 소유하거나 내면적으로 사고하는 것을 상당수의 사회적 집단 구성원이 공유하고, 알고 있어야 한다. 즉 상호주관적으로 공유되는 것을 문화라고 할 수 있다. Wolcott(1999)는 상호공유를 문화의 핵심으로 보고 문화기술지는 인간이 공유하고 있는 사회적 활동에 대한 설명을 제공할 수 있어야 하고, 이로부터 문화적 유형이 구분될 수 있어야 한다고 주장한다(it must provide the kind of account of human social activity out of which cultural patterning can be discerned, p. 8).

문화기술지 연구는 연구자가 다른 사람들이 세상에 대해 가지는 의미를 해석한다는 점에서 해석적인 성격을 띤다고 할 수 있다(the researcher's intent ...is to make sense of (or interpret) the meanings others have about the world, Creswell, 2007, p. 21). 문화기술지 연구는 사례연구, 근거이론과 마찬가지로 잘 알려지지 않은 영역을 탐구한다는 점에서 매우 폭넓은 주제를 다룰 수 있다. 문화기술지 연구자는 한 집단의 구성원이 살아오고 쌓아온 문화적 세계를 집단 밖의 사람들에게 이해시키는 데 목적을 둔 연구라고 할 수 있다(The aim of ethnographers is to painstakingly develop an understanding of the particular cultural worlds which people build and live in and explain them to people outside those worlds, Heigham & Sakui, 2009, p. 93).

참여자 관찰을 통한 연구 현장 몰입

문화기술지 연구의 핵심은 집단의 문화를 이해하고 기술하는 것이기 때문에 이를 위해서는 연구자가 장기간에 걸쳐 집단과 밀접한 관계를 맺으며 직접적인 경험을 하는 것이 중요하다. Heigham과 Croker(2009)는 이를 "깊게 시간 보내기"(deep hanging out, p. 92)라고 표현하는데 이는 연구자가 현장에 머물며 오랜 시간에 걸쳐 참여자로 시간을 보내면서 내부자가 되는 과정을 포함하기 때문이다. 연구자는 현장과 동떨어진 참여자가 아니라 참여자로서 현장을 관찰(participant observation)한다. 문화기술지 연구자는 연구 상황에 충분한 시간 동안 머물면서 내부인들이 어떻게 행동하고, 생각하는지를 이해하기 위해 관찰, 인터뷰 및 가공물을 수집하게 된다. 이처럼 연구자가 현장에 몰입하여 참여 관찰자로 현장에 장기간 머무르기 위해서는 연구의 대상이 되는 집단에 접근이 가능해야 한다. 연구 상황에서 일어나는 모든 일들이 잠재적으로 분석과 관련 있다고 보고 총체적 입장으로 현장에서 일어나는 일들을 관찰해야 한다. 연구자는 연구 상황에 몰입하여 내부인의 입장에서 현장을 이해하는 동시에 상황을 객관적으로 관찰하여 연구 참여자들이 당연시하는 관행들을 관찰, 기술하고 분석할 수 있어야 한다. 이러한 몰입적 관찰 외에 인터뷰, 문서, 가공물, 연구자의 현장노트 등이 모두 민속기술지의 자료가 된다.

전형적인 문화기술지 연구는 문화적 집단을 연구 대상으로 하기 때문에 어떤 장소에 장기간 머물면서 관찰을 하는 것이 일반적이었다. 그러나 지금의 문화기술지 연구는 특이한 문화집단을 대상으로 하기보다 비교적 잘 알려지지 않은 집단 또는 기관을 살펴보거나, 한 개 집단만을 대상으로 하지 않고 비슷한 집단의 공통된 특징을 살피기도 하고, 온라인 채팅방을 관찰 대상으로 할 수 있다는 점에서 기존의 문화기술지 연구와는 다른 점이 있다. 교실수업을 연구하는 경우 최소한 한 학기 혹은 그 이상

정기적으로 수업을 관찰하고, 교사, 학생, 학부모를 면담하고, 수업자료, 학생 성적표 등의 자료를 수집한다. 연구자는 교사를 보조하면서 참여 관찰을 하기도 하고, 필요한 경우 학교뿐 아니라 학생의 집, 혹은 활동지역을 관찰하기도 한다.

유동적 연구 문제

문화기술지 연구는 잘 알려지지 않은 현상에 대한 탐구를 목적으로 하므로 연구 이전에 구체적인 연구 문제를 설정하기 어렵다. LeCompte와 Goetz(1982)는 문화기술지 연구는 연구 이전에 가설을 세우지 않고, 연구 참여자들의 주관적 경험을 가치 있는 것으로 받아들인다는 점에서 실증주의적 정량적 연구와 다르다고 하였다. 정량적 연구에서는 연구 문제를 설정하고, 이를 증명하기 위해 가외변인을 제외한 변인들 간의 인과관계를 살펴본다. 반면 문화기술지 연구는 관찰되는 모든 변인들 간의 상호관계에 주목하고, 상호작용이 일어나는 맥락에 초점을 둔다. 또한 정량적 연구는 자료 수집 전에 가설이나 구인에 대한 조작적 정의를 내리는 반면 문화기술지 연구에서는 연구자가 가능한 한 모든 가능성에 열린 태도로 접근하고자 한다. 따라서 연구 도중에 연구 문제가 변경되는 것도 가능하다.

LeCompte와 Goetz(1982)는 양적 연구는 이론에 부합하는 자료를 찾는 과정으로, 문화기술지 연구는 자료를 설명하는 이론을 찾는 연구라고 정의한다(experimental researchers hope to find data to match a theory; ethnographers hope to find a theory that explains their data, p. 34). Mackey와 Gass(2005) 역시 문화기술지 연구의 연구 문제는 다른 질적 연구와 마찬가지로 연구가 진행되면서 연구 문제가 유동적으로 변화할 수 있다고 주장한다. 따라서 문화기술지 연구에서는 연구가 진행되면서 관심 영역을 좁히는 과정을 거쳐 연구 주제가 설정된다. 예를 들어 한국 중학교의 한국인 영어 교사와 영어 원어민 교사와의 관계에 관심이 있을 때, 처음에는 구체적인 방향을 설정하지 않은 채, 학교 현장에서 영어 교사들이 어떻게 행동하고 상호작용하는지를 관찰할 수 있다. 시간이 지나면서 연구자는 교사의 수업방법 혹은 학생지도와 같은 구체적인 주제로 관심을 좁혀갈 수 있다.

연구 결과를 적용할 때 정량적 연구는 결과를 다른 상황에 일반화하는 것을 목적으로 하지만 문화기술지 연구는 그렇지 않다. 대신 문화기술지 연구는 비교가능성(comparability)과 전이가능성(transferability 혹은 translatability)을 추구한다. 비교가능성이란 연구 대상, 구인요인 등을 명시적으로 기술함으로써 유사한 집단, 혹은 그렇지 않은 집단과의 비교를 가능하게 할 수 있는가를 말한다. 전이가능성이란 연구 방법, 분석 범주, 집단, 연구 현상의 특징을 명시하여 비교가 가능할 수 있도록 하는 것을 말한다. 정량연구와 문화기술지의 차이를 요약하면 다음과 같다.

[표 17] Contrasting psychometry and ethnography: Principles (Nunan, 1992, p. 70)

	Psychometry	*Ethnogrphy*
Formulating a research problem	Identifies casual relationships among variables by extracting from context	Central importance given to context
Nature of goals	Hypothesis then data	Data then hypothesis
Application of results	To generalise from samples to populations	Comparability and translatability

양적 연구는 추출된 변인들의 인과관계를 파악하는 것이 연구의 목적이 된다. 따라서 변인들의 관계에 대한 가설을 세우고 자료를 수집하고, 표본 자료를 통해 검증한 결과를 모집단에 일반화하는 것을 목표로 한다.

반면 문화기술지 연구는 맥락 자체에 중점을 두고, 자료를 관찰하여 가설을 수립하는 귀납적 방식을 택한다. 문화지술지 연구는 일반화를 목표로 하지는 않지만 결과를 비슷한 맥락의 다른 연구와 비교하거나 전이할 수 있는 가능성을 열어두고 있다.

두꺼운 기술

문화기술지 연구는 Geertz(1973)가 말하는 두꺼운 기술을 제공하는 것을 목표로 한다. 이러한 기술은 세부사항에 대한 자세한 기술과 다양한 관점을 포함한다. 이러한 기술은 다양한 방법론, 이론, 자료를 통하여 삼각화하는 방법을 통해 이루어진다. 예를 들어 오류 수정의 경우 수정 절차에 대한 자세한 분석, 다른 오류 수정 절차와의 비교, 학생과 교사의 오류 수정에 대한 관점, 교과서 분석, 오류 수정에 대한 태도 등에 관한 자료를 수집하고 분석함으로써 한 가지 관점에 치우치지 않고 다양한 관점을 수용하는 기술을 할 수 있다. 이러한 점에서 문화기술지 연구자는 이믹 관점(emic perspective)에서 내부자의 입장으로 문화를 보기도 하고, 연구자의 입장, 혹은 외부인의 입장인 에틱 관점(etic perspective)에서 현상을 관찰해야 한다. 문화기술지는 문화적 관행에 대한 사실을 기술할 뿐 아니라 이러한 관행의 문화적 의미에 대한 연구자의 이해를 기술해야 한다.

문화기술지 연구의 결과는 논문으로 발표되기도 하지만 내러티브, 소설, 드라마, 다큐멘터리 등의 다양한 방법으로 발표될 수도 있다. 따라서 보다 넓은 범위의 독자를 대상으로 할 수 있다는 장점이 있다. 문화기술지 연구의 결과는 많은 이야기를 포함하기 때문에 질적 연구처럼 기술적인 용어를 알아야 하는 부담이 없다. 이런 점에서 문화기술지 연구는 보다 광범위한 영역에 걸쳐 함의점을 남길 수 있다.

5.1.3 응용언어학에서의 문화기술지 연구

다른 학문 분야의 문화기술지 연구와 마찬가지로 응용언어학에서도 문화기술지 연구를 옹호하는 학자들은, 인간의 행동을 이해하기 위해서는 실험실이 아니라 자연스러운 상황에서 행동을 관찰하는 것이 중요하다는 점과 인간의 행동은 연구자의 감각과 신념체계와 별도로 객관적인 사실만을 관찰할 수 없다는 점을 공유한다. 따라서 연구자들은 연구의 대상이 되는 현상을 그 행동이 일어나는 상황과 분리하거나 조작하지 않는다. Nunan(1992)은 응용언어학에서의 문화기술지 연구의 특징을 다음과 같이 요약한다.

[표 18] 문화기술지 연구의 특징(Nunan, 1992, p. 56)

Characteristic	Gloss
Contextual	The research is carried out in the context in which the subjects normally live and work.
Unobtrusive	The researcher avoids manipulating the phenomena under investigation.
Longitudinal	The research is relatively long-term.
Collaborative	The researcher involves the participation of stakeholders other than the researcher
Interpretive	The researcher carries out interpretive analyses of the data.
Organic	There is interaction between questions/hypotheses and data collection/interpretation.

위에서 보듯이 문화기술지는 연구와 연구 참여자가 살아가는 상황이 분리되지 않는다. 연구자는 연구 참여자의 삶을 되도록 방해하지 않고 장기적으로 연구 상황에 머물면서 연구 참여자와 협력 관계를 형성한다. 연구자는 관찰한 자료를 바탕으로 해석하는 작업을 하게 된다. 연구 문제와 자료 수집 및 해석 과정은 유기적 관계로 자료와 해석에 밀접한 상호

작용이 있다. 문화기술지 연구의 가장 큰 장점은 연구의 대상이 되는 집단에 대해 자세하고 심층적인 이해가 가능하다는 점이다. 다른 어떠한 연구 방법보다 장시간 연구 참여자와 시간을 보내기 때문에 이들을 보다 깊이 이해할 수 있다. 연구자가 오랫동안 머물면서 참여자들을 관찰하기 때문에 이들이 보고하는 자료와 달리 진정성을 확보할 수 있다.

    Heath(1983)의 연구는 교육학 분야에서 잘 알려진 대표적 문화기술지 연구로, 연구자가 10년 동안 미국 남동부 지역 두 개의 문화 집단을 관찰한 연구이다. Heath는 미국 남동부 지역의 백인 커뮤니티와 흑인 커뮤니티의 교사와 학생을 10년간 관찰하여 두 커뮤니티 아동들의 언어 사회화 과정을 살펴보았다. 그 결과, 흑인 아동들의 사회화 과정은 백인 문화에 바탕한 학교 커뮤니티에서 불이익을 받을 수밖에 없음을 관찰하였다. 그는 "가정과 학교 환경이 학교와 일터에서 성공하기 위해 필요한 언어적 기능과 구조를 습득하는 데 어떤 영향을 미치는가?"(What are the effects of home and community environments on the learning of the language structures and functions needed to succeed at school and at work?)라는 질문을 연구 문제로 설정하고, 참여 관찰자로 커뮤니티에 거주하면서 자료를 수집하였다. 이처럼 장기간 현장에 머무르는 것은 내적 타당도를 높이고, 자연스러운 일상을 방해하지 않으며 자료를 수집함으로써 관찰자의 역설(Labov, 1972)을 극복할 수 있다는 점에서 매우 중요하다. 연구결과, 가정에서의 맥락적인 언어와 학교에서의 탈맥락화된 언어 간의 전이가 얼마나 수월하게 이루어지는가에 따라 학습 성공 여부가 결정됨을 발견하였다. Heath의 연구는 교육학 분야에서 드물게 이루어지는 문화기술지 연구의 예로서, 교사가 문화기술지 연구자이자 참여 관찰자로 어떻게 연구 과정에 참여하는지를 보여주었다는 점에서 의의가 있다.

5.2 자료 수집 및 분석

5.2.1 자료 수집

문화기술지 연구는 양적 연구처럼 정해진 일련의 순서를 미리 설정하기는 어렵지만 이 역시 일정한 절차를 따라 연구가 수행된다. 먼저 탐구하고자 하는 주제와 수집하고자 하는 자료의 형태를 정한 다음 연구가 이루어질 구체적인 장소를 정해야 한다. 연구 현장에 참여하기 위해서는 누구의 허락을 받아야 하는지를 잘 알고 있어야 한다. 장소가 정해지면 실제적인 자료 수집을 하게 되는데 이 과정에서는 분석과 해석이 동시에 이루어지게 된다. 문화기술지 연구자들은 주로 현장조사를 통해 연구 장소에서 어떤 일이 이루어지는지 관찰하는 것으로 자료 수집을 시작하고, 필요한 경우에 인터뷰를 하고, 인공물을 수집한다. 따라서 연구자가 장기간 현장에 머물면서 연구 참여자를 관찰하는 것이 필요하다. 현재 문화기술지 연구는 이와 조금 다른 양상을 띨 수 있기는 하지만 장기간 연구 참여자와 교류가 있어야 한다는 점은 변함이 없다. 연구자의 관찰을 보완하기 위해서 주로 참여자를 대상으로 인터뷰가 이루어진다. 문화기술지 연구는 풍부하고, 두꺼운 기술을 특징으로 하기 때문에 이를 위해서는 자세한 현장노트가 필요하다. 현상이 일어나는 상황, 참여자, 연구자가 관찰한 현상 등에 대한 자세한 기록이 필요하다. 또한 참여자들 간의 관계, 사건의 중요성 등을 기록하게 되는데 이러한 과정은 직선적으로 이루어지지 않고 연구 과정 전체에서 변화를 거쳐 발전해 나간다. 이 점에서 문화기술지 연구는 "창발적 구조"(an emergent construction, Fitzgerald, 1997, p. 53, Heigham & Croker, p. 2009, p. 96에서 재인용)라고 할 수 있다.

문화기술지 연구는 자료 수집에 걸리는 시간이 다른 연구에 비해 길기 때문에 자료 수집, 분석, 해석, 결과 기술이 동시에 이루어질 수밖에 없다. 질적 연구와 마찬가지로 문화기술지 연구에서도 연구 문제를 설정하고, 어떤 자료를 어디서 수집할지 결정한 후에는 연구 장소에 접근하기 위한 허가를 얻어야 한다. 학교의 경우 교장 선생님과 같은 문지기 역할을 하는 사람의 허락을 구해야 수업을 관찰한다든가, 학생과 교사에 대한 인터뷰를 진행할 수 있기 때문에 누가 문지기 역할을 하는지, 이 사람에게 연구에 대한 허락을 얻기 위해서 연구자가 제공할 수 있는 것은 무엇인지 구체적으로 생각해 보아야 한다.

참여자 관찰

연구 장소에 대한 허락을 얻은 다음에는 자료 수집을 시작하게 되는데 문화기술지 연구에서 가장 보편적으로 사용되는 방법은 참여자 관찰이다. 처음에는 되도록 많은 사람, 행동, 체계 등을 관찰하려고 노력하면서 연구자는 외부에서 연구 장소로 들어가 장기간 머물며 관찰하면서 점차 연구의 포커스를 좁혀 나간다. 연구 장소로 굳이 가지 않는 대신 연구 참여자를 일정 기간 동안 따라다니거나 한정된 기간 동안 집단의 멤버가 되어 참여자 관찰을 할 수도 있다. 어떤 형태든 연구자는 내부자(혹은 참여자 관점)와 외부자(혹은 연구자 관점)로서의 역할에 균형을 가지는 것이 필요하다. 연구 참여자로서 특정 집단의 용어와 행동을 모방하면서 그 집단의 문화를 습득하는 동시에 연구 대상이 되는 집단에 대한 객관적인 시각을 유지해야 한다. 예를 들어 조기 유학생을 대상으로 연구를 한다면 이들이 공동으로 활동하는 커뮤니티(예: 교회)의 일원으로 이들을 관찰하면서 이들의 생활양식, 교회활동을 공유함으로써 내부자적 관점을 가질 수 있다. 그러나 이들의 경험은 연구자의 경험과는 매우 다를 수 있기 때문에 조기 유학생의 이야기를 객관적 입장에서 듣고, 관찰하는 것이 필요하다. 이러한 현장 조사를 하는 동안 현장노트를 작성하는 것이 매우 중요하다. 이는 해석 과정에서 지나친 일반화를 막고 관찰한 현상에 대한 보다 정확한 해석을 하는 데 도움이 된다. 예를 들어 'a student is sleeping and seems unmotivated'라는 기술은 질적 연구가 추구하는 두꺼운 기술이라는 기준에 부합하지 않는다. Heigham과 Croker(2009)는 대신 다음과 같이 기술할 것을 제안한다,

> A boy sitting in the second row from the back by the window has had his face own on the desk since the class began. It is the second period after lunch. Other students seem to be on task, but he has not participated in any learning activities for 20 minutes. He has not opened his textbook or notebook. They are covered by his head and arms. He has not moved much either. Cannot tell whether his is really sleeping or this is the way that he is resisting participation. (Heigham & Croker, 2009, p. 98)

이러한 기술과 함께 교실의 책상 배치, 학생들이 앉은 위치 등을 그림으로 그릴 수도 있고 연구자의 간단한 의견을 덧붙여 분석 단계에 정보를 제공할 수도 있다. 이러한 정보는 상황을 가시화하는 데 도움이 되며 상황 전체를 볼 수 있도록 분석 단계에 도움을 줄 수 있다. 연구 결과를 읽는 독자들이 자신의 해석을 할 수 있는 충분한 정보가 주어져야하기 때문에 문화기술지에서는 연구자가 연구 대상, 상황에 대한 두꺼운 기술을 하는 것이 매우 중요하다.

인터뷰와 인공물

인터뷰 질문은 관찰한 결과를 바탕으로 구성되고, 집단의 구성원 중 유용한 정보를 제공할 수 있는 참여자를 대상으로 인터뷰를 진행하는 것이 필요하다. 인공물은 여러 가지를 포함할 수 있는데 수업 자료, 시험

지, 성적 등을 포함할 수 있다. 어떠한 자료든 의심하는 태도(questioning attitude)로 접근하는 것이 필요하다. 이러한 자료는 정보의 질을 향상하기 위한 삼각화를 위해 중요하다. 자료들 간에 상이점이 발견될 경우 왜 그런 차이가 생기는지, 그러한 차이가 의미하는 것이 무엇인지 생각해 보아야 한다. 자료 수집 과정뿐 아니라 연구의 전 과정에서 걸쳐 연구자가 판단적이지 않은 자세(nonjudgmental)로 자신의 관점을 강요하지 않는 것이 필요하다. 예를 들어 연구자가 의사소통중심 언어 교수법을 지지하고 연구 대상인 교사가 전통적인 문법번역식 수업을 하더라도 교사의 교수법에 대한 비판이나 강요는 하지 않아야 한다. 연구자가 성급한 판단을 내리지 않아야 잘못된 결론에 도달하지 않기 때문에 연구자는 충분한 시간을 가지고 자료를 해석하는 것이 필요하다.

5.2.2 자료 분석

문화기술지 연구의 경우 장기간 연구 자료를 수집하기 때문에 방대한 분량의 자료를 어떻게 정리하고 보관하는지가 중요하다. 연구자의 개성에 따라 자료를 분류하고 정리하는 방법을 달리할 수 있기 때문에 정해진 방법은 없다. 그러나 다음과 같은 몇 가지 기본적인 점을 기억하는 것이 필요하다.

- 범주에 속하는 노트끼리 모아서 정리(예: 수업 관찰, 회의 자료는 각각 모아서 정리)
- 자료를 수집한 날짜, 시간, 장소를 반드시 기록
- 자료를 시간 순서도 정렬
- 같은 자료를 모은 폴더는 알아보기 쉬운 이름으로 정리하거나 체계적인 코드를 만들어 부여(코드를 만들 경우 너무 복잡하게 하지 않아야 함)
- 자료가 많아질수록 상호 참조할 수 있는 시스템을 구축

문화기술지의 자료 분석은 귀납적 방법으로 자료에 나타난 패턴을 찾아가는 것이다. 이것은 마치 퍼즐 조각을 맞추는 것과 같은 과정으로 이해될 수 있는데 자료를 퍼즐 조각으로 생각하고 퍼즐 전체를 맞추는 것을 연구의 목적이라고 할 수 있다. 퍼즐에 대한 그림을 연상하는 것은 분석에 해당하고, 연구자가 보는 것을 이야기하는 것은 해석하는 과정이라고 할 수 있다(Hesse-Biber & Leavy, 2006, Heigham & Croker, 2009, p. 2에서 재인용). 문화기술지 연구의 자료 분석은 세 단계로 구분할 수 있다.

첫 번째 단계에서는 자료를 꼼꼼하게 반복해 읽으면서 떠오르는 생각이나 아이디어를 분석적 메모로 기록한다. 이러한 메모는 자료를 해석하는 과정에 도움이 될 수 있다. 자료를 수집하는 과정에서 연구 참여자와 연구자가 친분을 쌓고, 연구자가 내부인으로서 집단에 참여했더라도 자료를 분석하는 과정에서는 연구자 자신이 최대한 객관적인 입장이 되도록 노력해야 한다. 다음 단계에서는 한 줄 한 줄 읽으면서 코딩한다. 이때 연구자는 이미 존재하는 범주를 자료에 적용하기보다는 자료에서 나타나는 코드를 찾아 적절한 코드명을 부여해야 한다. 마지막 단계는 해석하는 단계로 연구자는 연구 장소와 밀접한 관계를 가지기 때문에 연구자의 주관적인 해석이 있을 수 있다. 연구자가 이러한 주관성을 가지는 것은 실증주의적 입장에서 보면 연구 방법의 문제로 지적할 수 있다. 그러나 문화기술지 연구에서는 어느 정도의 주관성을 피할 수 없음을 인정하고 오히려 이를 연구의 특징으로 본다.

자료에서 이론을 도출하는 방법은 흔히 근거이론에 의거하여 분석한다. 그러나 문화기술지 연구자들은 근거이론과 달리 다른 연구에서 밝혀진 범주를 사용하는 경우가 많다. 예를 들면 Murdock(1983, Merriam, 2009, p. 201에서 재인용)의 Outline of Cultural Materials는 80개의 범주와 9개의 하위 범주를 소개한다. Lofland와 Lofland(1995, Merriam, 2009, p. 201에서 재인용)는 사회구성에 대한 4개의 광범위한 범주(경제, 인구통계, 기본 생활환경, 환경)를 제안하고 있다. 이처럼 이미 있는 범주를 사용하여 자료를 코딩할 수도 있지만 자료에서 새로운 범주를 찾기도 한다. 이때 이미 관점에서 연구 대상이 되는 문화권에서 발견되는 용어를 사용할 수도 있고, 연구자의 에틱 관점에서 코딩 용어를 사용할 수 있다. 자료에서 찾은 범주 간의 관계를 보이기 위해서는 도표, 분류표, 그리드, 차트, 등을 사용하기도 한다. 분류체계나 인지적 지도(cognitive maps) 방법을 통해 사회문화적 유형을 정리하기도 한다. 이를 통해 가설을 수립하고 이에 대한 설명을 제공하는 것이 문화기술지 분석의 핵심이다

5.2.3 타당도 및 신뢰도

양적 연구에서는 무작위 표본 혹은 계층적 표본을 하도록 하여 연구 참여자가 모집단을 대표할 수 있는 개인들을 포함하는 것이 중요하다. 그러나 질적 연구에서는 연구 참여자가 매우 적은 수(최소 1명)로 이루어지기 때문에 무작위 표본추출은 가능하지 않다. 대신 연구자가 관심을 가지는 분야를 가장 잘 관찰할 수 있는 대상을 선택해야 하는데 이는 연구의 결과가 다른 상황에 충분히 적용될 수 있는가를 고려할 때 중요하다. 예를 들어 Norton(2000)의 연구에 참여한 여성들은 캐나다에 이민온 다양한 사회문화적 배경을 가진 여성들이다. 이들이 이민자 전부를 대표하는 것은 아니지만 여성 이민자들이 영어를 습득하는 것이 단지 언어습득의 문제가 아니라 사회적인 지위를 습득하는 것과 맞물려 있음을 보여 줄 수 있는 대상자라고 볼 수 있다. 연구의 결과를 그대로 일반화할 수는 없지만 비슷한 상황에서 영어를 학습하는 여성 이민자들에게 적용할 수 있다. 그런 점에서 질적 연구에서는 연구 참여자의 수보다 왜

특정 개인을 연구 참여자로 하는가가 더 중요한 문제라고 할 수 있다.

문화기술지 연구는 문화와 일상생활에서의 사회적 규칙성에 대한 연구이다. 이를 파악하기 위해서는 집단을 자세히 관찰하는 것이 필요할 뿐 아니라 이를 분석하고 해석하여 어떤 의미를 부여할지가 중요하다. Wolcott(1994)는 문화기술지 연구의 분석은 기술, 분석, 해석이라고 주장하였다. 기술이란 'what's going on'에 대한 기록을 말하고, 분석은 핵심적인 특징을 발견하고 이들 간의 관계를 체계적으로 기술하는 것(the identification of essential features and the systematic description of interrelationships among them, p. 12)이라고 정의했다. 해석이란 'what does it all mean'에 대한 답으로 기술과 분석 과정에서 찾은 요인들이 무슨 의미인지를 밝히는 과정이다.

LeCompte와 Goetz(1982)는 문화기술지의 신뢰도는 연구를 반복할 수 있는 정도와 관련 있는 것으로 정의하였다. LeCompte와 Goetz(1982)는 연구자의 위치, 연구 참여자 선정, 사회적 상황, 분석의 구인과 전제, 자료 수집과 분석 방법 등의 요인을 명시적으로 기술할 필요가 있다. 연구자가 연구하고자 하는 집단과 어떤 관계를 맺고 있는지, 연구자와 연구 참여자가 어떤 위치에 있는지, 연구 참여자에 대한 상세한 정보가 있는지, 연구가 진행되는 맥락에 대한 기술이 상세한지, 자료 수집과 분석 방법이 자세히 기술되었는지를 살펴봄으로써 문화기술지 연구의 신뢰도를 점검할 수 있다. 즉 연구에 대한 기술이 다른 상황에서 다시 반복될 수 있을 정도로 명시적인가에 따라 외적 신뢰도가 결정된다. 반면 내적 신뢰도는 유추성이 낮은 기술어를 사용하는가, 유사한 환경에서 연구를 수행하는 다른 동료의 점검이 가능한가, 자료는 물리적으로 기록되었는가에 관련된 문제이다. LeCompte와 Goetz(1982)는 문화기술지의 신뢰도는 한 마디로 조심성과 명시성(care and explicitness)에 달려 있다고 보았다. 즉 연구자가 조심스럽게 자료 수집과 분석 과정을 다루고 있는지, 이런 과정을 명시적으로 기술하고 있는지에 관한 문제라고 보았다.

마찬가지로 Nunan(1992)도 내적 신뢰도는 연구 자료를 다른 연구자가 분석했을 때 원래 연구의 분석과 유사한 결과를 도출하는가에 관련된 것이라면(reanalysis of the original data), 외적 신뢰도는 유사한 환경에서 연구를 다시 했을 때 비슷한 결과를 얻을 수 있는지에 관련되어 있다(replication of the original study)고 보았다. 외적 신뢰도는 연구를 반복할 수 있도록 연구 방법과 절차를 명시적으로 기술함으로써 신뢰도를 확보할 수 있다. 그는 LeCompte와 Goetz(1982)의 신뢰도를 다음과 같은 질문으로 요약하여 보여준다.

[표 19] 타당도 및 신뢰도(Nunan, 1992, p. 61)

Type	Questions
Internal reliability	Does the research utilise low inference descriptors? Does it employ more than one researcher/collaborator? Does the researcher invite peer examination or cross-site corroboration? Are data mechanically recorded?
External reliability	Is the status of the researcher made explicit? Does the researcher provide a detailed description of subjects? Does the research provide a detailed description of the context and conditions under which the research was carried out? Are constructs and premises explicitly defined? Are data collection and analysis methods presented in detail?

신뢰도가 연구의 반복 가능성에 관련된 것이라면 문화기술지의 내적 타당도는 연구가 측정하고자 하는 바를 측정하는가 하는 문제이다. 반면 외적 타당도는 연구 결과가 다른 유사한 그룹에 적용될 수 있는가에 관련된 것이다. LeCompte와 Goetz(1982)는 문화기술지의 타당도는 자료 수집과 분석 과정에 있다고 주장한다. 이들은 문화기술지 연구자가 연구

상황에 장기간 머무르면서 인터뷰와 참여자 관찰을 하는 것이 내적 타당도를 보장하는 방법이라고 주장한다.

> First, the ethnographer's common practice of living among participants and collecting data from long periods provides opportunities for continual data analysis and comparison to refine constructs and to ensure the match between scientific categories and participant reality. Second, informant interviewing, a major categories of participants and is formed less abstractly than instruments used in other research designs. Third, participant observation, the ethnographer's second key source of data, is conducted in natural settings that reflect the reality of the life experiences of participants more accurately than do contrived settings. Finally, exposed all phases of the research activity to continual questioning and reevaluation. (LeCompete & Goetz, 1982, p. 43)

연구 결과를 일반화하고자 하는 의도가 없는 한 양적 연구가 추구하는 일반화 가능성은 문화기술지에 적용되지 않는다. 그러나 외적 타당도를 확보하기 위해 현상을 자세히 기술함으로써 다른 연구와 비교가 가능하도록 하거나 복수의 연구 상황에서 연구를 진행함으로써 타당성을 높일 수 있다. 그러나 다른 연구 상황에서 연구를 진행한다고 하더라도 연구 참여자 선정, 연구 상황, 연구 참여자의 이전 경험, 연구와 관련된 이론적 구인의 적용 가능성 등의 요인 등이 타당도에 영향을 미칠 수 있다.

5.3 관련 연구

문화기술지 연구의 필요성과 제2언어 학습에서 문화기술지 연구는 어떤 특징을 가지는지에 대한 논의는 80년대 후반부터 이루어지기 시작했다(Lazaraton, 1995; Nunan, 1992; Watson-Gegeo, 1988). 언어학습이 이루어지는 과정을 몇 년에 걸쳐 살펴보는 것은 현실적으로 어렵기 때문에 제2언어 습득 분야에서 문화기술지 접근을 시도하는 연구는 많지 않다. 제2언어 습득 분야의 민속기술지 연구는 주로 학습자가 어학연수 과정 혹은 학위 과정에 수학하는 동안의 언어 발달, 정체성 형성 과정을 다루고 있다. 여기서는 이민 학생들이 고등학교를 거쳐 대학에 진학했을 때 어떠한 학습 경험을 하는지를 다룬 Harklau(2000)의 연구를 통해 살펴보겠다.

[표 20] 연구요약: Harklau(2000)

Harklau, L. (2000). From the "Good kids" to the "worst": Representations of English language learners across educational settings. *TESOL Quarterly, 34*(1), 35-67.

연구 목적
고등학교에서 "Good kids"로 칭찬받던 학생들이 대학의 ESL 수업에서 어려움을 겪는 학생으로 낙인찍히게 되는 과정, 고등학교에서 대학으로 전이하는 과정에서 어떠한 정체성의 변화를 겪는지를 기술하고자 함

연구 방법
- 인종적으로 다양한 과학기술 고등학교의 3명의 소수 언어 학생(Aeyfer, Claudia, Penny)을 대상으로 3년간 문화기술지적 연구, 연구 참여자는 교사에 의해 대학에 진학할 것으로 파악한 학생들로 실제 고등학교 졸업 후 2년제 커뮤니티 칼리지에 진학하게 됨
- 학생과의 인터뷰(50개): 30~50분, 2~4주 간격
- 교사와의 인터뷰(25개)
- 수업관찰: 고등학교(10일), 대학교(50시간)
- 문서(5000쪽 이상): 미국 교육제도, 학교 과제, 교과서 학생들의 포트폴리오
- 초기 분석(코딩, 분석적 메모)을 통해 질문 생산, 떠오르는 주제 파악
- 인터뷰 결과 멤버와 확인

> **연구 결과**
> - 고등학교에서는 "The kids with determination": 연구 참여자들은 보통 수준 이상의 학업 능력과 학습동기를 가진 학생으로 간주됨, 이들은 ESOL 학생으로 분류되고, ESOL 교사가 멘토링 역할, 고등학교 시간의 대부분을 주류 교실에서 보내고 주류 학생들과 상호작용함
> - "An inspiration for everyone": 고등학교에서 이민 학생들의 대한 표상(representation)은 고향을 떠나서 어려움을 이기고 미국에서 새로운 삶을 개척하는 "Ellis Island" 이미지, 열심히 공부하고, 동기가 높고 어려움을 이겨내는 학생들로 간주됨("These students have such determination. It's incredible." p. 46)
> - 대학에서는 "The worst of American students' habits": 미국에 갓 이민 온 학생들과 ESOL 수업을 같이 수강하면서 문화적 초보자(cultural novices)로 간주되는 동시에 care-giver의 역할 요구 받음, 갓 이민 온 학생들과 동일하게 취급되어 여전히 문화적 이방인으로 취급됨, 자신들의 몰입식 영어 학습 경험과 다른 형태의 문법번역식 수업, 인지적 학문적 영어 능력(CALP)이 부족하고 미국 고등학교 경험이 없는 학생으로 간주됨
> - 참여자들이 수업을 포기하거나 이러한 표상에 대한 저항감을 표시 → 교사들이 가진 표상(미국 고등학교 졸업생들이 막 유학 온 학생들보다 능력이 부족하다는 이미지)을 확인하는 결과 초래

Harklau(2000)는 미국 이민자들이 고등학교, 대학교를 거치면서 두 기관이 이들에 대해 가지는 다른 이미지에 의해 어떠한 학습 과정을 거쳐, 어떠한 정체성을 형성하는지에 대한 문화기술지 연구이다. 그는 이민 학생들은 고등학교에서 "Good kids"로 칭찬받던 학생들이 커뮤니티 칼리지의 ESOL 수업에서 어려움을 겪게 되고, 대학에서 유학생(international students)과 같은 그룹으로 분류되는데 이러한 상황은 이민 학생들에게 자신의 정체성에 대한 갈등을 제공하게 됨을 관찰하였다. 그는 정체성은 사회적 관계에 의해 재구성된다고 전제하고 이민 학생에 대한 숨겨진 교육과정(hidden curriculum, Auerbach, 1995)을 밝히고자 하였다. 그는 3년간 연구 현장에 머물면서 자료를 수집함으로써 연구자인 동시에 내부자적인 관점에서 학생들을 관찰할 수 있었다. 자료 분석 후에는 연구 참

여자와 결과를 공유하는 멤버 확인 과정을 거쳐 연구 결과의 타당도과 신뢰도를 높이고자 하였다. 또한 연구자가 어떠한 입장에서 자료를 분석하고 결과를 기술하는지를 밝힘으로써 연구자가 객관적 입장만을 견지하는 것이 아님을 인정한다.

이민 학생들은 고등학교 시기에는 어려움을 극복해 나가고 열심히 공부하고 동기가 높은 학생으로 평가받고 이민자로서 자신의 신분에 대한 자긍심을 가지고 있다. 학교 과제 수행, 학교에서의 긍정적 경험이 교사와의 관계에 도움이 되고, ESOL 학생의 긍정적인 이미지를 강화하는 데 기여하였다. 이들의 문화적 타자(culturally other)라는 위치는 오히려 교사들과 공감대를 형성하고 지원을 받을 수 있게 한다. 교사들은 미국 주류 학생들에 비해 이민 학생들이 더 성실하고 예의바르다는 이미지를 갖게 되고 이는 교사-학생 간의 긍정적인 관계 형성에 기여한다. 참여자들은 인내심을 가지고 노력하는 학생의 이미지로 각인되기도 하지만 한편 학업 능력이 부족하여 어려움을 겪는 것으로 인식되기도 한다.

그러나 대학에서 이들은 갓 이민 온 유학생들과 마찬가지로 문화적 초보자로 취급당하는 데 저항하게 된다. 고등학교 때까지는 어려움을 극복하고 성공적으로 정착한 학습자(Ellis Island 이미지)로 간주되었으나 이들의 언어적, 인지적 능력이 ESOL 프로그램 교사들에게 인정받지 못하고, 다른 이민자 학생들과 마찬가지로 언어적 능력, 학습 능력이 부족하다고 간주되면서 참여자들은 자신들이 이미 상당한 문화적 자본(cultural capital)을 가진 학생이라는 정체성 의식과 충돌한다. 대학 ESOL 프로그램 교사들이 학생들을 부족한 능력의 학습자, 문화적 타자로 간주하는 것은 학생들이 이전에 자신에게 느꼈던 자긍심을 가지지 못하게 한다. 이에 대한 저항의 표시로 ESOL 프로그램을 포기하거나 프로그램에 대한 불만을 표출하게 되고, 교사들은 이들을 "미국 학생들의 가장 나쁜 습관"(the worst of American students' habits)을 가진 학생들로 간주하게 된다.

Harklau(2000)는 고등학교와 커뮤니티 칼리지라는 다른 교육기관이 이민 학생들에 대해 가지는 표상이 이들의 정체성 변화에 어떠한 영향을 미치는지에 대한 사례를 보여준다. 교사들은 학생들의 저항적인 태도가 이들이 경험하는 기관에서의 표상과 자신이 생각하는 표상의 불일치에서 비롯된다고 생각하지 못하고 부족한 영어 능력 혹은 수업 매너 때문이라고 생각한다. Harklau는 자신의 연구가 학생들의 입장을 보여주기 위한 연구이기 때문에 교사의 입장에서 본 연구와 다를 수밖에 없다고 진술한다. 이처럼 학생들의 입장에 중점을 두기는 하나 결과적으로는 학생들과 상호작용하는 학교기관, 교육자들에 초점을 두어 두 입장 간의 긴장을 기술하고 있다. 이처럼 질적 연구에서는 연구자의 이론적 렌즈가 무엇인지, 연구를 통해 보고자 하는 점이 무엇인지 밝히는 것이 연구의 타당성을 확보하는 데 매우 중요하다.

Harklau(2000)는 제2언어 학습자라는 지위가 나타내는 표상이 무엇인지에 질문을 던지는 연구라고 할 수 있다. 미국에서 나은 삶을 살기 위해 노력하는 이미지, 언어적·지적능력에 대한 의구심이 있지만 대체로 긍정적 이미지, 또 한편 미국에서 고등학교를 졸업한 학생들의 자원이나 능력에 대한 평가 절하, 대학에 입학한 특권을 가진 유학생의 이미지가 보다 강해지면서 이민자 학생들에 대한 교사의 인식이 변화할 필요가 있음을 제시한다. 이 연구는 제2언어 학습자에 대한 기관과 프로그램의 낙인(institutional label)이 학생들의 정체성 영향을 미치기 때문에 기관에서 당연하다고 생각하는 요소에 대한 신중한 검토가 필요함을 보여준다.

6장
근거이론(Grounded Theory)

6.1 연구의 배경 및 특징

6.1.1 근거이론의 배경 및 정의

최근 응용언어학 분야 논문은 자료 분석 방법으로 근거이론을 언급하는 경우가 많다. 질적 연구의 자료 분석 방법에 대한 신뢰도를 의심하는 심사자나 독자에게 체계적으로 자료를 분석했음을 설득하기 위한 방법으로 근거이론을 언급하는 경향이 있다. 그러나 엄밀하게 말하면 대부분의 연구들은 근거이론이 제시하는 지속적 비교 분석 방법을 사용하지만 근거이론이 추구하는 이론수립을 목표로 하지는 않는다. 근거이론은 연구 유형이자 연구 방법이라고 볼 수 있는데 응용언어학 분야에서는 질적 연구 자료를 분석하는 연구 방법으로 근거이론을 활용하는 경향이 있다. 본 장에서는 근거이론의 배경과 특징을 살펴봄으로써 근거이론에 대한 이해를 돕고 이를 연구 방법으로서뿐 아니라 연구 유형으로 활용범위를 넓히는 데 도움을 주고자 한다.

근거이론은 캘리포니아 주립대 간호대학 교수인 Glaser와 Strauss가 *Awareness of Dying*(1965)이라는 저서를 내면서 방법론에 대한 연구가 시작되었다. 이후 이들은 *The Discovery of Grounded Theory*(1967)라는 책을 출간하면서 근거이론이 질적 연구의 자료 분석과 이론개발을 묘사하기 위한 용어로 정착하게 되었다. 이들은 가설 연역적 연구 방법 대신 귀납적 방법으로 범주 간의 관계를 파악하는 데 초점을 둔다. 즉 근거이론은 '이론 검증'이 아니라 '이론 생성'에 관심을 두고 사회적 환경과 맥락이 어떻게 사람들의 행동과 상호작용을 설명할 수 있는가를 보이고자 한다. 문화기술지 연구가 변인들 간의 인과관계에 대한 가설을 세우고 이를 검증하는 것이 아니라 변인들 간의 상호작용에 관심을 가지는 것과 마찬가지로 근거이론도 어떤 가설이나 전제 없이 자료에 '근거'하여 떠오르는 주제를 찾는 연구 방법이다. Glaser와 Strauss는 당시 가설검증을 핵심으로 하는 정량적 연구에 지나치게 의존적인 문제를 지적하고 이를 보완하기 위해 귀납적 방법으로 자료를 분석하려는 시도를 통해 새로운 균형을 이루는 데 기여하였다. 이들을 근거이론 1세대라고 부른다. 이후 Glaser의 *Theoretical Sensitivity*(1978)를 통해 근거이론 생성을 돕기 위한 절차와 방법이 구체화되었고,[23] Charmaz(2006) 등의 학자들에 의해 구성

---

[23] Strauss는 1990년에 Corbin과 *Basics of Qualitative Research*를 출간하였는데 이 저술이 Glaser를 자극하게 되었다. 이들의 분열이 가시화 된 것은 Glaser가 Strauss의 1990년 저술에 대해 강한 반론을 제기하면서부터이다. 그는 Strauss가 근거이론이 아닌 방법을 마치 근거이론인 것처럼 소개한다고 비판하였다. 이들의 분열의 핵심은 근거이론의 존재론, 인식론적 측면이 아니라 방법론 측면에 있다. Glaser는 Strauss가 1967년 원작에서 강조한 '발견'과 '출현'이 아니라 '검증'과 '강제'의 논리로 이론을 설명한다고 비판하였다. 이후 근거이론을 사용하는 학자들은 다양하게 나타났다. 원작의 입장을 벗어나지 않아야 한다는 원칙론적 입장과 양쪽의 기여를 동시에 인정하자는 양시론적 입장도 있었다(김인숙, 장혜경, 2014, p. 16). 그러나 근거이론의 분기는 Glasser보다는 Strauss를 더 널리 알리는 계기가 되었다. 원작은 Glaser와 Strauss가 썼지만 Strauss와 Corbin의 텍스트가 근거이론의 동의어로 사용되고, 경우에 따라서는 Strauss의 근거이론을 질적 연구 분석의 패러다임으로 인식하는 경우가 많다(김인숙, 장혜경, 2014, p. 18).

주의 근거이론(constructive grounded theory)으로 발전되었다.

근거이론은 컬럼비아 학파의 양적 연구 방법론과 시카고 학파의 질적 연구 방법론 간의 결합을 통해 형성되었고, 자료에 대한 비교분석을 통해 이론을 생성하고 이를 통해 연구 주제에 대한 예측과 설명을 제공하려고 하였다(이동성, 김영천, 2012, p. 22). 따라서 질적 연구 방법이기는 하지만 다분히 양적 연구가 지향하는 가설수립과 예측을 목표로 삼고 있다. Glaser는 양적 자료 분석 방법을 근거이론에 적용하고자 한 반면, Strauss와 Corbin(1990, 1998)은 연구 절차와 기법을 강조하였다. Glaser는 모든 것이 자료(all is data)라는 전제하에 엄밀하고 체계적인 개념 중심의 자료 분석을 강조하였다. 그는 코딩 과정을 거쳐 생성된 추상적 개념은 연구자가 해석하는 것이 아니라 "바로 거기 있는 것"을 발견하는 것이라고 주장하였다. 그러나 Stauss와 Corbin은 개념 중심의 체계적 분석을 하더라도 이론을 생성하는 최종 단계에서 연구자의 개입은 불가피하다고 보았다. 이들은 핵심 범주를 찾는 과정은 뜻밖의 행운처럼 발견되기도 하지만 연구자의 이론적 민감성을 통해 '출현'(emerge)하거나 '생성'(generation)된다고 보았다.

Charmaz(2006, 2009)는 Glaser와 Strauss의 이론을 결합하여 2세대 근거이론의 맥을 형성하였다. 그는 Strauss의 코딩 패러다임을 따르는 대신 구성주의를 통하여 근거이론의 철학적 근거를 변화시키고자 하였다. 그녀가 주장하는 구성주의 근거이론에 따르면 지식은 사회적이고 상황적인 산물로 근거이론에서 생성된 지식은 연구 참여자들뿐 아니라 사회적 구조와 연구자의 관점, 특권, 지위, 상호작용에 기초한다고 보았다. 연구자는 가치중립적인 존재가 아니기 때문에 연구 과정에서 발생할 수 있는 권력관계를 성찰해야 하며, 연구 참여자들과 연구 과정에 연구자가 영향을 미칠 수 있음을 지적한다. Glaser로 대변되는 객관적 근거이론이 관찰자의 중립성과 권위를 가정한 반면 Charmaz(2006)는 연구자의 가치, 지위, 행위가 관점에 영향을 미칠 수 있다고 가정한다. 객관적 근거이론이 일반화, 개념화를 목표로 하는 반면 구성주의 근거이론은 자료의 해석과 이해를 목적으로 하여 일반화 대신 이론의 신뢰성, 독창성, 그리고 유용성을 추구한다. 객관적 근거이론이 자료 분석을 객관적 과정으로 간주하고, 연구자의 분석적 범주와 목소리에 우선권을 부여하는 반면, 구성주의 근거이론은 자료 분석에서 주관성을 인정하며, 연구의 전 과정에서 연구자 자신이 어떠한 영향을 미치는가 하는 반영성(reflexivity)을 강조하고, 연구 참여자들의 관점과 목소리를 찾아내어 재현하고자 한다.

6.1.2 근거이론의 특징

자료에 '근거'한 이론 수립

근거이론은 가설을 세우지 않고 자료에 '근거하여'(grounded) '떠오르는'(emerge) 이론을 수립한다(building theory)는 점이 다른 질적 연구와 구분되는 가장 큰 특징이다. 문화기술지와 마찬가지로 두꺼운 기술이 중요하지만 보다 중요한 것은 이론을 수립하는 것이다. 근거이론에서 말하는 이론은 형식적이거나 거대이론(grand theory)이 아니라 일상적이고 구체적인 상황과 관련된 실질적(substantive) 이론이다(Merriam, 2009). 예를 들면 영어 능숙도가 낮은 학생에게 적절한 읽기 지도 방법, 학습자들의 영어 학습동기를 높이기 위한 수업전략 등과 같이 추상적이고 일반적인 이론 대신 구체적이고 실질적인 이론을 수립하고자 할 때 사용할 수 있는 연구 방법이다.

근거이론은 오랜 기간에 걸쳐 일어나는 변화를 관찰하고 이를 체계적으로 기술하는 데 적합하다. 또한 근거이론은 특정한 현상에 대해 알려진 사실이 없거나 기존의 현상에 대한 새로운 이해를 위해 인간 및 조직의 사회적, 심리적, 구조적 현상을 파악하는 데 유용한 연구 방법이다(이동성, 김영천, 2012). 연구 결과가 설명력을 가진 이론이어야 하는 경우와 연구 과정이 근거이론 방법으로 설명하기 좋은 경우 유용한 연구 방법이라고 할 수 있다.

근거이론은 인간 행위와 상호작용에 대한 깊이 있는 통찰을 제공함으로써 이에 대한 개념화를 통한 이론을 수립하는 것을 목적으로 한다, 따라서 이전의 문헌에 의존하기보다 자료와 분석 사이를 순환적, 반복적으로 오가며 새로운 지식을 찾아내는 것이 중요하다. 예를 들어 학생들의 정서 장애라는 주제에 대한 이론적 토대가 부족하다면 근거이론을 활용하여 이론적 기반을 마련할 수 있다. 근거이론은 Glaser 이후 2, 3세대를 거치면서 연구 분석과 개념화에 대한 초점에 따라 이견이 있지만 여러 차례의 분석단계를 통해 개념화를 지향한다는 점에서 공통적이다. 개념에 기초한 반복적이고 정교한 이론화는 근거이론을 다른 질적 연구 방법과 차별화하는 중요한 특성이 된다. 그러나 국내 다른 학문 분야 및 특히 응용언어학 분야에서는 근거이론의 인식론적, 존재론적 근거가 되는 철학적 배경과 방법론에 대한 고찰이 충분하지 않은 채 질적 연구의 자료 분석을 위한 도구나 기법으로만 간주되고 있다는 것이 문제이다(이동성, 김영천, 2012). 또한 근거이론을 분석 틀로 언급하는 대부분의 연구들이 Strauss와 Corbin(1990)의 분석 방법에 편중되어 있기 때문에 근거이론을 지나치게 좁은 의미로 한정하여 이해하는 경향이 있다. 이런 점 때문에 근거이론에 기반한 연구들은 핵심 범주(core category)를 중심으로 한 범주들 간의 개념적 관련성이 적고, 연구 목적과 연구 주제가 근거이론이 추구하는 방향과 맞지 않는 경우도 있다. 이동성과 김영천(2012)은 다른 질적 연구 방법도 근거이론과 유사한 분석 과정을 거치게 되기 때문에 연구자가 개념적 추상화를 지향하지 않는다면 굳이 근거이론을 적용하여 연구할 필요가 없다고 지적한다. 따라서 근거이론을 연구 방법으로 선택할 때에는 연구의 주제와 목적이 근거이론이 추구하는 바와 일치하는지 점검해야 한다.

이론적 민감성 혹은 이론적 표본추출

근거이론은 자료로부터 이론을 생성하는 과정을 강조하기 때문에 논리-연역적 사고보다는 경험적 자료와 정교한 연구 과정을 통해 개념과 가설을 산출하게 된다. 즉 자료로부터 개념적 범주와 특징을 찾고, 범주 간의 관계에 대해 생성된 가설을 진술한다. 이처럼 자료로부터 이론을 생성하기 때문에 이론적 표본추출(theoretical sampling)을 강조한다.

이론적으로 적합한 표본추출을 지속하기 위해서는 이론적 민감성 (theoretical sensitivity)이 필요한데 이는 연구자가 개념의 발견과 범주화에 대한 특수한 감각, 통찰을 의미한다. 이론적 표본추출을 언제 멈추어야 하는지는 이론적 포화(theoretical saturation)에 따라 결정된다. 연구 주제에 대한 최선의 설명력을 가진 핵심 범주를 도출하는 시점이 포화라고 할 수 있는데 이는 연구가 진행되면서 점차 진행된다. 이론에 적합한 자료를 파악하고 추출하는 능력은 개인의 전문적, 경험적 역사를 반영하고 있으며, 다양한 기법이나 전략에 의해 민감성이 향상될 수 있다. 이론적 민감성은 연구가 진행되면서 향상된다. 연구 주제와 직접적 관련이 있는 문헌을 읽거나, 여러 가지 분석적 도구들을 사용함으로써 민감성을 높일 수 있다. Corbin과 Strauss(2008)는 다음과 같은 분석적 도구들을 사용하여 민감성을 높일 수 있다고 제안한다.

- 질문 사용
- 비교하기
- 한 단어의 다양한 의미 생각하기

- '왔다갔다'(flip-flop) 기법 사용하기
- 개인적 경험에 비추어 생각하기
- 빨간 깃발 흔들기
- 언어 관찰하기
- 감정을 자극하는 상황과 표현된 감정 관찰하기
- 시간을 지시하는 단어 찾아보기
- 은유의 언어로 생각해보기
- 부정적인 사례 찾아보기
- '그래서 어쨌다고?' 또는 '만약 그렇다면?' 등의 질문하기
- 서사의 구조를 살펴보고 시간이나 다른 변수들과 관련된 용어들과 관련하여 서사구조가 어떻게 조직되었는가를 살펴보기

이 중 특히 연구자 개인의 경험에 비추어 자료를 파악하는 것은 중요하다. 자신의 경험과 연구의 대상이 되는 경험을 비교하여 사고를 촉진할 수 있다. 또한 감정을 단서로 사용하여 어떤 사건이나 행동과 관련된 의미를 생각할 수도 있다. 빨간 깃발 흔들기란 연구자가 자신의 편견, 가정, 또는 신념이 분석 과정에 '침입'할 때 이를 인정하라는 것이다. 침입이란 지나치게 영향을 준다는 의미로 연구자가 자료 수집이나 분석 과정에서 자신의 편견을 인정할 준비를 하는 것이 좀 더 심층적인 개념을 추출하는 데 도움이 될 수 있다는 것이다. Corbin과 Strauss는 연구 참여자가 스스로에게 질문해야 하는 신호로 '항상', '전혀', '그 방법으로 될 리가 없어', '모든 사람이 원래 그런 것이라고 알고 있어', '논의할 필요가 없어' 등을 꼽는다. 연구 참여자나 연구자 자신이 왜 이런 절대적인 진술을 하는지에 대해 고찰하는 것이 이론적 민감성을 향상시키고, 이는 통합된 이론을 수립하는 데 도움이 된다.

연구자들은 개인적 경험과 관심에 따라 연구 주제를 선택하게 된다. 연구자는 자료 선택 및 분석 과정에서 자신의 경험이 효과적으로 활용되어야 하지만 동시에 선입견을 가지지 않고 자료를 볼 수 있어야 한다.

이를 위해서는 연구자가 자신의 입장이 무엇인지 파악하는 것이 필요하고, 연구 주제에 대한 자신의 가정을 메모해 두어 연구 과정을 추적할 수 있도록 하는 것을 추천한다.

근거이론의 목적은 단순한 서술이나 탐색을 넘어 현상을 설명하는 이론을 생성하는 것이기 때문에 연구의 목적이 무엇인가를 고려해야 한다. 전통적인 근거이론은 가설이나 구체적인 연구 문제없이 연구를 시작하도록 하고 있다. 연구 문제 자체도 '출현'해야 하고, 따라서 연구 결과도 '출현'하는 것이라고 강조했다. 근거이론은 자료 수집과 분석을 반복하면서 진전하는 방법이기 때문에 연구 설계도 연구가 진전되면서 결과가 출현되는 방식이고, 이점에서 연구 결과 자체보다는 과정을 중요시한다.

지속적 비교분석 방법

근거이론은 지속적 비교분석 방법(constant comparison method)을 기본적인 분석 방법으로 하기 때문에 이는 모든 질적 연구에서 시행하는 추론적 방법을 사용한다. 연구자는 인터뷰, 현장노트, 자료 등에서 발견한 사건을 같은 자료 내의 다른 사건, 혹은 다른 자료의 사건과 비교한다. 이러한 비교를 통해 임시적인 범주를 찾고, 이를 통해 이론을 정립하는 과정에 이른다. 이러한 이론이 자료에 근거하고 있고 이에서 '떠오르는' 것이라는 점에서 근거이론이라고 칭한다.

근거이론은 범주를 찾는 데서 시작한다. 이러한 범주(category)를 찾기 위해서 개방 코딩, 축 코딩, 선택적 코딩(Strauss & Corbin, 1990) 과정을 거친다. 범주 외에 자질(property)을 찾는 것이 중요하다. 자질이란 범주의 차원을 결정하는 것이다. 가설(hypotheses)은 범주와 자질을 연결하는 역할을 한다. 연구자는 가설을 세우는 동시에 다른 가설에 대한 가능성을 열어두어야 한다. 이러한 범주와 자질을 연결하는 핵심 범주를 찾는 것이 이론 수립에 필수적이다. 핵심 범주는 다른 범주들과 특질을 연결할 수 있는 중심이 되는 개념으로 자료에 빈번하게 나타나야 한다. 핵심 범주, 범주, 자질, 가설이 연결되어 이론을 구성하게 된다.

이론의 '출현'(emerge)은 연구자가 인내심을 갖고 자료를 강제하지 않으면서 나타나기를 기다리는 것으로 귀납 논리를 반영한다. 연구 문제를 가지지 않은 채 관심 있는 실재 영역으로 들어가 연구 문제가 출현할 때까지 기다려야 한다. 연구 문제는 첫 인터뷰와 관찰에 대한 개방 코딩을 시작하면서 발견되고 출현한다. 이 과정에서 연구 참여자들의 주된 관심사와 문제가 출현하게 된다. 이는 연구자가 연구 질문을 정하고 연구 대상을 결정하는 기존의 사회적 연구 방법과는 다르다. 사전의 문헌고찰을 통해 연구 문제를 정하는 방식의 연구적 관행에 따르면 무모하고 비효율적일 수도 있다.

지속적 비교분석 방법은 모든 질적 연구에 사용되는 분석 방법이다. 이런 점 때문에 근거이론이란 질적 연구의 연구 방법을 가리키는 용어로 사용된다. 그러나 엄격한 의미에서 근거이론이란 지속적 비교분석 방법을 통해 실질적인 이론을 수립하는 경우를 말한다고 할 수 있다.

6.2 자료 수집 및 분석

6.2.1 자료 수집

인터뷰

다른 질적 연구와 마찬가지로 근거이론은 인터뷰가 중요한 자료 수집 방법이다. 근거이론의 순환적, 반복적 성격 때문에 동일한 연구 참여자를 여러 번 인터뷰할 수도 있다. 따라서 연구 참여자에게 동의서를 받을 때 이런 부분을 분명히 하는 것이 필요하다. 대부분의 경우 인터뷰는 면대면으로 이루어지나 영상통화나 영상회의를 통해 이루질 수도 있다. 이러한 경우 장비의 문제로 녹음이나 녹화가 안 된다든가 하는 일이 없도록 확인하는 것이 중요하다. 또한 면대면으로 할 경우 상대의 비언어적 행동까지 관찰할 수 있는 반면 비면대면인 경우 이러한 단서를 놓치게 되어 연구자의 말을 잘못 해석할 가능성도 있다.

인터뷰는 연구 참여자가 주제에서 크게 벗어나지 않는 경우 자연스럽게 대화식으로 진행할 수 있다. 어느 정도 자연스럽게 이야기하도록 하는 것이 지나치게 구조적인 질문을 하는 것보다 다양한 이야기를 이끌어내는 데 도움이 되기 때문이다. 연구자는 개방적으로 인터뷰를 진행하면서 연구 목적에 부합하는 자료를 생성하기 위해 대화를 이끌어가는 조정자로서의 역할을 해야 한다.

연구 참여자를 개별적으로 인터뷰할 수도 있지만 2~3명을 한꺼번에 하는 포커스 그룹 인터뷰도 가능하다. 연구 주제에 비슷한 흥미를 가지고 있는 대표 집단을 구성하면 질문하고 반응하는 과정에서 서로 대화를 촉진할 수 있다. 각기 다른 관점과 경험이 나타날 수 있기 때문에 포커스 그룹은 근거이론의 범주 발전에 기여할 수 있다. 포커스 그룹 인터뷰는 개별 인터뷰 이전에 이루어져 좀 더 자세한 조사를 위한 초기 개념형성 수단으로 사용될 수도 있다. 포커스 그룹 인터뷰의 경우 덜 구조적인 인터뷰 방식이 좋다. 그만큼 연구자가 대화를 조정하는 능력도 더 중요하다. 포커스 그룹이 지나치게 크면 초점을 유지하기 어렵기 때문에 적정 수준의 참여자를 고려해야 한다. 다수 참여자가 인터뷰에 참여하는 경우 녹음이나 기록이 개인 인터뷰보다 어렵기 때문에 이런 부분에 대한 계획이 필요하다.

현장노트와 메모

　현장에서 이루어지는 관찰은 현장노트 형태로 기록된다. 현장노트는 사건, 활동, 행동과 이에 대한 반응을 기록하는 것으로 자료로서 매우 중요하다. 인터뷰 후에도 현장노트를 작성하여 인터뷰가 일어나는 장소, 환경, 비언어적 행동에 대해 자세히 기록할 수 있다. 포커스 그룹 인터뷰의 경우 상호작용의 특징, 비공식적인 대화 등을 기록한다. 근거이론에서는 메모의 중요성을 강조한다. 이는 연구와 관련된 생각, 느낌, 통찰, 아이디어를 기록하는 것으로 근거이론을 구성하는 빌딩 블록(자료)을 접착시켜 하나로 만드는 역할을 한다. 메모는 다음과 같은 내용을 포함할 수 있다

- 연구에 대한 느낌과 가정
- 연구와 관련된 철학적 입장
- 연구관련 책과 논문에 대한 생각
- 연구 설계와 관련하여 생각나는 이슈, 문제 등
- 연구 과정에 대한 성찰
- 절차나 분석을 위해 내린 결정에 대한 생각
- 코드, 범주, 이론에 대한 생각

　메모는 자료에 대한 기록인 동시에 그 자체로 자료가 될 수 있다. 특정 양식에 얽매이지 않고 되도록 자유롭게 생각나는 것들을 써 가는 과정을 통해 연구자가 생각을 표현하는 방법을 연습할 수 있다. 메모는 한 번 기록하고 다시 수정할 수도 있기 때문에 메모한 날짜, 수정한 날짜, 메모의 내용을 반영하는 제목 등을 잘 정리하는 것이 원 자료와 메모 사이의 교차분석을 용이하게 한다. 메모는 자료 수집부터 이론 형성 단계에 이르기까지 전 과정에 걸쳐 필수적으로 일어나야 한다. 이는 연구자가 자료를 정리하면서 해석하고 의미를 추출하는 데 도움을 줄 수 있다. 즉 자료를

탐색하면서 의문을 제기하도록 하여 이론적 민감성을 높일 수 있고, 연구자의 아이디어, 직감을 탐색할 수 있도록 해준다. 또한 다른 연구자들과의 의사소통을 촉진할 수 있다. 연구진 내에서 아이디를 공유하거나 사고를 촉진하기 위한 자극으로 활용할 수 있다.

문서, 인터넷 자료

이러한 자료 외에도 출판된 자료 혹은 출판되지 않은 문서가 근거이론의 자료가 될 수 있다. 신문, 잡지, 미디어 출판물, 기관의 규정집과 매뉴얼, 개인 일기, 일지, 편지, 자서전, 논픽션, 소설 등이 모두 자료가 될 수 있다. 또한 인터넷 사이트, 블로그, 트위터, 공유사이트와 같은 소셜미디어 사이트는 근거이론연구에서 활용할 수 있는 자료를 제공한다. 이외에도 영상매체(영화, 사진 등), 예술품, 음악, 유물 등도 자주 사용되지는 않으나 근거이론 연구를 위한 자료로 사용될 수 있다.

근거이론에서 자료의 양을 미리 결정하기는 어렵다. 그러나 충분한 자료가 확보되어야 이론을 구축할 수 있는 개념을 추출할 수 있다는 점에서 사례연구나 내러티브 탐구처럼 1~2명의 연구 참여자를 대상으로 하는 것은 적절하지 않다. Strauss와 Corbin(1990)은 대략 30명 이상의 연구 참여자를 포함할 것을 주장한다. 이에 대한 명확한 기준은 세우기 어렵지만 일반적인 규칙은 자료에서 더 이상 새로운 것이 발견되지 않는 포화 상태에 도달할 때까지 자료를 수집해야 한다는 것이다. 이는 근거이론의 과정적인 특징을 보여주는 것으로 자료 수집과 분석 과정이 진행되면서 연구 참여자를 어느 시점에서 더 이상 추가하지 않을지 결정해야 한다.[24]

---

[24] 응용언어학 분야 연구의 경우 대부분 몇 명의 연구 참여자를 대상으로 할지 정하고 시작하게 된다. 이런 점에서 근거이론이 제시하는 자료 수집과 분석 과정의 순환, 반복적인 성격을 반드시 반영하고 있지는 않다.

6.2.2 자료 분석

근거이론의 코딩 절차

근거이론은 질적 연구 방법 중 가장 명시적이고 체계적으로 자료 수집, 분석 방법을 제시하고 있어 근거이론을 따르지 않더라도 질적 연구 자료를 수집하고 분석하는 틀로써 많이 사용되고 있다. 근거이론의 목표는 자료에 기반을 두고, 자료에서 떠오르는 자료에 기반한 이론을 수립하는 것이다. 근거이론의 가장 특징적인 요소는 더 이상의 새로운 개념이 떠오르지 않을 때까지, 즉 자료에서 더 이상 새로운 개념이 나타나지 않는 포화에 이를 때까지 계속해서 표본을 추출하는 이론적 표본추출을 한다는 점이다. 또한 형태가 다른 자료(예: 인터뷰 자료와 관찰 자료)를 반복적으로 비교하는 과정을 통해 잠정적 범주를 수정하고 새로운 자료를 수집하도록 하는 계속적 비교 분석을 한다. 근거이론은 지속적 비교분석과 이론적 포화라는 두 가지 과정을 통해 자료 분석이 어떻게 이루어지는지 보여준다.[25] 지속적 비교란 자료와 개념 간의 연결이 이론을 도출하는 지점까지 지속적으로 유지되는 것을 말하고, 이론적 포화란 새로운 자료가 추가되어도 관련된 개념에 어떠한 새로운 통찰력을 제공하지 않는 시점을 말한다.

반면 분석적 추론(analytic induction)은 현상에 대한 정의 및 설명, 혹은 가설에서 출발한다. 이러한 정의 및 가설이 자료와 비교하여 유효한지

---

[25] Dörnyei(2007)는 자료 분석의 포화(saturation)를 다음과 같이 정의한다:
 . . . with regard to qualitative sampling, referring to the point that when further data does not seem to add new information, and in data analysis the term carries the same meaning, namely that the iterative process stops producing new topic, ideas, and categories, and the project 'levels off' (Richards, 2005). This is the point when the researcher gains a sense of what is relevant and what falls outside the scope of the investigation. (Dörnyei, 2007, p. 244)

를 점검하는 것이다. 만약 가설과 맞지 않는 부분이 자료에서 발견되면 이를 다시 재구성하든지, 맞지 않는 부분을 제외하고 현상을 다시 정의하는 것이 필요하다. 이 두 가지 방법 모두 일반적인 자료와 범주, 가설과 자료 사이를 오가며 분석 과정에서 발견되는 범주가 적절한지 끊임없이 확인하는 엄격한 절차를 거쳐야 한다. 많은 양의 자료를 분석하다 보면 때로 연구자는 자료에 매몰되어 큰 그림을 보지 못할 때가 있다. 자료를 충분히 이해하고 분석하기 위해서 자료에 몰입되는 과정(immersion in the data, Bogdan & Biklen, 1992, Richards, 2003, p. 277에서 재인용)이 필요하지만 연구자가 자료에 대한 새로운 시각을 가지기 위해서는 때로는 한 걸음 물러서서 자료를 볼 필요가 있다. 가장 흔한 방법으로는 공통적인 유형이 있는지 살펴보는 것이다. 또한 개별적으로 차이가 나는 부분이 있는지 살펴보는 것도 중요하다. Richards(2003)는 자료가 이야기하는 바가 무엇인지, 자료에서 이야기(stories)를 찾는 것이 필요하다고 강조한다. 각기 다른 이야기를 묶는 이야기의 공통적인 소재가 있는지, 공통적이거나 상반되는 의견, 가정이 있는지 살펴보는 것이다.

수집한 자료는 개방 코딩, 축 코딩, 선택적 코딩 과정을 통해 분석한다. 개방 코딩은 연구 문제와 관련된 범주를 찾아내는 과정이고, 이렇게 찾은 코드를 큰 범주로 묶는 과정이 축 코딩이다. 선택적 코딩은 핵심 범주를 찾아 다른 범주들을 연관시키는 과정이다. 이러한 코딩 과정은 구분되는 동시에 겹쳐서 일어나기도 한다. Davison(2002)은 이를 다음과 같이 요약한다.

> There are three distinct yet overlapping processes of analysis involved in grounded theory. . . These are: open coding, axial coding, and selective coding. Open coding is based on the concept of data being "cracked open" as a means of identifying relevant categories. Axial coding is most often used when categories are in advanced stage of development; and selective coding

is used when the "core category," or central category that correlates all other categories in the theory, is identified and related to other categories (Davidson, 2002, Lichtman, 2014, p. 107에서 재인용)

Strauss와 Corbin(1998)의 근거이론 분석은 응용언어학에서 가장 많이 사용되는 방법이다. 이들의 근거이론은 자료를 바탕으로 '이론'을 수립하는 것을 목표로 하는 분석 방법으로 질적 연구 방법 중 가장 구체적으로 연구 방법을 제시하고 있어 질적 자료 분석에 활용되고 있다. 근거이론의 원래 저자인 Glaser와 Strauss가 처음 주장한 이 방법은 제시된 절차를 얼마나 엄격하게 적용할 것인가에 따라 의견이 나뉘기도 한다. Strauss와 Corbin은 근거이론이 분석 과정을 세분화하는 것이 인위적이기는 하지만 분석 과정의 논리를 이해하기 위해서는 필요한 절차라고 주장한다. 연구자마다 각 단계의 분석 방법에 대해 의견 차이가 있다. 이를 정리하면 다음과 같다.

[표 21] 근거이론 분석 절차 비교

코딩 연구자	1차 코딩	2차 코딩	3차 코딩
Glaser & Strauss (1967)	코딩과 사건의 비교	범주와 속성의 통합	이론 구체화
Glaser(1978)	개방 코딩	선택적 코딩	이론적 코딩
Strauss & Corbin (1990, 1998)	개방 코딩	축 코딩	선택적 코딩
Charmaz(2014)	1차 코딩	초점 코딩	이론적 코딩

학자마다 사용하는 용어의 차이는 있지만 1차 코딩은 자료에서 의미있는 부분을 추출하여 코드를 부여하는 과정이라는 점에서는 유사하다. 2차 코딩은 축 코딩 혹은 선택적 코딩이라고 하는데 이 단계에서는 전 단계에서 추출한 코드를 범주로 묶는 과정이다. Strauss는 자료를 해체하

고 개념화하기 위해 미시분석(micro analysis)을 제안한다. 근거이론에서 범주와 속성을 발견하기 위해서는 자료를 해체하고 개념화하는 작업이 필수적이다. 이를 위해 자료를 분석하여 단어나 단어집단 속에서 의미를 찾아내는 코딩 방법을 통해 문장이나 문단을 분리하여 각각의 사건과 아이디어에 현상을 나타내는 개념을 부여한다.

그러나 Glaser는 코드명을 부여한 다음 범주화하는 것은 전적으로 불필요하고, 힘겹기만 한 시간 낭비라고 보았다. 그는 Strauss의 방법이 '과잉 개념화'(overconceptualization)로 이어지고 자료를 개별 단어로 분열함으로써 중요하지 않은 사소한 자료 내에서 길을 잃게 되어 결국 찾아야 하는 것을 놓치게 된다고 하였다. Glaser의 방법은 Strauss에 비해 간단하다. 또한 연구자에게 '출현하는' 뜻밖의 즐거움을 누릴 수 있도록 해 주고, 분석 과정에서 과잉 개념화로 인한 혼란을 줄일 수 있어 타당성과 일관성을 높일 수 있다. 그에게 귀납이란 자료 내 패턴으로부터 개념과 가설이 출현하도록 하는 것이다. 그는 연구 주제의 선정, 문헌고찰, 자료 분석 전 과정에서 '출현'이 핵심적 원리로 작용해야 함을 강조한다. 출현과 함께 강조되는 이론 생성의 핵심 전략은 '비교'이다. 코딩, 이론적 표집은 모두 지속적 비교방법의 일부이다. 즉 개방 코딩은 지속적 비교방법의 최초 단계로, 이론적 표집을 지속적 비교방법의 일부로 본다.

Glaser의 근거이론은 지속적으로 코딩하고 비교하고 분석, 메모하면서 '이 사건이 나타내는 범주나 범주의 속성은 무엇인가'라는 질문을 던지는 것으로 요약할 수 있다. 코딩은 범주와 속성이 출현하도록 지속적 비교방법을 통해 자료를 개념화하는 것이다. 범주와 속성은 지속적 비교방법을 사용하고 질문을 던지면 출현한다고 본다. 지속적 비교와 질문을 통해 핵심 범주를 도출하고, 이를 중심으로 이론적 표집을 시행하여 범주를 포화시켜 나가면서 출현하는 범주들 간의 관계를 이론적 코드로 코딩하면 출현한다. Strauss의 코딩 과정처럼 차원이나 패러다임 모형, 스토리 윤곽, 상황모형, 각종 비교기법들을 사용할 필요 없이 Glaser는 지속적 비교방법을 충실히 하고 분석 과정에 대한 메모를 충실히 하면 근거이론이 출현된다고 보았다.

　Strauss와 Glaser의 가장 큰 차이는 선택코딩에 있다. Glaser에게 선택적 코딩은 개방 코딩을 멈추고 핵심 범주와 연관된 범주들에 한정하여 선택적으로 코딩을 하는 것이다. 선택 코딩은 개방 코딩에서 선택된 하나의 핵심 범주에 대해 '선택적으로 코딩하는 것'이다. 이때 핵심 범주 주변의 다른 범주들은 핵심 범주에 도움이 되는 역할로 강등된다. Strauss에게 선택 코딩은 개방 코딩과 축 코딩 이후 마지막 코딩 과정이다. 그는 선택 코딩을 핵심 범주를 선택하는 분석으로 정의한다. 이들은 동일한 용어를 사용하지만 선택코딩의 정의와 행해지는 시점에는 차이가 있다.

　3차 코딩 과정은 이론통합이 핵심이다. 선택적 코딩이라고도 하는 이 과정에서는 연구자가 범주들을 상호 관련시켜 모형을 구성하거나 명제를 발전시키게 된다. 선택적 코딩 단계에서 연구자는 범주를 연결하는 '이야기 줄거리'(story line)를 쓸 수 있다. 이 과정을 통해 자료는 이론으로 발전하게 된다. 이 과정을 돕기 위한 방법으로 스토리라인을 언급한다. Strauss와 Corbin(1990)이 스토리라인을 적극적으로 옹호하는 반면 Glaser는 이는 자료에 틀을 강요하는 것이라고 비판하기도 한다.

　Strauss와 Corbin(1990)의 코딩 방법은 양적 연구처럼 체계적인 과정을 제시하지만 Charmaz(2005, 2006)는 단일과정, 핵심 범주 대신 다양한 관점, 다양한 진실, 행동의 복잡성을 강조하는 사회구성주의 관점을 옹호하면서 개인의 관점, 가치, 신념, 감정, 가정, 이데올로기를 강조한다. 그는 복합적인 용어나 은어, 도해, 개념적 지도, 체계적인 접근 방법이 근거이론의 의미를 손상한다고 본다.

일반적인 질적 연구는 자료의 내용을 분석하여 연구 문제와 관련된 주제를 찾고자 하지만 응용언어학 분야에서는 내용뿐 아니라 그 내용이 어떻게 전달되고 있는지를 살펴보기 위해 언어 및 구조를 분석의 대상으로 하기도 한다. 내용분석(content analysis)은 자료에서 떠오르는 유형을 찾고, 자료에 근거한 설명을 하기 위해 체계적으로 자료를 코딩하는 것을 말한다. 이론적 틀에 따라 내용분석에도 여러 가지 방법이 있을 수 있다. 이 중 근거이론이 코딩 방법을 가장 체계적으로 설명하고 있어 응용언어학 분야에 많이 활용되고 있다.[26]

개방 코딩[27]

개방 코딩은 텍스트를 열어서 자료로부터 사고와 의미를 드러내는 과정, 즉 자료로부터 개념(코드-하위 범주-상위 범주)을 밝히고 개념의 속성과 차원을 발견해가는 과정이라고 볼 수 있다(이동성, 김영천, 2012, p. 15). 현상은 자료로부터 생성되는 개념으로 "여기에서 무엇이 일어나고 있는가?"에 대한 답이고, 이를 개념화한 것이 범주이다. 속성이란 범주의 특징, 정의, 의미를 말하고, 차원이란 범주의 속성이 변화되는 범위를 말한다. 개방 코딩은 원 자료를 대상으로 단어, 줄(line), 문장, 문단, 문서 전체 단위의 분석을 통해 개념과 하위 범주, 범주를 생성하고 개념

---

[26] 근거이론은 질적 연구 방법 중 가장 실증주의적 경향을 띠는 이론으로 연구자가 어떠한 전제도 없이 자료에서 떠오르는 주제를 찾아야 한다고 주장한다. Glaser 와 그의 제자인 Strauss가 처음 이론을 제안한 이후로 연구자들 간의 이견 때문에 갈라지게 된다. 최근에는 근거이론의 실증주의적 경향에서 벗어나 구성주의 이론을 수용하는 방향으로 발전하게 된다. 이에 대한 자세한 논의는 Charmaz(2006)를 참고하면 된다.

[27] 초기 근거이론에서는 개방 코딩(opening coding)이라고 했고 후에 Charmaz (2006)는 초기 코딩(initial coding)이라는 용어를 사용하였다.

적 관계를 제시하는 것이다.

개방 코딩에서는 사건과 사건, 사물과 사물에 대한 비교분석과 이론적 비교를 통해 범주를 밝히고 심화분석을 시도한다. 비교분석은 범주들의 속성에서 유사점과 차이점을 찾아 분류하는 방법이고, 이론적 비교는 범주와 속성, 차원이 명확하지 않을 때 특정 범주를 이끌어내기 위해 유사하거나 다른 개념들과 비교하는 방법이다.

초기 코딩 과정은 모든 가능한 이론적인 가능성을 열어두어 앞으로의 분석에 대한 방향을 찾도록 하는 것이다. 어떤 학자들은 초기 코딩을 시작하기 전에 자료를 소화하고 성찰하는 시간이 필요하다고 한다. 이런 과정을 통해 이론을 수립하고 이를 지지하는 근거를 위해 자료를 더 수집할 필요가 있는지 결정해야 한다. 근거이론에서 초기 코딩의 중요한 부분은 '과정'(processes)을 찾는 것이다. 즉 연구 참여자의 행동의 선행 조건, 이유, 결과, 시간성을 찾아야 한다.

Strauss와 Corbin(1998), Charmaz(2006) 등의 근거이론 학자들은 자료를 초기 코딩 단계에서 줄 코딩(line-by-line coding, micro-analysis)을 하도록 권장한다. 그러나 다른 학자들의 경우 반드시 그럴 필요는 없고 경우에 따라서 문장이나 문단을 단위로 코딩하는 것도 허용되어야 한다고 주장한다. Clarke(2005)는 현장노트에 나타난 물리적인 환경도 코딩할 필요가 있다고 주장한다. 그녀는 또한 분석적 메모가 초기 코딩 과정에서 매우 중요하고, 이 역시도 이후 연구 과정에서 코딩될 필요가 있다고 주장한다.

축 코딩

Strauss와 Corbin(1990)은 축 코딩을 '범주와 범주, 그리고 범주 내의 요소를 연결시켜 개방 코딩 다음에 자료를 새로운 방식으로 분석하는 과정'이라고 정의했다. 이는 범주와 하위 범주를 연결하는 과정으로 중심 현상을 축으로 하여 속성과 차원에 따라 여러 하위 범주들을 연결하는 분석 단계이다. 이러한 축 코딩은 개념분석의 수준을 향상하는 것으로 범주를 연결하고 통합하는 작업을 한다. 개방 코딩에서 축 코딩으로 옮겨가면서 연구자는 초점을 둘 하나의 개방 코딩 범주(중심 현상)를 확인하고 다시 자료로 돌아가 이 중심 현상 주위의 범주를 만들게 된다. 자료의 지속적인 비교를 통하여 범주 및 하위 범주가 비교되며, 동시에 연구자는 중간 수준의 개념들 간의 관계를 조사한다.

축 코딩 단계에서 코딩 패러다임을 구성하는 요소는 다음과 같다. 첫째 조건(인과적/우연적 조건, 맥락적 조건, 중재자 조건)은 '왜', '어디에서', '언제'라는 질문에 답을 제공하는 개념이다. 현상은 '여기에서 무엇이 일어나고 있는가?'에 대한 답이다. 행위/상호작용은 '누가', '어떻게'라는 질문에 답하는 것으로 특정 조건에 놓여있는 연구 참여자들이 현상과 관련된 쟁점, 문제, 사건에 대처하는 전략, 그리고 일상적인 행위(routine)를 말한다. 결과는 '무엇'이 일어났는가에 대한 답으로 행위 및 상호작용의 결과물을 구체적으로 지칭한다.

축 코딩 과정에서 분석 틀의 허점을 발견하고, 이를 해결하기 위해 더 많은 자료 수집, 분석을 수행하게 된다. 이러한 과정은 이론적 포화가 이루어질 때까지 계속된다. 이론적 포화는 특정 범주에 새로운 코드가 더 이상 나오지 않을 때, 그리고 모든 하위 범주들과 이들의 속성과 차원들이 명백하게 연결되고 통합되는 지점에 도달하였을 때 이론적 포화에 도달하는 것으로 정의하였다.

선택적 코딩

선택적 코딩 단계에서는 범주를 통합하고 정교화하고 더 이상 새로운 속성과 차원이 드러나지 않는 이론적 포화상태를 지향한다. 개방 코딩과 축 코딩 단계를 통해 누적된 분석적 메모, 도표, 그리고 범주를 통해 핵심 범주를 찾는 것이 중요하다. 핵심 범주는 '이 연구가 무엇에 관한 것'인지를 추상화한다. Strauss와 Corbin(1990)은 핵심 범주를 "모든 다른 범주들이 통합되는 중심 현상"이라고 정의했다. 이러한 핵심 범주는 개방 코딩과 축 코딩에서 생성된 기존 범주에서 발견될 수도 있으면 연구자가 창안한 추상적 용어나 구를 통해 생성될 수도 있다. 핵심 범주는 자료에서 자주 나타나야 하며, 다른 범주 및 속성과 개념적으로 연관되어 있어 억지스럽지 않아야 한다. 또한 핵심 범주는 일반적 이론으로 발전될 수 있을 만큼 추상적이어야 하며 설명적 힘을 가져야 한다. 핵심 범주는 자료의 핵심뿐 아니라 모순적, 부정적 사례를 설명할 수 있어야 한다.

Strauss와 Corbin(1998)은 선택적 코딩을 위해 이야기 개요(story line)를 구성하도록 권한다. 이는 연구 참여자들이 해결해야 하는 문제를 서술적 문장으로 적는 방식이다. 혹은 개방 코딩과 축 코딩에서 제시된 범주를 사용하여 이야기를 재작성하여 범주들 간의 연결고리를 구축할 수 있다. 도표를 사용하여 범주간의 관계를 시각화함으로써 범주들 간의 관계를 파악할 수 있고, 메모를 통하여 자료의 이론화를 위한 단서를 발견할 수도 있다.

6.3 관련 연구

근거이론은 연구의 유형인 동시에 연구 방법을 지칭한다. 응용언어학 분야 연구가 모두 이론 수립을 목표로 하고 있지는 않지만 많은 연구들이 근거이론에서 사용하는 지속적 비교분석 방법을 활용하고 있다. 위에서 기술한 근거이론의 분석 과정을 이해하기 위해 오연희, 손현동, 오익

수(2019)의 초등학교 교사의 소진과 회복 경험에 관한 연구를 예시로 들고자 한다. 이는 응용언어학 분야의 연구는 아니지만 Strauss와 Corbin(1990)의 코딩 패러다임에 근거한 분석 절차를 자세히 보여줄 수 있는 예시로 적절하다. 연구의 개요는 다음과 같다.

[표 22] 연구 요약: 오연희 외 2인(2019)

> 오연희, 손현동, 오익수. (2019). 근거이론에 의한 초등학교 교사의 소진과 회복 경험에 관한 연구. *교육문화연구*, *25*(4), 553-576.
>
> **연구 문제**
> - 초등학교 교사의 소진과 회복 경험에 작용하는 요인은 무엇인가?
> - 초등학교 교사의 소진과 회복 경험의 결과는 무엇인가?
>
> **연구 방법**
> - 전남지역 초등학교 교사 10명을 대상으로 교사의 소진과 회복 경험에 대한 반구조화 인터뷰를 실시
> - 근거이론의 절차에 따라 개방 코딩, 축 코딩, 선택적 코딩
> - 핵심 범주를 중심으로 교사의 소진과 회복 경험 진술
>
> **연구 결과**
> - '극도의 좌절감을 경험하고 극복한 뒤 교사로서 성숙함 또는 교직에 대한 열정이 저하됨'을 핵심 범주로 설정
> - 핵심 범주의 속성(심리적 좌절과 신체적 좌절, 극복을 향한 노력 시도, 주변(가족, 동료)의 지지와 믿음, 문제 상황의 변화, 소진 회복 결과)과 차원을 밝힘

오연희 외 2인(2019)은 교사들의 심리적 소진이 보통 교직 1~2년차에 일어나고, 회복되는 데 1~3년이 소요된다는 선행연구 결과에 기초하여 최소 4년 이상의 교직경력이 있는 교사를 연구 참여자로 선정하였다. 이들을 대상으로 실시한 반구조적 인터뷰 질문은 다음과 같다.

[표 23] 인터뷰 질문(오연희 외 2인, 2019, p. 556)

주요 질문	세부 질문
1. 어떻게 소진을 경험하였나?	1-1. 언제 소진 경험을 하게 되었나요? 1-2. 어떻게 소진되었다는 것을 알게 되었나요? 1-3. 소진 상태에 있었을 때 초등교사로서 근무하면서 겪은 경험은 무엇인가요?(심리적 변화, 신체적 변화, 행동적 변화 등)
2. 소진으로부터 회복 경험은 어떠하였나?	2-1. 소진에서 회복되는 데 얼마나 시간이 걸렸나요? 2-2. 회복은 어떻게(어떤 과정으로) 이루어졌나요? 2-3. 소진을 극복해 보려고 어떠한 시도나 노력을 해 보셨나요? 2-4. 소진 회복에 영향을 미친 것(도움을 준 것)은 무엇인가요?
3. 소진과 회복 경험의 결과는 무엇인가?	3-1. 소진과 회복경험을 통해 개인적으로 어떤 변화가 있었나요?

이러한 질문을 바탕으로 인터뷰를 실시하고 전사한 후 개방 코딩을 통해 다음과 같은 개념과 범주를 도출하였다.

[표 24] 초등학교 교사의 소진 및 회복 경험에서 도출된 개념과 범주
(오연희 외 2인, 2019, pp. 558-560)

패러다임	상위범주	하위범주	개념
인과적 조건	문제 상황 발생	업무 관련 문제	·과도한 업무량 ·불공평한 업무 분배 ·업무처리 등 동료교사의 비협조적 태도 ·업무 처리의 어려움(비전문화) ·업무의 비합리성
		비민주적 학교문화	·관리자의 비합리적 언행 ·동료교사의 비인간적 언행 ·성과주의 및 경쟁적 학교 분위기
		개인적 문제	가족 구성원으로서의 역할 가중
		학생 및 학부모와의 갈등	·학생지도의 어려움 ·학교폭력 사건이나 소송 관련 경험 ·학부모의 불합리한 요구와 언행

맥락적 조건	문제 상황을 해결하려는 다양한 시도와 노력	개인적 노력	·문제해결을 위해 열심히 노력하기(물리적 시간 할애) ·전문성 향상을 위한 노력하기(독서와 연수 등)
		인적 자원 활용 노력	·도움 청하기, 요구하기 ·내 편 만들기, 위로받기
		수용하기 노력	·상대방(학부모, 동료교사, 관리자)의 요구를 수용하기 ·타인에 대한 공감 노력 및 상황에 대한 재해석 노력
	문제해결 시도와 노력의 실패와 좌절	문제의 심화 또는 장기화	·도무지 줄지 않는 업무 ·불합리와 불공평의 악순환 ·지속적인 업무 비협조 ·개선되지 않는 인간관계 ·발전이 없는 학생들 ·학교 폭력 및 소송의 장기화 ·학부모의 불합리한 요구 증대
중심 현상	소진을 경험함	심리적 변화	·문제가 해결되지 않을거라는 부정적 생각 ·실패했다는 좌절감과 자책감
		신체적 변화	·두통 ·불면증
		인지적 변화	·교직에 대한 냉소적, 회의적 관점 ·사람(학생, 학부모, 동료)에 대한 회의적 태도 및 불신 ·업무에 대한 비판적 태도
작용/ 상호 작용	소진 회복을 위한 전략	긍정적인 마인드 갖기	·자연적 해결을 위해 기다림 ·운이 나쁘다고 생각함
		사회적 자원 활용	·동료교사에게 지지를 받음 ·가족(애인)에게 힘을 얻음
		거리 두기	·취미 생활 갖기 ·휴식 ·종교 활동 등 자신의 내면세계 성찰 및 탐구
		전문성 향상 노력	·장기 연수나 학업 시작(대학원 입학) 등 새로운 환경 변화를 찾기
		적극적 상황 변화 시도	·요구하기 및 요청하기 ·컨설팅 받기
중재 조건	소진 심화 촉진	심리적 좌절	·노력해도 변화하지 않음 ·거절과 냉대 ·고립감 ·부담감
		신체적 좌절	·건강 악화 및 체력 저하
	소진 회복 촉진	주변 사람들의 지지와 믿음	·동료들과 끊임없는 상호작용 ·가족의 끊임없는 지원 ·학생들의 꾸준한 지지 ·관리자의 격려와 응원
		문제 상황의 긍정적 변화	·문제 상황의 해결

결과	소진 회복 결과	교사로서의 성숙(긍정적 결과)	·교직 기술의 향상 ·상황에 대한 이해의 폭이 넓어짐 ·문제 상화에서의 담대함 ·문제해결 능력에의 자신감 향상
		교직에 대한 열정 저하(부정적 결과)	·제한적 교사 역할 수행

    근거이론에서는 연구자가 되도록 선입관을 가지지 않고 코딩하도록 하고 있지만 연구자가 완벽하게 객관적인 입장에 있지는 않다. 연구자가 인터뷰 질문에서 소진 과정에서 겪는 심리적, 신체적, 행동적 변화를 언급했기 때문에 연구 참여자는 이에 따라 진술했을 수 있고 그렇게 생성된 자료를 바탕으로 한 코딩은 유사한 범주(심리적, 신체적, 인지적)를 생성하게 됨을 보여준다. 있을 수 있는 연구자의 주관성에도 불구하고 연구의 신뢰도와 타당도를 확보하기 위해 Lincoln과 Guba(1985)가 제시하는 사실적 가치(true value), 적용가능성(applicability), 일관성(consistency), 중립성(neutrality) 등의 네 가지 기준에 따라 타당도와 신뢰도를 확보하는 노력을 하였다고 밝히고 있다. 참여자들에게 추가적인 질문을 하여 자신의 경험을 떠올릴 수 있도록 하고(사실적 가치), 소진에 대한 경험이 있지만 연구에 참여하지 않은 교사 3명과 연구 결과를 공유하여 적용가능성이 있는지 확인하였다. 일관성을 위해서는 전문가와 연구 결과에 대한 자문을 구하고, 중립성을 위해서 연구 참여자들의 용어를 되도록 그대로 기록하여 연구 참여자들의 경험을 충실하게 반영하고자 노력하였음을 기술하고 있다. 개방코딩을 통해 총 74개의 개념과 22개의 하위 범주를 생성하고 이는 다시 8개의 상위범주를 도출하였다.

    축 코딩 단계에서는 개방 코딩 단계에서 도출된 범주들을 하위 범주와 연결하는 것으로 중심 현상을 축으로 하여 범주와 하위 범주를 연결하는 과정이다. 측 코딩을 통해 도출한 결과는 [그림 4]와 같다.

```
<맥락 조건>                    <인과적 조건>
다양한 노력(개인적 노력,        · 업무관련 문제
인적 자원 활용 노력, 수용      · 비민주적 학교 문화
하기 노력 등)을 취했으나        · 개인적 문제
문제가 해결되지 않음            · 학생 및 학부모와의 갈등

                                <중심 현상>
                                '소진을 경험함'
                                · 심리적 변화              <중재적 조건>
                                · 신체적 변화              · 심리적 좌절, 신체적 좌절
                                · 인지적 변화                등 소진 심화 촉진 조건
                                                          · 주변 사람들의 지지와
                                <작용/상호작용>              믿음, 문제 상황의 긍정적
                                · 긍정적 마인드 갖기          변화 등 소진 회복 촉진의
                                · 사회적 자원 활용하기        조건
                                · 거리두기
                                · 전문성 향상 노력
                                · 적극적 상황 변화
                                  시도하기

        <긍정적 결과>                        <부정적 결과>
        · 교사로서의 성숙                    · 교직에 대한 열의 저하
```

[그림 4] 소진 경험에 대한 결과 (오연희 외 2인, 2019, p. 560)

    근거이론에서 추구하는 이론화를 위해서는 축 코딩 단계에서 파악한 범주들 간의 관계를 바탕으로 핵심 범주를 찾아야 한다. 핵심 범주는 자료 분석 결과를 이론으로 발전시키기 위해 다른 범주를 통합시키고 중심 현상을 통합하는 개념이다. 오연희 외 2인(2019)은 핵심 범주를 '극도의 좌절감을 경험하고 극복한 뒤 교사로서 성숙함 또는 교직에 대한 열정이 저하됨'으로 설정하고 이 범주의 속성과 차원을 다음과 같이 설정하였다.

[표 25] 핵심 범주의 속성과 차원(오연희 외 2인, 2019, p. 568)

핵심 범주	속성	차원
극도의 좌절감을 경험하고 극복한 위 교사로서 성숙함 또는 교직에 대한 열정이 저하됨	심리적 좌절과 신체적 좌절	지속적(강함) - 일시적(약함)
	극복을 향한 노력 시도(내적 동기 형성)	지속적(강함) - 일시적(약함)
	주변(가족, 동료)의 지지와 믿음	있음(강함) - 없음(약함)
	문제상황의 변화	긍정적(해결로 나아감) - 부정적(더욱 심해짐)
	소진 회복 결과	개인적 성장(성숙) - 열정 저하

선택적 코딩 후에 이야기를 기술하는 것은 핵심 범주를 다른 개념과 범주에 연결하여 개념화하기 위한 과정이다. 오연희 외 2인(2019)은 핵심 범주를 중심으로 초등 교사들의 소진과 극복과정을 다음과 같이 기술한다.

> 초등 교사들은 비합리적이거나, 불공정하거나, 비인간적인 또는 통제 불가능한 다양한 문제 상황(업무 관련, 관리자 및 동료 관련, 학부모 및 학생과 관련)이 자신에게 일어났을 때 그 문제를 해결하기 위하여 다양한 노력을 시도한다. 그러나 그 해결을 위한 노력에도 불구하고 그 일련의 문제는 그대로 유지되거나 더욱 심화되므로 그로 인해 극도의 실패감과 좌절감을 경험하면서 소진 상태에 이르게 된다. 소진된 초등 교사는 불안과 두려움, 우울감, 소외감, 자기비하, 모욕감과 수치심, 배신감, 자책감, 적대감 등 다양한 심리적 변화를 경험하기도 하고 교직 자체에 대한 회의감, 문제 발생의 원인을 제공한 대상들을 향한 냉소적 태도, 방어적 태도 등 가치관이나 양식의 변화를 경험하기도 한다. . . [중략] 소진을 겪은 일부 교사는 소진의 경험을 통해 자기 발전의 기회가 되었음을 인식하게 되고 이러한 경험을 통해 다양한 문제 상황에서의 대처능력이 향상되었다고 생각하게 된다. 반면, 다른 일부의 초등 교사는 교사가 아무리 애를 쓰고 노력해도 결과는 노력에 비례하지 않는다는 부정적인 생각, 희생과 헌신하는 교사의 사명감보다는 직업인으로서의 교사의 역할을 수행하는 등 교사의 열정이 저하된 현실적인 교사의 모습을 보이게 되기도 한다. (pp. 568-569)

근거이론에서 관계 진술이란 누가, 무엇을, 언제, 어디서, 어떻게, 왜, 그리고 어떤 결과를 낳으며 어떠한 사건이 일어나는가를 설명하는 과정이다. 이는 현상과 인과적 조건, 맥락적 조건, 중재적 조건, 작용/상호작용, 결과 간의 관계를 인터뷰 자료와 대조하여 진술하는 것을 의미한다. 오연희 외 2인(2019)은 다음과 같은 가설적 관계 진술문을 도출하였다 (pp. 569-570).

가. 스스로 소진됨을 인식하고 벗어나려는 스스로의 노력은 소진 회복에 영향을 미친다.
  (1) 자신의 감정을 스스로 잘 다룰 수 있는 교사는 소진에서 더 잘 회복된다.
  (2) 자아존중감과 자기애가 높은 교사는 소진에서 더 잘 회복된다.
  (3) 소진에서 벗어나려는 적극적이고 자발적인 태도를 취하는 교사는 소진에서 더 빠르게 회복된다.

나. 문제 상황의 긍정적 변화는 소진 회복에 영향을 미친다.
  (1) 시간이 지나면서 자연스럽게 개선되는 문제 상황이 소진 회복을 돕는다.
  (2) 노력해도 나아지지 않는 상황은 소진 회복을 방해한다.

다. 지지자의 유무가 소진 회복에 영향을 미친다.
  (1) 믿고 의지할 만한 가족과 동료(때로는 학생)가 있는 교사는 소진에서 더 잘 회복된다.
  (2) 주변 사람들의 지지와 신뢰를 받는 교사는 소진에서 더 잘 회복된다.

라. 교사 소진 및 회복 경험은 교사로서의 긍정적 또는 부정적 영향을 준다.
  (1) 교사 소진 및 회복 경험을 통해 교사로서 성숙하기도 한다.
  (2) 교사 소진 및 회복 경험을 통해 교사는 교직에의 열정이 저하되기도 한다.

오연희 외 2인(2019)이 근거이론의 개방 코딩, 축 코딩, 선택적 코딩 절차에 의해 핵심 범주를 밝히고 이를 중심으로 이야기를 구성한 것과 마찬가지로 김신혜(2015)도 한국 대학생들의 제2언어 언어학습 탈동기 과정을 근거이론을 바탕으로 분석하였다.

[표 26] 연구 요약: S. Kim(2015)

Kim, S. H. (2015). Demotivation and L2 motivational self of Korean college students. *English Teaching, 70*(1), 29-55.

연구 문제
- 한국 대학생 영어 학습자들의 탈동기에 영향을 미치는 요인은 무엇인가(What are the factors that affect Korean college students' demotivation in English?)
- 학습자들의 탈동기는 이상적 제2언어 자아, 필연적 제2언어 자아와 어떤 관련이 있는가?(How are the students' reactions to demotivation related to their ideal L2 self and ought-to L2 self?)

연구 방법
- 집중 TOEIC Camp 프로그램에 참여하는 대학생을 대상으로 연구 참여자 모집, 29명(남 10, 여 19) 학생이 지원, Camp 프로그램 일과를 마치고 인터뷰(50~90분)
- 반구조적 인터뷰
  · When did you start learning English? Did you enjoy learning it?
  · How did you study English before you came to college?
  · What have you tried to improve your English at college?
  · What are the difficulties in studying English?
  · Have you lost interest in English? When and why?
  · What is your goal of learning English?
  · What would be your ideal image of yourself in the future?
- NVivo(version 10) 사용하여 코딩(개방 코딩, 축 코딩, 핵심 범주), 동료 브리핑

연구 결과
- 탈동기에 영향을 미치는 요인: 의미 있는 목표 부재, 학습의 향상과 성공에 대한 경험 부족, 의지 부족
- 학습자들의 이상적, 필연적 제2언어 자아: 시험 성적을 위해 영어를 공부하는

> 필연적 제2언어 자아만 있는 경우, 의사소통을 위해 영어를 사용하고 싶다고 하지만 뚜렷한 이상적 제2언어 자아가 없는 경우, 자신의 미래와 제2언어 자아가 명확하게 연결된 경우로 구분됨
> - 이상적, 필연적 제2언어 자아와 동기적 행동(최소한의 노력만 하거나 희미한 목표를 세우거나, 영어를 사용할 기회를 찾음)이 관련 있음

S. Kim(2015)은 한국 대학생 영어 학습자들이 영어 학습에 관심이 있다고 하지만 실제는 영어 학습동기를 상실하게 되는 원인을 찾고자 한 연구이다. 연구 참여자들은 의사소통을 위해서 영어를 사용하고 싶지만 중, 고등학교에서의 입시, 대학에서는 취업이라는 과제 때문에 시험을 위한 영어 학습을 계속해야 한다는 것이 탈동기를 일으키는 요인임을 보여준다. 참여자들은 영어 학습 과정에서 자신에게 의미 있는 목표를 찾지 못하고, 영어 학습에 대한 성취감을 느낄 수 있는 기회가 없기 때문에 동기를 유지하기 어렵다고 하였다. S. Kim(2015)은 "영어를 말하고 싶은 욕구와 시험에서 좋은 성적을 받아야 하는 필요 사이의 갈등"을 핵심 범주로 하여 축 코딩을 통해 추출한 코드를 중심으로 학습자들의 탈동기에 대한 이야기를 다음과 같이 구성하였다.

> Core Category: Conflicts between learners' desire to speak English and the need to gain a good score on the test (boldfaced parts indicate categories found at the axial coding stage)
>
> Korean college students in the study were under pressure of proving their English ability through standardized test scores (e.g., TOEIC), which forced them to continue to engage in **test-oriented**, learning activities similar to what they had in high school. Though the students acknowledged the need of standardized English test scores to gain entry to their desired job, they found it **lacking meaningful purpose** since studying for the test did not help them

speak better. Together with this **lack of meaningful purpose** in studying English, a lack of improvement in test scores and **a lack of successful communication experiences** significantly influenced the students' demotivation. The students tended to attribute their lack of improvement to their **lack of self-determination**. Feeling trapped between their disappointment with their communication competence and fulfilling the **English requirements**, they blamed themselves for not having done enough. The students illustrated their ideal self as those who travel abroad and speak English fluently, and yet they also showed their conflicting feelings between their ideal future self and current self, which often resulted in decreased motivation. (S. Kim, 2015, p. 55 진한 글자 원문)

핵심 범주와 이를 중심으로 한 이야기의 구성은 근거이론에서 사용하는 방법으로 코드들 간의 관계를 보여주는 데 유용하다. 또한 학습자들의 탈동기와 제2언어 동기적 자아 간의 관계를 다음과 같이 도식화하여 보여줌으로써 연구 결과를 요약적으로 볼 수 있도록 해준다.

[그림 5]는 영어 학습에 대해 외적인 동기(예: 시험 성적, 취업 등)만 가지고 자신에게 유의미한 구체적인 목표를 수립하지 않는 경우 영어 학습동기가 감소되는 반면 구체적인 목표를 설정하고, 유의미한 학습 활동에 참여하게 될 때 학습동기가 상승하고, 이는 곧 의사소통을 위한 영어 사용이라는 목표를 달성하는 데 도움이 될 수 있음을 보여준다. 이는 외부적 요인에 의한 학습동기라고 하더라도 이를 내재화하는 과정을 통해 내적인 동기로 전환될 수 있음을 보여주는 것으로 학습동기가 고정적인 것이 아니라 유동적이며 변화할 수 있음을 보여준다. 이러한 내재화 과정에서 학습자의 제2언어 자아 인식은 매우 중요한 역할을 할 수 있다. S. Kim(2015)은 연구의 결과를 [그림 5]와 같이 도식화하여 보여준다.

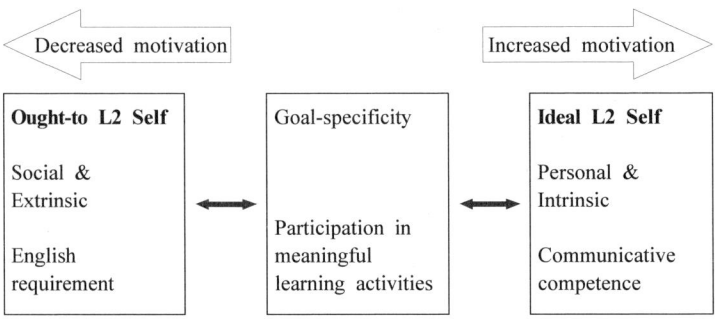

[그림 5] Learner Demotivation and L2 Motivational Self (S. Kim, 2015, p. 49)

최근 대학생들의 어학연수가 증가하면서 이러한 연수프로그램의 효과에 대한 연구도 증가하였다. 그중 양은미(2015)는 대학생 영어 학습자들의 단기 해외어학연수 경험을 근거이론의 패러다임을 적용하여 분석하였다. 응용언어학 분야에서 근거이론의 패러다임 분석을 보여주는 예는 많지 않은데 이러한 예를 보여주는 연구로 소개하고자 한다. 다음은 연구의 개요이다.

[표 27] 연구 요약: 양은미(2015)

> 양은미. (2015). 한국 대학생들의 단기해외어학연수 경험에 대한 근거이론 기반 연구. *Journal of the Korea English Education Society, 14*(1), 103-134.
>
> **연구 문제**
> - 대학에서 제공하는 2개월간의 해외어학연수 프로그램에 참여한 대학생들이 겪은 경험의 속성은 무엇인가?
> - 대학생들이 연수 전에 가졌던 기대와 동기는 무엇이며 연수 후에 영어 및 문화 학습과 내적 자아의 측면에서 어떤 결과를 가지게 되었나?
>
> **연구 방법**
> - 2개월간 필리핀에서 어학연수 프로그램에 참여한 대학교 1~4학년 11명을

> 대상으로 연수 계획서(어학연수 전), 성찰 저널(어학연수 중, 매주), 인터뷰(어학연수 후) 자료 수집
> - 개방 코딩
> - 줄 단위 분석을 통해 252개의 개념, 42개 하위 범주, 15개의 상위 범주 생성
>
> 연구 결과
> - '교차문화 이해하기', '영어 학습 긴장감 다루기'를 중심 현상으로 설정, 단기해외영어연수 경험의 핵심으로 자료를 관통하는 사건
> - 단기해외영어연수 경험의 핵심 범주: "동기화된 투자를 통한 세계시민으로서의 사회·문화적 자본 구축과 제2언어 자아정체성 재구성의 현장"(p. 129)

개방 코딩 결과 생성된 15개 범주들 간의 관계를 축 코딩을 통해 패러다임 모형으로 구성하여 보여준다. 축 코딩을 통해 인과적 조건, 맥락적 조건, 중재적(거시적) 조건, 중심 현상, 행위-상호작용(참여자의 일상적/전략적 반응), 결과(작용-상호작용의 산물)라는 패러다임의 요소를 포함하여 중심 현상을 둘러싼 '왜', '언제' '어디서', '어떻게'에 대한 답을 제공한다(p. 116). 이러한 15개 범주들 간의 관계를 양은미(2015)는 [그림 6]과 같은 도식을 통해 보여준다.

양은미(2015)는 해외어학연수에 관한 연구가 주로 설문을 통한 프로그램 효과, 동기의 변화 등을 양적으로 관찰하는 연구에 치중되어 있다는 점을 지적하면서 해외연수 중 학생들의 체험 전반을 사회문화적 맥락 속에서 연구할 필요를 제시하였다. 근거이론을 바탕으로 자료를 분석하였다고 하는 많은 연구들이 실제로는 근거이론이 제시하는 패러다임 모형을 시도하고 있지 않은 반면 양은미(2015)는 근거이론이 제시하는 코딩 절차를 충실하게 보여주어 핵심 범주를 도출하기까지의 과정을 이해하기 쉽게 기술하고 있다. 이는 연구자가 기술하는 것처럼 어학연수 경험의 총체적인 모습을 이해하는 데 도움이 된다.

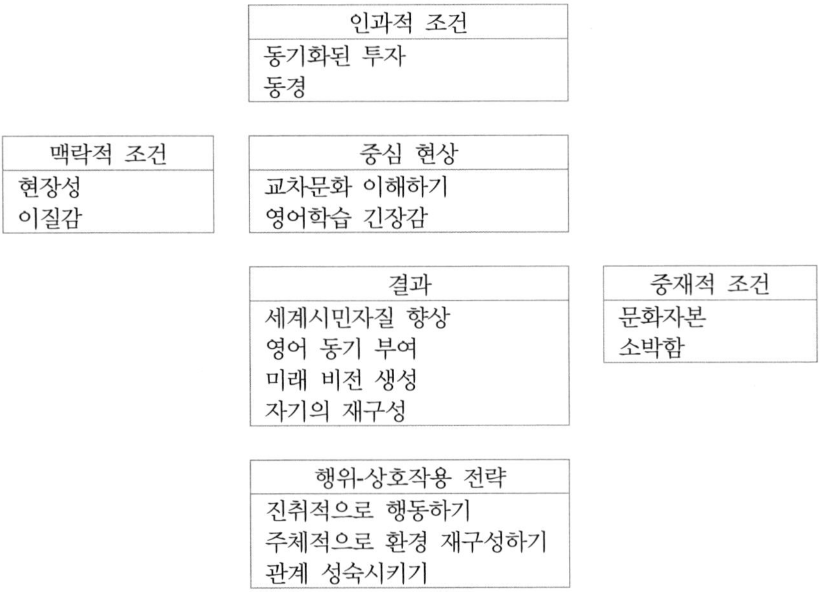

인과적 조건
동기화된 투자
동경

맥락적 조건
현장성
이질감

중심 현상
교차문화 이해하기
영어학습 긴장감

결과
세계시민자질 향상
영어 동기 부여
미래 비전 생성
자기의 재구성

중재적 조건
문화자본
소박함

행위-상호작용 전략
진취적으로 행동하기
주체적으로 환경 재구성하기
관계 성숙시키기

[그림 6] 해외어학연수 경험의 패러다임 모형(양은미, 2015, p. 116)

7장
내러티브 탐구(Narrative Inquiry)[28]

7.1 연구의 배경 및 특징

7.1.1 내러티브 연구의 배경 및 정의

내러티브는 인간의 경험에 기초를 두고 있기 때문에 교육을 포함한 여러 학문 분야에 활용되어 왔다. 교육학 분야에서는 1980년대 초 캐나다 앨버타대학교 CRTED(Center for Research for Teacher Education and Development)의 Clandinin 교수와 토론토 대학교 OISE(Ontario Institute for Studies in Education)의 Connelly 교수가 교사교육을 위한 연구에 적용하여 정착시킨 연구 방법이다. 내러티브 탐구는 1980년대 이후 전기, 생애사(life story)에 대한 관심이 고조되면서 개인의 이야기를 질적 연구의 자료로 사용하면서 시작되었다. 연구자와 연구 대상의 관계, 일반적인 것에서 구체적인 것으로의 관심, 실증주의와 차별화되는 인식론의 추구 등의 흐름이 내러티브 연구 방법에 영향을 미쳤다고 할 수 있다.

---

[28] 이 장은 *내러티브 탐구와 제2 언어 학습*(김신혜, 2020, 계명대학교 출판부 출판 예정)에 서술한 내용을 요약하여 기술하였음을 밝혀둔다.

1990년 이전의 사회과학의 연구 방법은 '과학적', '객관적' 과정을 거쳐 보편적인 진실을 찾아내려는 실증주의적 입장이 지배적이었다. 이러한 입장에서 연구자는 연구 대상과 객관적인 거리를 유지함으로써 자료 수집, 분석 결과의 객관성을 확보하고자 하였다. 과학적, 객관적 연구를 위해서는 인간 행동을 관찰 가능한 개념으로 규정하고, 이를 측정할 수 있는 단위로 분리하는 것이 필요하였다. 실증주의는 측정된 자료를 분석하고 인간 행동의 보편적인 경향을 파악하여 미래를 예측하는 데 목표를 두었다. 그러나 이러한 방식은 관찰할 수 없는 인간 사고의 많은 부분을 간과하고 있다는 비판을 받는다. 인간의 행동이 내면을 모두 보여주는 것은 아니며, 관찰 가능한 것은 아니다. 또한 인간 행동의 단편적인 면을 관찰하고 측정한 자료에 기초하여 일반화하고, 예측하는 것은 결과를 지나치게 확대하여 해석하는 것이라는 비판도 꾸준히 제기되어 왔다. 결과의 객관성, 보편성을 강조하는 실증주의적 입장에서 연구 참여자는 개별성과 차별성을 가진 개인으로 간주되기보다 집단을 이루는 부분으로만 가치가 있다. 내러티브 탐구는 이러한 실증주의적 관점에 반하여 일반화보다 보편적이지 않은 특성을 찾고, 집단보다는 개인의 경험에 초점을 두고자 한다. 내러티브 탐구와 실증주의적 연구의 차이는 다음과 같이 요약될 수 있다.

[표 28] 실증주의 연구와 내러티브 탐구의 차이
(Morgan-Fleming, Riegle, & Fryer, 2007, p. 82, 이상우, 2017, p. 571에서 재인용)

실증주의자의 연구	내러티브 탐구
일반화, 표본추출(generalization, distillation)	특정한 사실(understanding the particular)
결과물들(findings)	의미들(meanings)
단일한 목소리(single voice)	다양한 목소리(multiple voices)
주변적 요소 제거(discard outliers)	차이 유지하기(maintain distinctions)

실증주의적 관점의 연구는 표본을 토대로 관찰한 결과를 일반화하는 데 목표를 두기 때문에 단일한 목소리를 발견하는 것이 중요하다. 따라서 연구에 관련된 변인을 통제하고 불필요한 변인을 제거하여 인과관계를 분명하게 보이는 것이 중요하다. 반면 내러티브 탐구는 특정한 사실에 어떤 의미가 부여되는지를 파악하는 것이 중요하기 때문에 연구 참여자의 다양한 목소리를 듣는 것이 필요하다. 내러티브 탐구는 연구 참여자가 현상을 어떻게 다르게 경험하고 이해하는지를 분석하는 것이 중요하기 때문에 결과를 일반화하려는 시도를 하지 않는다.

내러티브 탐구는 이성적 지식을 추구하던 연구 경향에서 벗어나 실제적인 삶과 유사성을 가진 지식을 추구하는 경향이 강해지면서 질적 연구자들의 관심의 대상이 되었다. 이러한 경향은 1980년대 이후 사회과학 분야에 '내러티브적 전환' 혹은 '내러티브적 전회'(narrative turn, De Fina & Georgakopoulou, 2012, p. 19)라는 변화가 생기면서 내러티브적 사고가 연구의 축을 이루게 되었다.[29] 내러티브적 전환은 1980년대 이후 사회학, 심리학, 인류학 등의 학문 분야에서 질병, 건강, 사회적 착취, 소외, 종속관계, 이민 등의 다양한 주제를 분석하는 도구로 내러티브를 사용하면서 지속적으로 연구의 관심이 되어왔다.

---

[29] Bruner(1986)은 인간의 사고양식을 패러다임적 사고양식과 내러티브적 사고양식으로 구분하였다. 그는 내러티브적 사고양식을 명확하게 정의하지는 않지만 패러다임적 사고를 설명함으로써 그에 대비되는 사고방식을 내러티브적 사고로 설명한다. 패러다임적 사고는 논리적 진술문의 관계를 가지며 인과관계에 의한 논리적 사고에 근거한 사고방식인 반면 내러티브적 사고는 서술된 이야기 구조로 임의적이고 비논리적인 사고양식이다. 내러티브적으로 사고한다는 것은 인과적 관계를 따지기보다 인간의 삶의 의미를 파악하는 데 초점을 두는 것을 말한다.

7.1.2 내러티브 탐구의 특징

내러티브 탐구에서는 '경험'이 핵심용어이다. 내러티브는 경험을 이해하고 표현하는 방법이라고 본다. 내러티브는 단순히 이야기나 이야기하기를 넘어 이야기를 만드는 데 필요한 사고양식을 의미하는 것으로, 내러티브 사고양식은 임의적, 비논리적, 주관적 특징을 지니는 것으로 지식이나 의미를 발견하기보다 구성하는 것으로 본다. 이 점에서 내러티브는 구성주의에 맞닿아 있다. 내러티브 탐구는 경험을 핵심으로 하여 이를 바탕으로 의미를 구성하는 과정에 대한 연구에서 유사한 점이 있다. 내러티브 탐구는 삶의 경험의 연속성과 총체성을 전제로 한다. 따라서 개인의 삶이 시간, 장소, 사회, 상황적 맥락의 연속선에 있다는 점과 끊임없는 상호작용을 통해 개념을 새롭게 만들어 가는 과정임을 전제로 한다. 홍영숙(2019)은 내러티브 탐구는 개인의 경험을 시간의 흐름(over time)과 상황(in context)을 고려하여 이해하는 탐구방식이라고 정의한다. 그는 내러티브가 근본적으로 인간 경험에 대한 이야기임을 다음과 같이 기술한다.

> 내러티브 탐구는 경험을 이해하는 방법이다. 이는 한 곳 또는 여러 곳에서, 그리고 환경과의 사회적 상호작용 속에서 시간에 걸쳐 일어나는 연구자와 참여자 간의 협동 작업이다. 연구자는 사람들의 개인적, 사회적 삶을 구성하는 경험 이야기의 중심으로 들어가서 그들이 경험을 살고, 말하고, 다시 말하고, 다시 사는 현장을 함께 하게 된다. . . 내러티브 탐구는 살고 말해진 이야기이다. (Clandinin & Connelly, 2000, p. 20, 홍영숙, 2019, p. 84에서 재인용)

"살고 말해진 이야기"는 곧 경험을 말하는 것으로서 내러티브 탐구자는 이야기된 경험(storied experience)을 탐구한다. 내러티브 탐구에서 경험이란 이야기화된 현상(storied phenomenon)으로, 이는 경험이 '이야기를 통해 드러나는 것'임을 뜻한다. 즉 내러티브 탐구는 경험을 이해하는 방법이라고 할 수 있다. 이는 Dewey(1997)가 주장하는 삶(life)=경험(experience)이라는 이론을 근간으로 한다. 내러티브 연구자는 인간 경험을 들여다보고, 드러내고, 의미형성을 통해 이해로 이끌어 가는 역할을 한다. '이야기하기', '다시 이야기하기', '살아가기', '다시 살아가기' 등은 내러티브 탐구의 대표적인 표현으로, 경험에 대한 묘사에 초점을 두는 동시에 경험에 대한 경험을 하는 것이라고 본다. 이는 연구자가 내러티브 탐구 과정을 거치면서 연구 참여자의 경험에 대한 묘사와 해석에 따라 다른 경험을 하게 되고 이 과정에서 연구자 자신이 변화를 경험할 수 있음을 뜻한다.

마찬가지로 Connelly와 Clandinin(2006)도 내러티브 탐구를 이야기로서 경험을 연구하는 것(the study of experience as story, p. 477)으로 정의하였다. 이들은 Dewey(1997)의 경험의 속성에 근거하여 내러티브 탐구는 시간성(the times - past, present and future - in which experiences are lived), 장소(the place or sequence of places in which experiences are lived), 그리고 사회성(sociality, personal emotions and desires, and the people narrators interact with)면에서 분석해야 한다고 주장한다. 내러티브 탐구에서 시간성이란 개인의 경험이 시간에 따라 어떤 의미를 가지게 되는지에 관심을 가지는 것을 말한다. 내러티브 탐구는 또한 특정 장소, 또는 여러 장소에서, 그리고 환경과의 사회적 상호작용 속에서 이루어지는 연구자와 연구 참여자들 간의 협동적 연구라고 할 수 있다. 내러티브 탐구의 시간성, 장소, 사회성 개념은 다음과 같이 설명할 수 있다.

- 시간성: Dewey의 계속성(continuity)과 통하는 개념으로 과거, 현재, 미래로 이어지는 시간의 연속성을 말한다. 인간의 경험은 시간의 연속선상에서 영향을 주고받으며 형성된다는 의미로 경험은 시간적 관계 속에서 형성된다는 점을 전제한다. 이는 모든 사건이나 사람들은 항상 과거, 현재,

미래를 가지고 있으며, 내러티브 탐구에서는 사람이나 장소, 사건을 늘 변화하는 과정으로 이해하려고 노력하는 것이 매우 중요함을 강조한다.

- 장소: 장소는 탐구나 사건이 일어나는 특정의 구체적이면서 물리적인 장소나 일련의 장소들(Connelly & Clandinin, 2006)을 가리키며, 특정 장소에 따라 구성되는 이야기가 달라지기 때문에 이를 내러티브를 구성하는 중요한 축으로 본다.

- 사회성: Dewey(1997)가 제시하는 경험의 상호작용성(interaction)과 연결되는 개념으로 개인의 내재적 조건(감정, 희망, 기질, 도덕, 신념 등)과 외재적 조건(환경, 문화적, 사회적, 기관의 내러티브)의 상호작용에 의해 경험이 형성된다는 의미이다. 즉 개인의 내적 조건과 이를 둘러싸고 있는 외적 환경이 내러티브 형성에 어떻게 작용하는지 관찰해야 할 필요가 있다는 것이다.

요약하면 내러티브는 인간의 경험을 구조화하는 것이며, 삶의 내용에 형식을 부여하는 방식이다. 인간의 경험을 구조화하는 틀을 제공한다는 점에서 강현석(2005)은 내러티브를 "이야기, 사고양식을 넘어서 인간이 삶을 해석하는 데 있어서 사람이 경험하는 사건, 인물, 행위, 감정과 정서, 의도와 생각, 그리고 상황과 장면 등을 총체적으로 통합시켜 주고 특정 경험이 이루어지는 맥락 속에 위치시켜주는 인식의 틀"(강현석, 2005, p. 92, 강현석, 2016, p. 27에서 재인용)이라고 정의하였다.

7.1.3 내러티브 탐구의 유형

내러티브 탐구는 분석 방법, 자료 양식에 따라 몇 가지 유형으로 분류할 수 있다. Creswell(2007)은 연구자의 분석 전략과 내러티브 양식의 다양성에 따라 내러티브 탐구 유형을 다음과 같이 구분하였다.

[표29] 내러티브 탐구의 유형화 방식(강현석, 2016, p. 533)

내러티브 탐구의 유형화 방식			
연구자의 분석 전략	내러티브의 분석 (analysis of narrative)		내러티브 분석 (narrative analysis)
내러티브 양식의 다양성	자전체적 연구 (biographical study)		구술연구 (oral history)
	자서전적 연구 (autobiography)	생애사 연구 (life history)	

연구자의 분석 전략에 따라 내러티브를 유형화하면 내러티브 탐구를 내러티브의 분석(analysis of narrative)과 내러티브 분석(narrative analysis)으로 나눌 수 있다(Polkinghorne, 1995). 내러티브의 분석은 패러다임적 사고에 바탕하여 이야기 혹은 이야기 유형을 가로지르는 주제를 기술하는 데 초점을 둔다. 내러티브의 내용에 중점을 두는 이러한 분석은 주제, 관련된 사람, 상황, 사건 등에 관심을 둔다는 점에서 일반적인 질적 연구와 유사하다. 이는 내러티브에 대한 분석 혹은 내용분석이라고도 한다. 이러한 분석은 다른 질적 연구와 마찬가지로 코딩 과정을 거쳐 범주를 형성하고 확인하는 과정을 거치기 때문에 비교적 객관적인 방법을 택한다고 할 수 있다. 반면 내러티브 분석은 일어난 사건에 대한 내러티브를 수집하고 이를 하나의 줄거리가 있는 이야기로 재구성하는 것을 말한다. 내러티브 분석은 이야기가 어떻게 전개되었는가에 관심을 가지고 사건이나 일어난 일을 수집하여 이를 하나의 플롯을 가진 이야기로 구성하고자 한다. 내러티브의 분석(analysis of narrative)은 내러티브를 자료로 사용한 경우라면 내러티브 분석(narrative analysis)은 내러티브를 분석과 자료를 제시하는 방식으로 사용한 경우라고 할 수 있다.

응용언어학 분야의 내러티브 연구는 내용분석에 치우친 경향이 있는데, 이는 제2언어 학습을 어떻게 하는가의 답을 찾는 것이 연구의 주제이기 때문에 이야기를 구성하는 방식보다는 이야기의 내용에 관심을 두게 되기 때문일 것이다. 내용분석은 Riessman(1993)의 주제분석(thematic analysis)에 상응한다. 주제분석은 내러티브의 내용에 초점을 두는 것으로 인물과 주제에 따라 분류하고 공통 주제를 찾는 데 사용하는 방법이다. 다수의 내러티브를 분석하여 그 결과의 의미와 방향을 가늠하고자 할 때 유용하다. 그러나 이러한 내러티브의 내용분석은 내러티브 화자나 연구자의 해석보다는 내용에 관심을 두기 때문에 내러티브가 생겨난 개인적, 사회적 맥락이 고려되지 않는다는 단점이 있다.

내러티브의 내용과 더불어 어떤 방식으로 내러티브가 구성되는가 하는 것도 연구의 중요한 주제로 떠오르기 시작했다(예: Barkhuizen, 2010). 특히 내러티브는 연구 참여자 단독의 이야기가 아니라 연구자와 참여자가 공동으로 구성하는 과정이라는 관점에서 연구자와 연구 참여자의 상호작용을 분석하는 연구가 새로운 주제로 떠오르고 있다.

7.2 자료 수집 및 분석

7.2.1 자료 수집

내러티브 탐구는 주로 ESL, EFL 환경의 제2언어 교사가 학교 현장의 경험을 통하여 교사로서 성장하고 발전해 가는 이야기를 담은 내러티브에 대한 연구가 많이 진행된 반면 학습자에 대한 연구는 상대적으로 미흡하다. 본 장에서는 내러티브 자료의 유형에 따라 학습자 내러티브 연구를 구분하여 살펴봄으로써 학습자 내러티브의 방법 및 주제를 파악하고자 한다. 다음 표는 학습자 내러티브를 자료 유형별로 구분하여 보여준다.

[표 30] 자료 유형에 따른 내러티브 탐구

자료 유형	관련 연구
구어 내러티브	Coffey & Street(2008), Menard-Warwick(2004), Lee & Chern(2011), Miller(2010), S. Kim(2018)
문어 내러티브 내러티브 프레임	김신혜(2019a), Barkhuizen et al.(2014), Macalister(2012), Murphey & Carpenter(2008), Murphey et al.(2004)
온라인/다중모드	Chick & Breidach(2011), Gao(2007)

학습자 내러티브의 자료를 수집하는 방법에 따라 구어, 문어 그리고 다중 내러티브로 구분할 수 있다. 학습자 내러티브의 대부분은 인터뷰를 통한 구어 내러티브 형태로 수집되었다. 그러나 구어 내러티브는 많은 학습자를 대상으로 하기 어렵고, 학습자 개인차가 크기 때문에 주로 소수의 학습자가 한 번 혹은 여러 번에 걸쳐 내러티브를 진술하는 과정으로 수집한다. 반면 문어의 경우 많은 학습자를 대상으로 할 수 있다는 장점이 있기 때문에 특정 집단을 대상으로 한꺼번에 자료를 수집할 수 있고, 이를 바탕으로 아카이브(archives)를 구축할 수도 있다. 학습자들이 무엇에 대해 이야기를 할지 잘 모르는 경우가 있기 때문에 구체적인 내러티브 프레임을 제시하여 문어 내러티브를 작성하도록 할 수 있다.

구어 내러티브

구어 내러티브는 내러티브를 진술하는 가장 보편적인 방법으로 연구의 목적에 따라 특정 사건에 대한 짧은 이야기, 개인의 삶에 관한 이야기를 재구성하는 생애사, 개인적인 삶을 넘어서 집단의 역사와 관련되는 주제를 다루는 구술사(oral history)로 나뉠 수 있다. 또한 인터뷰의 형태에 따라 구어 내러티브를 구분할 수 있다. 질문을 미리 준비하여 사용하는가 그렇지 않은가에 따라 구조적(structured), 반구조적(semi-structured), 개방형(open-ended)으로 구분한다.

구조화된 인터뷰에서는 연구자가 미리 준비한 질문을 그대로 하는 것으로 이는 구어 설문(oral questionnaires, Richards, 2003, p. 69)이라고 할 수 있다. 이러한 형태의 인터뷰는 많은 수의 연구 참여자를 대상으로 할 때 동일 질문을 사용함으로써 일관성을 유지할 수 있다는 장점이 있다. 그러나 구조화된 인터뷰는 연구 참여자가 추가적인 정보를 제공할 기회가 없기 때문에 풍부한 자료를 얻지 못할 위험성이 있다.

반구조화된 인터뷰는 제2언어 학습 연구에 가장 많이 사용되는 형태로 연구자가 질문을 준비하되 인터뷰의 방향에 대한 가이드로만 사용하고, 참여자가 자유롭게 말하도록 하여 연구 목적에 부합하는 자료를 최대한 끌어내는 도구로 사용된다. 반구조적 인터뷰는 내용의 통일성을 유지하기 위해 질문을 사용하지만 연구자가 응답에 대한 후속 질문을 함으로써 참여자가 내용을 좀 더 상술하도록 하거나 명확하게 설명하도록 할 수 있다. 인터뷰 질문은 일반적인 배경을 묻는 데서 보다 연구 문제와 관련된 구체적인 질문으로 옮겨간다. 효과적인 인터뷰 질문을 하기 위해서는 다양한 종류의 인터뷰 가이드를 참고하는 것이 필요하다.

개방형 인터뷰는 내러티브 탐구에 자주 사용되는 방법으로 연구 참여자에게 최대한의 자유를 보장하고, 중요하게 생각되는 주제를 보다 깊이 탐구하도록 하는 데 유용하다. 개방형 인터뷰의 경우 연구자가 연구의 목적을 이야기하고 연구 참여자가 연구와 관련된 이야기를 최대한 자유롭게 하도록 하기 때문에 연구 주제와 관련된 풍부한 내용을 수집할 수 있다는 장점이 있다. 그러나 연구의 목적과 관련 없는 이야기로 흘러갈 수 있고, 참여자가 적극적이지 않을 경우 충분한 내용을 확보하지 못하는 위험이 있기 때문에 연구자의 인터뷰 기술이 매우 중요하다.

인터뷰의 목적과 형태가 어떠하든지 인터뷰 전에 연구자가 인터뷰를 통해 무엇을 얻고자 하는지와 핵심적인 질문(big questions, Richards,

2003, p. 69)이 무엇인지를 파악하는 것이 중요하다. 연구자가 인터뷰의 목적에 대해 분명하게 알고 있지 않으면 효과적으로 인터뷰를 진행할 수 없고, 이는 곧 인터뷰를 통해 구성되는 내러티브 내용에 영향을 미치게 된다. 이런 점에서 연구자가 질문을 미리 생각하지 않는 경우란 거의 없다고 할 수 있다. 왜냐하면 연구자는 항상 연구 목표와 연구 문제를 가지고 참여자를 만나기 때문에 실제 아무런 방향 없이 인터뷰를 하기 어렵기 때문이다.

문어 내러티브

Barkhuizen 외 2인(2014)은 문어 내러티브를 자서전적, 전기적, 다중모드 내러티브로 구분하고 연구가 이루어지는 상황에 따라 다르게 사용된다고 하였다. 학습자 관련 내러티브는 연구자 자신의 언어학습 경험을 기록하고 분석하는 자서전적 내러티브와 다른 학습자의 언어학습 경험을 기록하는 전기적 내러티브로 나뉜다. 전기적 내러티브는 학습자가 수업 과제 혹은 연구에 참여하여 언어학습 경험을 기록하는 것으로 언어학습사(Language Learning History, Murphey et al., 2004) 혹은 저널, 이메일, 편지(Kinginger, 2004) 등이 포함된다. 문어 내러티브는 참여자가 양식에 얽매이지 않고 자유롭게 쓰도록 할 수 있지만, 내러티브 프레임(Macalister, 2012) 등의 방법을 통해 내러티브의 형식을 정해줄 수도 있다. 예비교사, 현직교사들이 자신의 교수경험에 대해 성찰적 저널을 쓰고 이를 연구자가 분석하는 경우에는 전기적 성격을 가진다고 할 수 있다(Barkhuizen, 2008; Golombek & Johnson, 2004). 문어 내러티브는 수업의 일부로 주어지는 과제일 수도 있고, 연구를 위해 기록된 자료이거나 두 가지가 혼용되는 경우가 있다.

학습자 일기는 자서전적 관점에서 학습 과정을 기록한다는 점에서 개인의 일기와 유사하다. Benson(2004)은 학습자 일기는 학습과 동시에 이루어지기 때문에 정서적 요인, 학습전략, 학습자의 인식에 대한 정보를 얻는 데 유용하다고 하였다. 일기는 다른 방법으로 접근할 수 없는 자료를 접할 수 있도록 하기 때문에 제2언어 학습에 대한 풍부하고 깊이 있는 자료를 얻을 수 있다는 이점이 있다. 무엇보다 학습자 관점에서 기록한다는 점이 중요한데, 연구자의 인터뷰나 설문을 통해서는 파악하기 어려운 학습자 내면의 변화나 언어학습에 대한 인식 등을 직접적으로 알 수 있는 자료를 제공하기 때문이다. 학습자의 일기는 현재 진행 중인 학습에 대한 기록인 반면 언어학습사는 과거 경험을 회고한 기록이다. 학습자가 언어를 배우는 전 기간을 포함한다는 의미에서 Benson(2004)은 이를 언어학습 커리어(Language Learning Careers)라고 부르기도 했다. 기간은 짧은 기간에서 한 학기, 혹은 몇 년에 걸쳐 장기간 작성될 수도 있다.

내러티브 프레임(narrative frame)은 문장의 일부를 주어 참여자가 내러티브를 보다 쉽게 작성하도록 하는 장치이다. 문어 내러티브를 작성하는 경우 연구 참여자에 따라 분량의 차이가 많을 수도 있고, 어떤 내용을 써야하는지를 파악하지 못해 어려움을 겪는 응답자도 있을 수 있다. 또한 많은 학생들을 대상으로 내러티브를 수집하는 경우, 일정한 양식을 사용하여 내러티브의 양과 내용을 통제할 필요가 있을 때 효과적이다. 즉 내러티브 프레임은 다양한 길이의 빈칸과 미완성된 문장으로 이루어진 이야기 템플릿이다. 이는 연구 참여자가 일관성 있는 이야기를 구성할 수 있도록 도와주는 기본적인 구조를 제공하는 것이다.

다중모드 내러티브

다중모드 내러티브(multimodal narratives)는 디지털 시대를 반영하는 특징적인 내러티브 방법이다. 전형적인 구어, 문어 내러티브 자료 외에 시각 자료를 포함하여 문자로 기록된 내러티브를 보다 풍성하게 구성하는 방법이다. 다중모드 텍스트는 디지털 다중모드 텍스트, 비디지털 다중모드 텍스트, 멀티미디어 텍스트 등으로 구분할 수 있다. 연구 참여자가 연구자와 협력하여 내러티브를 구성하거나 문어 내러티브를 보조하고자 시각적 자료를 활용할 때 이러한 유형의 텍스트가 수집될 수 있다. 학습자들의 언어학습 과정이나 경험을 표현할 때 사진을 사용하거나 그림을 그리고 이에 대한 간단한 설명을 첨가하도록 할 수 있고, 사진이나 그림은 조별 토론 자료로 활용하여 학습 경험에 대한 내러티브를 구성하도록 할 수도 있다. 이러한 자료는 정규 수업 시간에 수업 과제의 일부로 수집할 수 있고(Li, 2011), 사진, 디지털 이야기(Vasudevan, Schultz, & Bateman, 2010), 사진과 하이퍼텍스트가 포함된 텍스트 기반 언어학습사(Menezes, 2008), 멀티미디어 언어학습사(Chik & Breidbach, 2011)의 형태로 구성될 수 있다.

7.2.2 자료 분석 및 절차

내러티브 탐구 분석

내러티브 탐구도 질적 연구의 한 가지 방법이기 때문에 질적 연구의 자료 분석 과정에 요구되는 분석 전략이 그대로 적용된다고 볼 수 있다. 질적 연구 분석은 무엇보다 비선형적이고 반복적(iterative)이다. 선형적으로 진행되는 양적 연구와 달리 질적 연구 분석은 지그재그식으로 비선형적으로 진행된다는 점이 특징이다. 연구자들은 자료 수집과 분석, 해석 과정 사이를 오가며(move back and forth between data collection, data analysis and data interpretation, Dörnyei, 2007, p. 243) 더 이상 새로운 범주가 발견되지 않는 포화에 이를 때까지 분석 과정을 반복한다는 점에서 반복적이고 순환적이다. 질적 연구가 반복적이라는 점은 또한 연구 설계가 출현적이라는 점과 관련 있다. 이는 자료에서 새로운 점을 발견하게 될 경우에 대비해 개방적이고 유동적인 자세로 접근한다는 의미이다(a study is kept open and fluid so that it can respond in a flexible way to new details or openings, Dörnyei, 2007, p. 37). 내러티브는 기본적으로 이러한 질적 연구 분석의 특징을 반영한다. 그러나 내러티브 탐구는 자료를 코딩하고 주제를 찾는 일반적인 질적 연구 분석에 그치지 않고 분석 과정에서 찾은 주제를 바탕으로 연구 참여자의 이야기를 재구성하는 과정이 포함된다. 내러티브 탐구의 자료는 이미 내러티브의 형태로 생성된 것도 있고, 인터뷰, 일기, 저널, 다중모드 텍스트 등 아직 내러티브 형태로 구성되지 않은 비내러티브 자료도 있다. 내러티브 분석 과정은 내러티브의 구조와 주제를 파악하고 비내러티브에 내재되어 있는 일관성 있는 이야기를 찾아내는 과정이라고 볼 수 있다. 또한 연구 참여자의 이야기를 연구자가 내러티브로 구성할 수도 있고, 연구 참여자가 한 이야기의 일부를 분석 자료로 사용할 수도 있다.

내러티브의 분석 및 내러티브 분석

Polkinghorne(1995)은 내러티브 분석을 내러티브의 분석 혹은 내러티브에 대한 분석과 내러티브 분석으로 구분한다. 이러한 구분은 Bruner(1990)가 제시하는 두 가지 형태의 인식 유형과도 맥락을 같이 한다. 패러다임적 인지(paradigmatic cognition)에 기반한 분석은 자료에 나타난 개별적 특징을 유형화하여 공통점을 찾아 범주에 묶는 방식을 말한다. 이러한 내러티브에 대한 분석은 내용분석이라고도 하는데 이는 자료를 코딩하여 주제를 찾고, 이를 유형화하는 일반적인 질적 연구의 분석 방법과 다르지 않다. 이러한 분석은 여전히 패러다임적 분석 틀에 기반하고 있기 때문에 내러티브 탐구가 추구하는 이야기를 명확하게 보여주지는 못한다는 단점이 있다. 반면 내러티브 분석은 내러티브적 인지(narrative cognition)에 기초하여 보편적이지 않은 상황에서 발생하는 인간 행동의 독특한 성격에 주목한다. 즉 특정한 상황에서의 경험을 시간적으로 조직화하고 하나의 통일성 있는 전체를 이루도록 플롯을 부여하는(emplot) 과정을 중요시한다. 따라서 내러티브 분석은 자료의 다양한 조각을 모아 일관성 있는 전체를 만드는 과정, 이야기를 만드는 과정을 보여주는 데 초점을 둔다. 이처럼 내러티브의 플롯을 형성하고 사건과 행위 간의 간격을 채워가는 작업을 하게 되고 독자는 내러티브 추론을 통해 이러한 행위가 일어나는 이유에 공감하게 된다. Polkinghorne(1995)은 내러티브의 분석과 내러티브 분석을 다음과 같이 비교한다.

[표 31] Polkinghorne(1995)의 내러티브의 분석과 내러티브 분석 비교(이상우, 2017, p. 566)

구분	내러티브의 분석/ 내러티브에 대한 분석 (analysis of narratives)	내러티브 분석 (narrative analysis)
사고 근저	패러다임적 사고	내러티브적 사고
연구의 목표	보편적 원리	다원적 원리
연구의 대상	일반적 행위	특정 행위
자료의 종류	주로 면담과 관찰을 통한 자료	삼차원적 탐구공간
분석도구	선행 이론 또는 귀납적 추론(코딩)	순환적 추론
글쓰기	소주제와 보편적 이론	사건, 인물, 이슈로 구성된 플롯 구성
독자에게 전달	삶의 보편적 의미	삶의 다원적 의미
결론	추상적 주제	구체적인 이야기들
관련 이론	근거이론, 전통적인 사회과학의 연구	사례연구, 생애연구, 생애사, 자서전, 자문화기술지

두 가지 분석 방법을 비교해 보면 내러티브의 분석은 일반적인 질적 연구 분석이라고 할 수 있고, 내러티브 분석은 이야기를 구성하는 데 초점을 두고 있음을 볼 수 있다. 다시 말하자면 내러티브의 분석은 코딩 과정을 통해 보편적인 개념을 추출하는 데 관심을 두고 내러티브 분석은

추론을 통한 그럴듯한 이야기를 생산하는 데 초점을 둔다고 할 수 있다. 응용언어학 분야에서는 내용과 주제에 초점을 둔 내용분석 방법이 지배적인 반면 내러티브 분석의 예는 많지 않다. J. Kim(2011)은 교육학 분야에서 내러티브 구성이 어떻게 가능한지 보여주는 예로 5개월 동안 관찰과 인터뷰를 통해 자료를 수집하고 이를 전기적 일기(biographical journal)로 구성하였다. 그는 정규 고등학교에서 퇴학당한 Kevin이 대안학교의 공식 교육과정과 잠재적 교육과정을 어떻게 경험하는지 탐색하여 대안학교의 역할에 대해 질문을 제기하고 있다. J. Kim(2011)은 인터뷰뿐 아니라 비공식적인 대화, 참여 관찰, 과제물, 시집, 스케치 등을 토대로 연구자는 그의 경험의 핵심을 파악하여 전기적 일기(biographical journal)라는 형식으로 연구 참여자의 경험을 재구성한다. 다음은 J. Kim(2011)의 전기적 일기 형식을 보여주는 예이다.

September 5, 2003
I didn't want to be at school today. Well, I feel that way every day anyway. But today, I was very upset because Mr. Schindler sent me to the office again for no reason. Even though the whole class was talking, he gotta send me to the office whenever I opened my mouth. He totally singled me out. It's because what I say is not what he likes to hear. It's because I stand up for myself. I talk back.
I was put in the office until my mom came to pick me up. My mom gave me shit for that. I couldn't stand it. So, I got into an argument with her again. As soon as my mom brought me home, I locked myself in my little room and wrote this poem.

Grasping your attention
One flaw at a time
Your words are ahead of your mind

Secure?
A shady blur
Marks the cure
Bland and blind
Can't hide
Tried
We'll all be found
Before it's too late
And yesterday
I didn't have to think
As I faded away
I'm the same
But never been sane
Any more
It's seeping in
To every pour
I'm hanging from fear
Can you admit that you're scared [Kevin Gonzales, 2003] (J. Kim, 2011, pp. 14-15)

위 인용문은 일기와 시의 형식을 빌려 Kevin의 학교생활, 가정생활, 교사와의 관계 등에 대해 생생한 이미지를 가질 수 있도록 작성되었다. 일기 중간에 삽입된 시는 Kevin이 실제 작성한 시로 이는 그가 시적인 재능을 가지고 있지만 학교에서는 이를 알아주지 않고, 문제아(trouble maker)로 낙인찍혀 있음을 대조적으로 보여준다. 그에게 맹목적인 암기를 요구하는 시험이나 암기식 교육을 하는 학교는 더 이상 의미가 없다고 기술한다. 이러한 내용을 일반적인 논문의 용어로 쓰였다면 독자에게 거리감 있는 이야기로 다가올 수 있다. 그러나 일기라는 장르를 통해서 독자는 학교에서 이해받지 못한, 우울하고 침체되어 있는 십대 청소년

Kevin을 생생하게 그릴 수 있다. 이를 통해 학교에서 교육이라는 이름으로 행해지는 많은 관행들이 과연 학생들에게 어떤 의미가 있을까라는 질문을 던지고 있다. J. Kim(2011)의 연구는 문학적 형태의 전기적 일기를 구성하여 Kevin과 비슷한 상황에 있는 학생들을 상상할 수 있는 여지를 제공한다. 이러한 내러티브 텍스트를 통해 독자들이 좀 더 구체적인 깨달음을 얻을 수 있다고 보는 관점을 예술기반 내러티브 탐구라고 한다.

내러티브 분석 방법은 내용분석과 달리 수집한 자료에 어떠한 이야기가 담겨있는지 추출하고 이를 예술적인 장르(시, 일기, 공연 등)로 재구성하여 보여준다는 점에서 연구자의 재구성이 훨씬 큰 비중을 차지한다. 즉 연구자의 재구성 자체가 분석의 과정이고 결과 기술 과정일 수 있다. 이러한 내러티브 분석은 보다 넓은 범위의 독자들에게 읽힐 수 있다는 장점이 있지만 기존 학술 논문 양식에 익숙한 독자에게는 체계적인 분석을 결여한 분석 과정으로 느껴질 수도 있다.

상호작용 분석

내러티브 분석의 또 한 가지 방법은 내러티브 내 상호작용을 분석하는 것이다. 이 분석 방법은 자연스러운 상황에서 일어난 짧은 대화문을 자료로 다룬다는 점에서 인터뷰 전체 혹은 언어학습사 등의 문어 내러티브 전체를 분석하는 방법과 구별된다. 이러한 분석은 내러티브에 담긴 내용뿐 아니라 이야기가 진술되는 방식, 구조, 그리고 내러티브가 생성되는 맥락을 분석한다. 이러한 방법은 특히 대화문을 통해 드러나는 개인의 정체성을 살펴볼 때 유용하다. 예를 들면 Bamberg(2003, 2004)는 일상적이고 단편적인 내러티브인 작은 이야기(small story)를 통해 개인의 정체성이 어떻게 드러나는지 분석하였다. 그는 자서전적이거나 회고적인 내러티브를 통해 생산되는 거대담화에 지나치게 초점을 둔 반면 개인이 자아를 어떻게 수행하는지에 대한 연구가 부족하다는 점에서 이야기 내용뿐 아니라 어떻게 이야기가 구성되는지에 관심을 가지게 되었다. Bamberg와 Georgakopoulou(2008, p. 385)는 위치매김 분석(positioning analysis)을 3단계로 제시한다.

- 1단계(Level 1): 이야기 속의 인물들이 서로 어떻게 위치하는가? 이야기 내에서 인물들이 어떻게 설정되는가를 분석하는 것으로 '이 이야기가 무엇에 관한 것인가', '이야기 속의 인물들은 왜 이런 식으로 언급되는가?'(What is this story about?, Who are the characters and why are they positioned this way?)에 대한 답을 찾기 위한 과정이라고 볼 수 있다.

- 2단계(Level 2): 발화자가 이들과 어떠한 위치에 있는가? 연구자와 다른 사람과 관계를 어떻게 정립하는가? 어떤 방식으로 이야기 하는가? 말하는 사람이 이야기를 통해 성취하고 하는 것은 무엇인가? 즉 '왜 이런 식으로 이야기가 되어야 하는가?'(Why is it told this way?)를 묻는 단계이다.

- 3단계(Level 3): 발화자가 자신의 발화자로서 자신, 그리고 지배적인 담화 혹은 거대담화(master discourse 혹은 grand discourse)관점에서 자신의 역할을 어떻게 구성하는가? '나는 누구이고 누구여야 한다고 하는가?'(Who am I vis-a-vis what society says I should be?)에 대한 답을 하는 단계이다.

이러한 분석을 적용한 예로 Barkhuizen(2010)을 들 수 있다. 그는 뉴질랜드 이민자이자 예비교사인 Sela가 자신의 정체성을 어떻게 표현하는지 살펴보았다. 그는 Sela가 이야기를 통해 자신을 "Tongan 이민자, 교사, 활동가/중재자, 투자자/자본가"(Tongan immigrant, teacher, activist/mediator, investor/capitalizer)라는 정체성을 드러내고 있다고 하였다. 또한 그녀의 이야기는 이민 학습자의 영어 학습이 커뮤니티의 지배적인 담화("ma"로 표현되는 수치심, 부끄러운 일)에 어떻게 영향을 받는지, 동시에 영어 학습이 "더 나은 삶"(a better life)에 대한 기대와 어떻게 연결되는지를 보여준다. Barkhuizen(2010)은 Sela의 이야기가 그녀의 커뮤니티 사람들이 가지는 "더 나은 삶"에 대한 이야기이자, 그녀가 이런 삶을 위해 어떤 역할을 하는지에 대한 이야기라고 요약한다. 이러한 분석은 내용분석적인 면과 대화 내 상호작용 분석을 혼합하여 내러티브 탐구가 내용분석에 치우쳤다는 비난을 극복하고자 하는 노력을 보여주었다.

내러티브 탐구 절차

내러티브 탐구의 자료 수집 절차가 한 가지로 고정되어 있는 것은 아니지만 대개 다음과 같은 과정을 통해 이루어진다.

- 연구계획 수립: 연구 문제를 설정하고 연구의 이유, 연구 방법에 대한 계획을 수립한다.
- 인터뷰 질문 준비: 이전 연구를 참조하여 질문 목록을 구성한다. 이때 질문은 연구자가 연구 참여자의 이야기를 이끌어 가기보다 따라가기 위한 것이고, 질문하기보다 듣기 위한 것이고, 적극적으로 조사하기보다는 한 발짝 물러서 있기 위해 필요하다(The life history research must remember to follow rather than lead, to listen rather than query, to hold back rather than probe. Kouritzin, 2000, p. 29).
- 예비연구 실시: 양적 연구와 마찬가지로 본 연구를 시작하기 전에 연구 참여자와 유사한 참여자를 대상으로 예비연구를 시행할 수 있다. 이 과정에서 질문의 적절성을 평가하여 질문 목록을 수정한다.
- 연구 참여자: 연구 참여자의 경험이 다양할수록 자료의 내용을 풍부하게 하여 연구의 결과 도출에 도움이 될 수 있다. 따라서 연구하고자 하는 현상에 관련된 경험을 가장 풍부하게 표현할 수 있는 대상을 포함하는 것이 필요하다.
- 연구자와 연구 참여자의 라포 형성: 내러티브 탐구에서 연구자와 연구 참여자의 라포 형성은 매우 중요하다. 다른 유형의 질적 연구 역시 연구자와 참여자의 라포가 중요하지만 내러티브 연구에서는 연구 참여자가 상호 존

중과 신뢰 형성(Clandinin & Connelly, 2000; Kouritzin, 2000)을 바탕으로 기술한 이야기 자체가 연구 자료가 된다는 점에서 특히 중요하다. 또한 분석과 결론 도출 과정에 연구 참여자가 참여하여 의견을 제시할 수 있기 때문에 라포 형성은 연구 자료의 질을 결정할 수 있다.

인터뷰 시행 및 인터뷰 자료 전사는 수집과 분석으로 분리하여 기술하지만 실제로는 이 두 가지 과정이 겹친다고 볼 수 있다. 자료 분석은 사실상 자료를 전사하는 과정에서 일어난다(Riessman, 2008). 담화분석과 마찬가지로 연구 참여자의 목소리를 듣고 이를 그대로 옮기는 전사과정에서 어떤 의미를 담을지를 생각하게 된다. 따라서 시간이 많이 걸리지만 연구자 자신이 이에 몰입되는 시간이 필요(immersing me in the participant's words, Riessman, 2008, p. 50)하기 때문에 연구자 자신이 전사를 하는 것이 바람직하다. 이 과정을 통해 다음 자료 수집 과정에 필요한 질문거리를 생각할 수도 있고, 새로운 연구 주제를 찾을 수도 있다. 전사를 할 때에는 녹음 파일 전체를 들으면서 언어적 전사를 할 뿐 아니라 대화에서 눈에 띄는 점을 기록(울음, 웃음, 긴 휴지)해야 한다. 이후 자세한 분석을 위해 전체가 아니라 연구를 위해 필요한 부분을 선택적으로 전사하기도 한다. 그러나 응용언어학의 경우 전체 내용을 파악하는 것이 중요하기 때문에 선택적 전사보다는 대부분 녹음 내용 전부를 전사하게 된다. 선택적인 전사를 하는 경우뿐 아니라 전체를 전사하더라도 전사문을 어떻게 작성하는가 하는 과정에서 연구자의 관심이 반영될 수밖에 없다. 이 점에서 전사는 곧 분석이라고 할 수 있다. 전사 초고를 읽으면서 분석의 초점을 발견하거나 분명해지는 과정으로 눈에 띄는 담화적 특징을 발견하도록 노력하는 분석적 추론 과정을 거쳐 적절한 코드를 형성하여 이야기의 뼈대가 되는 부분을 수집해야 한다.

질적 연구자들은 전사가 단순히 기술적인 작업이 아니라 분석 자체임을 강조한다. Riessman은 전사를 해석에 필수적인 구조를 풀어내는 과정 (it is not a technical operation but a stuff of analysis itself, the "unpacking" of structure that is essential to interpretation, Riessman, 1993, p. 58)이라고 보았다. 자료를 이해하고 해석하기 위해서는 구조를 파악하는 것이 필요한데 전사는 바로 이러한 구조를 파악하도록 도와주는 과정이라는 것이다. 전사에는 많은 시간이 걸리기 때문에 연구자가 직접 하지 않고 다른 사람의 도움을 받는 경우가 많다. 이 경우 연구자 자료에 대한 직접적인 감을 잃을 수 있다는 점을 염두에 두어야 한다. 전사하는 과정에서 인터뷰 상황을 다시 생각할 수 있고, 이는 연구 참여자가 전달하고자 했던 의미가 무엇인지를 유추하는 데 도움이 될 수 있다. 자료의 양 때문에 다른 사람의 도움을 구할 경우, 전사 기호, 전사문 양식 등에 대한 세세한 가이드를 제공하여 자료가 글로 충실하게 옮겨지도록 해야 한다. 요즘에는 인터뷰 자료를 전사하는 기능이 있는 컴퓨터를 활용한 질적 연구 분석도구(예: NVivo)도 있다. 그러나 이러한 기능은 영어 자료만 가능하기 때문에 사용이 제한적이다. 연구자 본인이 전사를 하거나 다른 사람 혹은 소프트웨어 프로그램을 활용하는 경우 모두 전사문을 읽으면서 정확성을 확인하는 과정이 필요하다.

7.2.3 타당도 및 신뢰도

양적 연구에서는 통계적으로 유의미한 자료로 진술을 증명하고, 정해진 연구 절차가 연구 결과의 객관성을 확보한다. 객관적인 연구 절차를 따른다는 것이 연구의 결과가 반드시 사실임을 보증하지는 않지만 양적 연구의 경우 연구 절차와 기술이 일반적인 기준을 따른다는 점에서 객관성을 주장하기가 좀 더 용이하다. 반면 내러티브 탐구를 포함한 다른 질적 연구의 결과분석 및 기술은 객관적이지 않다. 어떤 점에서는 결과가 연구자의 주관적인 해석을 담고 있음을 인정하기도 한다. 연구자가 철저히 주관적 입장을 배제하고 자료를 분석하려고 노력하더라도 자료 분석 과정에서 자신의 통찰력에 의존하는 순간이 있을 수밖에 없음을 인정하는 것이다. 양적 연구의 신뢰도는 동일한 조건 하에서 연구를 반복했을 때 유사한 결과를 얻을 수 있는지에 달려 있다. 그러나 연구의 반복이 불가능한 내러티브 연구의 경우 연구의 복제는 불가능하다. 내러티브 탐구의 결과는 독특한 자료 해석의 산물이므로 이를 반복하는 것은 자료의 개성, 독특함을 상실하기 때문에 의미가 없다. 이런 점에서 내러티브 탐구는 연구자의 주관성을 전제한다. 내러티브 탐구 결과는 연구자가 수집한 특정 자료에 대한 연구자의 해석이라고 볼 수 있다.

결과 분석의 신뢰도를 높이기 위해서는 코더 간 신뢰도(intercoder reliability)를 확인하는 절차를 거칠 수 있다. 그러나 Barkhuizen 외 2인(2014)은 이러한 과정조차도 내러티브 탐구 방법의 일부여야 하는지에 의문을 제기한다. 왜냐하면 내러티브 탐구는 양적 연구처럼 객관성과 신뢰도를 추구하는 것이 아니라 주제나 담화분석에 근거한 패러다임적 논증 혹은 자료에 대한 잘 구성된 주관적 해석(a well-crafted subjective interpretation of data)을 추구하기 때문이다. 따라서 내러티브 탐구 결과를 양적 연구와 마찬가지로 객관성과 신뢰도 기준을 적용하여 평가하는 것은 적절하지 않다. 그렇다고 해서 내러티브 탐구가 연구로서 따라야 할 기본적인 틀을 무시하는 것은 아니며 다만 질적 연구의 특징을 고려한 기준이 적용되어야 한다.

Barkhuizen 외 2인(2014)은 내러티브 탐구의 기준을 엄격성, 신뢰성, 전이성으로 설명하고 있다. 엄격성이란 연구 분석 과정이 얼마나 체계적으로 이루어졌는가 하는 것이다. 이는 자료를 수집하는 과정, 자료를 분석하는 과정 모두에 해당한다. 내용분석의 경우 코드와 이를 묶는 상위 범주를 찾는 체계적 과정을 보여준다. 학술지에 게재된 연구는 연구 방법을 자세히 기술함으로써 연구가 절차를 따라 체계적으로 진행되었음을 보여 주고자 한다. 내러티브 탐구의 결과는 실재와 연구가 추구하는 현실과의 관계라고 할 수 있다. 예를 들어 언어학습사는 학습자에게 실제 일어난 일의 기록이라고 가정할 수 있지만 정확하게 실제 일어난 일이 아닐 수 있다. 따라서 내러티브는 실제 일어난 경험에 구조와 의미를 부여하는 과정으로 인식할 필요가 있는데 연구자는 연구 참여자의 이야기를 듣고 이를 다시 해석하는 과정을 거치기 때문에 이 과정에서 일어날 수 있는 주관성의 개입을 인지할 필요가 있다. 연구자와 연구 참여자 간의 라포는 이야기를 말하는 과정에서 신뢰도를 높이는 데 기여한다. 또한 연구 분석 과정에서 연구 참여자와 결과를 공유함으로써 이들의 의견을 수용하여 생성된 내러티브 자료의 신뢰도를 높일 수 있다. 내러티브 탐구의 경우 같은 상황에서 연구 참여자들이 같은 언어학습 경험을 하거나 이를 동일한 방식으로 기술할 가능성은 없다. 그러나 유사한 환경이 언어학습 경험에 미칠 수 있는 영향을 가늠해 볼 수 있는 가능성을 열어두어 전이성을 확보한다.

7.3 관련 연구

내러티브 탐구는 다양한 의미로 사용되는데 내러티브 자체가 연구의 대상이기도 하고, 내러티브를 연구의 방법으로 사용하는 경우를 의미하기도 한다. 응용언어학에서는 후자를 택하는 경향이 있다. 예를 들어 영어학습동기(Norton Pierce, 1995; Schumann, 1997; Shoaib & Dörnyei, 2004); 학습자 정체성(Benson, Chik, & Lim, 2003; Kanno, 2003; Murphey et al, 2004; Norton, 2000), 다중언어주의(Block, 2006; Pavlenko & Blackledge,

2004), 언어 소실(Kouritzin, 1999), 학습자 자율성(Murray & Kojima, 2007) 등의 주제를 연구할 때 학습자의 내러티브를 수집함으로써 관련주제에 관한 새로운 주제를 찾을 수 있다. 여기서는 Casanave(2012)와 Barkhuizen과 Wette(2008)의 연구를 내러티브 탐구의 예로 살펴보겠다.

[표 32] 연구 요약: Casanave(2012)

Casanave, C. P. (2012). Diary of a dabbler: Ecological influences on an EFL teacher's efforts to study Japanese informally. *TESOL Quarterly, 46*(4), 642-670.

연구 목적
- 연구자 자신의 일기를 통해 일본어 학습을 위한 노력에 영향을 미치는 요인들(ecology of effort, Casanave, 2012, p. 642)을 기술하고자 함
- 언어학습에 노력을 기울이고자 하는 자율성, 변화하는 동기 등의 주제와 환경적 영향에 관한, 맥락적 정보가 풍부한 장기간의 일기 연구

연구 방법
- 연구자가 8년 동안 일본에서 영어 교사로 일하면서 쓴 일기(1990~2003)중 첫 4권(1990~1998, 758쪽) 분량
- 언어학습 활동, 좌절, 실망, 성공에 대한 감정, 미국으로 돌아온 후 회고 등을 기록, 어휘 및 문법, Kanji연습, Kana와 Kanji를 혼합한 문장

연구 결과
- Analytical curiosity: 연구자 자신의 분석적 호기심이 일본어의 새로운 점을 발견하고 사전을 공부하게 하고, 일상에서 접하는 Kanji를 유심히 관찰하도록 하는 이유가 됨
- Influence out of control: 일본어 학습은 그러나 자신이 통제할 수 없는 요인들(건강, 수면, 날씨, 대기오염 등)에 의해 좌우되기도 함
- Informants and tutors: 일본어 학습을 도와주는 튜터이자 친구인 J의 상호작용이 일본어 학습에 미치는 영향을 기술, 설명 대신 대화로, 귀납적 방법으로 문법을 배우고 싶다는 요청에 따라 튜터가 학습방법을 조정함
- Having fun: 수업 대신 친구의 도움으로 매주 몇 개의 Kanji를 배우는 과정을

> "fun"으로 기술함. 언어학습이 학습자의 삶과 밀접하게 연결되어 있을 때 의미 있을 뿐 아니라 즐길 수 있다는 점을 시사함

Casanave(2012)는 연구자 자신이 8년 동안 일본에 살면서 일본어를 배운 경험을 일기로 작성한 자전적 내러티브 연구이다. 그녀는 자신의 비공식 언어 학습 경험을 적극적이지만 압박감이 적은 언어학습(active but low-pressure language learning, p. 642)으로 묘사하면서, 상황적, 개인적, 감정적 요인들이 예측할 수 없는 방식으로 학습동기 변화에 영향을 미치는 과정을 기술하고자 하였다. 연구자는 자신의 장기간의 일본어 학습 과정에 대해 내면적 요인뿐 아니라 생태적(ecological) 요인이 어떻게 영향을 미치는지, 개인적, 환경적 요인이 어떻게 상호작용하며 복합적으로 제2언어 학습에 영향을 미치는지 기술하고자 하였다. 연구자는 자신의 일상에서 어떤 일이 일어났고 이런 일이 자신의 일본어 학습에 어떤 영향을 미쳤는지는 개인적이고 솔직한 목소리로 기술하고 있다.

Casanave는 선행연구에 사용된 이론적 개념을 사용하는 대신 'dabbling'(심각하지 않은, 우연한 참여)이라는 개념을 사용하여 자신의 언어학습 과정을 기술하겠다고 한다. 그는 자신의 일본어 학습이 교실학습과 같은 공식적인 언어학습에 의해서가 아니라 일상생활에서 마주하게 되는 일을 통해 관심과 호기심을 느끼게 되고 이것이 언어학습으로 이어지는 과정으로 묘사하며 이를 dabbling이라는 개념으로 정의한다.

Casanave는 자신의 일기 연구가 기존의 일기 연구와 달리 8년에 걸친 장기 연구로 교실 밖의 언어학습 경험을 다루고, 외국에 살면서 영어를 가르치는 교사인 보통사람(an ordinary person)의 이야기를 다룬다는 점을 부각시킨다. 학습자 동기, 언어발달의 생태학, 내러티브 탐구에 관한 선행연구에 대한 간단한 리뷰를 제시하는데 이를 통해 언어학습에서 맥락(context)이 매우 중요함을 강조한다(the focal milieu, including the physical and emotional... within which all experience happens and is given meaning, p. 646). 이러한 강조는 결국 연구 결과를 기술하는 데 있어 맥락에 중점을 두어 기술하도록 한다.

　Casanave는 자전적 일기 연구가 학습동기를 객관적인 목소리로 이야기하기보다 성인 언어 학습자의 언어 학습동기가 주변 환경, 개인적인 환경과 얼마나 밀접하게 연결되어 있는가를 보여준다는 점에서 의의가 있다고 주장한다. 이러한 관점의 연구는, 최근의 동기 연구가 더 생태적이고 역동적인 과정을 기술하려는 이론적인 흐름과 맥락을 같이 함을 밝히고 있다. Epilogue에서는 연구 이후의 개인적인 성찰을 기술한 것으로 자신이 다시 일본으로 돌아갔을 때의 경험을 기술하면서 일본어 학습 경험이 단순히 언어학습 경험으로서만 아니라 다른 사람들과의 관계 맺기, 삶의 질에 어떠한 영향을 미치는지를 보여주었다.

　Cansaneva(2012)의 연구는 'dabbling'이라는 개념과 생태학적 관점이라는 이론적 틀 안에서 자전적인 일기에 담긴 내러티브가 어떻게 분석되는지, 연구 결과가 다른 연구들과 어떻게 연결되는지를 잘 보여준다고 할 수 있다. 또한 이 연구는 연구자의 주관성(가치관, 이데올로기, 경험 등)이 연구 활동과 결과를 어떻게 형성하는지 보여주는 예이다. 장기간의 일기를 바탕으로 한 자전적 일기 연구는 국내에서는 거의 이루어지지 않고 있다. 연구자 자신의 경험 혹은 학생들이 자신의 제2언어 학습 경험을 기록하여 내러티브 자료로 활용하려는 노력이 필요하다.

　일기 연구가 연구 참여자 한 명의 개인적인 이야기를 담는 데 유용한 방법이라면 다수의 연구 참여자를 대상으로 그들의 공통된 경험이 무엇인지 찾고자 할 때에는 내러티브 프레임을 활용할 수 있다. Barkhuizen과 Wette(2008)은 내러티브 프레임을 사용하여 교사들의 경험을 기술하도록 하였다. 연구의 내용은 다음과 같다.

[표 33] 연구 요약: Barkhuizen & Wette(2008)

> Barkhuizen, G., & Wette, R. (2008). Narrative frames for investigating the experiences of language teachers. *System, 36*, 372-387.
>
> **연구 목적**
> - 내러티브 프레임을 사용하여 중국 대학의 영어 교사들의 경험을 조사함
> - 내러티브 프레임을 내러티브 탐구의 도구로 적용해 보고 장단점을 파악함
>
> **연구 방법**
> - 교사연수 과정(10일)에 참여한 중국인 영어 교사 200명
> - 내러티브 프레임을 제공하여 이들의 경험에 대한 성찰을 기술하도록 함
> - 유형의 내러티브 프레임 틀을 제공: 교사들이 참여한 4개 연수 과정에 대한 프레임으로 각 프레임은 문장 첫머리(sentence starters)가 주어진 7~8문장
> - 83개 내러티브를 바탕으로 내용분석(content analysis)
>
> **연구 결과**
> - 연구 방법론에 관한 주제는 크게 연구해야 할 문제점 그리고 연구를 수행하는 데 경험했거나 잠재적인 어려움으로 구분
> - 교사들이 연구할만한 문제점으로 지적한 내용: 학생들을 알아가는 어려움, 학생들에게 동기부여, 교육과정과 시험의 제약, 의사소통 교실수업 활동
> - 대부분의 교사들이 학생들의 동기부여, 수업향상 등에 대한 양적, 질적 연구를 시도하고 있으나 연구를 수행하는 데 겪는 어려움이 있음
> - 연구를 수행하는 데 제약이 되는 요인들: 업무부담, 시간, 수업 규모, 연구비 지원 부족, 이론적 지식, 연구 능력 부족, 학생들이 연구에 참여하지 않거나 참여시키는 데 겪는 어려움

다음은 Barkhuizen과 Wette가 내러티브 프레임을 사용하여 수집한 자료의 예이다.

Teacher #72

*I **remember once in my classroom** I had a very difficult time trying to* keep my students quiet and listen to my instructions. ***The main reason*** *for this* *problem was that* I don't quite understand the minority students who can be more easily motivated than my Han students. *I tried to solve the problem by* giving my lesson a two-minute pause. They were soon quiet after I stopped. *It would have been very helpful if* I had known more about my students before I prepare for my lessons. *In relation to this difficulty*, the type of research I'd like to do would be on the topic researching into the different personalities among different students. *The aim of the research would be to* find out what adaptation the teacher should do when they teach different students. *A major constraint, though, might be that* I have too much workload to carry out my plan. (Barkhuizen & Wette, 2008, p. 378, 이탤릭체 원문)

이 연구의 참여자인 교사들은 주어진 문장 첫 부분을 읽고 나머지 부분을 만들어 넣는 방식으로 내러티브 프레임을 작성하였다. 이러한 내러티브 프레임은 연구 참여자가 자신의 경험을 어떤 형식으로 어떻게 기술해야 할지 모를 수 있을 경우에 가이드를 제시하여 참여자들의 쓰기에 대한 부담을 덜어줄 수 있다. 또한 각 문장을 연결하면 플롯이 있는 하나의 이야기로 구성될 수 있도록 문장의 첫 부분이 주어졌기 때문에 관련 없는 문장을 나열하는 데 그치지 않고 구조와 플롯을 갖춘 이야기로 구성되는 장점이 있다. 무엇보다 200명의 교사를 대상으로 개방형 설문을 했을 때 자료 분석에 걸리는 시간과 부담을 덜어주어 교사들이 경험에 대해 무엇을 이야기하는지 파악하기 용이하다. 그러나 영어 능력에 따른 차이, 표현하고자 하는 정보의 차이 때문에 개인적인 이야기를 충분히 전달하지 못할 가능성이 있고, 프레임이 의도하는 내용과 연구 참여자가 이해한 바가 상이할 때 자료의 내용이 연구 문제와 관련 없을 가능성도 있다. Barkhuizen과 Wette(2008)는 다수의 연구 참여자를 대상으로 하거나 잘 알려지지 않은 연구 현장으로 들어가는 단계에서 내러티브 프레임을 활용하는 것이 유용하다고 제안한다.

8장
담화분석(Discourse Analysis)

8.1 연구의 배경 및 특징

8.1.1 담화분석의 배경 및 정의

담화분석이라는 용어는 Harris(1952, 김해연 외 7인, 2016, p. 25에서 재인용)가 음성, 음운, 형태, 통사 층보다 상위에 있는 층을 의미하는 용어로 처음 사용하였다고 알려져 있다. 그는 문장이 둘 이상 결합할 때 어떻게 응결성(coherence)을 가지며 텍스트를 구성하는지 살펴보았다. 그러나 그의 연구는 1960~1970년대에 활발하던 Chomsky의 변형생성문법(Transformational Generative Grammar)에 밀려 크게 관심을 받지 못하였다. 이후 Chomsky의 변형생성문법에 대한 비판과 화용론, 체계기능문법(systematic functional grammar, Halliday, 1973), 기능주의(functionalism, Givón, 1979) 등의 언어이론이 제시되면서 담화분석에 대한 관심이 증가하였다. 발화의 사회학적 의미(Hymes, 1964), 화행이론(speech-act theory, Austin, 1962, Searle, 1969), 대화격률(maxims of conversation, Grice, 1975) 등의 이론과 개념은 언어가 사회적 행위임을 강조한다. 이러한 강조는 담화분석의 이론적 배경을 제공하였다.

담화는 언어학, 언어 사용, 언어와 사회라는 측면에서 다양하게 정의되어 왔다. 언어학적으로 담화는 문장을 넘어서는 언어 구성단위를 뜻한다. 언어 사용 면에서 담화는 주어진 상황과 관련된 요인에 따라 달라지는 언어 사용 양상을 의미하기도 하며, 언어와 사회라는 측면에서는 언어가 사회를 어떻게 규정하는지, 또는 사회 제도와 조직이 언어에 어떤 영향을 주는지에 따라 정의되기도 하였다(김해연 외 7인, 2016). McCarthy(1991)는 담화분석이란 언어와 언어가 사용되는 상황 간의 관계를 탐구하는 연구 방법이라고 정의하였다(discourse analysis is concerned with the study of the relation between language and the contexts in which it is used, McCarthy, 1991, p. 5). 또한 Celce-Murcia와 Olshtain(2000)은 문장 경계를 넘어서는 언어 사용에 관한 연구라고 했는데 이들은 담화를 다음과 같이 정의한다.

> . . . a piece of discourse is an instance of spoken or written language that has described internal relationships of form and meaning (for example, words, structures, and cohesion - the way in which pronouns and conjunctions connect parts of text) that relate coherently to an external communicative function or purpose and a given audience/interlocutor. (p. 4)

Celce-Murcia와 Olshtain에 따르면 담화는 형태와 의미의 내적 관계를 나타내는 구어나 문어로, 청자와 화자는 담화를 통해 의사소통 기능과 목적을 일관성 있게 이해하게 된다. 즉 언어의 형태가 의사소통의 목적을 달성하기 위해 어떻게 일관성을 유지하는가를 분석하는 것이 담화분석이라고 할 수 있다. 따라서 담화분석에서 가장 중요한 것은 담화가 어떻게 생산되고 해석되는지를 파악하는 것이다. 제2언어 교사들에게 담화분석은 학습자의 언어가 어떻게 구성되고 분석될 수 있는지 이해하도록 도와줌으로써 학습자들의 언어뿐 아니라 교사 자신의 언어를 분석할 수 있는 도구를 제공할 수 있다.

담화에 대한 다양한 정의는 담화를 어떻게 분석할 것인가 하는 문제와 연관되어 있다. 담화분석에 대한 정의는 언어 구조, 언어 소통, 언어 사용에 대한 관점으로 크게 구분할 수 있다. 담화를 언어 구성단위로 보는 입장에서는 언어 구성단위가 어떻게 연결되어 하나의 통일된 담화를 형성하는가에 관심을 둔다. 이에 기초한 담화분석은 주로 문어 텍스트를 중심으로 응집성, 응결성, 텍스트 구조 등에 초점을 두어 분석한다(예: Halliday & Hasan, 1976). 반면 담화를 의사소통 기능을 수행하는 발화로 정의하는 관점에서는 담화를 정보의 흐름으로 보고 이에 관련된 기능을 분석한다. 기능주의적 담화분석이 대표적인 예이다(Chafe, 1980; Givón, 1979, 1983). 기능주의적 담화분석은 담화를 정보의 흐름으로 보고 신구 정보, 대조, 강세 등의 의사소통 기능을 수행하기 위해 어떤 어휘나 구문을 선택하는지에 초점을 두었다. 이러한 언어 사용을 살펴보기 위해 기능주의 학자들은 언어의 실제 사용을 보여주는 담화, 특히 구어 담화를 분석하여 관찰해야 한다고 주장한다. 이들은 담화가 진행됨에 따라 나타나는 문법 구문의 변화양상을 분석하여 언어의 기능적인 면을 탐구하였다. 대표적인 예로 Chafe(1980)는 '배 이야기'(pear stories)라는 짧은 영화를 만들어 화자들이 이를 어떻게 이야기하는지에 대한 담화분석을 실시하였다.[30]

---

[30] 배 이야기는 Wallace Chafe가 만든 6분 정도의 영상으로 어린아이가 배를 훔치는 것에 관한 이야기를 학습자에게 보여주고 어떤 일이 일어나는지 묘사하도록 하는 데 사용되었다. 이 영상에는 자막이 없고 소리만 있기 때문에 학습자들이 영상을 보고 이야기를 묘사해야 한다. 배 이야기는 학습자의 제2언어를 이끌어내기 위한 도구로 이후 여러 연구에 사용되었다.

언어 사용면에서 담화를 정의하는 관점은 발화 상황에서 언어가 어떤 의미로 사용되는가에 초점을 둔다. 1970~1980년대에 인접 학문 분야의 영향을 받으면서 발달한 담화분석 이론은 언어와 사회라는 관점에서 담화를 분석하였다. Gumperz(1982)의 상호작용 사회언어학(interactional sociolinguistics), Hymes(1972)의 의사소통의 민속지학(ethnography of communication)은 언어인류학적 배경을 가진 이론으로 언어 사용의 사회문화적 의미를 탐구하는 연구 방법이라고 할 수 있다. 담화를 사회적 이념 또는 권력관계를 나타내는 사회적 관행으로 보는 관점에서는 텍스트 자체에 대한 분석보다 개인의 이념이나 권력을 행사할 때 기호로써 언어를 어떻게 사용하는가에 초점을 두고 분석한다. 이는 비판적 담화분석(Fairclough, 1989, 1992, 1995, 2003)으로 언어 자체를 분석하기보다 언어를 통해 나타나는 사회 행위, 언어를 통해 수행하는 사회적, 이념적 기능에 관심을 둔다는 점에서 언어학적 담화분석과 구별된다.

이처럼 담화분석은 1960~1970년대 초반 언어학, 기호학, 심리학, 인류학, 그리고 사회학 등의 다양한 학문 분야에서 시작된 것으로 이전의 구성주의 언어학자들이 문장을 분석 단위로 한 반면 담화분석은 텍스트 전체의 언어적 요소, 나아가서 텍스트와 사회적 상황 간의 연관성을 살펴보는 연구로 전개되었다. 응용언어학에서는 구어와 문어 담화에서 언어가 어떻게 사용되고 어떤 의사교환이 일어나는지에 초점을 두는 연구가 주를 이룬다.

8.1.2 담화분석과 대화분석

담화분석이라는 용어와 대화분석(conversation analysis)이라는 용어가 혼용되는 경우가 있다. 담화분석은 문장 이상의 구성단위를 가진 텍스트를 분석하는 여러 가지 분석 방법 전체를 일컫는 용어이고, 대화분석은 그러한 분석 방법 중 일상적인 구어 대화에 초점을 둔 특정 분석 방법을 가리킨다. 담화분석은 Hymes(1964)의 발화행위, 언어 철학자인 Austin (1962), Searle(1969)의 화행이론, Grice(1975)의 대화격률 등의 개념을 통해 언어가 사회적 행위임을 강조하게 되었다. 담화분석은 M. A. K. Halliday(1973)의 기능주의 언어학(functional linguistics)의 영향을 받아 언어의 사회적 역할과 발화의 주제 및 정보구조에 관심을 두었다. 또한 교사-학생 간 발화유형의 특징을 밝힌 Sinclair와 Coulthard(1975)의 영향을 받아 교실담화의 구조를 밝히는 데 초점을 둔 연구도 진행되었다.

대화분석은 담화분석의 한 가지 방법으로 사회학의 연구 방법론인 민족방법론(ethnomethodology)의 전통을 이어받아 영국의 담화분석과 구분하여 대화분석이라고 칭하기도 한다. 이 방법은 자연스러운 상황에서 일어나는 사람들의 대화를 세밀하게 관찰하고 분석하는 것으로 발화 사건의 유형, 이야기하기, 인사 절차, 다른 문화권, 사회적 상황에서의 말 싸움(verbal duel)이 어떻게 일어나는가에 초점을 둔다. 대화분석은 언어의 구조, 기능을 분석한다는 점에서 넓은 의미에서 담화분석이지만 구어 대화만을 대상으로 한다는 점에서는 담화분석과 구분된다고 할 수 있다. 대화분석은 일상의 대화를 녹음 후 전사하여 말차례 체계(turn-taking system)를 중심으로 대화에 나타나는 수정(repair), 인접대귀/인접쌍(adjacency pairs), 선호조직(preference organization) 등을 분석하고 대화의 유형과 대화의 사회적 행위를 규명하는 데 초점을 두었다(Sacks, Schegloff, & Jefferson, 1974; Schegloff, 1997). 즉 대화분석은 일반적인 사람들이 자신의 일상적인 삶을 이해하기 위하여 어떻게 대화에 참여하는지 살펴보는 연구라고 할 수 있다(Atkinson, 2011). 대화분석의 가장 큰 특징은 분석 과정에서 외인적 이론(exogenous theory)을 배제한다는 점이다. 대화분석은 연구자의 해석을 최대한 배제하고 대화 참여자가 어떠한 행위를 하는지에 초점을 둔다. 이처럼 대화분석은 대화 참여자들의 발화 행위를 자세히 관찰하고 자료 전체에서 반복적으로 나타나는 발화 행위의 유형을 찾는 데 초점을 둔다는 점에서 대화의 구조적 모형을 수립하는 데 목표를 두는 담화분석과 차이가 있다.

담화분석 혹은 대화분석을 질적 연구의 독립적인 이론이라기보다 연구 방법으로 보는 학자들도 있다. Lazaraton(2009)은 담화분석은 실제적인 구어 혹은 문어에 나타난 상호작용을 이해하는 도구(Discourse analysis is a tool for understanding authentic spoken (and also written) interaction, p. 254)라고 보았다. 이러한 담화분석은 특정한 상황에서 발생하는 자연스러운 대화에 대한 자세한 기술을 목표로 한다. 이런 관점에서 담화분석은 학습자 언어, 교실담화를 분석하는 방법으로 활용될 수 있고, 학습자들의 제2언어 습득 과정은 학습자가 일상적인 상황에 참여하는 방법을 배우는 과정이라고 할 수 있다.

8.1.3 응용언어학 분야의 담화분석

담화분석은 언어학뿐 아니라 인류학, 철학, 심리학, 사회학 분야에서도 사용되는 방법으로 그만큼 방법도 다양하다. 응용언어학에서 담화분석은 Austin(1962), Searle(1969) 등의 학자들이 칭찬, 불평, 변명, 이에 대한 응답을 구성하기 위한 화행을 분석하는 화용론에서 시작되었다. 이후 텍스트가 어떻게 일관성을 유지하는지에 초점을 둔 응집성 분석(cohesion analysis, Halliday & Hassan, 1976), 발화 상황(구어 혹은 문어, 계획적 혹은 무계획적)에 초점을 둔 상황 분석(contextual analysis, Celce-Murcia, 1980), 교실수업 활동과 의사소통 요인에 의해 학습이 어떠한 영향을 받는지를 분석하는 상호작용 분석(interaction analysis, Allen, Fröhlich, & Spada, 1984), 교실담화가 사회의 정치적, 역사적 맥락을 내포하는 사회의 축소판이라는 전제하에 교실담화의 사회정치적인 면을 분석하는 비판적 담화분석 등의 다양한 분석이 시도되었다.

담화분석은 또한 제2언어 습득이 일어나는 학습 상황의 상호작용을 살펴보는 방법으로 사용된다. 제2언어를 학습하는 교실 상황의 담화를 교실담화라고 하는데 McKay(2006)는 교실담화를 분석하는 방법으로 상호작용 분석(Interaction analysis)과 담화분석을 제시한다. 상호작용 분석은 상호작용이 일어나는 맥락을 고려한다는 점에서 담화 외부적인 요인을 고려하지 않는 대화분석과 차이가 있다. 상호작용 분석은 교실 내에서 일어나는 의사소통 유형을 관찰하기 위해 코딩 시스템을 사용하여 어떤 상호작용이 제2언어 학습에 도움이 되는지를 살펴보고, 교사들이 어떤 의사소통 유형을 사용하는지를 평가하고, 다양한 의사소통 유형을 사용하도록 하는 데 목적을 둔다.

McKay(2006)는 일반적인 교실담화의 유형을 기술하기 위해 사용하는 코딩을 일반적 코딩 체계(Genetic coding schemes)와 교사-학생 컨퍼런스 혹은 조별 활동 등의 특정한 상황의 상호작용을 다루는 제한적 코딩 체계(Limited coding scheme)로 나누었다. 일반적 코딩 체계의 대표적인 예는 Communicative Orientation of Language Teaching(COLT, Allen et al., 1984)이다. 이 코딩 체계는 1980년대 캐나다에서 개발된 것으로 언어 성취도에 영향을 미치는 변인을 조사하기 위해 제안되었다. 의사소통 수업이 언어발달에 영향을 미치는 영향을 조사하는 것이 연구의 목적이기 때문에 이를 체계적으로 조사하기 위해서는 수업을 관찰하여 기술하기 위한 범주가 필요하였다. COLT는 두 부분으로 나뉘어 있는데 A 부분은 교실수업 활동, B 부분은 대화에서 의사소통적인 면을 다루고 있다. 관찰자는 이러한 활동이 관찰될 때마다 표시를 할 수도 있고, 일정한 시간(예: 30초)마다 관찰되는 활동을 기록할 수도 있다. 이러한 코딩 체계는 수업 관찰을 체계적으로 기술할 수 있다는 점에서 의의가 있지만 관찰자가 어느 정도의 훈련 없이 이렇게 코딩을 하는 것은 어렵고, 전사와 코딩 과정에 시간이 많이 걸리는 단점이 있다. 또한 같은 코딩 체계를 사용하지 않는 다른 연구와 비교가 어렵다는 단점이 있다. 또한 코딩 시스템 자체가 효과적인 수업은 무엇인가에 대한 연구자의 주관을 반영하는 것이기 때문에 특정한 코딩 시스템을 바탕으로 하여 수업의 효과성에 대한 결론을 내리는 것이 어렵다는 비판이 있다(Brown & Rodgers, 2009).

일반적 코딩과 달리 제한적 코딩 체계는 특정한 교실활동을 염두에 둔 코딩이다. 이러한 예로 Goldstein과 Conrad(1990)의 연구를 들 수 있다. Goldstein과 Conrad(1990)는 쓰기 컨퍼런스(writing conference)라는 특정한 교실활동을 관찰하여 이 과정에서 어떠한 의미협상이 일어나는지, 작문 컨퍼런스의 담화와 작문 수정 간에 어떠한 관계가 있는지 알아보고자 하였다. 이들은 문화적 배경이 다른 3명의 학습자가 참여한 10개의 작문 컨퍼런스를 분석한 결과, 학생들마다 작문 컨퍼런스에 기여한 입력(input) 정도가 다르고 이는 학생들이 쓰기 컨퍼런스에 설정한 계획에 따라 달라짐을 발견하였다. 또한 학생들이 쓰기 수정에 대한 협상을 할 때보다 성공적으로 자신들의 작문을 수정한다는 점을 발견하였다. 이를 통해 Goldstein과 Conrad(1990)는 학생들이 쓰기 컨퍼런스에서 입력을 제공하고, 계획하고, 협상할 수 있지만 이러한 활동이 반드시 일어나는 것은 아니라고 결론짓는다. 그러나 교사가 상호작용 과정에서 어떠한 역할을 하는가에 따라 학생들이 어떤 담화를 구성하는지가 달라질 수 있고, 협상이 일어날수록 성공적인 수정을 할 가능성이 많음을 보여준다. 이 연구는 미리 정해진 코드 체계를 사용하여 담화유형을 어떻게 분석하는지를 보여주는 예를 제공한다.

전통적인 언어학 분야의 담화분석이 담화의 언어적 특징을 살펴보는 데 초점을 둔다면 응용언어학 분야의 담화분석은 제2언어 학습자 혹은 교사가 교실 혹은 비교실 상황에서 어떠한 담화를 구성하는지 살펴보는 데 초점을 둔다. 응용언어학 분야 담화분석은 구어 혹은 문어 담화가 어떤 상호작용 유형을 보이는지에 초점을 두고 살펴볼 수 있고, 학습자 담화와 원어민 담화의 차이, 교실담화의 일상적 담화의 차이, (예비)교사 담화의 특징 등에 초점을 두어 살펴볼 수 있다. 또한 디지털 테크놀로지의 발달로 이메일, 채팅, 블로그 등 다양한 방법의 의사소통 방법이 생겨남에 따라 최근에는 전자담화에 대한 연구도 증가하는 추세이다. 또한 코퍼스를 활용하여 특정 유형의 담화를 구성하여 정량적 분석을 하기도 한다. 학습자들의 담화는 이들의 언어 사용 양상을 보여줄 뿐 제2언어 습득과는 관련이 없는 것으로 간주되던 것에 대한 반향으로 대화분석에 사회문화이론을 접목하면서 학습자 관점에서 담화를 보려는 노력이 증가하고 있다(박용예, 2016). 예를 들면 담화분석은 다음과 같은 연구 문제를 설정할 수 있다.

- ESL/EFL 학습자들은 전화 대화를 어떻게 시작하고 끝내는가? 이메일의 시작과 끝은 어떻게 구성되는가?
- 영어 학습자들은 '칭찬'을 어떻게 표현하는가? 학습자와 원어민의 표현에 차이가 있는가?
- 영어 학습자들은 어떠한 응집 장치(cohesive device)를 사용하는가?
- ESL/EFL 학습자들은 will과 be going to를 어떤 맥락에서 사용하는가?
- 쓰기 컨퍼런스에서 학습자와 교사 간의 의미협상이 어떻게 이루어지는가?
- ESL/EFL 학습자들은 자신의 성별, 인종, 문화적 정체성을 수업에서 어떻게 표현하는가?

8.1.4 담화의 유형

박용예(2016)는 담화를 크게 교육적 담화, 비교육적 상황 담화로 구분한다. 교육적 담화 혹은 교육적 상황의 담화(pedagogical/instructional discourse 혹은 discourse in educational settings)는 교실수업이나 교육과 관련된 다양한 상황에서 수집된 담화이다. 이러한 담화는 참여자들이 교육기관에 관련된 목표, 과업, 정체성 등에 가지는 지향성(orientation)에 따라 일반 대화와는 다른 특성을 나타내게 된다. 교육적 담화는 담화가 일어나는 장소에 따라 교실담화와 비교실담화로 구분될 수 있다. 제2언어 학습이 반드시 일어나는 것은 아니지만 온라인 사용이 증가하면서 온라인 담화의 여러 가지 유형이 담화분석 대상으로 부각되고 있다. 각 담화 유형의 특징을 살펴보면 다음과 같다.

교실담화

교실담화에 대한 가장 대표적인 연구는 버밍엄 대학교를 중심으로 이루어진 담화분석이다. Sinclair와 Coulthard(1975)는 교실담화 구조를 밝히기 위해 하위 단위인 소행위(act), 문장단위의 화행 수행단위가 되는 대화이동(move), 그리고 이러한 대화이동이 모여서 이루는 소대화(exchange) 등의 단위를 제시하였다. 이들은 교실담화가 교사의 시작-학생의 응답-교사의 평가(Teacher Initiation-Learner Response-Teacher Evaluation, IRE) 혹은 교사의 시작-학생의 응답-교사의 피드백(Teacher Initiation-Learner Response-Teacher Feedback, IRF)으로 이루어진다고 보고 이들을 하나의 소대화로 보았다. 많은 연구들이 이들의 분석을 교실담화 분석의 틀로 활용하였다. 그러나 이러한 틀이 교실담화의 다양한 상호작용을 축소하고 단순화할 수 있다는 비판도 제기되었다(Seedhouse, 2004). 이러한 점을 개선하기 위해 IRE/IRF 말차례의 범주를 세분화하거나(예: Nassaji & Wells, 2000), 대화분석 관점에서 교실담화를 분석하여 교실담화가 일반적인 담화와 어떻게 다른지를 보여주고자 하는 노력도 이루어졌다.

Seedhouse(2004)는 교실담화의 목적과 상호작용 구조 사이의 유기적 관계를 강조하면서 교실 상황을 형태와 정확성 맥락(form-and-accuracy contexts), 의미와 유창성 맥락(meaning-and-fluency contexts), 과업 지향적 맥락(task-oriented contexts), 절차적 맥락(procedural contexts)으로 구분하였다. 형태와 정확성 맥락에서 말차례 맡기(turn-taking)는 교사에 의해 통제되기 때문에 학생들은 자신들이 원하는 답을 하는 것이 아니라 교사가 요구하는 형태로 답을 해야 한다. 반면 의미와 유창성 맥락에서는 학생들이 실제 자신의 생각을 이야기하고 자연스럽게 상호작용에 참여함으로써 유창성을 향상하는 데 목표를 두게 된다. 이 경우에는 교사가 대화를 주도하지만 대화 참여자로 말차례 맡기에 참여하게 된다. 과업지향적인 상호작용에서는 교사가 과업을 제시하면 학생들끼리 상호작용을 하면서 과업을 수행하게 되는데 이때에는 언어 형태를 연습하거나 자신의 생각을 표현하는 데 초점을 두지 않고, 과업을 완수하는 데 초점을 두게 된다. 따라서 학생들이 정확한 언어 형태 대신 단순한 형태를 사용하는 경향을 보인다. 절차적 맥락은 교사가 수업활동을 설명하는 부분으로 말차례 맡기가 없이 혼자 말을 하거나 학생들의 이해를 확인하기 위해 전시질문(display questions)을 통해 학생들이 참여하게 할 수 있다.

Seedhouse(2004)는 이렇게 교실 맥락을 구분함으로써 교실 상황이라고 하더라도 다양한 말차례 맡기 유형이 있을 수 있음을 보여주어 Sinclair와 Coulthard(1975)가 제시한 대화유형보다 다양한 상호작용을 제시하였다. 이처럼 말차례 맡기에 초점을 둔 연구 외에도 수정이 누구에 의해 일어나는지에 초점을 두고 교실담화를 분석하기도 한다. 교사가 수정할 부분을 제시한 후 학생이 수정하도록 하는 타인주도 자기수정(other initiation self-repair), 학생이 부분적으로 답을 한 후 교사에게 확인하는 자기주도 타인수정(self-initiated other repair)은 교실담화에서 빈번히 관찰되는 반면 학생 스스로 수정하는 자기주도, 자기수정(self-initiated self-repair)은 별로 나타나지 않는 경향을 보였다(Seedhouse, 2004).

비교실담화

비교실담화는 교실이 아닌 곳에서 교육 관련 활동을 하면서 일어나는 상호작용을 말한다. 글쓰기 지도를 위한 튜터링 상황(예: Koshik, 2002), 수업 조교와 학생의 상호작용(예: Davies & Tyler, 2005; Tyler, 1995), 면접시험 상황(Lazaraton, 1992; Young & He, 1998) 등이 그 예이다. 이러한 연구들은 교실 이외의 상황에서 특정한 과업을 수행하는 경우 어떠한 상호작용이 일어나는지를 보여준다는 점에서 의의가 있다. 또한 비교실 상황의 원어민-비원어민의 언어를 비교하여 화용론적 측면에서 어떤 차이가 있는지를 보이거나(예: Bardovi-Harlig & Hartford, 1993), 비원어민들의 담화 표지를 살펴본 연구들도(예: Wong, 2005) 있다. 이러한 연구들은 대화 유형의 특징을 살펴볼 뿐 아니라 문화적 차이에도 관심을 둔다. 예를 들어 Tyler(1995)는 한국인 대학원생과 미국인 학부생의 튜터링 과정을 분석한 결과, 미국인 학생은 튜터가 자신이 아는 것을 겸손하게 표현한 것이 충분한 지식을 가지지 못하고 있거나 튜터로서의 권위를 확보하지 못하는 것으로 인식하는 문화적 차이가 있음을 발견하였다.

전자담화

디지털 매체의 발달로 전자매체를 이용한 담화에 대한 연구가 활발하게 이루어지고 있다. 전자담화(electronic discourse)는 "인터넷을 통해 연결된 컴퓨터를 기반으로 하여 의사소통과 상호작용이 일어나는 담화"(박용예, 2012, p. 104)라고 할 수 있다. 이와 더불어 컴퓨터 매개 의사소통(computer-mediated communication, CMC), 전자언어(electronic language), 인터넷 언어(Internet language), 넷리쉬(Netlish), 웹리쉬(Weblist), 사이버스피크(cyberspeak), 넷스피크(Netspeak) 등의 용어도 유사한 의미로 사용되고 있다. Crystal(2001)은 전자언어와 전자담화라는 용어는 유사하게 사용되지만 전자담화에서는 상호작용과 대화적 특성이 더 강조된다고 하였다. 최근에는 컴퓨터를 매개로 하는 의사소통 담화(computer-mediated communication discourse, CMCD) 혹은 컴퓨터를 매개로 하는 담화(computer-mediated discourse, CMD)라는 용어를 사용하면서 담화적 성격을 강조하는 경향이 있다.

전자담화는 문어 담화이지만 텍스트를 바탕으로 하는 기존의 문어 담화보다는 비공식적이고 상호작용이 빠르게 이루어지기 때문에 구어 담화의 성격도 가지고 있다. 예를 들면 두문자어(acronyms, 예: FAQ IMHO), 이모티콘 사용 등은 구어적 특징으로 전자담화에서만 관찰된다. 전자담화는 동시적(synchronous) 담화인 채팅, 문자 메시지와 비동시적인(asynchronous) 담화인 이메일, 디스커션 보드, 블로그, 페이스북, 트위터 등으로 구분된다. 이러한 담화는 새로운 글쓰기 관행을 만들어 내면서 문어 담화와는 다른 양상을 보이며 발전하고 있다(Abraham & Williams, 2009; Magnan, 2008).

전자담화 연구는 담화의 언어적 특성, 기술적 요소, 그리고 사회적 상황, 맥락적 요소와 관련된 연구로 구분할 수 있는데 이 중 언어적 특성에 관한 연구가 가장 많다(예: Crystal, 2001). 그러나 전자담화의 장르적 특징을 밝히는 연구는 특정 맥락 안에서 다양한 변이형을 만들어 낼 수 있다는 점을 간과하는 것으로 비판을 받게 된다. 즉 이메일, 채팅 등의 고정된 양식이 있는 것으로 단순화하는 것은 참여자들이 목적과 특정 상황에 맞는 다양한 담화를 구성 양식을 기술하지 못한다는 것이다. 따라서 전자담화에 대한 연구는 장르적 특성을 규명하기보다 대화 참여자들이 전자담화의 다양한 장르를 어떻게 사용하는지 보여주고자 한다. 다음에는 전자담화의 장르별 특징에 대해 살펴보겠다.

이메일

이메일은 전자담화 가운데 가장 흔히 사용되는 담화 유형이다. 초기 연구는 이메일의 담화적 특성을 규명하는 데 초점을 두어 구어적, 문어적 특성을 밝히거나(Yates, 1996), 이메일 담화의 구조적, 언어적 특성을 기술(Cryatal, 2001)하는 데 초점을 두었다. 최근에는 가족, 학교, 회사 등의 다양한 맥락에서 각기 다른 기능을 수행하는 데 사용되는 이메일을 살펴보고 담화의 변이형을 체계적으로 분석하고 설명하려는 연구도 진행되었다(박용예, 2012). 예를 들어 Bou-Franch(2011)는 스페인 대학의 교수와 학생들, 교수들 간의 이메일에 나타난 시작하기 연속체(opening sequence), 끝내기 연속체(closing sequence)가 어떤 유형으로 나타나는지 살펴본 결과, 상황과 관계에 따라 담화적 관행이 다르게 표현되었음을 관찰하였다. 즉 지위의 차이가 있는 경우보다 동료 간에 좀 더 존경 표현을 사용하고, 인사, 작별 등의 이동(move)이 많은 사람을 우선하는 방식(people first, business second)의 의사소통 유형을 보였다. 이는 문화권이나 상황 맥락에 따라 이메일 담화의 유형이 달라질 수 있음을 보여준다.

영어 학습자가 쓴 이메일을 통해 화행을 분석한 연구도 주목할 만하다. Economidou-Kogetsidis(2011)는 그리스의 한 대학에서 비원어민 학생들이 교수에게 보내는 요청(requests) 화행을 분석한 연구로, 학생들의 요청은 매우 직접적이며, 어조를 약화시키는 표현이 나타나지 않고, 인사하기, 끝내기 등이 생략되고, 부적절한 호칭 표현을 사용하고 있다고 밝혔다. 이외에도 다른 문화권 학생들이 이메일 교환을 통해 외국어 학습을 하는 상황의 언어, 문화 간 연구도 활발하게 이루어졌다(Chun, 2008; Hahn & Jiang, 2006; Kramsch & Thorne, 2002).

디스커션 보드

디스커션 보드는 비동시적으로 여러 사람이 자신의 의견을 게재하는 장이다. 디스커션 보드 담화 관련 연구는 미디어 매체와 관련된 담화 혹은 교육 상황에서 디스커션 보드를 활용한 담화로 나뉠 수 있다. 미디어 매체와 관련된 담화분석은 드라마나 영화, 뉴스 등의 매체에 관련된 디스커션 보드에 탑재된 글을 분석하여 디스커션 보드라는 장르적 특징이 무엇인지 밝히고자 한다. 교육 상황에 디스커션 보드를 활용한 예로, Lester와 Paulus(2011)는 대학에서 학생들에게 식품 보조제 사용에 대한 입장이나 경험에 대해 강의 전에 디스커션 보드에 글을 올리도록 하였다. 강의 후에는 입장의 변화에 대한 글을 디스커션 보드에 탑재하도록 하여 디스커션 보드 자료를 분석하였다. 학생들은 'I don't know much'와 같은 식으로 글을 시작하면서 자신의 글에서 드러나는 지식에 대한 책임에 거리를 두려는 경향을 보였다. 또한 'Someone tells you to take creatine...'과 같이 불분명한 존재를 나타내는 someone, they와 같은 주어를 사용하여 일반적으로 사람들이 알고 있는 내용을 기술하는 경향을 보였다. Lester와 Paulus(2011)는 이러한 경향은 전자담화가 교육적 상황에서 활발한 토론이 일어나는 장이 되기도 하지만, 학생들은 다른 사람에게 자신의 지식을 보여야 하는 공적 행위에 대해 매우 조심스럽고 민감한 태도를 취하고 있음을 보여준다고 주장한다. 영어 학습과 관련하여 디스커션 보드 담화를 분석한 Cho, Ahn과 Na(2007)는 대학의 영어 수업에서 수업의 일부로 영어 게시판을 운영하여 학생들이 어떻게 영어 표현이나 문화적 차이에 대한 궁금증과 개인의 관심을 공유하고 도움을 받는지 살펴보기도 하였다.

채팅

채팅 담화에 대한 연구는 언어적 특성과 상호작용의 일관성, 주제의 연속성 혹은 주제 소멸과 관련된 현상을 다루는 연구들이 많다. 다른 전자담화와 마찬가지로 채팅 담화의 언어적 특성에 초점을 둔 연구들은 채팅 담화가 구어 담화에서처럼 인접쌍이 섞여 있고, 서로 다른 주제가 함께 진행되면서 상대의 이름을 직접 언급하는 지칭성(addressivity), 두문자어, 이모티콘 같은 축약형이 많이 나타나고, 대문자, 철자, 구두점을 활용하여 목소리, 제스처, 톤을 표시하는 힌트와 언어 유희적 성격이 있다고 하였다. 송경숙(2002)은 채팅을 통해 대화 참여자들이 가상 커뮤니티(virtual community)를 형성하면서 상호작용적 문자담화(interactive written discourse)를 형성한다고 하였다.

채팅 프로그램을 언어 교육 상황에 도입하여 일반 구어 사용 상황과 어떤 차이가 있는지에 대한 연구도 진행되었다. Kern(1995)은 대학의 불어 프로그램에 채팅 프로그램(*InterChange*)을 활용하면서 학생들의 채팅 담화와 구어 토론을 비교한 결과, 학생들은 구어 토론보다 채팅에서 많은 문장, 단어를 사용한 것으로 나타났다. 말차례 분포에서도 채팅의 경우 거의 학생들이 발화를 하고, 구어 토론에서는 교사의 발화가 많은 것으로 나타났다. 채팅 담화에서는 다양한 동사, 시제가 관찰되었으나 복잡한 구조의 문장은 적게 사용되는 경향을 보였다. Warschauer(1996)도 대학의 ESL 작문 수업에서 *InterChange*라는 프로그램을 활용하여 채팅 세션을 가진 후 면대면 토론과 비교한 결과, 학생들은 채팅 담화에 보다 골고루 참여하고 다양한 어휘와 공식적인 문장을 사용하는 것으로 나타났다. 쓰기 교육 상황에서 채팅과 면대면 상담을 비교하는 연구도 진행되었는데, 예를 들어 Chang(2012)은 EFL 상황에서 면대면 토론, 채팅, 디스커션 보드를 활용하여 동료 리뷰 활동을 한 결과, 각 장르에 따라 학생들의 활동이 다르게 나타났음을 발견하였다. 글 전체에 대한 평을 하는 것은 면대면 토론과 채팅에서 활발한 반면, 국지적 수정 사항을 구체적으로 제안하는 것은 디스커션 보드에서 빈번하게 나타났다. Chang(2012)은 이를 바탕으로 쓰기의 단계에 따라 그리고 개인적 특성에 따라 채팅을 달리 활용할 필요가 있다고 제안한다.

8.2 자료 수집 및 분석

8.2.1 자료 수집

담화분석은 무엇보다 실제적인 자료(authentic data)를 사용한다. 실제적 자료란 실험 상황에서 도출해낸 언어가 아니라 자발적으로 발화된 언어 자료를 말한다. 즉 연구를 위해 발화한 언어가 아니라 자연스럽게 일어나는 상황에서 발화한 언어 자료를 대상으로 한다. 담화분석에서는 담화 상황에서 발화자가 어떠한 역할을 하고, 상황과 어떠한 관계를 가지고 있는지가 매우 중요하다. 담화분석은 모든 상황에 대한 일반적 결론을 도출하기보다 특정 상황에서 개인이 어떠한 발화를 하는지에 관한 자세하고 심층적인 분석을 목표로 하기 때문에 담화 상황에서 발화자가 어떠한 위치에 있는지가 매우 중요하다.

담화분석은 대부분 상호관계 내에서 이루어지는 대화를 바탕으로 하는데 이는 담화가 공동으로 구성된다는(co-constructed) 기본적인 전제에 근거한다. 담화의 공동구성이란 언어의 형식뿐 아니라 해석, 태도, 행동, 정체성, 감정, 이데올로기, 문화적으로 의미 있는 실재 등을 공동으로 형성한다는 것으로 담화 상황에 참여하는 대화자가 서로가 가지고 있는 의미 위에 담화를 구성한다는 것이다.

어떠한 연구 방법을 택하든지 가장 우선되어야 할 것은 연구의 주제를 정하는 것이다. 이는 여러 가지 방법으로 이루어질 수 있는데 일단 최근 연구의 경향이 무엇인지 파악하는 것이 필요하다. 이를 위해서는 Google Scholar를 사용하여 키워드 검색을 한다든가(예: repair, corrective feedback) 도서관의 전문 학술데이터베이스를 이용하여 검색을 할 수 있다. 응용언어학 분야에서 널리 알려진 학회지의 최근 논문들을 살펴보는 것도 좋은 방법이 될 수 있다. 다음으로는 연구 참여자를 찾는 것이 필요한데 이때에는 참여자의 익명성, 비밀을 보장하는 것이 무엇보다 중요하다. 최근의 담화분석은 새롭게 자료를 수집하지 않고 기존 코퍼스 자료를 이용하는 경우가 많다. 이 경우 자료를 수집하고 전사하는 데 걸리는 시간을 줄일 수 있고, 많은 양의 자료를 대상으로 분석할 수 있기 때문에 효율적으로 연구할 수 있다는 장점이 있다. 예를 들어 Michigan Corpus of Academic Spoken English(MICASE, University of Michigan English Language Institute)의 경우 총 152개의 구어 전사 자료를 바탕으로 1,848,362단어의 코퍼스를 이루고 있다.[31] 그러나 이러한 코퍼스 자료가 본인의 연구 목적에 부합하지 않는 경우에는 직접 자료 수집을 해야 한다.

8.2.2 자료 분석

대부분의 제2언어 담화분석 연구는 대화분석 혹은 의사소통의 민속지학 방법을 사용하여 담화를 분석한다. 대화분석은 자연적으로 일어나는 대화를 분석하여 화자 간에 어떤 일이 일어나는지를 파악하는 데 초점을 둔다. 대화분석은 '왜, 이 말을 지금 하는 것인지'에 대한 답을 찾는 과정

---

[31] https://quod.lib.umich.edu/cgi/c/corpus/corpus?c=micase;page=simple에서 검색 가능함.

으로 대화가 특정 상황에서 왜 그런 방식으로 일어났는지를 설명하는 것이라고 볼 수 있다(trying to understand a bit of talk, the key question about any of its aspect is – why that now?. . . What is getting done by virtue of that bit of conduct, done that way, in just that place, Schegloff, Koshik, Jacoby, & Olsher, 2002, p. 5, McKay, 2006, p. 101에서 재인용). 즉 대화분석의 목표는 화자 간의 상호작용이 왜, 지금, 특정 방식으로 이루어지는지를 파악하는 것이다. Lazaraton(2002)은 대화분석은 일반적으로 다음과 같은 규칙을 따른다고 한다(pp. 37-38).

- 실제적인 자료를 사용하고 자세하게 전사해야 함(using authentic, recorded data which are carefully transcribed)
- 미리 설정된 연구 문제 대신 특별한 의도가 없이 자료를 보도록 해야 함 (using "unmotivated looking" rather than prestated research questions)
- 말차례를 분석의 기본 단위로 함(employing the "turn" as the unit of analysis)
- 단일 사례, 일탈 사례, 그리고 집합적 사례를 분석함(analyzing single cases, deviant cases, and collections thereof)
- 연구의 맥락과 참여자들의 인종적, 인구학적 정보는 고려하지 않음 (disregarding ethnographic and demographic particulars of the context and participants)
- 코딩이나 정량화를 피함(eschewing the coding and quantification of data)

Lazaraton(2002)에 따르면 대화분석은 자연스러운 상황에서 일어나는 자료를 녹음하고, 자세히 전사하되 미리 설정된 연구 문제에 대한 답을 찾기 위한 것이 아니기 때문에 특정 의도없이 자료를 분석해야 한다. 대화분석은 상호작용이 일어나는 사회적 맥락을 고려하지 않고 오로지 대화 자체에서 어떤 발화 행위가 일어나는지에 초점을 두어 분석한다. 대화분석이 대화 외적인 맥락을 고려하지 않는 반면 의사소통의 민속지학은 대화의 의미와 대화자의 행동에 대한 전체적인 설명을 위해 문화적, 사회적 영향을 살펴보는 연구 방법이다. 의사소통의 민속지학은 담화자료가 문화적 관행을 보여주는 여러 자료 중 하나일 뿐 유일한 자료는 아니라고 본다(just one (and not necessarily the most important) source of information that should be considered in documenting cultural practices, Lazaraton, 2002, p. 40). 따라서 의사소통의 민속지학 연구자들은 상호작용이 일어나는 사회적 상황, 상호작용에 대한 내부자적, 총체적 관점에 초점을 둔다. 의사소통 민속지학적 분석에서는 교실에서 일어나는 상호작용에 대한 전체적인 설명을 제공하기 위해 인터뷰, 수업 관찰, 현장노트 등의 다른 자료를 사용하는 것을 허용한다. 이러한 의사소통의 민속지학적 방법이 담화의 내용에 중점을 둔다면 대화분석은 내용이 어떠한 언어적, 구조적 특징을 가지고 전달되는지 분석하는 방법이라고 할 수 있다.

담화분석은 이론적 근거, 분석적 장치, 이념적 입장에 따라 다양한 이론이 있지만 일반적으로 다음과 같은 과정을 포함한다.[32]

전사

담화분석의 가장 큰 어려움 중의 하나는 전사 과정이다. 시간적인 투자가 많이 필요하다는 점에서 어려울 뿐 아니라 전사하는 과정 자체가 중립적인 과정이 아니라 일종의 정치적인 행위(politics of representation, Green, Franquiz, & Dixon, 1997, Lazaraton, 2000, p. 253에서 재인용)이기 때문이다. Roberts(1997)는 전사 과정을 가리켜 말을 전사하는 것인 동시에 말하는 사람을 전사하고 있는 것(we are transcribing people when

---

[32] 담화분석의 다양한 방법과 이론적, 분석적 차이에 대해서는 Schiffrin(1994)을 참고할 것.

we transcribe talk, p. 170)이라고 했다. 즉 전사는 단순히 말을 옮기는 과정이 아니라 말하는 사람의 특징을 옮기는 과정이라고 할 수 있다. 이 과정에 연구자의 주관적인 판단이 개입될 여지가 있다는 점을 염두에 두고 전사할 필요가 있다. 어떠한 전사 기호를 선택할 것인가 하는 것은 연구자가 선호하는 방식에 따르는데 일반적으로 다음과 같은 기호가 사용된다.

[표 34] 담화분석 전사문에 사용되는 기호

Atkinson & Heritage (1984, Heigham & Croker, 2009, p. 257에서 재인용),

- 말순서(Sequencing)

[ ] 말시작과 끝이 동시에 겹침
[(오른쪽 각괄호) 말겹침 시작
] (왼쪽 각괄호) 말겹침 끝남
= (latching) 줄의 끝에서 끝남, 시작하는 부분에서는 겹침이 없음

- 시간 간격(Time intervals)

(.) 2초 이내 짧은 휴지
(0.0) 휴지 시간

- 발화의 특징(Characteristics of speech production)

:(콜론) 소리나 음절이 길어짐, 콜론이 중복되는 길이만큼 길어짐을 나타냄
Word(밑줄 혹은 대문자) 단어, 소리의 크기 강조
-(대쉬) 자르기, 대개는 성문폐쇄음
.(마침표) 하강 억양
,(컴마) 지속 억양
?(물음표) 상승 억양
.hhh 흡입
hhh 발산
< > 말의 속도가 느려짐

> < 말의 속도가 빨라짐
( ) 내용이 잘 들리지 않음, 전사가 분명하지 않음
(( )) 비언어적 행동, 상황에 대한 자세한 설명
→(화살표) 분석의 대상이 되는 부분

이러한 기호를 사용하여 전사한 다음 대화문을 살펴보자.

Example 2: Transcription sample (Heigham & Croker, 2009, p. 249)
S: in the=
T:=uh huh=
S: uh(.) we(.) say(.) the man(.) is(.) wolf.
T: o:::h

학생이 "in the"라고 말하자 휴지(pause) 없이 교사가 바로 "uh huh"라고 말한 것을 등식기호(=)로 나타냈다. 말차례 3에서 학생이 짧은 휴지기를 가지고 말하는 것은 (.) 기호로 나타냈다. 학생이 문장을 말할 때 휴지가 있자 교사는 "oh"라는 말을 길게 했음을 여러 개의 콜론으로(:::) 표시했다. 이처럼 실제 대화 상황에서 연구자가 녹음한 대화문을 시각적으로 볼 수 있도록 전사하는 것이 매우 중요하다.

전사 자료 검토

자료를 분석하기 전에 녹음 자료를 검토하여 전사 과정에서 혹시 놓쳤거나 부정확하게 표기되었을 수 있는 부분을 찾는 것이 필요하다. 담화분석의 경우, 연구 참여자가 '어떻게' 자신의 이야기를 전달하는가가 중요하기 때문에, 화자의 억양, 휴지, 말차례 등이 어떻게 나타나는지 세밀하게 표시하여야 한다.

대화 상황에 대한 배경

대화 상황, 참여자, 참여자 간의 관계, 대화 상황에서 각각의 참여자가 하고 있는 일 등에 대해 기록한다.

대화 구조

화자들 간의 상호작용이 어떻게 일어나는지에 주목한다. 예를 들어 대화를 누가 지배하고 있는지, 말차례가 어떻게 진행되는지, 상호작용에 영향을 미치는 비언어적 요소는 무엇인지 등을 살펴본다.

위에서 언급한 내용을 살펴본 후 대화에서 반복되는 유형, 특징 등을 살펴본다. 동일한 인터뷰 자료를 분석하는 경우 내용분석 방법을 적용할지 담화분석 방법을 적용할지는 연구의 목적과 이론적 틀에 따라 달라질 수 있다. 흔히 인터뷰 자료는 내용분석을 하지만 인터뷰 자체를 의미 생성 과정으로 본다면 인터뷰 참여자가 말한 내용뿐 아니라 이를 어떻게 말했는지, 연구자와 연구 참여가 어떻게 의미를 구성하고 있는지에 초점을 둔 분석을 통해 참여자가 자신을 어떻게 인식하는지, 참여자의 정체성이 어떻게 드러나는지 등을 관찰할 수도 있다. 다음 예시를 통해 담화분석 과정을 살펴보자. 자료를 분석하기 위해서는 먼저 분석의 대상이 될 부분을 선정하는 것이 필요하다. 다음 예는 학생이 '주지사'라는 단어를 알지 못해 교사에게 도움을 구하는 대화이다.

수정(Repair의 예, Heigham & Croker, 2009, p. 250)
1 S: yeah ohkay, teacher(.2) what's mean (.2) the job like
2 (.5) jesy futoura (.8) jesy futoura
3 (.8)
4 → T: jesse ventura? governor.

5   S: >yeah yeah yeah<
6   governor

    학생의 말차례 1~3에 잦은 휴지를 두어 단어를 생각해 내려고 노력하자 교사가 주지사의 이름을 듣고 governor라는 단어를 알려준다. 화살표(→) 부분은 교사가 학생이 발화한 주지사의 이름을 수정하고, 그가 주지사임을 알려주는 수정을 하는 말차례이다. 이어서 학생은 교사의 말을 반복하여 자신의 발화 수정 과정을 보여준다. 이처럼 교사가 어떻게 학생의 말을 수정하고, 학생이 이를 어떻게 수용하는지를 보여주고자 한다면 이러한 수정이 일어나는 부분을 선택하는 것이 1단계이다.

    다음 단계에서는 선택한 발화의 특징에 대해 기술한다. 담화 참여자가 이 말차례에서 하고자 하는 것이 무엇인가에 대한 답을 찾는 과정이라고 할 수 있다. 위 예에서 보면 학생이 발화하고 있는 말차례 1~2는 구체적인 사람의 직업에 대해 묻고 있고, 말차례 4에서 교사가 주지사의 이름을 잘못 발음한 오류를 수정해 준다. 이때 교사는 이름을 상승(rising) 억양으로 발음함으로써 학생이 의도한 바가 맞는지를 확인한다. 이러한 수정을 복구(repair)라고 하고, 학생의 질문에 대한 교사의 답이 짝을 이루는 경우를 인접쌍이라고 한다. 대화에서 학생과 교사는 말차례 교환을 통해 주지사의 이름을 수정, 복구하고, governor라는 단어를 알게 되는 발화 행위가 있었다고 할 수 있다.

    마지막 단계는 이러한 발화 행위가 담화자의 역할, 다른 화자와의 관계 속에서 어떻게 표현되고 있는지 분석하는 과정이다. 예를 들어 대화를 통해 담화 참여자가 교사-학생이고, 담화 내용에 나타난 관계는 주지사-유학생임을 파악할 수 있다. 이 담화에서 학생은 교사를 영어 단어를 알고 있는 언어 전문가로 간주할 뿐 아니라 문화적 정보를 제공하는 전문가로 본다고 할 수도 있다. 이러한 과정을 거쳐 다음과 같이 분석 결과를 기술할 수 있다.

> The teacher demonstrates a propensity to repeat student utterances; this seems to be a recurrent teaching strategy she uses with her intermediate level ESL students. The repetitions may be of correct utterances; these seem to serve the dual purpose of a confirmation check to the speaker and a second saying for the other students in the class. If the utterance is incorrect the teacher will repeat it with an embedded correction. For example, the teacher corrects the students' pronunciation, 'jesse futora', while at the same time answering the content question. (Heigham & Croker, 2009, p. 250)

교사는 학생의 발화를 반복하는 전략을 자주 사용하는데 이는 학생의 발음을 수정하는 것뿐 아니라 주지사가 누구인가에 대한 답을 하는 이중적인 기능을 하는 것으로 볼 수 있다. 이러한 수정이 교실담화 전체에 걸쳐 얼마나 자주 일어나는지, 어떤 유형을 보이는지를 살펴보는 것이 담화분석의 내용이 된다. 담화분석은 통계적인 방법을 통해 자료를 분석하지 않는 대신 비언어적 표현까지도 분석의 대상이 되기 때문이 전사 과정에 상당히 많은 시간과 노력을 필요로 한다. 따라서 담화분석은 비교적 적은 수의 화자가 발화한 짧은 대화를 바탕으로 하여 특정 상황에서의 언어 사용에 대한 풍부하고 맥락적인 정보를 제공하고자 할 때 사용하는 분석 방법이다.

담화분석은 주로 구어를 대상으로 하지만 문어 텍스트를 분석할 수도 있다. 예를 들어 제2언어 학습자의 작문을 분석하는 경우가 이에 해당한다. Hyland(2002)는 학습자의 텍스트 분석을 통해 효과적인 글쓰기를 이해하고 이에 영향을 미치는 요인이 무엇인지 파악할 수 있다고 보았다. 그는 주로 다음과 같은 문제에 초점을 두었다.

- 특정 학습자 그룹의 텍스트가 보여주는 특징은 무엇인가?(What features characterize the texts of this specific group of learners?)
- 학습자 텍스트가 다른 텍스트와 구별되는 특징을 보이는가?(Do these features differ from those in texts produced by other writers?)
- 학습자 텍스트의 특징을 학습자의 제2언어 유창성 혹은 모국어 글쓰기 관습으로 설명할 수 있는가?(Can these differences be explained by reference to language proficiency or L1 conventions) (Hyland, 2002, p. 153)

그는 또한 텍스트의 통사적 특징을 살펴보기 위해서는 주절과 종속절로 구성된 T-unit을 단위로 사용하였다. T-unit의 단어 수, 문장의 T-unit 수, T-unit 절의 수 등을 바탕으로 통사적으로 얼마나 유창한 글을 쓰는지 살펴볼 수 있다. T-unit 외에도 텍스트의 특징을 보여주는 다른 요인을 고려할 수 있다. Grabe와 Kaplan(1996)은 다음과 같은 변화를 텍스트 분석 요인으로 삼았다.

- 형용사 증가(increased use of adjectives)
- 명사구의 복잡성 증가(increased use of nominal complexity)
- 자유 한정사의 증가(increased use of free modifiers)
- 문장 부사 증가(increased use of sentence adverbials)
- 관계절 증가(increased use of relative clauses)
- 부사절 증가(increased use of finite adverbial clauses)
- 어순 변형 증가(increased use of stylistic word-order variation)
- 수동태(increased use of passives)
- 복잡한 명사구 주어 증가(increased use of complex NP subjects)
- 시제와 법조동사 증가(increased range of tense and modal usage)
- 비한정적인 명사구 감소(decreased use of unmodified NPs)

(Grabe & Kaplan, 1996, pp. 44-45)

텍스트에 나타난 이러한 통사적 특징을 분석하는 것 외에도 텍스트에 담긴 메타 메시지(metamessage)를 분석하는 연구도 있다. 모든 메시지는 겉으로 드러나는 기본 메시지(basic message)와 화자의 의도를 내포하는 숨겨진 의미인 메타 메시지의 이중구조로 되어 있다(Gumperz, 1977). 따라서 원활한 소통을 위해서는 문자적 정보뿐 아니라 화자의 의도까지 전달되어야 한다. 대화의 경우 화자의 표정, 말투, 목소리의 높낮이 등이 비언어적 표현으로 화자의 태도가 전달된다. 그러나 문자 언어의 경우 이러한 시청각 자료 없이 텍스트만으로 필자가 의도한 메시지를 전달해야 한다. 이때 텍스트를 매개로 필자와 독자가 상호작용 할 수 있도록 하는 장치를 메타담화 혹은 상위담화(metadiscourse)라고 한다. 제2언어 학습자의 경우 이러한 상위담화에 대한 인식이 부족하기 때문에 의도하지 않는 의미를 텍스트에 담게 되는 경우가 있다. 따라서 문어 텍스트를 바탕으로 한 담화분석은 한국인 영어 학습자와 원어민의 상위담화 사용을 분석하는 연구가 많이 이루어졌다. 예를 들어 정숙현(2018)은 한국인 영어 학습자와 원어민의 박사학위 논문 글쓰기를 비교하여 필자의 태도를 전달하는 유보어(hedges)와 강조어(boosters) 사용의 차이를 분석하였다. 이외에도 학술 논문(엄철주, 김정아, 남혜은, 오유나, 2009), 고등학교 영어 교과서(김계문, 2014) 등에서의 상위담화를 분석하거나, 마이크로 티칭 상황에 대한 분석(Ryoo, 2017) 등의 연구도 진행되었다. 또한 탈북 학생들의 참여적 교육과정에 대한 경험을 기술한 M. Lee(2014)의 연구는 내용분석과 비판적 담화분석을 함께 적용한 연구의 예이다.

    담화분석 결과를 제시할 때 어느 정도의 자료를 어떤 형태로 제공할 것인지를 결정하는 것은 매우 어렵다. 대부분의 논문들은 지면이 제한되어있기 때문에 연구자가 어떤 자료를 바탕으로 결과를 기술할지 결정하고, 연구자가 주장하고자 하는 바를 가장 효과적으로 잘 보여줄 수 있는 자료를 선택하여 제시한다. 담화분석에서는 특히 자료 제시에 있어서 표기의 기술적인 면을 고려해야 한다. 제시하는 대화문이 되도록 한 페이지에 오게 하고, 행의 번호,와 전사 기호의 의미 등을 명확하게 제시하여야 독자가 자료가 이해하는 데 도움을 줄 수 있다. 결과를 제시하는 데 있어서는 주장하는 바를 분명히 하고 이를 뒷받침할 수 있는 예를 제시하되 예외의 경우를 포함하여 설명하는 것이 필요하다. 연구 결과가 명확하게 제시되기 위해서는 연구자의 주장 외의 다른 주장이나 해석이 가능한지 생각해 보아야 하고, 다른 주장이 가능하다면 연구자가 주장하는 바가 더 설득력이 있음을 보여주어야 한다.

8.3 타당도 및 신뢰도

담화분석에서는 연구 참여자의 수가 매우 적기 때문에 어떤 이유로 연구자를 선택하였고 대화가 일어나는 맥락이 무엇인지 분명히 하는 것이 매우 중요하다. 질적 연구의 신뢰성을 높이기 위해서는 연구자와 연구가 일어나는 상황에 대해 자세히 기술하는 것이 필요하다. 이는 독자가 연구의 결과를 신뢰할 만하다고 믿도록 하기 위해서도 필요할 뿐 아니라 다른 유사한 상황에 전이될 수 있는 가능성이 있는지 보기 위해서도 중요하다. 다른 질적 연구 방법과 마찬가지로 대화가 일어나는 상황에 대해 두꺼운 기술을 하여 독자가 결과를 신뢰하도록 하고, 다른 유사한 상황에 결과를 전이할 수 있도록 하는 것이 필요하다.

앞서 언급했듯이 전사 과정에서 어떤 특징을 선택적으로 기술하는가 하는 것은 연구자의 견해를 반영한다. 최대한 실제적인 자료를 그대로 전사하기 위해서는 전사문의 정확성을 연구 참여자에게 확인하는 멤버 확인 혹은 제3자 확인 등의 과정이 필요하다. 담화분석의 어려움은 Labov(1972)가 지적하는 관찰자의 역설에 관한 것이다. 연구자는 연구 참여자가 녹음하는 상황이 아닌 자연스러운 상황에서 어떻게 대화하는지를 관찰하고 싶지만 연구를 위해서는 녹음하는 상황임을 알릴 수밖에 없다. 연구자는 녹음 장비가 대화에 어떤 식으로든 영향을 줄 수 있음을 인정하고 최대한 방해가 되지 않게 하여 담화 참여자들이 녹음하고 있다는 사실을 잊도록 하는 것이 중요하다.

담화분석의 결과는 주로 구어나 문어 자료의 일부를 예시로 보여준다. 양적인 분석을 하는 경우도 있으나 대부분 실제 언어 자료를 바탕으로 어떠한 맥락에서 담화가 어떻게 구성되었는지를 보여주는 방법을 택하고 있다. 담화분석은 구어와 문어를 모두 대상으로 하지만 주로 구어 언어 자료를 분석하는 경우가 많다. 담화분석은 자연스럽게 일어나는 대화를 오디오나 비디오로 녹화하여 자료를 수집하여 숨쉬기, 멈춤 등의 아주 미세한 현상도 전사한다. 담화분석의 기본 단위는 일련의 대화로 이루어진 순서로 어떻게 말차례와 화제 전환이 일어나고 이러한 전환이 어떤 순서를 이루는지 분석한다. 비디오 녹화의 경우 담화 참여자의 제스처나 시선 등의 비언어적 요소도 분석의 대상으로 포함하여야 한다. 담화분석은 언어 이론을 자료에 적용하기보다 자료 자체에 근거하여 중요한 패턴을 찾기 때문에 분석 방법에 관한 사전 지식이 전혀 없이 시작할 수는 없지만 되도록 열린 마음으로 자료에서 떠오르는 주제를 찾아야 한다. 이런 점에서 Kasper(2006, p. 84)는 담화분석 연구자들은 '극단적으로 내적인'(radically emic) 관점을 가진다고 보았다. 즉 연구자들은 담화가 연구자에게 전달되는 의미를 연구하는 것이 아니라 담화의 의미가 담화 참여자들에게 어떻게 전달되는지에 관심을 둔다.

8.4 관련 연구

담화분석 연구는 교실 담화의 유형을 파악하는 연구가 주를 이루지만 최근 코퍼스에 대한 관심이 증가하면서 학술 논문에 나타난 담화유형을 파악하는 연구가 활발해졌다. 엄철주 외 3인(2009)과 정숙현(2018)의 연구가 그러한 예를 보여준다.

[표 35] 연구 요약: 엄철주 외 3인(2009)

엄철주, 김정아, 남혜은, 오유나. (2009). 영어 L1과 L2 사용자의 학술 논문에 나타난 상위담화 비교 분석. *담화와 인지, 16*(2), 63-90.

연구 문제
응용언어학 분야 원어민 영어 사용자(L1)와 한국인 영어 사용자(L2)의 학술 논문에서 상위담화의 활용은 어떠한 양상을 보이는가?(The purpose of this study is to shed light on native English writers (L1) and Korean writers (L2) of applied linguistics develop a relationship with their readers and make a logical process in their English writing. p. 63)

연구 방법
- 2004~2008년 동안 DBpia 활용 어학 및 어학분야 학술지에 수록된 국내 논문 50편, Oxford Journals, Wiley Interscience Journals, Science Direct를 통해 국외 50편 선정, Discussion 부분의 1,000 단어까지 세어 50,000단어씩의 코퍼스 구축
- Hyland & Tse(2004)의 상위담화 분류(독자이해지원표지, 독자관여유도표지)에 따른 분석
- Wordsmith(5.0) 콘코던서 프로그램을 활용하여 각 표지의 사용 빈도 분석

연구 결과
- 원어민 한국인 모두 독자관여유도표지(유보어, 강조어, 태도어, 참여어, 강조어)를 독자이해지원표지(논리어, 구조어, 지시어, 출처어, 예시어)보다 많이 사용하는 경향
- 한국인이 원어민에 비해 독자이해지원표지를 많이 사용하는 경향, 특히 논리어 *but, on the other hand, thus, in addition to*를 선호하여 빈도가 높음

- 한국인은 독자관여유도표지 중 유보어(may, could, might, would)와 태도어(remarkable, expected, surprising)를 선호하는 경향

메타담화는 필자가 자신의 의도를 분명하게 독자에게 전달하기 위한 수사학적 수단으로 독자에게 전달하고자 하는 바를 효과적으로 전달하고 독자와의 상호작용을 돕는 역할을 한다. 엄철주 외 3인(2009)은 응용언어학이라는 담화공동체에 있는 한국인 영어 사용자와 원어민의 상위담화 표지를 살펴봄으로써 학술공동체 글쓰기의 특징을 밝히고자 하였다. 연구 결과, 한국인과 원어민은 독자관여유도표지와 독자이해지원표지에 있어서 원어민과 차이를 보였다. 엄철주 외 3인(2009)은 한국인과 원어민의 상위담화 사용빈도의 차이는 각 집단의 학술 논문 독자에 대한 필자의 반응과 관련 있다고 설명한다. 즉 독자들이 텍스트에 대해 가지는 기대에 필자가 어떻게 반응하는가를 보여주는 것으로 이는 곧 사회문화적 특성을 반영한다는 것이다. 한국인의 상위담화는 결국 한국어의 간섭을 받고, 한국어 독자와 유대감을 형성하기 위한 글을 구성하게 된다는 점을 보여준다. 따라서 한국인이 영어로 글을 쓰는 경우에는 한국인 독자뿐 아니라 영어 사용자가 이해하고 텍스트에 참여할 수 있도록 담화공동체에 맞는 적절한 상위담화를 이해하고, 상위담화 표지를 적절히 사용할 필요가 있다는 점을 강조한다.

엄철주 외 3인(2009)은 응용언어학 분야의 논문만을 분석 대상으로 한 반면 정숙현(2018)은 영어영문학, 비즈니스, 엔지니어링 분야의 박사학위 논문 20편(한국인 논문 10편, 원어민 논문 10편)을 수집하여 분석하였다. 엄철주 외 3인(2009)의 연구가 논의 부분만을 분석한 데 비해 정숙현(2018)은 논문을 초록, 서론, 본론, 결론으로 나누어 각 부분에서 유보어와 강조어 사용을 분석하였다. Hyland와 Tse(2004)의 독자이해표지, 독

자관련표지 구분에 따른 모든 어휘를 분석하는 대신 유보어와 강조어만을 분석하고, 이러한 표지를 나타내는 어휘의 빈도를 조사하였다.

연구 결과, 원어민과 학습자 모두 유보어(예: *might, perhaps, possible*) 사용이 많은데, 한국인 학습자의 유보어 사용 빈도가 조금 더 높았다. 반면 강조어(예: *in fact, definitely, it is clear that...*) 사용에 있어서는 원어민과 한국인 학습자 간에 유의미한 차이가 없었다. 코퍼스에 나타난 유보어 및 강조어 표현을 자세히 살펴보면 유보어와 강조의 총 단어 개수는 유사하지만 사용된 어휘에서는 차이가 있는 것으로 나타났다. 원어민은 *may, indicate* 등의 표현을 선호한 반면 한국인 학습자는 *should, may*를 선호하였다. 두 그룹 모두 양태를 나타내는 조동사를 유보어로 활용하였는데, 원어민, 한국인 모두 *might*보다는 *may*를 선호하는 경향을 보였다. 조동사 다음으로 선호하는 유보어는 원어민은 *indicate*, 한국인은 *it seems that*절을 빈번히 활용하였다. 강조어의 경우 원어민이 선호하는 단어는 *find, believe*, 한국인은 *show, find*로 나타났다. 원어민의 경우 *believe, know, think, realize*와 같은 인지 동사를 고르게 사용하였지만 한국인 학습자는 동사 사용에 있어 제한적인 경향을 보였다. 이러한 결과는 한국어 학습자와 원어민 모두 글의 장르적인 특징에 의해 유보어, 강조어 등의 상위담화 표지 사용에 공통점이 있지만 사용하는 어휘에는 차이가 있음을 보여준다. 원어민의 경우 어휘를 골고루 사용하여 전체적인 담화의 강약을 조절할 수 있는 반면 한국인의 경우 특정 어휘가 편중되어 나타나는 경향이 있음을 보여준다.

엄철주 외 3인(2009), 정숙현(2018)의 연구는 코퍼스를 바탕으로 한국인 영어 학습자의 상위담화 표지 사용이 어떠한 유형을 보이는지 분석하였다는 점에서 의의가 있지만 코퍼스가 특정 분야의 학술적 논문에 제한되어 있기 때문에 이를 일반화하는 데 신중을 기할 필요가 있다. 따라서 보다 다양한 장르를 포함한 학습자 코퍼스를 구축하다면 제2언어 학습자들의 쓰기 지도에 의미 있는 제안을 할 수 있을 것이다.

코퍼스를 활용한 담화분석을 통해 담화 표지 사용 유형을 파악하는 연구 외에 담화분석을 통해 담화 구성자가 자신을 어떻게 인식하는지를 분석한 연구들도 있다. 예비교원의 모의수업, 연수에 참여한 교사들의 성찰기록과 인터뷰에 나타난 담화를 분석하여 이들이 자신에 대한 정체성을 어떻게 인식하는지 보여준 Ryoo(2019)의 연구를 살펴보자.

[표 36] 연구 요약: Ryoo(2017)

Ryoo, H. K. (2017). Discourse analysis of microteaching: Dynamic identities and situational frames. *The Sociolinguistic Journal of Korea, 25*(2), 165-196.

연구 목적
모의수업에서 참여자들이 상황적 프레임의 해석에 근거하여 어떻게 모의수업에 참여하고 정체성을 구현하는지 살펴보고자 함(The purpose of this study is to look closely into what really is going on in the discourse of microteaching events in terms of the participants' identity enactment and framing of situations, p. 165)

연구 방법
- 24명의 대학교 4학년 학생들이 8개 수업을 실시(277분 분량)
- Goffman(1974)의 프레임 이론(theory of frames), Zimmerman(1998)의 상황적 정체성(situated identities)
- Gumperz(1982)의 상황적 단서(contextualization cues), 조동사, 유보어 등의 담화 표지가 상황적 프레임을 어떻게 나타내는지에 분석

연구 결과
- 가장 흔히 나타나는 유형은 IRE/IRF 유형(Sinclair & Coulthard, 1975)
- 가장 대표적인 프레임은 공연 프레임(performance frame)과 학습 프레임(learning frame)

- 공연 프레임: 마이크로티칭에 나타난 담화는 교수(teaching)가 아닌 공연 프레임으로 시간조정, 수업활동 면에서 실제 수업과는 다른 유형으로 그럴듯한 상황(make-believe)을 연출하는 경향
- 학습 프레임: 학생과 교사의 역할이 바뀌어 가르치는 역할을 하지만 학습자이자 동료로서의 정체성을 유지한다. 예를 들어 지구온난화에 대한 담화에서 교사 자신이 이해하지 못하는 단어에 대해 동료 학생의 도움 받기도 하고, 문법 수정에도 도움을 받기도 함

Ryoo(2017)는 예비교원들의 모의수업 상황의 담화를 분석한 연구는 거의 없다는 점을 지적하면서 이들이 모의수업이라는 상황에서 어떠한 담화 표지를 사용하고 이를 통해 자신의 정체성을 어떻게 표현하는지 살펴보았다. 모의수업에서의 담화는 실제 교실에서 일어나는 교수 상황과는 다른 유형의 담화를 구성한다는 점을 지적하면서 학생들이 순간순간의 상황을 어떤 틀로 인식하는가에 따라 다양한 정체성을 구현함을 보여준다. 이는 정체성이 고정된 것이 아니라 상호작용 내 담화(talk-in-interact)를 통해 구현되는 상황적 정체성(situated identities)이기 때문에 참여자들이 대화에 어떠한 틀로 접근하는가에 따라 다른 정체성을 표현하게 됨을 보여준다. 모의수업에 대한 자세한 기술과 분석은 예비교원들이 자신의 담화 과정을 성찰할 수 있는 기회를 제공하여 실제 교실담화에 도움을 줄 수 있다는 점에서 의의가 있다. Ryoo(2017)의 연구가 예비교원을 대상으로 한 반면 K. Lee(2018)는 현직 영어 교사들을 대상으로 이들이 영어로 하는 영어수업(Teaching English in English)을 어떻게 해석하고 이 정책에 내포된 명시적 혹은 암묵적인 메시지를 어떻게 수용하는지 살펴본 연구이다. 연구의 내용은 다음과 같다.

[표 37] 연구 요약(K. Lee, 2018)

Lee, K. (2018). An analysis of English teachers' metaliguistic discourse. *The sociolinguistic Journal of Korea, 26*(2), 195-223.

연구 목적
한국 영어 교사들이 TEE(Teaching English in English) 정책, 자신의 역할을 어떻게 인식하는지 살펴봄(...to illuminate how teachers perceive the TEE policy and their roles as English teachers, p. 201)

연구 방법
- 서울지역 교원연수기관에서 5개월간의 영어연수 프로그램에 참여한 초등교사 22명, 중등교사 18명의 연구 참여자, 연구자는 참여 관찰자로 연수에 참여하는 동시에 연구를 위한 인터뷰를 진행(문화기술지적 관찰)
- 수업 관찰 및 현장노트 작성, 연수기관의 스태프 및 참여 교사 인터뷰(47개)
- Johnstone(2002)의 actions, actors, events를 분석의 틀

연구 결과
- 끊임없는 비판(Endless criticism): 실제적인 영어 능력에 상관없이 자신의 영어 능력에 대한 비판
- 영어에 대한 부인, 책임회피(Disclaiming English): 교사들 자신이 이중언어 구사자, 성공적인 영어 학습자임을 인정하지 않음으로서 자신의 영어 능력을 부인하는 경향
- 영어의 외재화(English is external to the Korean identity): 언어와 정체성에 대한 근본주의적 관점, 한국인은 한국어 억양이 있는 영어를 해야 한다는 생각, 원어민처럼 말하는 것은 영어권 혹은 서구적 가치를 수용하는 것을 나타낸다고 보는 경향, 영어에 대한 소유권(ownership)을 원어민에게 양도하고 자신은 원어민의 도움이 필요한 존재로 인식(I need a native speaker to help me, I need a foreigner's help)하는 경향

K. Lee(2018)의 연구 결과, 영어 교사들은 실제 영어 능력에 상관없이 자신의 영어 능력에 대한 비판적 담화가 지배적이었는데 이는 교사연수 후에 원어민처럼 되어야 한다든가 매우 극적인 발전이 있어야 한다는 기대에 미치지 못하기 때문일 수 있다. 실제로 영어를 잘하는 교사가 있

음에도 한국 영어 교사들은 영어를 못한다는 자기비하(self-deprecation) 이미지가 강렬해서 못하는 것이 당연한 것으로 간주되는 경향을 보였다. 또한 교사들 자신이 이중언어 구사자, 성공적인 영어 학습자임을 인정하지 않음으로써 자신의 능력에 대한 우호적인 평가를 받아들이지 않는 경향을 보였다. 영어 교사들은 한국적 대화 관행에서 자신의 영어 능력을 부인하고 능력 없음을 드러내야 하는 언어적 진퇴양난(linguistic quandary)이 있음을 지적한다. 즉 영어 교사로서 언어 유창성을 드러내야 하지만 비난을 피하기 위해 한국어 억양이 있는 영어를 사용해야 하는 갈등이 있음을 지적한다. 영어 교사들은 또한 언어와 정체성에 대한 근본주의적 관점을 가지고 있는데 이는 영어를 자신의 언어가 아닌 다른 사람의 언어로 외재화하는 경향을 말한다. 따라서 영어 교사들은 충분한 영어 능력이 있음에도 자신을 원어민의 도움이 필요한 존재로 표현함을 보여준다.

K. Lee(2018)는 영어에 대한 메타담화를 통해 영어 교사들은 자기비하, 영어의 외재화라는 언어 이데올로기를 표현함을 보여준 연구로 영어 능력에 대해 끊임없이 비난과 평가의 대상이 되어야 하는 상황에서 교사들이 불안, 수치심, 스트레스를 느끼고 있음을 보여주었다. 이러한 결과는 영어 교사들이 언어정책과 관련된 사회적, 정치적, 언어적, 경제적 요인들에 대한 의미를 성찰하고, 자신들을 적법한 교사로 인식할 수 있도록 도울 필요가 있음을 제시하였다는 점에서 의의가 있다. 이러한 담화분석 연구가 한국 영어 학습자, 영어 교사를 대상으로 하였다면 M. Lee(2014)의 연구는 탈북 학생을 대상으로 하였다는 점에서 차별성이 있다. 연구의 내용은 다음과 같다.

[표 38] 연구요약: M. Lee(2014)

Lee, M. W. (2014). A participatory EFL curriculum for the marginalized: The case of North Korean refugee students in South Korea. *System, 47*, 1-11.

연구 문제
- 탈북 학생들을 위한 대안학교의 영어 교육과정이 어떤 점에서 이들에게 부적절한가?(What are the inadequacies of the mainstream English curriculum for North Korean refugee students?)
- 참여적 교육과정이 탈북 학생을 위한 정규 교육과정의 부적절함을 어떻게 언급하는가?(How can a participatory curriculum address the inadequacies identified in the mainstream English curriculum for North Korean refugee students?

연구 방법
- 1개월 간 교사 5명의 수업 관찰(10시간), 반구조적 인터뷰(교장, 교사 5명, 학생 13명), 협의회 참석(2회)
- 참여 관찰(주 1회 2시간 수업, 방학 중 보충수업 주 4회)
- 학생들의 요구조사 설문
- 비판적 담화분석(critical discourse analysis, Gee, 2011) 적용

연구 결과
- 정규 영어교과과정의 부적절함
- 탈북학생들에게 불친절한 교육과정(지루한 내용, 오래된 교육 방식)
- 교사들이 학생들의 영어 능력이 낮고 수업에 준비가 되지 않았음을 자신의 교수법을 정당화하는 이유로 제시
- 탈북학생에 대한 낙인: 교사들은 학생이 알고 있는 것을 인정하기보다 자신의 지식과 학생들의 지식에 보이지 않는 위계를 부과함(imposing the unseen hierarchy between "their" knowledge and "his" knowledge, p. 7)
- 참여적 영어교육과정의 맥락화
- 탈북학생들의 참여강화(동화 함께 읽기, 어휘, 문법을 자연스럽게 가르침, 읽기 후에 자신의 의견을 영어로 쓰고 발표하기, 그림과 쓰기 통합하여 'fun' 활동이 되도록 함, 학생 모두가 참여하여 지식을 함께 구성하여 협동적인 커뮤니티를 구성함
- 자기 추진적인 활동: 책을 읽고 편지 쓰기 활동, 영자신문에 국내 탈북민에 대한 차별에 대한 글 기고, 자발적으로 편지쓰기 프로젝트에 참여 등을 통해 자신들의 목소리를 표현하는 기회 제공

M. Lee(2014)는 탈북 학생들의 참여적 교육과정에 대한 경험을 근거이론과 비판적 담화분석 방법으로 분석한 연구로 탈북 학생들이 한국 교육 시스템에 제대로 적응하지 못하는 점을 관찰하고, 탈북민을 'second class citizen'으로 보는 사회적 인식이 이들의 학교생활에 어떠한 영향을 미치는지 살펴보고자 하였다. M. Lee(2014)의 연구는 근거이론적 분석과 비판적 담화분석을 적용한 예로 자료를 다각적인 방법으로 분석하는 예를 보여준다. 대부분의 연구들이 코딩 과정을 자세히 기술하지 않는 데 비해 그는 자료 분석의 예를 제시하여 연구 결과의 타당성을 확보하고자 노력하였다. 다음은 그가 제시한 비판적 담화분석의 예이다.

[표 39] 비판적 담화분석의 예(M. Lee, 2014, p. 5)

Transcript	Situated meanings	Social languages	Discourse models
Student 1: Ah::: Is it like a *gyom*?	it: an orange *gyom*: the name of fruit which looks similar to an orange	Asking for clarification Ah:::(prolonged pronunciation) showing understanding	Using previous knowledge to understand a new thing is acceptable. Asking a question about un unknown thing is acceptable.
Student 4: Yeah! Sort of (.) But the taste is a little different →.		Answering to a question Sort of: mitigating the previous statement "Yeah!"	If a question is asked, it should be answered. It is good to help a friend who does not know about South Korean-related things.
Student 1: Teacher, we hae a similar fruit in North Korea! It's called *gyom*, and = Teacher: = OK, Ok. let's move on to the next sentence ↓.	we: North Koreans It: a fruit similar to an orange the next sentence: the next sentence in the textbook	Sharing information Changing the conversation topic (rejecting to share information) Ok, Ok. (repetition to stop student 1)	North Korean- related things can be discussed openly in the classroom. North Korean- related things should not be discussed openly in the classroom.
Student1: Ok, Ok.		Acceptance	It is good to obey the teacher.

이러한 분석 방식에 따라 교실담화를 다음과 같이 전사하여 분석한 예를 다음과 같이 보여준다.

Excerpt 1: Classroom Observation 4, March 18, 2013 (M. Lee, 2014, p. 6)
1   Teacher: ((reading the text)) "Fruits are good for your health, too=
2   Student 1: =((raising his hand)) Teacher, what is this fruit in the picture ↑?
3   Teacher: It's an orange ↓. Don't you know orange?
4   Student 1: (1.5) Is it a tangerine?
5   Teacher: No, they are different (.)
6   Student 2: It's mu::ch bigger than a tangerine.
7   Student 3: And sweeter!
8   Teacher: OK, OK, be quiet, students! Be quiet!
9   Student 1: Ah::Is it like a *gyom*?
10 Student 4: Yeah! Sort of (.) But the taste is a little different →.
11 Student 1: Teacher, we have a similar fruit in North Korea! It's called *gyom*, and =
12 Teacher: OK, OK. Let's move on to the next sentence ↓.
13 Student 1: Oh, OK.

Student 1은 Y학교에 온 지 몇 주밖에 되지 않은 신입생으로 교사에게 질문함으로써 수업시간에 활발하게 참여하고 있다, 그의 질문 "what is this fruit in the picture?"는 오렌지를 한 번도 본 적이 없는 북한 학생의 정체성을 드러내는 동시에 다른 학생들이 수업 내 토론에 참여할 수 있도록 하는 발판을 마련하는 역할을 한다. 그러나 그의 이러한 참여는 교사로부터 환영받지 못하고, 그가 'tangerine'에 대한 지식을 활용하여 추측하려는 노력 역시 교사의 간단한 답(line 5)에 의해 묵살된다. 마찬가지로 다른 학생들(Student 2, 3)이 오렌지에 대한 지식을 보탬으로써 답을 제공하고 새로운 학생이 토론 활동에 참여하고자 하는 노력도 교사의 조용히 하라는 지시(line 8) 때문에 성공하지 못한다. 학생들은 자발적으로 학습 커뮤니티를 형성하고 그들의 지식을 신입생과 공유하려는 노력을 하고 있음을 보여준다. 그러나 교사는 자신과 학생들의 지식에 보이지 않는 위계를 부여하는 것으로 해석하였다.

   M. Lee(2014)는 이러한 분석을 통해 탈북 학생들이 전통적인 하향적 교육과정 대신 이들의 요구를 파악하고, 이를 적절한 활동과 자료를 통해 교육과정으로 구현하는 교육과정의 맥락화(contextualization of the curriculum)가 중요함을 주장한다. 그는 또한 이러한 참여적 교육과정(participatory curriculum, Auberbach, 1992)이 학습 과정에 참여뿐 아니라 삶에 대한 지휘권을 가지도록 돕는다는 점에서 효과적이라고 강조한다. M. Lee(2014)는 정부주도적인 하향식 교육과정이 소수 학생들을 소외시킬 수 있음을 보여줌으로써 맥락화된 교육과정, 참여적 교육과정이 탈북 학생들에게 어떤 가능성을 제공할 수 있는지 제시한다는 점에서 의의가 있다.

9장

실행연구(Action Research)

9.1 연구의 배경 및 특징

9.1.1 실행연구의 배경 및 정의

실행연구는 문제가 일어나는 현장에서 참여자의 입장에서 문제를 발견하고 이를 해결하기 위해 수행하는 연구로, 이는 이론이나 가설을 검증하기보다 문제 해결 및 상황 개선에 관심을 가지면서 반성적 성찰과 순환과정을 강조한다(이영숙, 김영천, 이혁규, 김영미, 조덕주, 2005). 기존의 연구에는 주로 대학에 있는 연구자가 이론을 현장에 적용하여 검증하는 연구를 하였다면, 실행연구는 현장 실무자가 주체가 되어 현장의 문제에 대한 해결책을 찾고자 한다는 점에서 차이가 있다. 실행연구는 연구자 중심이 아니라 현장 참여자 즉 교사가 주체적으로 문제를 찾고 이를 해결하기 위해 노력을 한다는 점에서 교사중심 연구라고 할 수 있다. 따라서 실행연구는 일반화를 지향하는 질적 연구이기보다는 상향식(bottom-up) 연구로 현장의 문제를 교사의 성찰을 통해 해결해 가는 과정 중심의 질적 연구라고 할 수 있다(이우주, 김경한, 2019). 실행연구가 반드시 질적 연구 방법만을 사용하는 것은 아니나 현장에서 자료를 수집하고, 성찰하고, 다시 현장으로 돌아가 적용하는 순환적 과정을 거친다는 점에서 질적 연구의 순환적인 면과 유사하다고 할 수 있다. 실행연구는 연구자로서의 교사, 교육실천가로서의 교사라는 역할을 강조하여 교사가 수동적인 지식 소비자가 아니라 능동적인 지식 생산자가 되어야 함을 강조한다.

실행연구는 사회심리학자인 Lewin(1946)이 처음 고안한 용어로 미국의 빈곤, 인종차별 등의 사회문제를 해결하기 위해 고안한 연구 방법이다. 이는 문제에 관련된 대상의 참여와 주체적인 역할을 강조하는 것으로 '계획', '실행', '실행에 대한 사실 발견'의 순환 과정이 나선형으로 이루어진다고 하였다. 이후 호주 Deakin 대학의 Kemmis와 McTaggart(1988, 2000)는 해방적 실행연구(Emancipatory Action Research)를 주장하면서 '계획', '실행', '관찰', '성찰'의 순환적 연구 과정을 제시하였다. 이들의 연구 과정 역시 Lewin의 실행연구에서 도출된 것으로 실천적 실행연구에서 강조하는 자기 성찰의 개념이 강조된 것이라고 할 수 있다.

실행연구가 성찰적 과정과 나선형 순환구조를 가진 실천적이고 성찰적인 연구임을 강조한 Carr과 Kemmis(1986)의 정의가 가장 널리 인용되고 있다. 이들은 실행연구를 "연구 참여자가 자기 현장의 문제점을 개선하기 위해 자기 성찰적인 질문을 해가는 연구형태"(Action research is simply a form of self-reflective enquiry undertaken by participants in order to improve the rationality and justice of their own practices, their understanding of these practices and the situations in which the practices are carried out, p. 162)라고 정의한다. 이들은 실행연구가 성찰적 성격을 띠고 있음을 강조하는 동시에 연구가 이루어지는 사회문화적, 정치적 상황과 밀접한 관련이 있음을 지적한다. 실행연구에 대한 다양한 정의가 존재하지만 공통적으로 주목하는 것은 '내부자의 시각에 의한 자발적인 문제제기와 문제 해결'이라고 할 수 있다. 이는 학교 밖의 전문가가 문제를 진단, 처방하고 교사가 이를 따르는 것이 아니라, 교육실천가 스스로가 연구를 통해 자신의 현장을 이해하고 통찰하는 가운데 문제를 해결해 나가는 것을 말한다. 따라서 실행연구는 '계획→행동→관찰→반성' 단계를 거쳐 의도하는 변화가 일어났는지, 그러한 변화가 상황을 개선하는 데 도움이 되는지에 초점을 두게 된다. 연구 과정이 실제 상황에 따라 달라질 수 있기 때문에 한 가지 고정된 연구 방법이 있다기보다 필요에 따라 연구 방법을 조정할 수 있는 여지를 남겨둔다.

실행연구는 '학교 현장에서 이루어지는 현장교사들의 연구'라는 의미로 현장연구라는 용어와 같은 의미로 사용되었다. 또한 '실천연구', '현장실천연구' 등의 용어도 유사한 의미로 사용되었다. 그러나 실행연구라는 용어가 교사의 자기 성찰적 성격을 좀 더 강조하는 용어로 사용되어 정착되어 가고 있다. 현장 중심, 교사 중심적 성격을 가지는 실행연구는 그러나 개념에 대한 이해가 부족한 상태에서 교육 현장에 적용되었고, 체계적인 연구 방법론이 확립되어 있지 않다. 따라서 실행연구의 개념과 특징을 이해하여 수업현장의 문제를 해결할 뿐 아니라 교사 전문성 향상에 유용한 수단으로 활용할 필요가 있다.

9.1.2 실행연구의 특징

Elliot(1978)은 실행연구의 특징을 다음과 같이 제시한다(이우주, 김경한, 2019, pp. 106-107에서 재인용).

- 실천가들에 의해 발견된 현장의 문제들을 검토해야 한다.
- 문제는 해결 가능하여야 한다.
- 문제 해결 계획이 실제로 실행되어야 한다.
- 문제에 대한 본격적인 연구가 이루어지기 전에 문제 상황을 규정하지 않는다.

- 연구자는 현장의 문제를 심층적으로 탐색하여야 한다.
- 사례연구 방법론을 활용한다.
- 사례연구는 문제 상황 내부에 존재하는 교사와 학생들의 내적 성찰과 행동 관찰을 기반으로 한다.
- 현장에서 쓰이는 실천가들의 일상적인 담화 언어를 사용한다.
- 실천가들의 자유로운 대화 속에서 연구가 진행된다.
- 실천가들 간의 자유로운 정보 공유가 있어야 한다.

이우주와 김경한(2019)은 실행연구의 구성 요소로서 다음 세 가지 준거를 제시한다.[33]

- 실행연구의 주체는 현장의 교사여야 한다.
- 실행연구는 현장의 문제 해결에 있어서 순환 반복적인 연구 과정을 거친다. 실행연구는 선형적(linear)이 아닌 순환적인(cyclical) 과정으로 문제가 해결될 때까지 반복적인 특성을 갖는다.
- 실행연구는 연구 결과의 공유를 지향한다. 실행연구 결과가 개인적인 탐구가 아니라 공적인 연구로 일반화되려면 연구 결과가 공유되어야 한다.

즉 실행연구가 되기 위해서는 현실의 문제 상황을 개선하거나 성찰하기 위해 행위 당사자가 연구의 주체가 되어 성찰과 실행의 과정을 순환적으로 반복하여 연구를 수행하고, 연구의 결과를 다른 사람들과 공유해야 한다는 것이다. 강후동(2016)은 이런 점에서 실행연구는 현장연구(field research)와는 구분된다고 한다. 현장연구는 연구자가 현장을 대상으로

---

[33] 여러 학문 분야에서 실행연구에 대한 관심이 높아짐에 따라 1989년 호주 Brisbane에서 열린 제1회 국제 심포지엄에서 실행연구가 갖추어야 할 세 가지 조건이 제시되었다. 첫째, 행위 당사자가 자신을 둘러싼 상황을 개선하거나 성찰할 것, 둘째, 성찰과 실행 활동을 밀접하게 연계하여 반복할 것, 셋째, 연구 결과를 관심 있는 사람들과 공유할 것 등이다. 이우주, 김경한(2019)의 실행연구 구성 요소는 이 세 가지 조건에 바탕을 두었다.

연구한다는 점에서 실행연구와 유사한 점이 있지만 행위 당사자가 현장에 있는 문제를 해결하고 개선하고자 하는 연구가 아니라 연구자에 의해 수행된다는 점에서 실행연구와는 다르다고 보았다. 강후동(2016)은 실행연구는 "행위 당사자가 자신의 현장과 관련된 문제를 탐구의 대상으로 삼는 연구로, 실천가가 연구의 주체로서 참여한다"는 점을 특징으로 들고 있다. 그는 실행연구에서 참여한다는 것은 외부 연구자들에게 연구에 필요한 자료를 제공하는 소극적인 의미의 '개입'(involved)이 아니라, 실제를 개선하고 지식을 생산하는 책임을 지닌 주체로서 연구에 적극적으로 '참여'(participatory)하는 것을 의미한다고 하였다.

실행연구는 또한 개인 교사의 수업현장에서 일어난 변화가 넓은 범위의 사회적, 정치적 차원의 변화를 가져올 수 있다고 보고 자신의 상황에서 어떤 일이 일어나고 있는지 관찰하여 현장에 변화를 가져오는 데 목표를 두는 연구이다(...the main point of action research is to find what is going on in your own local context in order to change or improve current practice in that situation, Burns, 2009, p. 115). 다른 질적 연구들은 현장에서의 구체적이고 즉각적인 변화를 요구하지 않는다는 점에서 실행연구와는 구별된다. Burns(2009)는 실행연구의 특징을 다음과 같이 기술한다.

> For many teachers, action research offers professional insights more immediately applicable and relevant to their classrooms than externally structured workshops or courses that deliver findings or advocate particular teaching approaches in a top-down way. Action research empowers teachers by enabling them to be 'agents' rather than 'recipients' of knowledge. Burns, 2009, p. 116)

Burns(2009)는 실행연구를 통해 교사들이 단순히 지식을 수용하는 수동적인 입장이 아니라 주체적인 입장에서 자신들의 상황에 대한 통찰력을 얻을 수 있기 때문에 교사들에게 자율성을 부여할 수 있다고 했다. 또한 실행연구는 교사들이 협력할 수 있는 기회를 제공하기도 하고, 전문적, 개인적 자원을 활용하여 교사 전문성 계발에 도움을 줄 수 있다(Burns, 1999; Bailey, Curtis, & Nunan, 2001; Richards & Farrell, 2005). 실행연구는 교사들이 다른 연구자의 연구보다 교실수업에 직접 적용할 수 있는 아이디어 얻을 수 있다는 점에서 이론과 현장이 가장 잘 연결될 수 있는 형태의 연구 방법이라고 할 수 있다.

Kemmis와 McTaggart(2000)에 따르면 실행연구는 참여적, 실용적, 협동적 특징을 가지며, 비판적 관점에서 비합리적, 비생산적 사회구조를 파악하여 스스로 해방하도록 순환적, 성찰적 과정을 거쳐 이론과 관행을 바꾸는 것을 목표로 한다고 하였다. 이들은 실행연구가 '계획-실행-관찰-성찰'의 순환구조를 가져야 한다고 하였다. '계획' 단계에서 교사는 현장의 문제를 발견하고 대안을 찾아야 하고, '실행' 단계에서는 대안을 현장에 적용하고, '관찰' 단계에서는 계획에 다른 실행 과정을 관찰하고 분석하며, '성찰' 단계에서는 지금까지의 과정에서 수정·보완할 점을 찾아 개선해야 한다. 이런 과정이 한 번만 일어나는 것이 아니라 나선형으로 반복되어 일어나면서 지속해서 문제 해결책을 찾아가야 한다. Metler(2014)도 이와 유사하게 '계획-수행-발전-성찰' 과정을 제시하였다. 그는 특히 '성찰' 단계에서 연구 결과를 공유하고 소통할 것을 강조한다. 교사의 실행연구를 다른 교사와 공유하는 것은 연구 과제에 대한 통찰력을 얻을 수 있는 기회를 제공하는 이점이 있다. 이처럼 실행연구는 선형적이 아니라 순환적, 나선형적으로 이루어지기 때문에 양적 연구보다는 질적 연구 방법과 유사하다고 할 수 있다. 또한 연구자와 연구 참여자가 멀리 떨어져서 객관적인 입장을 유지하는 것이 아니라 연구 과정에 적극적으로 참여하고, 그 결과를 공유한다는 점에서도 질적 연구의 특징을 가지고 있다고 볼 수 있다.

이우주와 김경한(2019)은 2001~2019년 3월까지 발표된 초·중등 영어교육에 관한 학술지 논문과 학위 논문 중 학술지 논문 13편, 학위 논문(석사) 46편을 실행연구 논문으로 선정했다. 이 논문들을 위에서 언급한 실행연구의 세 가지 조건(교사가 주체, 순환적 연구 절차, 연구 결과 공유)에 근거해 분석한 결과, 대부분의 연구는 현장교사에 의해 진행되거나 실행연구의 대상 혹은 보조 역할로 연구에 참여하였고, 교사가 실제로 현장의 문제를 도출하고 해결하는 역할을 한 논문은 학술지 3편, 학위 논문 5편에 그쳤다. 대부분의 실행연구가 교사에 의해 이루어지기는 하나 교사가 현장의 문제를 발견하는 것이 아니라 외부의 이론을 적용하는 실행연구를 진행하는 경우가 많았다고 보고하고 있다. 교사가 주체가 되는 실행연구가 적다는 것은 교사들이 현장에서 겪는 문제를 실행연구 방법을 통해 해결하고자 하는 경우가 많지 않다는 점을 보여준다. 이를 개선하기 위해서 교사들이 실행연구를 이해하고, 관심을 가지고 실천할 수 있는 지원방안 등을 모색할 필요가 있다.

이윤(2010)은 교사에 의해 이루어진 실행연구의 예로 교사 자신이 담당하는 초등학교 3학년 영어 수업에서 학생들이 말하기 능력의 차이로 인해 수업에 참여하지 않는 문제를 발견하고 이를 해결하기 위한 다양한 활동을 실시하여, 불안감을 낮추고 말하기 성취도를 높이기 위한 실행연구를 실시하였다.

연구 과정 면에서 대부분의 논문은 순환적으로 반복되는 연구 절차를 적용하여 실행연구를 수행하였다. 2회 반복이 가장 빈번하였고, 6회까지 반복하여 실행연구를 진행한 경우도 있다고 보고하고 있다. 이우주, 김경한(2019)은 그러나 순환과정을 반복하였다고 해서 반드시 현장의 문제를 제대로 반영하였다고 보기는 어렵다고 지적한다. 보다 중요한 것은 이 과정에서 수업 현장의 문제를 해결하기 위한 발견과 대안의 적용 과정이 있었는가가 중요하다.

실행연구 결과는 교사학습 공동체를 통하여 다른 교사들과 공유되어야 한다는 점도 강조되고 있다. 연구 결과를 공유한 실행논문이 14편이고 공유하지 않은 논문은 45편으로, 결과 공유가 많이 이루어지지 않았음을 보여준다. 학술지 논문 4편, 학위 논문 8편은 수업 협의회를 통해 공유되었다. 앞서 언급한 이윤(2010)은 대학의 연구자 공동 협의회를 통해 연구 결과를 공유하였다. 교사학습 공동체를 통해 연구 결과가 공유된 경우는 없었는데 이는 아직 실행연구에서 결과 공유라는 개념이 정착되지 않았음을 보여준다.

9.1.3 응용언어학 분야의 실행연구

영어교육 분야에서 실행연구가 시작된 것은 교실에서 일어나는 다양한 문제에 대한 연구에 관심을 갖기 시작한 1980년대부터 Long(1983), Allwright(1988) 그리고 Day(1990) 등에 의해서이다. Wallace(1998), Burns(1999, 2005) 등이 실행연구라는 제목의 책을 출판하면서 실행연구에 대한 관심이 높아졌다. Burns(2009)는 연구(research)와 실행(action)을 대립적인 개념으로 보는 경향을 지적한다. 연구란 흔히 자료를 수집하고 분석하는 체계적인 과정을 가리키는 반면 실행은 교육 현장에서의 이슈, 문제, 딜레마, 이론과의 괴리를 밝히고 탐색하는 과정으로, 상황을 개선하거나 변화를 가져오기 위한 의도적인 중재(interventions)를 가리키는 용어로 사용된다. 예를 들면 효과적인 쓰기 수업을 위해 어떤 활동을 할지, 교육과정이 요구하는 내용을 교실수업에 어떻게 담아낼지, 교사중심 수업과 학생중심 수업 간의 균형을 어떻게 이룰지 등이 실행연구의 내용이 될 수 있다. 이처럼 이론과 현장의 연결성 때문에 응용언어학에서 실행연구는 특히 교사들이 전문가로서 자신의 문제를 해결하고 대안을 제시할 수 있는 기회로서 중요성을 가진다(teachers should be recognized as thinking professionals who can both pose and solve problems related to their educational practice, Zeichner & Liston, 1996, p. 4). 이는 연구자의 연구 결과를 교사가 일방적으로 수용하는 것이 아니라 교사 주도적으로 연구 문제를 설정하고 해결 방안을 찾는다는 점에서 교사-연구자로서의 역할을 강화하는 데 도움을 줄 수 있다.

강후동(2016)은 2001~2015년까지 국내 영어교육 학술지 및 석·박사 학위 논문에 발표된 실행연구를 분석하여 연구 목적, 연구 주제(연구 단위), 연구 방법의 특징을 살펴보았다. 연구 목적별로 분류해 보면 수업의 전문성 향상을 목표로 하는 전문성 차원, 교사 개인의 변화와 성장에 초점을 두는 개인적 차원, 교실 이면의 사회구조적 조건의 개선에 목적을 둔 정치적 차원의 연구로 나눌 수 있다. 전문성 발달을 위한 실행연구 41편, 개인의 성장에 관한 연구 10편, 정치적, 사회적 구조 개선을 위한 연구는 6편으로 대부분의 연구는 수업개선과 관련된 연구에 집중되어 있다. 초등학교의 수업전문성 향상에 관한 이윤(2010)의 연구, 대학의 읽기수업에서 협동수업 적용한 Pyo(2005)의 연구들이 이러한 예이다. 개인적 차원의 연구는 교사나 학생의 내면, 성장에 관한 연구이다. 예를 들면 신동일(2005)은 영어평가에 있어 채점자의 성찰과 반성에 대한 연구로 채점자의 변화를 보며 평가 프로그램을 조정하는 과정을 보여준다. 평가 부분에 관한 실행연구가 많지 않다는 점을 고려하면, 평가자, 채점자의 평가과정에 대한 실행연구가 필요함을 보여준다. 정치, 사회, 정책적 차원에서 실시된 연구로 시·도 교육청 정책인 영어 교과서 외우기가 개별 학교에서 어떻게 적용되고 영향을 미치는지 알아본 박선아(2015)의 석사

논문을 들 수 있다. 최희경(2009)은 초등학교 영어수업에서 한국인 교사와 원어민 강사 간의 시간에 따른 역할 변화 과정을 분석하여 효과적인 협동수업 활동 제안하였는데, 이는 원어민교사 협동수업이라는 정책에 대한 실제적 제안을 하기 위한 실행연구로 볼 수 있다.

논문 주제별로 보면 개별 교실, 단위 학교, 단위 학교 밖의 교육정책, 교육 프로그램 실현을 추구하는 연구로 나눌 수 있다. 개별 교실 차원의 문제를 다룬 논문이 47편, 단위 학교 차원의 연구는 8편, 단위 학교 밖 차원의 주제를 다룬 논문은 2편으로 대부분의 실행연구는 개별 교실 차원의 문제를 다루고 있다. 개별 교실 차원의 논문은 대부분 교수, 학습 방법 개선을 다루고 있다. 예를 들면 이정임(2014)은 실행연구의 순환 과정을 6회 반복하여 수업개선에 관한 연구를 하였고, 이효신(2013)은 단위 학교 차원에서 협력적 교사 전문성 신장에 관한 연구를 수행했다. 단위 학교 밖 차원의 연구는 강후동(2012), 박선아(2015) 등을 예로 들 수 있다. 이처럼 대부분의 실행연구가 교실수업 내에서 이루어진 경향을 보이기 때문에 교실을 넘어선 단위 학교, 학교 밖의 주제를 다룰 필요가 있다.

이들 실행연구 중 양적 연구는 1편뿐이고, 질적 연구가 31편, 혼합연구가 25편으로 실행연구의 성격상 인터뷰, 녹음/녹화, 설문, 그룹 인터뷰, 연구 세미나, 회의, 사진 등의 자료를 바탕으로 한 질적 연구를 하는 경우가 주를 이루고 있다. 교육관련 실행연구는 대부분 질적 연구인 데 비해 영어교육 분야에서는 상대적으로 혼합연구가 많은 경향을 보인다. 질적 연구를 통해 보다 심층적으로 교실에서 일어나는 현상을 이해하고 해석하기 위해서는 질적 연구의 신뢰도와 타당도를 확보하여 질적 연구 방법을 활용한 실행연구가 좀 더 확대될 필요가 있다.

강후동(2016)은 15년간 진행된 실행연구는 학술 논문 21편, 학위 논문

36편, 박사논문은 1편으로 학위 논문이 급증하는 경향을 보였으나 전체적으로 영어과는 다른 교과에 비해 실행연구가 덜 활성화되어 있다고 지적한다. 특히 대학의 교수자가 실행연구를 하는 경우는 거의 없다고 한다. 이는 실행연구가 초·중·고등학교 현장에서 일어나는 문제를 해결하기 위해 교사들에 의해 주도되었음을 보여준다. 대학의 연구자들에 의한 실행연구도 있지만 대학의 교수자, 연구자들이 자신의 수업현장 혹은 교육정책 등에 관한 실행연구를 하는 데 대한 관심은 아직 부족하다고 할 수 있다.

실행연구는 현장의 문제를 개선하고 향상한다는 점에서 교사들의 연구에 대한 관심과 연구 능력이 무엇보다 필요하다. 따라서 교원양성기관에서부터 실행연구의 방법론을 정립하려는 노력이 필요하다. 예비교사 양성과정 혹은 정교사 재교육 과정에서 실행연구에 대한 강좌나 연수 프로그램을 개설하는 것이 필요하다. 지금까지 시행된 실행연구는 대부분 수업 전문성 향상이라는 주제에 치우쳐 있으므로 개인의 성장을 위한 성찰적 탐구, 정치, 사회구조 개선을 위한 연구로 확대될 필요가 있다. 또한 개별 교실 차원을 벗어나 단위 학교 및 학교 밖 차원으로 확대될 필요가 있는데 이를 위해서는 독자적으로 연구하기보다 교사, 학생, 학부모, 교육 정책기관 등이 협력하여 연구하는 것이 필요하다.

9.2 자료 수집 및 분석

9.2.1 자료 수집

실행연구는 질적 연구의 성격을 띠고 있어 일반적인 질적 연구의 자료 수집 방법과 유사하다. 실행연구에서 주로 사용하는 자료 수집 방법을 정리하면 다음과 같다.

저널

Heigham과 Croker(2009)는 실행연구에서 사용되는 저널을 사실적, 기술적, 성찰적, 로그, 회고적 저널의 5가지 유형으로 나누어 소개하고 있다. 사실적 저널은 수업 직후에 수업에서 관찰한 내용을 기술하는 것으로 현장노트와 유사하다고 할 수 있다. 사실적 기술에 개인적인 의견이나 감상을 더한 형태를 기술적 저널이라고 했는데 흔히 이러한 형태의 저널을 쓰게 된다. 성찰적 저널은 일어난 일에 대한 의미를 생각하고 해석을 기술하는 저널이다. 매일 일어나는 일을 기술하는 저널을 쓸 수도 있고, 이러한 저널을 바탕으로 하여 회고적 저널을 쓸 수 있다. 이는 교사가 관찰한 내용이 자신의 교육철학과 신념에 어떻게 연계될 수 있는지를 기술하는 저널이라고 할 수 있다. 다음 표는 실행연구에서 사용되는 저널의 유형과 주로 다루는 문제를 요약하여 보여준다.

[표 40] 실행연구에서의 저널 활용(Heigham & Croker, 2009, p. 119)

Type of Journal	Aim	Timing of entry	Questions addressed
Factual journal	To record observations, incidents, or events in a factual way	Immediately after the lesson/event	What is happening here?
Descriptive journal (sometimes 'double entry' - factual events on one side of page, and reactions on other	To note factual events and personal reactions to them	As soon as possible after the lesson/event	What is happening here and what are my perceptions/attitudes about the happening?
Reflective journal	To capture 'stream-of-consciousness', ideas, thoughts, reactions to lesson/events	Quite soon after the lesson/events, following thinking about and processing what occurred	What are my responses to interpretations of what has happened and what meanings can I make about these happenings?

Daily/Weekly log	To construct an accumulative record of daily or weekly events	At the end of the period of time when the events took place	What happened in sequence throughout my teaching day/week?
Memoir journal ('stepping stones', Progoff, 1975 or 'significant moments')	To develop an account of your development as a teacher and theories about your teaching	At a time in the research process when you want to articulate your values and theories as a teacher	What and who influenced my development as a teacher and my teaching philosophies?

관찰

교실에서 일어나는 문제에 대해 변화를 원하거나 상황을 개선하고자 할 때 체계적이고 자기 성찰적인 방법으로 자료를 수집하고 분석하는 연구 방법이다. 따라서 일반적으로 교사들이 문제를 인식하고, 계획적이고 체계적으로 정보를 수집하고, 이에 대한 성찰을 하고 분석함으로써 구체적인 행동을 취하는 과정을 말한다. 수업 현장에서의 구체적인 사안과 관련, 다른 교사 혹은 행정가, 학생, 학생의 가정과 협력하여 이루어질 수 있다. 실행연구에서 관찰은 다음과 같은 방법으로 이루어질 수 있다.

- 타인 관찰(Other-observation): 연구자가 다른 사람(학습자, 교사, 교생, 학부모 등)을 관찰
- 자기 관찰(Self-observation): 연구자가 자신의 행동, 생각 등을 관찰하는 것
- 동료 관찰(Peer observation): 연구자가 다른 교사를 관찰하거나, 다른 교사가 연구자를 관찰하는 것

다음 표는 실행연구에서 관찰과 비관찰 방법을 비교하여 보여준다.

[표 41] 실행연구의 관찰 및 비관찰 방법(Heigham & Croker, 2009, p. 117)

Observational	Nonobservational
Examples: • brief notes or recorded comments made by the teacher while the class is in progress • audio- or video-recording of classroom interaction • observation by self or a colleague on particular aspects of classroom action • transcripts of classroom interactions between teacher and students or students and students • map, layouts, or sociograms of the classroom that trace the interactions between students and teacher • photographs of the physical context	Examples: • questionnaires and surveys • interviews • class discussions/focus groups • diaries, journals, and logs kept by teacher or learners • classroom documents, such as materials used, samples of student writing or tests

 관찰을 통해 자료를 수집하는 경우, 수업에서 일어나는 일을 기록하는 노트, 수업 녹음/녹화 자료, 전사문, 학생과 교사의 상호작용을 보여주는 지도, 레이아웃, 소시오그램, 사진 등을 활용할 수 있다. 관찰은 연구자 본인이 할 수도 있고, 다른 동료의 도움을 얻을 수도 있다. 관찰을 하지 않고 자료를 수집하는 경우 설문, 인터뷰, 교사나 학생이 작성한 일기/저널, 로그, 학생들이 제출한 과제물, 시험지 등이 자료가 될 수 있다.

인터뷰

 인터뷰는 다른 질적 연구 방법에서도 흔히 사용하는 방법으로 실행연구에서도 개방 인터뷰, 반구조적 인터뷰, 혹은 구조적 인터뷰 방식으로 이루어질 수 있다. 개방 인터뷰는 대화형식으로 진행되고, 연구자가 특별히 질문 항목을 준비하지 않고 진행한다. 이는 연구와 관련된 주제들을 도출하고자 할 때 유용한 인터뷰 방식이다. 반면 구조적 인터뷰는 모든 참여자에게 같은 질문을 동일한 순서로 하는 인터뷰이다. 인터뷰 참여자가 많은 경우, 얻고자 하는 정보가 동일한 경우 적용할 수 있다. 반구조적 인터뷰는 연구자가 질문을 준비하여 인터뷰 참여자의 응답에 따라 진행하는 인터뷰로 가장 널리 사용되는 방법이다.

다른 질적 연구의 경우도 마찬가지이지만 너무 많은 자료를 수집하려고 하지 말고 수집하고자 하는 자료에 범주를 설정하고, 수집 목적에 맞추어 수집 및 분류해 나가는 것이 효과적이다. 실행연구의 자료 수집과 분석 역시 별개로 이루어지는 과정이라기보다 동시에 이루어지는 것이 효과적일 수 있다. 따라서 초기에는 몇 가지 자료들을 집중적으로 수집하여 분석해 보고, 연구 목적에 부합하는 자료를 선별하여 수집하는 것이 효과적이다.

9.2.2 자료 분석

자료 분석 과정은 질적 연구의 일반적인 절차를 따라 진행하되 자료들을 비판적으로 분석하고 살펴보아 문제에 대한 대안을 제시하는 것이 분석의 초점이 되어야 한다. 박창민과 조재성(2017, p. 373)은 실행연구의 분석을 위해 다음과 같은 절차를 제안한다.

- 전체적으로 수집한 자료들을 훑어보고, 이들 자료를 텍스트화하기
- 같은 종류끼리, 같은 연구 질문끼리 나누기
- 작은 덩어리로 나누어 가며 주요한 이슈나 패턴으로 범주화하기
- 설정된 범주들을 중심으로 자료들을 재검토하고, 각각의 범주에 해당하는 하위 주제들을 설정하기
- 범주화된 요소를 중심으로 실행의 문제점을 진단 및 성찰하기
- 주어진 자료들을 재나열하여 실행 과정에 대한 의미 부여하기
- 새로운 실행 전략 수립, 구체적 행동 지침 발견하기

위에서 보듯이 자료 분석을 위해 가장 먼저 해야 할 일은 자료를 정리하여 필요한 내용을 텍스트로 전환하는 것이다. 인터뷰 혹은 비디오 자료는 전사 과정을 거쳐 텍스트가 되어야 한다. 자료가 정리되면 코딩 과정을 거쳐 범주를 찾고, 범주를 바탕으로 문제점을 발견하고 이를 진단하는 과정이 있어야 한다. 성찰은 연구의 전 과정에서 이루어지지만 분석 과정에서 문제점과 개선을 위한 대안을 제시하는 데 중요한 통찰력을 제공하는 자료가 될 수 있다.

실행연구는 순환과정을 여러 번 거칠 수 있기 때문에 자료 수집과 분석 초기 단계에 자료에서 말하는 주제가 무엇인지 파악할 수 있다. 그러나 이에 너무 고정된 개념을 가지지 않고 계속 열린 눈으로 자료를 살펴보는 것이 필요하다. 이를 위해 Heigham과 Croker(2009)는 다음과 같은 전략을 사용할 것을 추천한다.

주제와 유형을 파악하라

자료에서 자주 반복되는 단어, 아이디어가 무엇인지? 특정 학생 혹은 특정 행동이 드러나 보이는지? 특별한 이슈, 사건, 장소, 교실 구조, 행동에 관심이 가는지 등을 살펴보면 주제를 찾는 데 도움이 된다. 자료에서 한 걸음 뒤로 물러서서 처음에는 명확하게 보이지 않았던 점을 찾아보려는 노력도 필요하다.

자료 코딩

자료 전사 및 코딩은 많은 시간을 필요로 한다. 따라서 어느 정도의 자료를 전사할지, 어떤 점에 초점을 두어 코딩할지를 결정하는 것이 필요하다. 코딩을 위해서는 전체 자료를 반복해서 읽고 자료에 대한 감을 가지는 것이 필요하다.

관찰 자료 이야기하기

많은 양의 관찰 자료를 분석하기 위해서는 다음과 같은 방법으로 자료를 정리할 수 있다.

- 연대순: 주요한 사건 중심으로 시간 순으로 정리
- 선택적: 특별하거나 중요한 사건 중심으로 정리
- 특정 사례: 특정 학생, 활동, 수업 자료, 장소, 참여자의 역할 등의 사례에 초점을 두어 정리
- 개념 중심: 연구자가 관심을 두는 이슈, 관찰 중에 기록한 부분, 결정을 내린 부분 등을 중심으로 정리

자료의 정량화

관찰을 통해 특정 행동, 사건의 빈도를 기록하거나(예: 교사의 질문 빈도), 연구 참여자들에게 설문을 통해 자료를 수집할 수 있다(예: 리커트 척도 설문).

이러한 전략을 사용하여 자료를 정리하고 축소하는 것이 중요한 결과를 찾는 데 도움이 된다. 실행연구 결과에는 일어난 사실만이 아니라 연구자의 해석, 즉 이러한 사실이 교사와 학생들에게 어떠한 의미가 있는지, 다른 환경의 교실 상황에 어떤 의미가 있는지도 기술되어야 한다. 이를 통해 문제에 대한 보다 깊은 이해와 비판적인 질문을 하도록 하는 것이 필요하다.

9.3 관련 연구

실행연구를 적용한 예시로 초등학생들에게 창의적 쓰기 지도에 관한

이인숙과 김혜리(2015)의 연구와 중학생들의 영어 학습동기 향상을 위한 언어하기 활동을 적용한 박은실과 김태영(2019)의 연구를 살펴보겠다.

[표 42] 연구 요약: 이인숙, 김혜리(2015)

이인숙, 김혜리. (2015). 초등영어 창의적 쓰기 지도에 관한 실행 연구: 판타지 그림책 활용을 중심으로. *영어교육연구, 27*(1), 111-135.

연구 문제
- 판타지 그림책을 활용한 창의적 쓰기 수업 모형은 어떠한 과정을 통해 개발될 수 있는가?
- 판타지 그림책을 활용한 창의적 쓰기 수업에 나타난 학생들의 쓰기 발전 양상은 어떠한가?

연구 방법
- 서울시 소재 초등학교 5학년 1개 학급 25명 학생을 대상, 2013년 3월~2014년 6월까지 방학을 제외한 6개월간 주당 3시간 수업 진행
- TOSEL Basic을 사용하여 학생들의 영어 능력 측정, 읽기, 쓰기 수준은 대체로 낮은 편으로 나타남
- Kemmis와 McTaggart(1982)의 계획-실행-관찰-반성이라는 순환적 틀로 수업 구성, 이 과정을 3번 반복하는 과정을 통해 창의적 쓰기를 위한 수업 모형 개발

연구 결과
- 순환과정 Cycle I: 문제 발견, 텍스트 선정

문제점을 발견하고 이를 해결하기 위한 기본적인 계획을 하는 과정, 학생들은 단어를 모르기 때문에 판타지 그림책을 이해하지 못하고, 책에 대한 흥미를 유지하지 못하거나, 그림책의 내용은 이해했지만 새로운 생각을 하거나 교사의 질문에 대답할 말을 모른다는 문제를 발견, 창의적 쓰기의 기반이 될 텍스트 선정

- 순환과정 Cycle II: 학생들의 쓰기 활동 지원 계획 수립

어휘 학습을 위한 활동과 협동 학습, 개별 학습 병행하기로 함, 이를 통해 학생들의 영어 능력 및 표현력 부족 문제를 해결하였으나 영어로 자기들의 의사를 충분히 전달 할 수 없는 문제가 여전히 있음을 발견

> • 순환과정 Cycle III: 과정 기반 쓰기 활동
> 쓰기에 대한 성취감을 달성을 위해 쓰기 전, 쓰기, 수정, 편집 및 출판이라는 과정기반 쓰기 활동 실행, 개별 작품 한 개와 학급 전체의 공동 작품 한 개를 계획, 이전 단계의 결과를 종합하여 수업 모형을 제시

초등영어는 음성언어 중심이지만 고학년이 되면서 점차 문자 언어를 습득해야 할 필요가 커지고, 인터넷과 매체를 활용하는 기회가 증대됨에 따라 문자 언어로 자신의 생각을 표현하는 능력이 중요해졌다. 이인숙과 김혜리(2015)는 음성언어 중심의 초등영어에 익숙한 학생들이 문자 언어에 대한 자신감이 낮고 특히 쓰기에 가장 자신감이 낮다는 문제를 발견하고 이를 개선하기 위한 실행연구를 실시하였다. 연구자들은 초등학생들의 쓰기 지도를 어떻게 할 것인가 하는 문제와 함께 2015개정 교육과정에서 제시하는 의사소통 능력의 신장, 창의성 계발을 위한 교수, 학습이 이루어질 필요가 있음에 주목하였다. 창의성 신장을 위한 초등영어 수업에 대한 개념 및 방법론이 연구되어야 할 필요에 따라 판타지 그림책 읽기를 기반으로 창의적 글쓰기 지도방안을 활용하여 학생들의 쓰기 능력과 창의력 함양을 꾀하고자 하였다. 이들은 Kemmis와 McTaggart (1988)의 계획-실행-관찰-반성이라는 순환적 틀에 근거하여 수업을 구성하고, 이 과정을 3번 반복하는 과정을 통해 창의적 쓰기를 위한 수업 모형 개발하였다. 다음 표는 창의적 쓰기 지도를 위한 수업 모형 개발 단계를 보여준다.

[표 43] 창의적 쓰기 지도를 위한 수업 모형(이인숙, 김혜리, 2015, p. 125)

단계	주요활동	차시	세부활동내용
준비	어휘 학습 그림책 읽기 창의성 기법 학습 질의-응답 활동 쓰기 과업 제시 계획세우기	1~2	-내용이해를 위한 어휘 학습, 동기유발 -소리 내어 읽기 -생각폭풍일으키기, 브레인라이팅(brainwriting), 스캠퍼(SCAMPER), 환상유추 등 -교사-학생 간의 질의응답을 통한 표현활동 -무엇을 어떤 방법으로 쓸 것인지 과정 제시 -해결안 세우기(알고 있는 것, 알아야 할 것, 아이디어 찾기 역할분담)
쓰기	초고쓰기 수정하기 편집하기	3~6	-어떤 내용을 쓸지 계획하기 -정보수집, 조사, 조사한 내용 정리하기 -순서대로 개요 짜보기 -동료와 교사의 피드백 받기 -내용 흐름상 부족한 부분이 있는지, 의미가 독자에게 잘 전달되는지 확인하기 -컴퓨터로 텍스트를 쳐 보면서 오탈자 확인하기 -출력하여 교사의 피드백 받기
발표	발표하기	7~8	-깨끗한 종이에 그림 그리고 텍스트 쓰기 -교실에 전시, 친구들과 공유하고 소감 나누기 -소감문 쓰기, 반성 및 평가

표에 기술한 과정을 통해 초등학생들은 판타지 그림책을 읽고 그림책의 내용을 모방, 변형, 창조하여 자신을 글을 작성하였다. 이인숙과 김혜리(2015)는 이러한 창의적 글쓰기 과정을 통해 학생들이 묘사적 쓰기, 개인적 쓰기, 설명적 쓰기, 이야기 쓰기 등 다양한 장르의 글을 접할 수 있고, 다양한 장르로 자신의 생각을 표현할 수 있는 가능성을 제시하였다. 또한 수업자료로서 판타지 그림책의 유용성도 제시하였다. 이 연구는 영어 수준이 낮은 학생들이 창의적 글쓰기에 참여할 수 있도록 문제점 발견-수업 계획-실행-관찰-반성 단계를 보여 줌으로써 교사들에게 실질적인 도움을 줄 수 있다는 점에서 유용하다. 교사들이 교육과정에 제시된 역량을 개발하기 위해 수업에서 어떤 노력을 할 수 있는지를 보여준다는 점에서도 의의가 있다.

박은실과 김태영(2019)은 저소득층 중학생의 영어 학습동기를 향상시키기 위해 Swain(2006)의 언어하기(languaging) 활동을 적용한 예로 학생이 장래에 하고 싶은 일과 영어 학습동기가 어떻게 연계될 수 있는지를 보여주는 실행연구이다. 연구의 내용은 다음과 같다.

[표 44] 연구 요약: 박은실, 김태영(2019)

박은실, 김태영. (2019). 저소득층 중학생들의 영어 학습 동기 향상을 위한 언어하기 활동 실행연구. *학습자중심교과교육연구, 19*(6), 105-131.

연구 문제
- 학생들은 언어하기 활동에 대하여 어떤 반응을 보이며, 그 반응에 따른 수정 지도 과정은 무엇인가?
- 학생들은 언어하기 활동 전후 어떠한 변화가 나타났는가?

연구 방법
- 서울시 동작구의 C지역아동센터 중3 여학생 4명
- 연구자가 언어하기 활동을 진행하는 교사로 참여, 활동 전, 중 학생 면담, 교사 관찰 및 성찰일지
- 언어하기 활동 12회(475분) 진행, 주 2회 수업, 2차에 거쳐 실행연구 실시
- 근거이론에 바탕을 둔 지속적인 비교분석(constant comparative method)

연구 결과
- 1회기 언어하기 활동: 제2언어 자아상을 세울 수 있도록 유도하였으나 소극적인 반응, 연구자가 비전 다이어리를 통해 정서적 친근감 형성, 학생들의 관심 분야 탐색 후 미래에 어떤 일을 할 수 있는지 생각하는 활동 진행
- 2회기 언어하기 활동: 수업 태도 목표, 비전 관련 목표 설정 활동에 소극적으로 참여함
- 언어학기 활동 후 학생들은 영어 학습에 도전하려는 태도 보임, 학습된 무기력을 극복하려는 의지가 생긴 것으로 보임, 지역아동센터에서의 학습 태도 변화, 영어 학습에 대한 지각화가 형성됨(sensitization, 학습자가 구체적 목표를 세우고 자신의 목표 달성을 위해 학습 환경을 최대한 활용하여 도움을 받고자 하는 태도)

박은실과 김태영(2019)의 연구는 학습자들의 영어 학습동기를 향상하기 위해 제2언어 자아상과 비전을 구체적으로 어떻게 형성하는지에 대한 과정을 보여주었다. 영어 학습자들이 이상적 제2언어상이 뚜렷할 때 학습동기가 높아질 가능성이 많고 이를 위해서는 강력한 롤모델이 있거나 현실적인 기대를 하는 것이 필요하다. 영어 학습동기에 관한 많은 연구들이 이러한 필요를 제시한 반면 구체적으로 어떻게 적용할지에 대한 제안은 많지 않았다. 박은실과 김태영(2019)의 연구는 이런 점에서 교사가 어떤 노력을 할 수 있고, 이 과정에서 학생들이 어떤 반응을 하는지, 어떤 식으로 동기부여 방식을 개선해 갈 수 있는지에 대한 예를 제시했다는 점에서 의의가 있다. 연구자들이 제안하는 것처럼 학습자들이 긍정적인 제2언어 자아상을 형성할 수 있도록 하는 다양한 방법이 개발될 필요가 있고, 이는 다양한 환경에 있는 학습자를 대상으로 하는 실행연구를 통해 구체적으로 밝혀질 수 있을 것이다.

10장
질적 연구 글쓰기

10.1 질적 연구 글쓰기의 특징

1980년대 이후로 글쓰기는 질적 연구의 중요한 주제가 되었다. 질적 연구가 이전의 실증주의적 연구 패러다임의 핵심개념인 객관성, 과학적 절차, 타당도 등에 문제를 제기하면서 연구 방법뿐 아니라 연구를 기술하는 방법에도 변화를 가져오게 되었다. 이는 단순히 연구 결과를 어떻게 기술할 것인가를 다루는 문제에 그치는 것이 아니라 이전의 연구 결과 기술과 어떻게 다르게 쓸 것인가, 대안적 기술 방안은 무엇인가라는 문제와 관련 있다(김영천, 2010). 어떤 의미에서 이는 이전의 글쓰기 방식에 대한 "저항적 글쓰기 문화"(김영천, 2010, p. 3)를 생성한다는 점에서 글쓰기에 대한 큰 변화를 시도하는 흐름이라고 할 수 있다. 글쓰기 자체에 대한 문제 제기와 새로운 글쓰기 방식에 대한 욕구는 단순히 양적 글쓰기 방식에 저항하는 차원이 아니라 창의적인 노력을 하도록 촉구하는 계기가 되었다. 김영천(2010)은 Richardson(1990)의 *Writing Strategies: Reaching Diverse Audiences*가 국내에 번역되어 소개되는 등 글쓰기에 관련된 전문서적 출판이 증가하고, 질적 연구 글쓰기를 주제로 하는 논문들이 발표면서 글쓰기에 대한 새로운 시각이 점차 확대되기 시작했다고 한다.

어느 논문이나 마찬가지이지만 질적 연구 논문의 경우 많은 자료를 몇 개의 핵심주제로 압축하고 이러한 과정을 잘 풀어 설명하는 것이 필요하다. 지나치게 많거나 간략한 기술은 연구 결과를 이해하는 데 어려움을 주기 때문에 적절한 분량이어야 한다. 적절한 분량에 대한 기준은 학문 분야별, 학회지별로 차이가 있지만 응용언어학, 영어교육 관련 학회지는 대부분 20~25쪽 정도 분량(double-spaced 4000~8000자)의 기준을 정하고 있다. 이 정도 분량에서 연구의 배경 및 목적, 이론적 배경, 연구 방법, 연구 결과, 연구의 함의점 및 제안점을 담아야 한다. 따라서 연구자는 이런 내용을 효과적으로 담을 수 있도록 기술 내용을 신중하게 선택해야 한다. 연구의 초점이 무엇인가를 결정하고, 이를 중심으로 결과를 기술할 필요가 있다.

연구의 초점을 결정하는 것은 독자와도 관련이 있다. 대부분의 경우 독자들이 관련 주제에 대해 어느 정도 알고 있다고 가정하기 때문에 세세한 설명을 생략한다. 그러나 연구를 이해하기 위해 중요한 정보를 반드시 포함해야 한다. 어떠한 정보를 포함할지에 대한 결정은 어떠한 점을 강조할 것인가에 따라 달라질 수 있지만 연구를 이해하는 데 핵심이 되는 내용을 반드시 포함하도록 주의를 기울여야 한다. 질적 연구의 경우 말로 설명하고 기술해야 하는 분량이 양적 연구에 비해 많다. 이러한 기술이 장황하거나 지루하지 않으면서 읽을 만한 글이 되기 위해서는 글의 내용뿐 아니라 구성, 문체에 주의를 기울여야 한다. 본 장에서는 질적 연구 글쓰기의 특징과 다양한 글쓰기 방식을 살펴봄으로써 결과 기술에 좀 더 새로운 시도를 하는 데 도움이 되고자 한다.

연구자의 글쓰기 스타일이 질적 연구의 진정성, 신뢰도에 영향을 미친다. 질적 연구와 양적 연구는 연구의 타당도와 신뢰도를 기술하는 방식이 매우 다르다. 양적 연구 결과는 주로 통계적인 숫자를 제시하여 객관성을 보여주고자 하는 반면 질적 연구는 주제를 중심으로 스토리를 엮음으로써 '그럴듯함'(verisimilitude, a style of writing that draws the reader so closely into the subjects' worlds that these can be palpably felt, Adler & Adler, 1994, p. 381, Duff, 2008, p. 177에서 재인용)을 보여주는 것이 필요하다. 이를 위해서는 각기 다른 자료에서 찾은 증거, 각기 다른 연구 참여자에서 찾은 자료를 기술적으로 잘 제시해야 한다. 양적 연구는 연구자가 객관적으로 가설을 증명하기 위한 연구 절차를 시행하고 이를 통해 결론에 도달해야 한다는 인상을 주어야 하기 때문에 되도록 주관성을 배제한 언어로 결과를 기술한다. 통계적 분석 자료를 제시하고 숫자가 의미하는 바가 무엇인지 기술하고 이런 결과를 가져온 원인에 대해 분석한다. 반면 질적 연구는 연구 방법에서부터 연구자가 멀리 떨어져 있는 존재가 아니라 연구 상황에 깊이 관여하여 연구 참여자와 라포를 형성하는 것을 기본으로 한다. 따라서 연구자는 연구 참여자와 공감하는 동시에 객관적으로 상황을 분석하고 판단해야 하는 이중적인 역할을 한다. 따라서 연구 과정을 기술할 때에도 연구자의 개입이 어느 정도 되었는지 밝히고 이러한 개입이 연구 과정에 어떠한 영향을 미쳤는지를 나타내야 한다. 질적 연구의 글쓰기 특징을 살펴보면 다음과 같다.

10.1.1 1인칭 글쓰기

양적 글쓰기에서는 연구자 자신을 '나'(혹은 I)로 언급하지 않고 저자(the author) 혹은 연구자(the researcher)로 언급하는 3인칭 글쓰기 방식을 택한다. 문장 형식도 능동문보다 수동문을 사용하여 연구의 객관성을 드러내고자 한다. Bazerman(1988)은 양적 연구의 실증적 글쓰기의 특징을 다음과 같이 지적한다.

- 3인칭 관점의 글쓰기
- 수학적 모델에 근거한 정확성의 강조
- 은유 사용의 금지
- 표현적 언어 사용 금지
- 실험적, 경험적 증거를 통한 연구 결과 제시
- 능동태보다는 수동태 선호
- 자료와 결과 사이의 인과관계 강조
- 연구 제목의 비과학적 표현의 금지

이러한 글쓰기 방식은 양적 연구의 객관성을 보이기 위해 개인적인 언급을 배제하고 객관적인 어조로 내용을 전달하고자 하는 데 초점이 있다. 그러나 이러한 결과 기술 방식이 질적 연구의 내용을 전달하기에는 적절하지 않다. 양적 연구는 연구자가 연구의 객관성을 보장할 수 있는 것처럼 기술하지만, 질적 연구는 실제 연구자의 주관성이 배제된 연구란 불가능하며 오히려 연구자의 주관성을 인정하고 어떤 부분에 연구자의 개입이 영향을 미쳤는지를 기술하는 것이 객관성을 높이는 것이라고 본다. 이처럼 연구의 패러다임이 다르기 때문에 연구 방법 면에서뿐만 아니라 결과를 기술하는 방법 면에서도 양적 연구와는 차별화되어야 한다.

　질적 연구자들은 연구가 연구자인 '나'에 의해 이루어졌음에도 내가 한 연구에 대한 개인적인 경험과 감정이 불필요한 요소로 간주되어 배제되어야 한다는 것은 불합리하다고 본다. 실증주의적 글쓰기에서는 연구자의 절대적, 객관적 이미지를 강조하기 위해 '나'라는 단어가 내포할 수 있는 다양한 문제점(오류, 불분명함, 딜레마 등)을 제외할 것을 기대한다. 양적 연구에서는 연구의 객관성을 보이기 위해 1인칭 주어를 배제한 수동태 문장, 명사구 주어를 많이 사용한다. 따라서 누가 무엇을 구체적으로 했다기보다 마치 그러한 사실을 연구자가 있는 그대로 옮겨 기술하는 듯한 느낌을 준다. 그러나 이러한 글쓰기는 연구를 수행하는 연구자와 연구 참여자가 능동적으로 참여하고 연구 활동을 수행하고 있음을 보이지 못한다. 그러나 질적 연구 글쓰기에서 이처럼 연구자의 목소리를 배제하는 것은 오히려 연구의 타당도와 신뢰도를 낮추고 연구 과정 및 결과를 효과적으로 전달하지 못하는 것으로 본다. 질적 연구자들은 양적 연구에서 강조하는 과학적 중립성, 보편적 진실, 연구자의 무 관여 같은 개념이 부적절하며 오히려 "나"라는 용어를 사용하여 나의 경험을 직접적으로 전달하는 것이 연구자의 목소리와 연구 참여자의 목소리가 상호 관련되어 있음을 인정하는 방법이라고 주장한다. 따라서 질적 연구에서는 연구자와 연구 참여자가 구체적으로 한 일을 기술하기 위해 수동태를 피하고 능동 주어를 사용할 것을 권장한다.

Richardson(2000)은 양적 연구에서 사용되는 가설, 조작, 통제, 인과관계, 변인, 일반화 등의 개념 역시 불분명하고 모호하기 때문에 은유의 한 가지 방식으로 간주될 수 있다고 본다. 즉 우리가 과학적이라고 사용하는 언어와 표현이 정말로 객관성과 정확성을 전달해 주는 표현이라고 볼 수 없다는 것이다. Richardson은 질적 연구의 지루함을 피하기 위해서는 수동태 주어를 피하고 생생한 은유와 인문학과 사회과학적 방법을 혼용한 글쓰기를 할 것을 권한다.

질적 연구의 글쓰기 방식이 질적 연구와 다를 수밖에 없음에도 불구하고 이제까지 질적 연구의 글쓰기 방식이 지배적이었기 때문에 연구 결과를 발표하기 위해서는 이러한 틀을 준용해야 한다는 점이 문제로 지적되고 있다. 미국 심리학회(American Psychological Association, APA)에서 펴낸 출판 매뉴얼(*APA Publication Manual*)은 사회과학 분야에서 널리 통용되는 글쓰기 지침이다. 이는 양적 연구 결과를 기술하는 데 필요한 양식을 소개하고 있어 유용하지만, 과학적 글쓰기 유형을 단순화하여 제시함으로써 다른 가능한 글쓰기 방식을 인정하지 않는 경향이 문제로 지적되고 있다. APA 출판 매뉴얼은 철저하게 양적 연구 패러다임에 기초하였기 때문에 실증적, 과학적 표현을 추구하게 된다. 그러나 이러한 표현 방식은 질적 연구의 패러다임과는 매우 상이하기 때문에 이런 방식으로 질적 연구 결과를 기술하는 것은 마치 어울리지 않는 옷을 입은 것처럼 어색하다. 무엇보다 이러한 실증주의적 글쓰기 방식이 공식적이고 합법적으로 용인된 유일한 글쓰기 방법이라고 생각하는 것이 문제이다. APA 매뉴얼을 따르지 않는다고 해서 비과학적, 주관적 글쓰기로 평가되어 학술지에 게재되지 못한다면 다양한 글쓰기 방식을 추구하려는 노력을 위축시킬 수 있다. 이러한 문제점을 인식하는 동시에 질적 연구의 결과를 효과적으로 제시하기 위한 글쓰기 방안에 대한 고민이 필요하다.

10.1.2 재구성

질적 연구에서는 글쓰기 작업 자체가 사회적 실재를 반영(reflect)하는 것이 아니라 의미를 생산(produce)하고 사회적 실재를 창조한다(create)고 본다(Richardson & St. Pierre, 2005, p. 961, Duff, 2008, p. 194에서 재인용). 따라서 연구자는 자신의 글 쓰는 방식을 통해 현실을 재구성하는 역할을 하게 되는데, 이 과정에서 연구자가 인식한 현실이 실재를 충분히 반영하도록 기술하는 것이 중요하다. Richardson(2000)은 이를 다음과 같이 주장한다.

> Although we usually think about writing as a mode of "telling" about the social world, writing is not just a mopping-up activity at the end of a research project. <u>Writing is also a way of "knowing" - a method of discovery and analysis.</u> By writing in different ways, we discover new aspects of our topic

and our relationship to it. Form and content are inseparable. (Richardson, 2000, p. 923, Duff, 2008, p. 194에서 재인용 밑줄 필자 삽입)

그는 글 쓰는 과정 자체가 발견과 분석 과정이며 앎의 과정이라고 주장한다. 즉 다른 방식으로 글을 쓴다는 것은 주제에 관련된 새로운 점을 발견하는 과정과 같다. 따라서 글의 형태와 내용은 분리될 수 없기 때문에 질적 연구의 내용은 이를 가장 잘 보여 줄 수 있는 형태의 글로 표현되어야 한다고 주장한다.

김영천(2010)은 연구 자체를 수행하는 기술과 연구 결과를 글이라는 매체를 통하여 표현하는 능력은 별개일 수 있다고 본다. 글쓰기는 "주어진 자료를 사유나 고민 없이 단순히 나열하는 것이 아니라 연구의 목적에 맞게 독자의 감흥을 불러일으키면서 설득해 가는 과정"(p. 2)이기 때문에 단순히 글을 쓴다는 차원에서 나아가 창작하는 능력을 필요로 한다고 주장한다. 따라서 글쓰기는 창작하는 능력을 요구하고 이는 자연스럽게 주어지는 것이 아니라 노력을 기울일 필요가 있는 과정이다.

질적 연구자들이 실증주의적 연구 패러다임에 근거한 개념(예: 실재, 객관성, 진실성, 타당도, 주관성)에 문제를 제기하면서, 과거와 어떻게 다르게 쓸 것인가, 새로운 대안적 방법의 글쓰기에는 어떤 것이 있는가 등이 인문사회과학 연구 분야에서 새로운 연구 주제로 떠오르게 되었다. 이런 점에서 연구 결과를 보고할 때 내용뿐 아니라 스타일과 형식을 고려하게 된다. 과거의 질적 연구 보고서는 단순한 내용 전달에 그친 반면, 최근의 결과 보고서는 새로운 표현 기법을 활용하여 새로운 텍스트를 구성하려는 노력을 보이고 있다.[34]

---

[34] 질적 연구 글쓰기에 대한 관심이 높아지면서 글쓰기를 구체적으로 다루는 학술대회나 워크숍도 증가하였다. 매년 열리는 AERA(Amerian Education Research Association) 학술대회나 Congress of Qualitative Inquiry 학술대회에서는 대안적

10.1.3 심층적 기술

효과적인 질적 연구 글쓰기가 무엇인가에 대해서는 학자마다 의견이 다를 수 있고, 연구의 전통에 따라 차이가 있을 수 있다. 그러나 학자들이 공통으로 주장하는 바를 살펴보면 어떤 점에 유의하여 글을 써야 하는지에 대한 방향을 설정할 수 있다. 질적 글쓰기에 대해 가장 간단하면서도 명료한 답을 제공하고 있는 학자로는 Geertz(1973)를 들 수 있다. 그는 질적 글쓰기의 중요한 특징은 심층적 기술 혹은 두꺼운 기술이라고 강조한다. 그는 심층적 기술은 연구 참여자의 내부 세계와 그들의 관점을 이해하는 묘사 방법으로, 외부자인 연구자가 내부자인 연구 참여자의 원주민적 관점(native point of view)을 제공할 수 있다고 보았다. Davis는 두꺼운 기술의 장점을 다음과 같이 기술한다.

> Thick descriptions not only allow the reader to critically evaluate the study and surmise possible applications of grounded theory to their own research or pedagogical interests, but they also allow for ethnological comparisons in the search for general or universal patterns of human behavior and thought. (Davis, 1995, p. 448)

그에 따르면 두꺼운 기술은 연구를 평가하고 다른 연구에 어떻게 적용할지 생각하도록 해줄 뿐 아니라 보편적인 인간 행동과 사고의 유형을 찾기 위한 민족학적 비교를 가능하게 한다고 한다.

외국에서는 질적 연구 글쓰기에 대한 연구가 활발하며, 연구자들이 이 주제 자체를 가지고 위상을 굳혀가고 있으며 이러한 연구는 질적 연구자

글쓰기 방법을 가르치는 워크숍이 개최되고 있다. Richardson, Lincoln, Ellis, Bochner 등의 학자들이 실험적 글쓰기 워크숍을 진행하여 주목을 받고 있다.

들에게 질적 연구 결과를 어떻게 표현할 것인가에 대한 아이디어를 제시해 주는 역할을 하고 있다. 이에 비해 우리나라의 질적 연구 글쓰기에 대한 관심은 아직 초보 수준이다. 교육학 분야, 인류학 분야에서는 글쓰기에 대한 논의와 시도들이 비교적 활발하게 이루어지는 데 비해 응용언어학 분야에서는 아직 3인칭 관점의 글쓰기가 지배적인 경향을 보인다.

10.2 질적 연구 글쓰기의 유형

김영천(2010)은 질적 연구 글쓰기 방법을 다음과 같은 유형으로 구분하여 소개하고 있다. 본 장에서는 김영천(2010)에 소개된 글쓰기 유형 중 몇 가지 유형의 특징을 간단히 살펴보고자 한다.

10.2.1 사실적 글쓰기

3인칭 관점의 객관적이고 중립적인 글쓰기 방식은 사회과학 분야에서 가장 많이 사용되는 방법이다. 연구자가 이야기에 직접 개입하지 않고 관찰자 입장에서 참여자의 세계를 있는 그대로 기술하는 것으로, 연구자가 객관적, 중립적, 탈가치적 태도를 가지고, 자신이 연구하는 세계에 대해 모든 것을 알고 있으며 독자들이 모르는 세계에 대해 자세히 소개하는 형식을 취한다. 문화기술지에서부터 최근 질적 연구에 이르기까지 가장 널리 사용되는 방법이라고 할 수 있다. 이러한 글쓰기는 저자가 완벽한 권위를 가지고 이야기를 주도하는 사람으로서 완벽한 지식과 체계적인 훈련을 받은 전문가임을 나타낸다. 그러한 권위를 갖는 이야기는 독자들에게 의심 없이 '정확한' 사실로 간주되어 받아들여지고, 텍스트에 담긴 목소리와 해석은 과학적이어서 신뢰할 수 있는 것으로 간주된다. 또한

다큐멘터리적 문체를 사용하여 문화의 일상생활을 상세하고 정밀하게 기술하되 저자의 감정을 배제하고 건조한 느낌으로 기술한다, 참여자의 전형적 행위, 사고 등을 기술하고, 특정 참여자에 대한 기술은 최소화하며 전형적인 이미지를 구축하는 데 초점을 둔다. 연구 참여자의 생각과 내적 세계를 기술하기 위해서는 편집된 인용문들이 사용된다.

10.2.2 현장 작업적 글쓰기

연구자가 현장에 있으면서 경험한 내용이나 느낌을 중심으로 글을 써 내려가는 방식으로 현장 작업 이야기(fieldwork tale) 또는 현장 작업 회고록(fieldwork memoir)이라고 불린다. 연구자가 자신이 현장에서 경험한 이야기를 독자에게 솔직하게 쓴다는 점에서 고백적 글쓰기라고 한다. 자신의 경험에 대한 이야기이기 때문에 '나'라는 용어가 사용된다. 이전의 과학적/실증적 글쓰기 방식에서 배타적으로 간주되었던 '나'라는 용어가 사용되면서 나를 중심으로 연구 작업 내용을 기술한다. 현장에 대해 나의 관점을 중심으로 글을 쓰기 때문에 연구자가 경험한 이야기를 기술하게 된다. 연구자의 주관성과 현장에서의 경험이 다른 글쓰기 양식에 비해 강조되기 때문에 3인칭적 관점의 글쓰기보다 저자의 권위, 객관성, 중립성이 상대적으로 적게 부각된다.

현장 작업적 글쓰기는 저자인 '나'가 글을 쓰기 때문에 글의 객관성은 나에 의해 만들어진다. 사실적 글쓰기에서 'A가 X를 한다'고 기술한다면 현장 작업적 글쓰기에서는 '나는 A가 X하는 것을 보았다'라고 기술한다. 연구자가 연구 참여자와 어떻게 연구를 진행하였는지에 초점을 두기 때문에 연구 결과에 대한 기술보다 연구 과정 자체에 치중하여 기술하는 문제가 생길 수 있다.

현장 작업적 글쓰기는 개인적인 감정이나 인식이 글쓰기에 강하게 반영되는 경향이 있다. 개인의 편견, 결점, 습관들이 드러나기 때문에 전지전능한 존재로서의 연구자의 이미지 대신 연구 과정에서의 혼란, 의심, 어려움으로부터 합리적이고 일관성 있는 결과를 도출하려고 애쓰는 신중한 저자의 모습이 그려진다. 연구자의 미숙함, 현장에서의 시행착오 등이 묘사되기 때문에 전문적인 연구자, 초보 연구자, 새로운 문화에 대해 배우려는 학습자 등의 모습으로 그려질 수 있다. 또한 연구 현장을 외부에 알리는 문화 해설자, 통역자로서의 역할, 연구 참여자의 삶을 대변하는 작가로서의 역할을 한다. 즉 연구자인 '나'가 연구 현장을 어떻게 이해했는지를 독자에게 설득적으로 설명해주는 자료를 제공한다. 연구자가 자신의 현장 경험을 기술하는 것이 특징이기 때문에 연구 결과는 '나의 관점'에 기초하여 만들어진다. 따라서 내부자의 견해와 외부자로서 객관적 견해 사이의 간격을 유지하는 것이 중요하다. 그러나 이러한 기술 방식은 연구자의 경험과 해석이 믿을 만한 연구 결과로 읽히는 데 한계점이 있을 수 있다.

10.2.3 탈장르적 글쓰기

1980년대 장르의 혼합시기를 맞이하여 질적 연구 글쓰기의 새로운 전기를 맞게 되는데, 장르 간의 경계가 무너지면서 다른 학문 영역에서의 이론과 방법론을 차용하는 새로운 연구 동향이 생겨나게 되었다. 주로 인문학(문학) 분야의 아이디어를 차용하여 표현하는 경향을 보였기 때문에 질적 연구에서의 '문학적 경향'(literary turn)이라고 부르기도 한다. 탈장르적 글쓰기 경향은 질적 연구 분야에 널리 확산되어 연구자들은 새로운 표현을 찾기 위해 노력하게 되었다. 연구자들은 자신과 연구 참여자들의 경험을 기술하는 데 있어서 기존의 방법 이외에도 다양한 표현이 있다는 사실을 인지하고 이에 대한 모색을 시작한 시기라고 할 수 있다.

문학적 글쓰기는 자서전적 글쓰기, 시적 글쓰기, 소설적 글쓰기, 연극적 글쓰기 등의 방법으로 각 장르별 특징을 반영하여 기술되었다.

자서전적 글쓰기

자서전적 문화기술지(autoethnography)는 글을 쓰는 자아의 특성을 드러내는 이야기나 연구자가 텍스트의 한 인물로서 이야기를 기술할 때 사용되는 글쓰기 양식이다. 즉 연구자 자신이 연구 대상 집단의 일원이 되어 집단과의 긴밀한 라포를 형성하고 완전한 내부인, 원주민이 되는 것을 의미한다. 자서전적 문화기술지는 자서전과 유사한 면을 지니고 있다. 자서전은 개인의 삶에 대한 기록으로, 사적인 일상을 포함하는 일기에서 회고록에 이르기까지 다양한 내용과 형식을 포함한다. 자서전은 자아 발견에 초점을 두기 때문에 성찰적 요소가 있다. 따라서 다른 문학 장르보다 고백적이고 방어적인 성격을 띤다. 또한 자서전적 연구는 개인의 삶이 사회문화적 배경에서 어떻게 이해될 수 있는지를 보여준다. 자서전적 문화기술지는 자서전이라는 문학 장르를 연구 방법으로 사용하여 개인의 삶뿐 아니라 개인을 문화와 연결시켜 보여주고자 한다. 자서전적 문화기술지는 우선 문화기술지의 시각에서 개인의 경험을 아우르는 사회문화의 외적 측면을 기술하는 데 초점을 둔다. 그리고 개인적 차원에서 문화적 해석에 저항하고, 상처받기 쉬운 자아를 보여주어 내면세계를 그린다.

자서전적 문화기술지와 비슷한 의미로 쓰이는 용어들도 많다. 개인적 내러티브, 자아에 대한 내러티브(narratives of the self), 개인적인 경험 내러티브(personal experience narratives), 자기 이야기(self-stories), 1인칭 이야기(first-person accounts), 문화기술적 단편(ethnographic short stories), 글쓰기-이야기(writing stories), 자기 관찰(auto-observation), 개인적 문화

기술지(personal ethnogrphy), 성찰적 자서전(critical autobiography), 자기문화기술지(self-ethnography) 등이 그러한 용어의 예이다(김영천, 2010, p. 489). 이러한 용어들은 자서전적 문화기술지 저자들이 자신들의 고유한 체험을 담아 마음에서 우러나오는 텍스트를 생산하는 글쓰기 방식임을 의미한다. 그리고 설명 대신 인상적인 회상, 강한 은유, 생생한 캐릭터, 색다른 어법을 통해 독자가 사건을 '다시 살려낼' 수 있도록 초대한다. 이 점에서 전통적인 문화기술지가 정확성에 중요성을 두는 점과는 다르다. 저자는 이러한 글쓰기 방식을 통해 자기 자신에 대한 이해를 좀 더 심층적으로 할 수 있다. 독자들 역시 저자의 성찰적이고 고백적인 텍스트를 통해 자신의 삶을 돌아보고 의미 있는 것이 무엇인지를 성찰할 수 있는 계기를 갖는다.

시적 글쓰기

시적 글쓰기란 질적 연구와 예술 작품 간의 관계를 탐구하고 이를 개척하는 글쓰기 방법으로 연구자가 탐구한 내용이나 인터뷰 자료를 시로 변환하는 글쓰기 방법을 말한다. 시의 언어는 질적 연구의 결과에 섬세한 감각과 생명력을 부여할 수 있다. 시적 글쓰기를 통해 연구자는 자신의 삶을 반성하게 되고 세상에서 일어나는 현상에 대해 성찰할 수 있는 기회를 갖게 된다. 이러한 형식의 글쓰기는 이전에 알지 못했던 대상의 다른 측면을 보게 해 주고 이는 다른 분석적 사고를 촉발할 수 있다. 그러나 시적 글쓰기가 연구 논문의 양식으로 받아들일 수 있을지에 대해서는 아직 논의가 진행 중이다.[35]

---

[35] *Qualitative Inquiry, Harvard Educational Review, Anthropology and Education Quarterly, Humanist Anthropology*와 같은 학술지가 예술에 기반을 둔 연구 논문들을 출판하고 있다.

소설적 글쓰기

　단순히 이야기를 재현하는 것이 아니라 문학적 인류학(literary anthropology)의 개념 확장으로, 연구자가 탐구한 내용을 소설로 변환하는 글쓰기 방법이다. 이러한 형식의 글쓰기에서는 실재 세계를 단순히 반영하는 것이 아니라 '가능한 세계'(김영천, 2010, p. 396에서 재인용) 혹은 허구성이 강한 현실을 창조한다 이 세계는 현실이 반영된 진실의 세계이며, 직접 발견할 수는 없지만 현실 속에 감추어져 있는 진정성을 지닌 가시적인 세계이다(김혜영, 2004, p. 56). 소설의 현실성은 글을 통해 나타내려고 하는 깊은 정서와 이상을 표현함으로써 일상적인 현실보다 더욱 현실적일 수 있다.

연극적 글쓰기

　연극적 글쓰기는 기존의 글쓰기 양식에서 벗어나 실험적, 대안적 글쓰기 방식으로 글의 형식적인 면이 강조된다. 시적 글쓰기, 소설 글쓰기와는 다른 행동과 대화 중심의 동적인 특징을 지니며 희곡이 지니는 문학적 특징을 반영하면서 연극 양식을 보여준다. 즉, 줄거리, 행동, 등장인물, 배경, 동기 등을 드러내기 위해 대화, 독백, 방백, 말투, 신체 언어, 침묵, 표정, 무대 장치 등의 비언어적인 표현 수단이 강조되고, 과학적이고 객관적 진술보다는 문자화된 자료를 행동화하고 시청각화하여 보여준다. 연극적 글쓰기를 통해 형상화된 드라마는 학술 결과물이기도 하고 그 자체로 하나의 문학 작품일 수도 있다.

　독자나 관객들은 논리적인 말보다는 등장인물의 동작이나 행동을 관찰함으로써 대사의 의미를 파악한다. 등장인물의 내적 사고나 감정을 논리적인 말로 설명하는 것이 아니라 행위로 표현하는 것이며, 이를 통해 독자나 관객이 행동의 의미를 생각하고 파악하도록 한다. 이러한 글쓰기는 텍스트를 넘어 자신의 경험을 구체적으로 기술할 수 있게 해준다. 연극적 글쓰기는 독자로 하여금 보이지 않는 것을 보이게 만들며 저자가 말하고자 하는 바를 구체적으로 보여준다.

일반적인 학술 보고서는 연구자의 시각에서 연구자의 목소리로 텍스트가 기술되지만 연극적 텍스트는 등장인물 각자의 목소리가 독자적으로 존재하면서 다른 인물과 대화를 이루거나 공존, 충돌하기도 한다. 따라서 각기 다른 시각과 입장의 다양한 등장인물이 각자의 목소리를 가지고 공존한다. 이러한 점이 연극적 글쓰기의 특징이다. 작가는 지문에 직접 드러나기도 하고 등장인물과 작품 전체에 숨어 작품을 조정하는 힘으로 존재하기도 한다.

포스트모더니즘적 글쓰기

포스트모더니즘이 전제하는 단일 실재의 거부, 객관성에 대한 의심, 인간의 합리적 사유에 대한 부인, 전달매체로서 언어의 불확실성 등은 연구자로 하여금 자기의 연구 결과를 진실하고 객관적인 것으로 독자들에게 전달할 수 있는가를 질문하게 한다. 인간 이성이 합리적이라고 보는 모더니즘과 달리 포스트모더니즘은 인간의 사유와 합리성이 완전한 것이 아니라 주관적이며 사회문화적 영향을 받는다는 것을 인정하고, 그렇다면 우리가 경험한 연구 세계에 대하여 객관적으로 기술할 수 있을지에 대해 질문을 던진다. 만일 합리성과 객관성이 보장되지 않는다면 연구를 수행하고 결과를 기술할 때 연구자가 어떠한 세계관과 태도를 가지는 것이 적절한가에 대해 질문하는 것이다(Bazerman, 1988; Hammersley & Atkinson, 1983). 이러한 질문에 답하기 위해서 1990년대부터 2000년대에 이르러 질적 연구자들은 새로운 형태의 글쓰기를 시도하게 되었고 이를 포스트모던 질적 연구, 포스트모던 문화기술지라고 명명하게 되었다. 이러한 글쓰기는 대체로 자기 반성적 글쓰기, 참여적 글쓰기, 다층적 글쓰기 방법을 택하고 있다. 다음 표는 포스트모더니즘적 글쓰기 방법의 종류와 개념을 요약하여 보여준다.

[표 45] 포스트모더니즘적 글쓰기 방법의 종류 (김영천, 2010, p. 20)

종류	개념
자기 반성적 글쓰기	연구자가 연구세계를 기술하는 데 있어서 연구자가 가진 문화적 위치성과 권력이 공식적, 암묵적으로 어떻게 영향을 끼쳤는지를 해체하는 글쓰기. 연구자가 가진 주관성에 대한 적극적인 해체와 노출 그리고 그러한 해체를 통한 연구 자료와 연구 결과 제시에서의 문제점과 딜레마의 규명
참여적 글쓰기	연구자 홀로 하게 되는 질적 연구의 표현과 글쓰기에서 나타나는 주관적인 영향을 최소화하기 위하여 연구 참여자가 글쓰기에 공동저자로서 참여하는 글쓰기. 한 주제에 대하여 연구자는 어떻게 생각하고 연구 참여자는 어떻게 생각하는지를 모두 한 텍스트에 제시
다층적 글쓰기	연구자가 연구 자료를 통하여 어떻게 의미 있는 해석과 결론을 도출하였는지를 독자가 이해할 수 있도록 연구과정에 수집하였던 다양한 자료를 주제별로 정리하여 제시하는 글쓰기

이처럼 연구 결과는 다양한 유형의 글쓰기 방식 중에서 선택할 수 있다. 그러나 글을 쓰는 것은 자연스럽게 되는 것이 아니라 노력을 통해 완성되는 것이기 때문에 특정 방식의 글쓰기를 위해서는 이런 방식에 익숙해지도록 노력할 필요가 있다. Silverman(2000)은 글쓰기 과정은 자전거를 타면서 균형을 잡아가는 것과 마찬가지라고 했다.

> Writing is first and foremost analyzing, revising and polishing the texts. The idea that one can produce ready-made text right away is just about as senseless as the cyclist who has never had to restore his or her balance. (Alasuutari, 1995, p. 178, Silverman, 2000, p. 221에서 재인용)

질적 연구 결과 보고서도 다른 연구와 글쓰기와 마찬가지로 끊임없이 수정하는 과정을 통해 표현하고자 하는 바를 명확하게 해 나가는 과정이라고 보아야 한다. 이 과정이 단숨에 이루어질 것이라고 생각하는 것은 마치 완벽하게 자전거의 균형을 잡으면 다시는 균형을 잡을 필요가 없을 것이라고 생각하는 것과 마찬가지라고 지적한다.

응용언어학에서는 실증주의적 기술이 지배적이었으나 최근에는 보다 진보적이고 유연성 있는 글쓰기를 실험할 필요가 강조되고 있다. 최근 연구들은 연구자의 성찰적 코멘트, 비판적 자세, 자서전적인 코멘트, 연구자와 연구 참여자 간의 협동적 활동 등을 포함하여 더욱 풍부한 이야기를 전달하고자 노력하는 경향이 있다.

응용언어학 분야의 결과 보고서 기술은 대부분 사실적 글쓰기를 하는 경향이 있고 다른 글쓰기 방법을 실험한 연구들은 아직 많지 않다. 내러티브 탐구 학자들 중 예술기반 내러티브 탐구를 주장하는 학자들을 중심으로 보다 창의적이고 실험적인 글쓰기에 관심을 표현해왔다. 장르별 글쓰기의 특징을 이해하고 질적 연구의 목적과 방법에 어울리는 새로운 유형의 글쓰기에 대한 실험이 활발해지기를 바란다.

10.3 질적 연구 결과 작성

질적 연구 자료를 기술할 때는 의도하는 독자, 논문의 초점, 발표 경로를 우선적으로 고려해야 한다. 논문을 게재하는 경우, 논문이 연구 지원을 받은 것인지, 지원을 받았다면 지원 기관이 규정하는 양식을 따르고 있는지를 고려해야 한다. 또한 논문 심사위원들이 학회 심사자인지, 정책 입안자인지 고려할 필요도 있다. 논문의 초점과 내용이 출판하고자 하는 학회지의 방향과 일치하는지에 따라 논문이 게재될 수도 있고 그렇지 못할 수도 있기 때문에 학회지의 성격을 잘 파악해야 한다. 학위 논문의 경우에는 무엇보다 관련 분야에서 받아들이는 양식을 따라 기술하는 것이 필요하고, 논문 심사위원들의 성향에 따라 구체적인 기술 방식이 달라질 수 있기 때문에 이를 고려할 필요가 있다. 어떤 방식의 글이든 효과적인 글쓰기를 위해서는 다른 사람의 글을 읽는 것이 중요하다. 좋은 글쓰기 방식을 발견하여 모방하고, 문제점을 발견하고 개선방안을 생각하는 과정을 통해 "좋은 글"에 대한 감을 가지는 것이 필요하다. 이를 위해서는 비판적 읽기가 선행되어야 한다. 비판적 관점에서 관련 연구를 읽으면서 생각해 보아야 할 점을 살펴보고자 한다.

10.3.1 질적 연구 결과 비판적 읽기

연구자가 새로운 연구를 시작할 때 제일 먼저 하는 일은 선행연구를 찾는 것이다. 자신의 관심사에 유사하거나 동일한 주제에 대해 다른 사람들이 어떠한 연구를 수행했는지, 연구를 통해 밝혀진 내용이 무엇인지를 파악하는 것이 중요하다. 선행연구를 읽을 때는 비판적 읽기를 해야 한다. 이는 다른 사람의 연구에 대한 이해를 기본으로 하되 자신이 연구를 할 때 어떤 점을 고려해야 할지 파악하기 위해 연구의 장, 단점이 무엇인지 생각하며 읽어야 한다.

초록

논문을 읽을 때는 초록을 제일 먼저 보게 된다. 초록은 학술지에 따라 길이가 다르지만 대개 150~200자 정도의 짧은 요약문으로 논문 전체의 핵심 내용을 담은 글이다. 독자들은 초록을 읽고 논문 전체를 읽을지 말지를 결정하기 때문에 초록이 논문 전체를 얼마나 잘 요약하고 있는지가 중요하다. 초록의 구성은 양적, 질적 논문이 비슷한 양식을 띠지만 질적 연구 논문인 경우 결과의 핵심이 되는 주제를 보여주는 것이 필요하다. 대개 초록과 함께 주제어(key words)가 표시되어 있다. 주제어는 초록에 제시된 단어 중 중요한 핵심어로 논문 전체에 빈번히 등장한다. 초록에 포함된 주제어가 논문에 관련된 내용을 검색하는 데 필수적인 용어를 담고 있는지 살펴보아야 한다. 초록에는 연구의 배경, 목적, 연구 문제, 연구 방법, 주요 결과, 함의점 등이 담겨있어야 한다. 이러한 내용이 일목요연하게 요약되어있는지를 주목하여 읽어야 한다.

연구의 목적

연구의 목적은 대개 초록에 명시되어 있다. 서론에는 이러한 연구를 하는 것이 왜 중요한지를 밝히면서 연구의 목적이 무엇인지 기술하고 있다. 따라서 왜 이러한 주제의 연구를 하는지를 파악해야 논문의 전체적인 방향을 가늠할 수 있다. 연구의 목적은 곧 구체적인 연구 문제와 연관된다. 논문을 읽으면서 이 논문이 답하고자 하는 연구 문제가 무엇인가를 염두에 두는 것은 매우 중요하다. 이 문제에 대한 답을 찾기 위해 연구자가 어떠한 방법으로 자료를 수집하고 분석하는지, 그에 따라 어떤 답을 하고 있는지, 그러한 답이 어떠한 의미를 가지는지를 생각하기 위해서는 연구의 목적을 항상 염두에 두어야 한다.

연구 문제

연구 문제는 대부분 서론에 제시되지만, 때로는 선행연구 혹은 연구 방법론 부분에 기술되기도 한다. 양적 연구와 달리 질적 연구는 연구 문제의 형태로 진술하지 않고 전반적인 연구의 방향을 제시하는 질문이나 문장(guiding question)으로 기술될 수도 있다. 어떤 경우에는 연구 문제가 한두 문장으로 정리되어 있는 것이 아니라 전체 서술에 숨겨져 있기도 하다. 어떤 경우라도 연구자의 질문이 무엇인가를 파악하는 것이 전체 논문의 주요 논점을 파악하는 데 중요하다. 연구 문제가 이전 연구와 어떤 점에서 차별화되는지 살펴볼 필요가 있다. 만약 논문의 연구 문제가 이전 연구와 유사하다면 왜 같은 질문을 물어야 할 필요가 있을지 생각해 보아야 한다.

연구 방법

연구 목표를 달성하기 위해 누구를 대상으로 어떤 자료를 수집했는지 작성해야 한다. 양적 연구와 달리 질적 연구에서는 연구자와 연구 참여자의 관계, 라포를 형성하는 과정, 자료 수집 과정과 분석 과정이 어떻게 순환적으로 이루어졌는지에 대한 자세한 정보가 필요하다. 특히 연구 참여자에 대한 정보는 연구의 결과를 이해하는 데 중요하기 때문에 지면을 할애하여 기술하는 경우가 대부분이다. 자료 분석에 대해서도 단순히 코딩을 했다고 하는 데 그치지 않고 어떠한 방법으로 주제를 찾아가는지에 대해 자세히 언급되어 있는지 살펴야 한다. 어떠한 이론적인 틀에서 자료를 분석하였다고 기술하는 경우, 그러한 틀에 부합하는 방식으로 자료 분석이 되었는지, 연구 방법의 타당도와 신뢰도를 확보하기 위해 연구자가 어떤 노력을 했는지 살펴보아야 한다. 연구자가 연구 상황에 오래 머물러 있었는지, 자료의 삼각화가 이루어졌는지, 멤버 확인과 동료 브리핑을 통해 결과 분석에 대한 타당성을 확인하는 과정이 있었는지 등을 염두에 두고 읽어야 한다.

연구 결과

양적 연구의 경우 통계적으로 유의미한 차이가 있는지 여부를 기술하는 것이 중요하지만 질적 연구의 경우 중요한 주제가 무엇인지를 밝히는 것이 필요하다. 양적 연구의 결과는 대개 연구 문제의 순서에 따라 통계적 자료를 제시하고, 이 자료의 의미를 기술하는 방식으로 기술한다. 질적 연구도 마찬가지로 연구 문제의 순서를 따라 기술할 수 있으나, 양적 연구처럼 몇 개의 연구 문제로 나뉘어 있지 않는 경우가 많기 때문에 분석을 통해 발견한 주제를 중심으로 기술하거나, 연구 참여자를 중심으로 기술한다. 이런 점에서 질적 연구의 결과를 어떻게 구성할 것인가 하는 부분에는 연구자의 창의성이 요구된다. 다른 연구자의 논문을 읽을 때에는 결과 부분의 구성이 연구 문제의 답을 제공하는 데 효과적인 방법으로 구성되어 있는지, 다른 대안은 없을지 생각하며 읽는 것이 필요하다.

결론 및 논의

연구의 마지막 부분인 결론 부분에는 주요 연구 결과를 한 번 더 요약함으로써 연구의 내용을 독자에게 상기시킨다. 이어서 논의 부분에서는 이러한 결과가 의미하는 바가 무엇인지를 선행연구와 비교하여 기술한다. 이 부분에서는 이전 연구에 비해 어떤 점을 새롭게 발견하거나 새로운 정보를 더하고 있는지가 드러나야 한다. 논문의 내용이 교수학습과 관련 있을 때에는 학교 혹은 수업 현장에 어떠한 제안을 할 수 있는지도 밝혀야 한다. 즉 연구가 관련 분야에 어떠한 기여를 하는지를 기술하는 것이 중요하다. 또한 연구의 한계점과 문제점을 밝히면서, 앞으로의 연구에서 이를 어떻게 연구하면 좋을지에 대해 제언하는 것이 일반적이다. 결론 및 논의 부분에 이러한 요소들이 잘 정리되어 있는지 살펴보고 연구자가 기술한 내용에 동의하는지 다른 의견을 제시하는지 고찰해야 한다.

10.3.2 질적 연구 결과 쓰기

선행연구에 대한 비판적 읽기를 통해 질적 연구 논문이 필요로 하는 특징과 구성을 파악하고 연구자 자신의 글쓰기를 시작할 수 있다. 물론 이 과정은 선형적인 것이 아니라 글을 쓰면서 다른 연구자의 글을 읽고 참고하여 수정하는 순환적 과정이다. 그러나 본격적으로 글을 쓰기에 앞서 질적 연구 결과 보고서 혹은 논문의 전반적인 특징을 살펴보고 본인이 작성할 글의 유형을 결정하는 것이 필요하다. 연구 결과 보고서 양식은 학회지마다 차이가 있을 수 있고, 연구 방법의 특징에 따라 연구자가 자유롭게 구성할 수 있는 여지를 두는 경우도 있다. 그러나 일반적으로 학위 논문이나 학술지에 투고하는 논문일 경우 양적 연구 논문과 비슷한 형식으로 구성된다. 일반적으로 논문은 서론-이론적 배경/선행연구 리뷰-연구 방법-연구 결과-결론 및 논의로 구성된다. 각 부분은 다음과 같은 내용을 중심으로 기술한다.

제목

제목은 독자의 관심을 끌 수 있는 표현, 연구의 핵심을 드러낼 수 있는 표현을 사용해야 한다. 콜론(:)을 사용하여 부제를 다는 방식을 선호하는 연구자들이 많으나 제목이 지나치게 길어지지 않도록 주의해야 한다. 제목은 되도록 능동형 표현을 사용하는 것이 주의를 끌고 논문의 내용을 이해하는 데 용이하다. 흔히 학위 논문에서 "~에 관한 연구"(A study of . . .)식의 제목을 쓰는 경우가 있는데 다소 진부할 수 있기 때문에 피하는 것이 좋다. 질적 연구의 경우 연구 참여자의 진술 중 중요한 부분을 인용하는 경우도 있다. 예를 들어 S. Kim(2017)의 "We are English professors": Identity construction of native English speaker teachers at a Korean university는 연구 참여자의 인터뷰에서 "We are English professors"라는 부분을 사용하여 이들의 정체성 인식을 압축적으로 표현하고, 이 연구가 대학원 원어민 강사의 정체성에 관한 연구임을 부제로 달아 논문의 내용을 알아볼 수 있도록 하였다. 이와 유사하게 핵심어를 사용하여 논문의 제목을 정하는 경우도 있다. 예를 들어 Harklau(2000)는 이민 학습자에 대한 민속지학적 연구의 제목을 From the "Good Kids" to the "Worst": Representations of English language learners across educational settings로 하여 Good 혹은 Worst 학생이라는 개념을 제목에 포함하였다. 논문이 어떤 연구 방법을 사용했는지를 제목에 구체적으로 밝히는 경우도 있다. 다음 예를 보자

- 근거이론을 활용한 초등학생의 영어 학습 불안 요인 분석(김혜련, 2014).
- 북한 이탈 청소년들의 학습 경험 및 정체성 재구성에 대한 내러티브 탐구(이부미, 2012)
- 한국인 영어 학습자와 원어민 학위 논문에 나타난 유보어와 강조어 코퍼스 비교 분석(정숙현, 2018)

이러한 제목은 각 논문이 근거이론, 내러티브 탐구, 코퍼스 분석 등의 방법을 활용하여 어떤 내용을 연구했는지 밝히는 것으로 독자가 특정한 연구 방법에 대한 관심을 가진 경우 도움이 될 수 있다.

초록

초록은 연구 전체를 한눈에 파악할 수 있도록 해야 하기 때문에 짧지만 중요한 내용을 포함해야 한다. 초록에는 연구의 목적, 연구 문제, 연구 자료 및 연구 방법, 주요 결과, 연구의 함의점을 포함해야 한다. 학회지마다 규정이 다르지만 대개 150~200자 내외 정도의 분량으로 작성하기 때문에 연구의 핵심정보를 전달해야 한다. 짧은 글 안에 연구 내용을 명확

하게 전달해야 하기 때문에 대개 본문을 작성한 후에 작성하게 된다. Wolcott(1990)는 독자가 가장 관심을 가지는 부분이 무엇인지 파악하고, 연구 문제와 내용을 기술해야 함을 다음과 같이 조언한다.

> An abstract can offer a valuable opportunity to inform a wider audience, to capture potential readers, and to expand your own interactive professional network. Whether others will pursue their reading may depend largely on their assessment of your abstract, including its style. (Wolcott, 1990, p. 81)

Wolcott는 초록은 폭넓은 독자층에게 연구에 대한 정보를 제공하여 독자로 하여금 관심을 가지게 할 뿐 아니라 전문적인 네트워크를 넓히는 기회를 제공할 수 있다고 하였다. 대부분의 독자들은 초록을 읽고 논문 전체를 읽을지 말지 결정하기 때문에 초록이 독자에게 충분히 매력적일 수 있도록 기술해야 한다는 점을 강조하고 있다. 다음 Morita(2000)의 예시를 통해 초록의 구조와 내용을 살펴보자.

[표 46] 초록 예시: Morita(2000)

Morita, N. (2000). Discourse socialization through oral classroom activities in a TESL graduate program. *TESOL Quarterly, 34*(2), 279-310.

① This article explores the **discourse socialization** of nonnative- and native-English-speaking graduate students through their engagement in one type of classroom speech event, **oral academic presentations (OAPs)**. ② From a language socialization perspective, an 8-month **ethnographic study** investigated how students were expected to speak in two graduate courses in a TESL program and how they acquired the oral academic discourses required to perform successful OAPs. ③ Data were collected mainly from classroom observations, video recordings of OAPs, interviews, and questionnaires. ④ The OAP discourse was analyzed as embedded in the local culture of the graduate courses, being linked with ethnographically

> derived information. ⑤ Findings suggest that both **nonnative and native speakers** gradually became apprenticed into oral academic discourses through ongoing **negotiations** with instructors and peers as they prepared for, observed, performed, and reviewed OAPs. OAPs, which are commonplace, seemingly straightforward activities, were also found to be complex cognitive and sociolinguistic phenomena. ⑥ Based on these findings, this article argues that **academic discourse socialization** should be viewed as a potentially **complex and conflictual process of negotiation** rather than as a predictable, unidirectional process of enculturation. ⑦ Implications for L2 pedagogy and future research are discussed. (180자) (진한 글씨는 주요 단어)

Morita(2000) 초록의 구조와 내용을 분석해 보면 다음과 같다.

- ① 연구 목표와 내용: 원어민과 비원어민 대학원 학생이 구두발표 과정에 참여하는 담화 사회화 과정을 탐구한다는 대략적인 내용을 기술한다. 이 문장에서 연구의 목표가 언어 사회화 과정을 탐구한다는 것, 원어민과 비원어민의 구두발표 과정을 비교해 본다는 목표가 드러나 있다.

②~④는 ①에서 기술한 연구 목표를 달성하기 위한 구체적 연구 방법을 포함한다.

- ② 이론적 배경: 본 연구의 이론적 배경과 그에 따른 연구 방법을 소개한다. 이 연구의 경우 언어 사회화라는 이론적 배경, 문화기술지인 방법으로 TESOL 대학원 과정의 학생들을 대상으로 이들이 구두 발표과정을 어떻게 수행하는지를 조사하겠다는 개요를 밝히고 있다.
- ③ 자료 수집: 수업관찰, 비디오 녹화, 인터뷰, 설문 등 어떠한 방법으로 자료를 수집하는지에 대한 정보를 기술한다.
- ④ 자료 분석: 담화분석의 구체적인 방법을 상술하지는 않았으나 담화를 대학원 문화 내에 내재되어 있는 것으로 보는 동시에 문화기술지로 정보를 유추할 수 있는 단위가 됨을 밝히고 있다.
- ⑤ 결과: 구두발표는 비원어민, 원어민 학생 모두를 관찰하여 얼핏 간단해 보이는 구두 발표과정이 사실은 복잡한 인지적, 사회언어학적 현상임을

보여주는 과정이라고 요약한다.
⑥ 함의점: ⑤에서 언급한 결과가 언어 사회화 과정에 대해 어떤 새로운 통찰력을 제공하는지 언급한다. Morita는 언어 사회화 과정이 예측 가능한 일방향적인 과정이 아니라 복잡하고 갈등을 일으키는 과정임을 주장한다.
⑦ 함의점: ⑥에 기술한 함의점이 이론적인 면에서 본 연구가 가지는 함의점이라면 ⑦은 교육적인 면에서 어떤 함의점이 있는지, 그리고 앞으로의 연구에 어떤 제안을 하는지 기술한다. 이 부분은 구체적으로 기술하기도 하고, 분량에 따라 간단하게 이런 부분에 대한 기술을 하고 있는 것으로 언급만 하기도 한다.

목차

목차는 학위 논문인 경우에만 필요하고 학술지 게재 논문인 경우 불필요하다. 목차가 어떻게 구성되었는지를 보면 장간의 논리적 연결을 짐작할 수 있기 때문에 이 부분을 어떻게 할지는 매우 중요하다. 목차가 논문 전체의 논리적 구성을 분명하게 보여주어야 하고 독자가 관심 있는 부분을 쉽게 찾을 수 있도록 구성되어야 한다.

서론

서론은 첫 부분이지만 실제로 처음에 쓰기 어렵기 때문에 본문을 쓴 후에 다시 쓰게 되는 경우가 많다. 서론은 다음과 같은 질문에 답을 제시할 수 있어야 한다.

- 연구의 주제를 택한 이유, 이 주제를 왜 연구할 필요가 있는지?
- 왜 이 주제가 연구자에게 흥미 있는지?
- 연구를 위해 어떠한 이론을 사용할 것인지?
- 어떠한 연구 문제를 설정하는지 혹은 연구의 목적이 무엇인지?

서론은 연구자가 왜 이 연구를 하는지를 독자에게 설명하고 필요성을 설득하는 부분이다. 그러기 위해서 연구가 이루어지는 사회문화적, 이론적 배경을 간단히 언급해야 한다. 어떤 연구도 이전의 연구와 연결되지 않고 동떨어져서 이루어지지 않기 때문에 연구자의 연구가 선행연구와 어떤 관련성을 가지고 있는지를 밝혀야 한다. 이 과정에서 이전 연구가 놓친 부분, 즉 연구의 틈(research gap)을 발견하고 이를 메우기 위해 연구를 할 필요가 있음을 보이는 것이 필요하다. 이전 연구와 동일한 복제연구(replication research)를 하는 경우에도 왜 이미 했던 연구를 다시 할 필요가 있는지를 설명해야 한다.[36] 이러한 필요성에 바탕하여 연구 문제가 설정될 수 있다. 연구자에 따라 연구 문제를 서론 부분에 밝히지 않고 선행연구 리뷰 후에 밝히는 경우도 있으나 연구의 필요성, 목적을 기술하고, 이어 연구 문제 혹은 지침이 되는 질문을 제안하는 것이 일반적이다.

이론적 배경/선행연구 리뷰

흔히 이론적 배경/선행연구 리뷰는 연구자가 이 분야에 대해 알고 있는 내용을 보이기 위해 기술하는 것으로 오해하는 경우가 많다. 필요 이상으로 길게 나열식으로 기술하거나 논문 초반에만 언급하고 다시 언급하지 않는 것도 선행연구 리뷰의 목적을 제대로 이해하지 못하는 것이다.

---

[36] 새로운 연구는 이전 연구와 어떤 점에서 차별화되는지가 매우 중요하다. 따라서 연구의 창의성, 독창성이 연구의 질을 평가하는 중요한 기준이었다. 그러나 최근에는 이전 연구 방법을 다른 연구 참여자, 다른 연구 상황에 적용하여 다시 실시해보는 복제연구의 중요성이 부각되기 시작했다. 이전 연구를 다른 상황에 적용해 보았을 때 새롭게 발견하게 되는 점을 통해 연구의 타당도, 신뢰도를 향상할 수 있기 때문에 이전 연구 방법을 그대로 도입하는 것이 반드시 창의성을 결여하는 것이 아니라는 주장이 제기되고 있다. 복제연구에 관한 자세한 기술은 최근에 출판된 Porte와 McManus(2019)의 *Doing Replication Research in Applied Linguistics*를 참고하는 것이 좋다.

선행연구 리뷰는 논문의 다른 부분에 비해 쓰기 쉬운 부분으로 생각하는 경향이 있는데 실제로는 이전의 연구와 현재 연구자가 하고자 하는 연구가 어떻게 연관되고 차별화되는지 보이고, 심도 있는 토의를 위해서는 이전 연구의 결과를 충분히 이해하고 있어야 하기 때문에 결코 쓰기 쉽지 않은 부분이다. Silverman(2000)은 선행연구는 연구 주제에 대한 지식과 비판적인 사고를 포함해야 하고 쉽게 기술할 수 있는 부분은 아니지만 재미있게 기술할 수 있는 부분이며 자료 분석을 끝내고 기술해야 한다고 주장한다. 선행연구 리뷰는 관심 있는 주제와 관련된 핵심연구 결과가 무엇인지 파악하는 동시에 본인의 연구가 차지하는 위치를 파악하기 위해서이다. 즉 이전 연구와 본인의 연구가 대화할 수 있도록 하기 위해 수행하는 과정이라고 볼 수 있다. 독자에게는 연구 주제와 관련된 배경지식을 제공하여 연구 주제와 관련된 기본적인 이해를 돕는 역할을 한다.

선행연구 리뷰를 위해서는 먼저 광범위한 주제를 정하고, 검색을 위한 주제어를 설정해야 한다. 검색을 위한 데이터베이스가 무엇인지, 어떤 검색어를 조합하는 것이 관련 논문을 찾는 데 효과적인지 파악하는 것이 필요하다.[37] 대부분의 대학 도서관에서는 검색엔진을 어떻게 사용하는지에 대한 특강을 마련하여 도움을 주고 있다. 관련 연구를 검색하는 과정은 시간이 많이 걸리는 작업이기 때문에 시간을 정해두고 꾸준히 검색하

---

[37] 주제에 관련된 광범위한 검색을 위해서는 Google Scholar를 사용할 수 있다. 응용언어학 및 영어교육 분야에 관련된 자료를 검색하기 위해서 흔히 사용하는 데이터베이스는 Academic Premiere, Social Science Network, ProQuest, Dissertation Abstracts International(DAI) or ProQuest Dissertations and Theses (PQDT), KISS, Kyobo Scholar 등이 있다. 이외에도 관련된 분야의 특정 학회지를 알고 있는 경우에는 전자저널을 검색할 수 있다. 응용언어학 분야 주요 전자저널로는 *Applied Linguistics, The Modern Language Journal, Studies in Second Language Acquisition, TESOL Quarterly, System* 등이 있다. 대개 연구자가 속한 대학의 도서관 전자정보 시스템을 통해 접속할 수 있다.

면서 필요한 선행연구를 찾고 관련성이 높은 연구를 선별하는 과정을 거쳐야 한다. 이러한 과정을 거쳐 선정한 연구는 비판적인 시각에서 읽어야 한다. Hart(1998)는 선행연구 리뷰를 다음과 같이 정의한다.

> The selection of available documents (both published and unpublished) on the topic which contain information, ideas, data and evidence written from a particular standpoint to fulfil certain aims or express certain views on the nature of the topic and how it is to be investigated, and the effective evaluation of these documents in relation to the research being proposed. (Hart, 1998, p. 13, Flick, 2011, p. 38에서 재인용)

Hart는 연구의 주제가 어떻게 연구되었는지를 효과적인 평가의 관점으로 리뷰해야 한다고 강조한다. 선행연구는 관련 문헌을 찾아본 결과를 보여주는 동시에 연구 주제에 대한 이해, 연구 주제와 설계, 방법을 설득할 수 있는 문제점 파악의 근거로 사용되어야 한다. 관련 문헌의 내용을 존중하는 동시에 비판적 시각에서 보아야 하고, 본인의 연구와 어떻게 관련되어 있는지를 기술해야 한다. 이를 통해서 연구자가 연구 주제, 연구 방법에 관련된 이슈를 충분히 이해하고 있음을 보여야 한다.

선행연구 리뷰에서 흔히 하는 실수는 초점 없이 그냥 나열만 하는 식의 기술이다. 중요한 연구들을 단순히 보고하는 식으로 기술하는 것이 아니라 비판적으로 기술하는 것이 중요하다. Silverman(2000)은 이를 다음과 같이 지적한다.

> Background literature can just be described in a sentence. By contrast, the most relevant studies 'need to be critiqued rather than reported (Rudestam & Newton, 1992, p. 49, Silverman, 2000, p. 229에서 재인용)

즉 효과적인 리뷰는 일반적인 보고가 아니라 비판을 포함해야 한다. 선행연구를 비판적으로 리뷰하기 위해서는 연구의 목적, 연구 방법, 결과 등에 주의를 기울이되 연구의 제한점과 후속 연구를 위한 제안점을 주의 깊게 읽어야 한다. 선행연구를 읽은 후에는 읽은 내용을 요약하는 것이 필요하다. 연구자가 자신만의 정리 방식을 통해 논문의 주요 내용 및 인용하고 싶은 부분 등을 기록해 두면 선행연구를 정리하는 데 도움이 된다. 논문의 출처를 반드시 기록하는 것도 중요한데 많은 논문을 읽다 보면 출처가 모호해지는 경우가 있다. 응용언어학 분야에서는 APA체제를 따르도록 하고 있기 때문에 참고문헌 및 인용문을 처음부터 형식에 맞추어 기록해 두면 시간을 절약할 수 있다. 질적 연구 소프트웨어 프로그램인 NVivo 등을 활용하면 선행연구의 기록 및 검색에 편리하다.

선행연구 리뷰는 연구 수행 이전에 기술하였더라도 결과 분석 이후에 다시 수정, 보완할 필요가 있다. 왜냐하면 자료 분석을 끝낼 때까지는 어떤 문헌이 연구자의 연구와 관련 있을지 확실하지 않기 때문이다. 연구의 결과와 가장 관련된 문헌들을 언급하는 것이 필요하기 때문에 초고를 쓴 경우에도 결과 분석 장을 쓰고 나서 다시 내용을 수정, 보완할 필요가 있다.

선행연구 리뷰의 기술 방식은 한 가지로 고정된 것은 아니다. 본인의 연구를 소개하기에 가장 적절한 방법을 택하여 자신의 연구를 이전 연구와 연결시키는 맥락화(contextualization)가 중요하다. 선행연구의 내용, 연구자의 강조점에 따라 다음과 같은 몇 가지 방법을 선택할 수 있다.

흐름에 따른 기술

가장 흔히 사용하는 방법 중 한 가지로 연구가 수행된 시간적 순서에 따라 기술하는 방식이다. 연구 경향의 변화, 연구의 흐름을 보일 필요가 있을 때 사용할 수 있다.

이론적, 개념적 분류에 따른 기술

이론적 경향 혹은 주요 개념을 따라 선행연구를 분류하여 기술하는 방식이다. 예를 들어 교사 피드백에 관한 선행연구를 상호작용 가설(Interaction Hypothesis)에 근거한 인지주의적 입장과 Vygotsky의 사회문화적 이론(Sociocultural theory)을 이론적 배경으로 한 연구로 분류하여 기술하거나, 제2언어 학습자 동기 이론을 도구적/통합적 동기라는 개념 혹은 이상적 제2언어 자아(Ideal L2 self), 필연적 자아(Ought-to L2 self) 등의 개념에 관련된 연구로 분류하여 기술할 수 있다.

연구 방법론에 따른 기술

연구자가 수행하고자 하는 연구 방법론에 관련된 연구들을 리뷰하는 방식으로 특정한 연구 방법을 택하는 이유를 정당화하는 데 효과적이다. 가령 이전 연구들이 소수 연구 참여자를 대상으로 한 단일 사례연구에 편중되어 있다면, 연구 방법별로 선행연구를 기술하여 본인의 연구는 보다 다양한 연구 참여자가 참여하는 다중 사례연구임을 부각할 수 있다.

통합적 기술(Integrative)

이전 연구의 내용을 종합하여 주제와 관련하여 밝혀진 내용과 밝히지 못한 내용을 정리하고, 새로운 관점이나 틀을 제시하고자 할 때 효과적인 기술 방식이다. 리뷰는 중간적인 입장에서 이루어질 수도 있고, 특정 입장을 비판하거나 지지하는 입장에서 이루어질 수도 있다.

선행연구 리뷰는 주제, 쟁점, 혹은 연구의 경향에 따라 구조화될 수 있다. 어떤 형식의 기술 방식을 택하든 선행연구 리뷰의 목적은 본인의 연구와 이전의 연구를 연결하여 맥락화하는 것이다. 따라서 리뷰 끝 부분에 왜 본인의 연구가 필요한지를 요약적으로 기술하는 것이 필요하다. 이 부분에 연구의 필요성과 함께 연구 문제를 제시하는 경우도 있다. 이러한 기술은 독자가 연구의 필요성을 충분히 납득한 후에 연구 방법을 읽도록 하여 연구의 필요성과 목적을 독자에게 설득하는 효과가 있다. 다음은 선행연구 부분에 연구의 목적을 기술한 예이다.

> 이전의 ESL 환경 학습자를 대상으로 한 정체성 연구는 학습자들이 영어에 노출되면서도 여전히 영어를 사용하는 주류에 속하지 못하고, 아시아인 혹은 영어가 서툰 외국인이라는 고정 관념과 충돌하면서 이들이 새로운 정체성을 어떻게 구성하는지 보여주었다. <u>그러나 성인 이민자나 어학연수 프로그램 참여자를 대상으로 한 연구가 많은 반면 조기 유학생의 언어습득 과정, 정체성 형성에 대한 연구는 미흡하다. 특히 중, 고등학교 시기에 부모의 보호 없이 혼자 유학한 조기유학생들이 어떻게 다른 언어와 문화에 적응하고, 이러한 과정이 상상적 정체성 형성에 어떠한 영향을 미쳤는가에 대한 연구는 거의 이루어지지 않았다. 따라서 본 연구는 조기 유학생을 대상으로 영어 학습과 학습자 정체성 형성과정과의 관계를 살펴보고자 한다.</u> (김신혜, 2015, pp. 56-57 밑줄 필자 삽입)

김신혜(2015)는 이전 연구들이 단기 어학연수 혹은 이민 학습자에 대한 연구에 초점을 둔 반면 조기 유학생에 대해서는 연구가 미흡함을 지적한다. 이러한 제한점을 요약하면서 본 연구에서는 조기 유학생을 대상으로 이들의 정체성 형성 과정을 살펴볼 필요가 있음을 제시한다. 선행연구 리뷰에 이러한 요약을 포함함으로서 연구의 필요성을 강조할 수 있다.

연구 방법

질적 연구의 연구 방법론 장은 양적 연구에 비해 연구 현장에 대한 생생한 느낌을 전달해야 한다. 양적 연구와 같은 지나치게 공식적인 어조는 연구 주제에 대한 흥미를 감소시킬 수 있다. 따라서 연구자가 아무 감정 없이 연구 절차를 기계적으로 수행했다는 인상을 주기보다 연구 참여자와의 관계, 연구 과정에서의 의사결정 과정에 대한 기술을 하는 것이 질적 연구 과정을 이해하는 데 도움을 줄 수 있다. Silverman(2000)은 연구 방법론 장을 연구 방법에 대한 현장노트 혹은 연구의 자연스러운 역사(the natural history of my research)라고 본다. 이러한 기술은 연구 방법론 장을 딱딱하고 지루하지 않게 읽을 수 있도록 하는 방법일 수 있다. 연구 방법에 포함되어야 할 내용은 다음과 같다.

- 연구 참여자(연구 참여자 관련 정보 및 특징, 연구 참여자를 선정한 이유, 연구자와 연구 참여자의 관계)
- 자료 수집 과정(연구 참여자 모집 과정, 참여 동의서 서명, 자료의 종류, 수집 방법 및 기간, 특정 자료 수집 방법을 채택한 이유)
- 자료 분석 방법(코딩 절차, 연구자가 사용한 분석 방법의 장·단점)
- 타당도, 신뢰도 확보를 위한 노력

질적 연구의 방법을 기술할 때 중요한 것은 연구자의 이론적인 관점을 명시하는 것이다. 연구자가 어떤 연구의 패러다임에서 자료를 수집하고 분석하는지를 독자가 이해하고 결과를 읽는 것이 중요하기 때문에 이를 명시적으로 밝혀야 한다. 질적 연구와 마찬가지로 별다른 정의 없이 공유할 수 있는 개념이 있지만 질적 연구의 경우 공통으로 이해하고 있는 개념이 없는 경우가 많기 때문에 연구자의 이론적 틀, 연구 절차 등을 자세히 기술하는 것이 필요하다. 다음은 연구 분석 방법을 기술한 예이다.

개방코딩 과정에서 "좋은 대학", "다양한 활동 참여", "열심히 공부하는 학생", "상위권 학생", "우물 안 개구리", "답답함", "벗어나고 싶음", "클럽 참여거절" 등의 코드를 부여하였다. 이 과정에서는 분석 과정에서 연구 참여자의 의도를 되도록 정확하게 파악하기 위하여 가능한 참여자가 사용한 말 그대로를 코드명으로 사용하는 인비보(in vivo) 코딩(Saldaña, 2009)을 실시하였다. 다음 단계에서는 이러한 개별적 코드 중 유사한 코드를 모아 보다 적은 수의 범주로 줄여가는 축 코딩 과정을 거쳤다. 예를 들면 "다양한 활동 참여", "열심히 공부하는 학생", "상위권 학생" 등은 "좋은 대학"의 하위 범주로, "답답함", "벗어나고 싶음", "클럽 참여 거절" 등은 "우물 안 개구리"라는 코드의 하위 범주로 분류하였다. Saldaña(2009)는 축 코딩 과정에서 핵심 범주를 찾는 것이 코드간의 관계를 파악하여 전체 이야기를 구성하는 데 도움이 된다고 한다. 이에 따라 Andy의 내러티브 전체를 아우르는 핵심 주제를 찾고자 하였고, 이 과정을 통해 좋은 대학 진학, 전인적 삶의 추구, 완벽한 이중언어 구사력이 Andy의 정체성을 형성과정에 중요한 영향을 미치는 주제로 떠올랐다. 다음에서는 이러한 주제를 바탕으로 Andy가 상상적 커뮤니티, 상상적 정체성을 실현하는 과정에서 어떠한 갈등과 협상과정을 겪는지 기술하고자 한다. (김신혜, 2015, p. 59)

위 인용문에서는 개방 코딩, 축 코딩 과정을 따라 자료를 분석하고 이 과정에서 어떤 코드들이 생성되었는지 예시를 제공하였다. 학술지 논문의 경우 지면의 제한으로 자세히 기술하지 못하지만 각 분석 단계에 대한 예시를 보임으로써 신뢰도를 높일 수 있다. 학위 논문인 경우 보다 자세한 코딩의 예시를 부록에 포함하여 분석이 어떻게 이루어졌는지에 대한 자세한 정보를 제공하기도 한다.

분석 결과

질적 자료의 결과는 독자가 글을 읽을 때 그러한 사실이 있을 수 있는지에 대한 가능성을 믿는가(believability) 또는 그럴 수 있다고 설득되는가(persuasion)라는 점을 염두에 두고 기술해야 한다. Firestone(1987, Merriam, 2009, p. 166에서 재인용)은 양적 연구는 독자에게 연구의 절차 객관적임을 보여주어야 하는 반면, 질적 연구는 연구의 결과가 그럴듯하게 느껴지도록(make sense) 자세하게 기술되어야 한다. 따라서 질적 연구의 결과는 방대한 자료를 효과적으로 축소하여 독자가 읽고 이해하기 쉽게, 설득력 있게 제시되어야 한다. 질적 연구의 결과를 효과적으로 전달하기 위한 여러 가지 표현 방법이 다양한 학문 영역에서 차용, 적용되어 왔다. 다음 몇 가지 기술방법을 살펴보자.

원 자료 인용

연구자의 주장을 뒷받침하기 위하여 원 자료를 인용하는 것은 질적 자료 표현 방법 중에서 가장 일반적인 방법이다. 참여자의 이야기나 경험이 연구자에 의해 걸러지지 않고 그대로 재생된다는 점에서 재료 해석의 신빙성을 높여주고, 참여 관찰의 경우 현장 상황에 대한 이미지를 가장 명확하게 그려낸다는 장점이 있다. 원 자료의 직접 인용은 독자가 연구 참여자의 세계를 여과 없이 느낄 수 있고, 연구가 실제 일어났음을 알 수 있고, 독자를 연구 현장으로 초대하고 재생하는 역할을 한다(김영천, 2012, p. 579). 이러한 인용은 연구자가 주장을 하거나 확실한 결론을 내리려고 하는 경우에 유용하다. 연구자의 해석이나 관점이 어떻게 도출되었는지 가장 일반적으로 설득하는 방법이다. 연구의 신뢰성을 부여하기 위해 관찰, 인터뷰, 저널을 기록한 날짜, 장소를 반드시 기록해야 한다.

일화 기록

일화 기록 방법은 현장에서 일어났던 사건이나 현상을 제시하는 방법이다. 일상적이거나 특별한 상황을 하나의 이야기로 서술하는 방법이다. 이는 실제 일어났던 사건을 자세히 묘사한다는 점에서 현장성과 선명성을 갖추고 있다. 또한 이야기 속에서 참여자들의 행동과 의도가 나타난다는 점에서 현장의 의미를 이해하는 데 도움이 된다.

비네트

비네트는 작가가 묘사하는 개인의 경험, 상황에 대한 해석을 포함하는 내러티브 표현 방식으로 연구 참여자가 짧은 글이나 삽화 형태로 의견을 덧붙일 수 있다. 이는 사건을 기술한다는 점에서 일화와 비슷하지만 한 사건에 대한 복잡한 양상을 보여줄 수 있다는 점에서 일화와 구별된다. 비네트는 일화에 비하여 전개가 다소 간접적이면서도 추상적인 형태를 가지고, 한 사건에 대한 주변 인물을 소개하고 앞으로 다가올 사건이나 분석을 암시하거나 특별한 결과를 묘사하는 데 적합하다. 또한 비네트는 특별한 주제나 이슈를 요약하여 압축적으로 제시하는 데 효과적이다. 이는 스냅사진이나 단편 영화 같은 매력이 있기 때문에 이를 쓰기 위해서는 연구자의 글쓰기 감각을 필요로 한다. Duff와 Uchida(1997)는 미국인 교사 Danny, Carol에 대한 비네트를 다음과 같이 제시하고 있다.

> Opening Vignette (Interview Excerpt)
> Danny
> I guess I kind of almost learned [to teach] to be like David Letterman does his talk show stuff ....Like he teases his guests a lot....So I'm Letterman, the student I'm teaching is the guest, the audience is the rest of the class. It's one of those things, everyone gets into it. (Interview 11/10/93)
>
> Born, raised, an educated on the West Coast of the United States with little previous travel experience, Danny had a strong attachment to American popular media and was a committed vegetarian, nonsmoker, feminist, and environmentalist. . . . (p. 461)

Danny에 대한 인터뷰가 비네트로 제시되고 이어서 연구자가 Danny에 대한 기술을 한다. 마찬가지로 연구 참여자 Carol에 대한 인터뷰 자료도 비네트로 제시되어 있고, 이어서 연구자의 설명이 따라 나온다.

> Carol
> I think [teaching culture is] a BS issue. When people are teaching culture or thing like body language, who cares?.. It comes down to a very personal interpretation. That's what I don't like about it... It's basically teaching what's inside you. And I don't want that much power. (Interview 11/4/93)
>
> Carol was also American, the same age as Danny, and, as it turns out, from the same hometown as well. A short brunette, who was occasionally mistaken for a Japanese woman, Carol embraced strong feminist convictions and a positive self-image as a resourceful, well-educated, committed TESL professional . . . (p. 462)

이러한 비네트는 자료 수집 과정에서 다른 방법과 병행하여 사용할 때 유용하다. 인터뷰를 시작할 때 이야기를 원활하게 하거나 연구 참여자들의 마음을 열게 하여 편안한 관계를 만들고 개인적인 경험을 말하게 하는 데 사용될 수 있다.

자료와 분석의 병렬적 대비 방법

텍스트를 반으로 구분하여 왼쪽에는 원 자료를, 오른쪽에는 그 자료에 대한 분석 내용을 표현하는 방법이다. 이 방법은 대부분의 질적 연구가 자료 분석 과정을 명시하지 않기 때문에 초래되는 분석 절차의 모호성을 보완할 수 있다. 예를 들어 원 자료를 어떻게 코딩하였는지 보여줌으로써 코드가 어떻게 생성되고 이러한 코드를 바탕으로 어떻게 주제가 도출되었는지를 독자들이 이해할 수 있도록 해주는 데 유용하다.

그림

그림은 언어적 내용이나 자료를 시각적으로 재현하는 것을 말한다. 장황한 장면, 장소, 인물, 사건에 대한 기술 대신 그림으로 요약하여 묘사할 수 있다. 이는 특히 일련의 활동, 장면에 대한 이해를 돕는 데 효과적이다. 참여 관찰을 통해 나타난 자료를 재구성하여 현장 이미지를 나타내거나 연구 참여자들의 특징을 개념적으로 보여 주는 데 효과적이다. 그림은 다이어그램, 플로차트, 인과관계, 표 등 여러 가지 형태로 나타날 수 있다.

순서도

순서도는 활동과 사건을 시간 순서에 따라 정리함으로써 자료의 의미와 해석을 효과적으로 전달할 수 있다. 긴 이야기 자료를 간단하게 하나로 제시할 수 있다는 점에서 경제적이고 효과적이다. 순서도에 나타난 내용을 통하여 여러 종류의 자료 간의 관계를 볼 수 있다는 장점이 있다.

개념 지도화 방법

각 개념 간의 관계를 그래픽으로 정리한 것으로 이론을 형성하고 제시하는 데 유용하다. 언어적 기술이 장황하고 명료성이 떨어질 우려가 있을 때 연구자는 자신의 분석을 구체화하기 위하여 이 방법을 사용할 수 있다. 이 경우 연구자의 주장이 시각적으로 제시되기 때문에 의미 전달에 효과적이다. 질적 연구는 두꺼운 기술을 특징으로 하기 때문에 자칫 지루하고 장황한 글을 생산할 위험이 있다. 전체를 이해할 수 있도록 개념을 도식화하여 제시하고, 자세한 내용을 기술하는 것이 독자의 이해를 쉽게 하는 데 도움이 된다.

사진

사진은 질적 연구의 보조적인 자료로서 매우 중요하다. 실제 일어난 사건이나 현장, 상호작용의 단면을 보여주는 것은 연구자의 주장이나 분석을 보충하는 데 효과적이다. 인류학이나 사회학에서 이국적인 문화나 삶을 연구하는 경우 사진 방법을 널리 활용된다. 교육 현장에서 사진은 독자들을 연구에 초대하는 역할을 하고 연구자의 해석이나 결론을 이해하도록 돕는다. 사진을 제시함으로써 참여자들의 행위와 특징을 보일 수 있고 이는 연구 분석의 신빙성을 높이는 역할을 할 수 있다.

10.4 질적 연구 글쓰기 예시

질적 연구의 경우 양적 연구에 비해 결과를 가장 효과적으로 제시할 수 있는 방식을 택할 수 있는 여지가 있다. 그러나 학술지의 지면 제한, 학술지가 요구하는 일반적인 양식은 양적 연구의 기술 방식과 크게 다르지 않는 경우도 많다. 이 경우에는 양적 연구 논문과 마찬가지로 서론, 선행연구 리뷰, 연구 방법, 연구 결과, 결론 및 논의라는 전체적인 구성을 따르게 된다. 다음 S. Kim(2018)의 예를 보자.

[표 47] S. Kim(2018)의 논문 구성

Kim, S. H. (2018). Learning English and identity construction of Korean early study abroad students. *English Language & Literature Teaching, 24*(2), 89-110.

- Abstract
- Introduction
- Literature Review
  - Poststructuralist concept of identity

> - Studies on Korean ESA students
> • Methods
>   - Participants
>   - Data collection and analysis
> • Findings
>   - Trajectories of ESA students' English learning
>   Choosing ESA: Seeking Better English and Better Education
>   Phase I: Gaining Proficiency
>   Phase II: Using More Korean and Less English at the University
>   Phase III: Keeping the Status Quo
>   Evaluation of English
>   The relationship between Perceived Proficiency and Identity
> • Discussion and implications
> • References

S. Kim(2018)은 조기 유학생의 영어 학습 과정과 정체성 형성과의 관계를 살펴본 연구로 논문의 구성은 일반적인 학술지 논문을 따르고 있다. 조기 유학생 6명을 대상으로 인터뷰 자료를 수집하고 NVivo를 사용하여 내용분석을 하였다. 연구 결과 부분은 연구 문제에 대한 답을 하는 방식으로 기술되었는데 논문에 제시된 연구 목적과 연구 문제는 다음과 같다.

> Taking the view that language learning is a fundamentally social, cultural, and temporal activity rather than just an individual, decontextualized, ahistorical, cognitive activity, the present study examines the ESA students… experience based on the notions of CoP and imagined identity (Norton, 2000). Considering the scarcity of the studies with Korean ESA students (e.g., Kang, 2012; Song, 2012) and the growing interest in sociocultural theory in applied linguistics, the study aims to illustrate Korean ESA students… English learning and identity construction processes. The specific research questions are as follows:

- What are the trajectories of ESA students learning and use of English?
- What are the critical influences in learning and using English?
- What is the relationship between their self-evaluation of English and their learner identity?
- How do they resolve the conflicts between language choice and social relationship? (S. Kim, 2018, p. 91)

연구 결과 부분은 이러한 연구 문제에 대해 조기 유학생들의 영어 학습 과정을 조기 유학 선택, Phase I, II, III로 구분하여 기술하고 각 단계마다 특징적인 내용을 제목으로 하였다. 조기 유학생들의 영어에 대한 자가 평가와 정체성에 대한 인식에 대하여 각각 절을 할애하여 기술하고, 영어 또는 한국어를 선택하는 문제와 사회적 관계 유지 간의 관계에 대해서도 함께 기술하였다. 영어에 대한 자기 평가와 정체성 간의 관계는 도식으로 나타내어 결과를 한눈에 볼 수 있도록 하였다. 논의와 연구의 함의점 부분은 하위 절로 나누지 않고, 연구 결과 요약, 결과의 함의점, 연구의 제한점 등을 포함하여 기술하였다. 이러한 구성은 양적 연구와 유사한 틀 안에 질적 연구의 내용을 삽입한 것으로 가장 널리 사용되는 논문 구성 양식이라고 할 수 있다. 독자들에게 가장 익숙한 양식이기 때문에 양적 연구자라고 하더라도 연구의 목적, 연구 문제, 연구 결과를 파악하기 쉬운 장점이 있다. Morita(2000)의 언어사회화 과정에 대한 연구도 이와 유사한 구성을 보여준다.

[표 48] Morita(2000)의 논문 구성

Morita, N. (2000). Discourse socialization through oral classroom activities in a TESL graduate program. *TESOL Quarterly, 34*(2), 279-310.
- Abstract
- Introduction
- Theoretical Background

- Method
  - Participants, Settings, and Data Collection
  - Analysis
- Findings
  - Context of Learning: Academic Culture of Graduate Studies in TESL
  - Goals of OAPs* and Nature of Discourse Socialization
    Communication of Epistemic Stance
    Strategies to Engage the Audience
    Social Collaboration
    Preparing for OAPs
    Observing and Performing OAPs
    Reviewing the OAP
    NNSs' Perceptions and Strategies
    Qualities of a Good OAP
- Discussion
- Implications for Pedagogy
- Directions for Further Research
- References

*Oral Academic Presentations(구두 발표)

　　Morita(2000)의 논문 구성도 일반적인 논문 양식을 따르되 연구 결과 기술 부분에서 먼저 구두 발표가 진행되는 상황에 대한 자세한 정보를 제공하여 독자가 배경지식을 가지도록 하였다. 다음에서 구두 발표 절차를 기술하여 언어사회화 과정과의 관계를 밝히고 있다. 이어서 비원어민의 구두 발표에 대한 인식과 전략, 성공적인 구두 발표의 특징에 대해 기술함으로써 캐나다 대학원에 재학하는 비원어민 학습자들이 구두 발표를 통해 어떤 언어사회화 과정을 겪는지 보여주고자 하였다. 비원어민 대학원 학생들은 구두 발표를 준비하고, 연습하고, 수행하고, 리뷰하는 과정을 통해 대학원 문화의 도제가 되어 가고, 이 과정에서 교수의 지도나 모델링은 사회화 과정에 기여하게 된다. Morita(2000)는 학문적 언어 사회화 과정이 단순히 전문가가 초보자에게 지식을 전수하는 과정이 아니라 전문성과 정체성을 역동적으로 협상하는 복잡한 과정이라고 결론 내린다. 그는 연구 결과를 다음과 같이 요약하고 있다.

> In summary, graduate students were apprenticed into the culture of graduate school- or at least one version of it- and into academic oral discourses by preparing for, observing, performing, and reviewing OAPs repeatedly throughout the academic year. The instructors' guidance and modeling also contributed to this socialization process. (Morita, 2000, p. 298)

이러한 요약은 자세한 기술을 목표로 하는 질적 연구에서 독자가 연구에 대한 전체적인 내용을 파악하도록 하는 데 도움이 된다. 연구 결과 마지막 부분에 결과를 요약하면 이어지는 논의, 연구의 함의점을 이해하는 데 도움이 된다. Morita(2000)는 논의, 함의점, 앞으로의 연구를 위한 제안점 등을 각 장으로 나누어 기술하여 논의 부분에 할애를 많이 하였다. 대개 연구 결과 부분이 논문에서 가장 많은 부분을 차지하지만 연구의 내용에 따라서는 연구 결과가 의미하는 바에 대해 지면을 할애하여 기술하는 경우도 있다.

S. Kim(2018), Morita(2000)의 논문 구성처럼 서론, 선행연구 리뷰, 연구 방법, 연구 결과, 논의 등의 용어를 사용하지 않고 연구의 주제를 따라 논문을 구성하는 경우도 있다. Harklau(2000)는 미국 고등학교에서 "Good kids"로 인정받던 이민 학생들이 대학의 ESOL 프로그램에서는 "the worst of American students' habits"를 가진 학생으로 낙인찍히는 과정을 보여주는 장기적 문화기술지 연구이다. 영어 학습자에 대해 학교가 가지는 이미지가 학생의 정체성과 학습동기, 수업행동에 어떠한 영향을 미칠 수 있는지를 보여준다. 이 논문은 다음과 같이 구성되어 있다.

[표 49] Harklau(2000)의 논문 구성

> Harklau, L. (2000). From the "Good kids" to the "worst": Representations of English language learners across educational settings. *TESOL Quarterly, 34*(1), 35-67.
>
> - Introduction
> - Representation and social construction of ESOL student identity
> - Method
>   - Data Collection
>   - Data Analysis
> - High School: "The kids with determination"
>   - "An inspiration for everyone"
>   Personal stories
>   Classroom Behavior
>   - "They Struggle"
> - College: "The worst of American Students' Habits"
>   - "Acculturation to life in America"
>   - "Your Country"
>   - "You Are Starting to Do this on Instinct"
>   - "She knows what the teacher wants"
>   - Resistance
> - Implications
> - References

　Harklau(2000)는 Morita(2000)의 구조와 유사하나 연구 방법, 연구의 함의점 장을 제외하고는 이론적 배경, 연구 결과와 같이 장을 구분하는 용어를 사용하지 않았다. 대신 연구 결과를 잘 보여주는 핵심어로 연구 결과를 구성하였다. 연구 결과를 크게는 고등학교와 대학으로 구분하고 각 학교 급에 해당하는 학생들의 입장, 그리고 교사들의 시각을 제시하는 방식으로 구성하였다.

　이민 영어 학습자의 생애사 인터뷰를 바탕으로 한 내러티브를 다룬

Menard-Warwick(2004)도 논문의 구성을 언급하는 용어를 사용하지 않고 연구 주제를 따라 논문을 구성한 예를 보여준다.

[표 50] Menard-Warwick(2004)의 논문 구성

> Menard-Warwick, J. (2004). "I always had the desire to progress a little": Gendered narratives of immigrant language learners. *Journal of Language, Identity, and Education, 3*(4), 295-311.
> - Second Language Learning as Gendered Practice
> - Narrative: Making Sense of Experience
> - Method
> - Camila's Narratives
>   - "I understand that my position was less than theirs"
>   - "You are never going to learn English"
> - Trini's Narratives
>   - "I always had the desire to progress a little"
>   - "So that they also see that I am making a little more effort"
> - Discussion
> - Pedagogical Implications of Gendered Life History Narratives
> - Endnotes
> - References

Menard-Warwick(2004)은 논문 첫 부분에 서론이라는 제목을 달지 않고 연구의 배경과 목적을 다음과 같이 기술한다.

> This article explores the participants' viewpoints on the gendered practices and ideologies of their own communities, along with the ways they portray themselves in narrative as living out or resisting these practices and ideologies. In so doing, this article examines participants' perspectives on the ways their gendered identities as immigrants in the United States have mediated their learning of the English language. (Menard-Warwick, 2004, p. 296)

이어지는 장에서는 이론적 배경이라는 용어 대신 Second Language Learning as Gendered Practice, Narrative: Making Sense of Experience를 제목으로 장을 구성하여 이 연구의 이론적 배경이 되는 개념을 소개한다. 연구 방법은 연구 참여자를 소개하는 내용으로 간단하게 구성되었다. 연구 결과는 연구 참여자인 Camila와 Trini의 인터뷰 내용 중 주제를 드러내는 축어적 표현을 그대로 사용하여 하위 장을 구성하였다. 이런 구성은 연구 참여자를 비교하는 데 용이하다. Menard-Warwick(2004)은 논의와 연구의 함의점에 각 3쪽을 할애하여 연구 결과의 의미가 무엇인지, 생애사 내러티브에 대한 연구 결과를 영어 교수학습 현장에서는 어떻게 적용할지에 대해 자세히 기술하였다. 이는 영어 학습과 젠더에 대한 연구가 미흡한 상황에서 이러한 연구의 필요성와 함의점을 밝힘으로써 앞으로의 연구를 촉구하고자 하는 의도를 반영한 것이라고 할 수 있다. 기존 연구 결과를 증명하거나 반박하는 것이 연구의 목적이 아니라 새로운 탐색을 통해 연구의 내용을 확장하고자 할 때는 연구의 필요성을 설득해야 할 필요가 있다. Menard-Warwick은 영어 학습과 젠더적인 내러티브의 관계에 대한 연구를 촉구하는 예라고 할 수 있다.

10.5 질적 연구 글쓰기를 위한 제안

Becker(2007)는 글쓰기 과정을 글쓰기 시작 단계, 글쓰기 단계, 수정과 편집 단계로 나누어 글쓰기에 대한 조언을 하고 있다. 이 책에 소개된 내용을 정리하여 소개함으로써 질적 글쓰기에 대한 이해를 돕고자 한다.

10.5.1 글쓰기 시작 단계

글쓰기가 어렵다고 느끼는 이유 중 하나는 시작하기가 어렵기 때문이다. 어디서부터 어떻게 시작해야 할지를 알지 못해서 컴퓨터 화면 앞에 그냥 앉아있거나 애써 쓴 몇 줄을 지우기를 반복하면서 결국 쓰지 못하는 작가의 폐색(writer's block)에 직면하는 것이다. 흔히 일단 쓰고 보라고 하지만 일단 쓴다는 것도 무엇을 어디에서 시작할지 알아야 가능하기 때문에 말처럼 쉬운 작업은 아니다. Becker는 일단 초고를 완성하기 위해 시작 단계에서 다음 몇 가지를 시도하라고 조언한다.

개요 작성하기

개요는 글의 전체적인 구성을 그리는 밑 작업이다. 글의 처음, 중간, 마지막 부분이 대략 어떤 줄거리고 연결되는지에 대한 청사진이라고 할 수 있다. 각 문단에 쓸 주제문을 생각하고, 그 문단들이 연결되어 어떤 흐름으로 이야기가 전개되는지에 대한 계획을 세우는 것이다. 가령 영어 학습부진에 대한 서론을 쓴다고 할 때 글의 개요는 다음과 같이 구성할 수 있다.

[표 51] 글쓰기를 위한 개요 작성 예시

문단 1:	학습부진의 개념, 학습부진에 대한 배경 및 최근 정책(우리나라 학습부진에 대한 통계 자료 인용
문단 2:	영어 학습부진 현황 및 현재 시행중인 정책
문단 3:	영어 학습부진 지도의 문제(영어 학습부진 진단 부재, 지도방법, 지도 체계, 지도 교사 전문성 등이 체계를 갖추지 못함)
문단 4:	영어 학습부진 연구의 필요성 및 목적(진단 도구 필요, 교사의 전문성 확보, 지도과정의 체계화 필요)
문단 5:	연구의 기대효과(영어 학습부진 학생에 대한 조기진단 및 예방, 초-중등 연계과정 통해 영어 학습부진 방지, 자발적이고 효율적인 지도 체계 구축, 교사의 전문성 확보를 위한 연수 프로그램 제안 등)

본론을 쓰고 서론 쓰기

논문의 구성 순서로는 서론이 먼저이지만 글을 쓰는 과정에서 서론을 먼저 쓰는 것은 어렵다. 왜냐하면 서론은 글 전체의 내용과 방향을 소개하는 것이기 때문에 본론에 있는 내용이 무엇인지 어느 정도 정리되지 않고서는 무엇을 어떻게 소개할지 정하는 것이 가능하지 않기 때문이다. 서론을 작성했더라도 본론을 기술한 후에 다시 수정해야 할 필요가 있다. 서론을 쓰지 못해서 오래 고심하기보다는 우선 연구 결과를 기술하고 나서 서론을 쓰는 것이 부담이 적을 수 있다.

구체적이고 명확한 서론 쓰기

어떠한 글이든 독자가 읽고 나서 연구자가 말하고자 하는 바가 무엇인지를 명확하게 알 수 있도록 서론을 써야 한다. 독자와 연구자가 공유하고 있는 정보의 양에 따라 쓰는 내용이 조금 달라질 수 있지만 배경지식이 별로 없는 독자가 읽더라도 글의 흐름을 쉽게 따라갈 수 있어야 한다. 글이 명확하다는 것은 글을 쓰는 사람이 그만큼 논리적이고 명확하게 생각하고 표현할 수 있음을 의미한다. 서론에서는 연구하고자 하는 문제가 왜 중요한지, 왜 이 연구를 해야 하는지, 연구를 통해 밝히고자 하는 바가 무엇인지, 연구 문제의 답을 찾는 것이 어떤 점에서 의의가 있는지 등이 독자에게 설득되어야 한다.

일단 생각나는 문장 쓰기

글을 잘 써야 한다든가, 전문가답게 글을 써야 한다는 부담이 첫 문장을 시작하기 어렵게 만든다. 특히 한글이 아닌 영어나 다른 외국어로 논문을 작성해야 한다면 이러한 압박감은 더 커질 것이다. 다른 사람이 쓴 문장이 멋있는 것 같아 그대로 쓰거나, 조금 수정하여 쓰게 되면 표절의 위험에 빠지게 된다. 그런 위험을 감수하지 않기 위해 그보다 더 좋은 문장, 멋있는 글을 쓰려고 하면 내내 첫 문장을 쓸 수 없다. 글을 시작하는 단계에서 무엇보다 중요한 것은 글이 한 번에 써지는 것이 아니라 여러 번의 수정을 거치면서 완성되는 과정적 작업임을 인식해야 한다는 점이다. 교사로서 학생들에게 작문을 가르칠 때에는 과정중심 글쓰기를 강조하지만 막상 연구자가 되었을 때 이를 자신에게 적용하는 것은 생각보다 쉽지 않다. 오늘 쓴 문장, 문단을 다음 날 다 삭제하더라도 일단 생각나는 대로 쓰는 것이 필요하다. 쓰다 보면 엉킨 생각이 정리되기도 하고, 논리적 흐름이 어떻게 정리해야 할지가 눈에 보일 수 있다. 일정한 시간을 정해두고 멈추지 않고 계속 쓰는 연습을 하는 것이 도움이 된다. 흔히 학생들이 작문 시간에 한 문장을 쓰고 그 문장을 계속 고쳐 쓰느라 더 이상 써내려가지 못할 때 5분, 10분 시간을 주고 절대로 멈추거나 수정하지 않고 쓰도록 하는 자유로운 글쓰기를 연습한다. 이처럼 연구 논문의 시작 단계에서는 이러한 방법으로 글쓰기를 시작할 수 있을 것이다.

무계획적인 초고 작성

무계획적인 초고란 위에서 언급한 것처럼 자유롭게 써 내려간 글들을 모아 흐름이 완벽하지 않은 초고를 만드는 것을 의미한다. 개요를 따라 작성했지만 아직은 문장과 문장, 문단 간의 논리적 흐름이 자연스럽지 않은 단계이다. 그러나 일단 자신의 생각을 쓴다는 것은 생각을 시각화하여 정리하기 쉽게 했다는 것이기 때문에 다음 단계의 생각의 정리, 논리적 흐름을 구성하기가 수월하다. 초고를 쓰고 나면 연구자가 자신이 하고 싶은 이야기가 무엇인지를 좀 더 명확하게 자신에게 각인할 수 있기 때문에 거친 초고(rough draft)를 작성하는 것이 필요하다.

10.5.2 글쓰기 단계

글의 조직 구성하기

양적 글쓰기의 경우에는 글을 구성하는 방식이 거의 정해져 있기 때문에 연구자가 어떤 방식으로 글을 구성할지에 대해 크게 고민할 필요가 없다. 논문 전체의 구성은 서론-이론적 배경/선행연구 리뷰-연구 방법-연구 결과-논의 및 결론으로 정해져 있고, 결과를 기술하는 방식에 있어서도 연구 문제에 따라 통계적 분석을 하고, 결과를 표로 제시하고, 이에 대한 설명을 하는 식으로 구성된다. 그러나 질적 연구의 경우 기존 질적 연구의 논문 구성 방식을 따른다고 하더라도 결과 부분을 어떻게 구성하는가 하는 데에는 보다 많은 가능성이 열려있다. 질적 연구처럼 연구 문제에 대한 답을 기술할 수도 있지만 보다 실험적인 글쓰기의 경우 이러한 구성을 따르지 않을 수 있다.

글을 구성하기 위해서는 무엇보다 연구에서 중요한 점, 강조하고 싶은 점이 무엇인지를 아는 것이 필요하다. 이런 부분이 충분히 잘 드러나기 위해서는 어떤 구성 방식을 택해야 하는지 고민해야 한다. 구성 방식에 대한 뚜렷한 아이디어가 떠오르지 않을 때에는 선행연구를 참조할 것을 권한다. 특히 비슷한 연구 주제를 다루는 논문이 있다면 이러한 논문들에서 글을 어떻게 구성해야 할지에 대한 아이디어를 얻을 수 있다.

평이한 용어로 기술

흔히 학술 논문을 기술할 때에는 권위적인 목소리로 주장해야 한다는 생각을 한다. 연구자가 어려운 과정을 거쳐 발견한 사실을 평이한 용어로 기술한다는 것은 쉽지 않다. 연구자가 읽었던 선행연구들이 이러한 평이한 용어로 기술되어 있지 않은 경우가 대부분이기 때문에 이에서 벗어나기가 쉽지 않다. 연구자가 기억해야 할 점은 연구 결과를 기술할 때는 자신의 학술적인 권위를 보이기 위해서가 아니라 독자들이 쉽게 이해할 수 있도록 해야 한다는 것이다. 또한 어려운 용어나 문체가 아니라 간결하고 명료한 글이 가독성을 높인다는 점을 기억해야 한다.

적절한 문헌 사용

연구의 독창성을 보여주기 위해서는 연구자가 선행연구를 얼마나 잘 이해하고 있는지를 보여주는 동시에 이전 연구에 자신의 연구를 접목하는 것이 필요하다. 선행연구를 잘 알고 있으면 어떤 부분이 이미 연구되었고, 어떤 부분이 새롭게 연구될 필요가 있는지 알 수 있다. 김영천 (2010)은 논의를 창출하는 과정을 나무로 테이블을 만드는 데 비유한다. 테이블을 설계하고 나무를 잘라서 여러 부분을 만들어야 하지만 모든 부분을 다 만들 필요가 없이 필요한 부분은 목재상에서 구하면 되는 것이다. 즉 목재상에서 구할 수 있는 부분과 직접 잘라서 만들어야 할 부분을 구별하고, 이 재료들을 잘 끼워 맞추어서 조립하는 것이 필요하다. 적절하게 잘 활용할 수 있는 문헌을 알고 있는 것은 목재상에서 어떤 재료를 구해야 하는지 아는 것과 같다.

적절한 시점에서 끝내기

글을 쓰는 과정에서 연구자는 끊임없이 뭔가를 더 첨가해야 할 것 같은 생각을 하게 된다. 그러나 어느 시점에서 포함되어야 할 내용을 정리하고 글을 마무리하는 것이 필요하다. 좀 더 그럴듯한 글을 쓰려고 하다 보면 불필요한 수식어를 추가하게 되고, 그럴수록 간결성과 명료성을 잃을 수도 있다. 적절한 시점에서 수정과 편집 작업을 마무리할 수 있도록 목표와 절차를 수립하는 것이 필요하다. 초고를 완성한 후에 누가 몇 번에 걸쳐 윤문을 할 것인지, 윤문에 따른 수정에 걸리는 시간을 고려하여 수정 과정을 몇 번 거칠 것인지에 대한 계획이 필요하다. 이런 과정에 소요되는 시간까지 감안하여 어떤 시점에서 글쓰기를 끝내야 할지 결정해야 한다.

10.5.3 수정 및 편집 단계

수동태 대신 능동태 사용

질적 연구처럼 어떤 일이 저절로 생기는 것처럼 수동태로 기술하지 않고 연구자가 직접적으로 행위를 한 것으로 능동태를 사용해야 한다. 질적 연구에서는 연구자가 자신의 목소리를 연구 기술에 반영하는 것이 중요하기 때문에 특히 능동태 사용이 필요하다.

간결한 문장

긴 문장, 어려운 문장은 결과를 설득력 있게 전달하는 데 도움이 되지 않는다. 짧고 간결한 문장, 평이한 단어로 기술하여 독자들이 여러 번 문장을 다시 읽지 않도록 하는 것이 필요하다. 흔히 학술 논문에 쓰는 문장은 학문적 전문성을 보이기 위해 길게 써야 한다고 생각한다. 그러나 문장을 길게 쓰면 주어-동사 호응이 되지 않는 등 비문법적인 문장을 쓰게 될 가능성이 많다. 비문법적인 문장이 많을수록 가독성이 낮아지기 때문에 되도록 간결한 문장을 사용하되 문장과 문장이 논리적으로 연결되도록 하는 것이 필요하다.

반복 삭제

독자의 이해를 돕기 위해 설명을 하다보면 유사한 말을 반복할 수 있다. 같은 내용이 반복되어 이해를 돕는 측면도 있지만 오히려 애매모호해지고 불명확해질 수 있다는 점을 고려해야 한다.

추상적 용어보다 구체적 예시 사용

추상적인 개념의 나열은 결과를 이해하는 데 크게 도움이 되지 않는다. 그림, 인용문, 사진, 도표 등의 구체적인 예시를 사용하여 독자들에게 전달하고자 하는 내용이 무엇인지를 생생하게 보여주는 것이 필요하다.

진부한 은유 대신 의미 있는 은유 사용

은유적인 표현은 질적 연구에서 매우 중요하다. 여러 가지 자료에서 발견한 개념을 효과적으로 제시하기 위해서는 새로운 은유를 사용하는 것이 효과적이기 때문이다. 그러나 이미 많이 사용되어 새로운 의미를 전달하지 못하는 은유를 사용하는 것은 의미가 없다.

10.5.4 글쓰기를 위한 제언

글쓰기에 관한 이러한 원칙을 안다고 하더라도 실제적으로 글 쓰는 작업은 고되고 어렵다. 그럼에도 불구하고 글쓰기가 중요한 것은 이 과정이 '발견의 방법' 자체가 될 수 있기 때문이다. 어떤 연구자들은 새로운 것을 발견하기 위해 글을 쓰는 것으로 글쓰기를 규정한다. 그래서 Hatch(2002)는 일단 쓰라고 조언한다. 보통의 사람에게 완벽한 텍스트를 쓴다는 것은 불가능하기 때문에 정답을 쓰려고 하지 말고 자신을 쓰도록 하는 데서부터 시작하라고 한다. 그는 또한 글쓰기 과정에서 느끼는 불안감을 수용하라고 한다. 창조 과정에서 불안감을 느끼는 것은 당연한데 무엇인가 쓰지도 않고 불안을 극복하기를 바라는 것은 현실적인 기대가 아니기 때문에 글쓰기 불안은 글을 씀으로써 극복할 수밖에 없음을 강조한다. 그의 조언과 나의 글쓰기 경험에 비추어 몇 가지 제안을 하고자 한다.[38]

'피하는 것'을 피하라

일단 쓰는 것을 시작해야 한다. 글쓰기에 대한 막연한 불안, 두려움 때문에 글쓰기를 피할 이유를 찾는 경향이 있다. 글쓰기보다는 영화나 TV 드라마를 보는 것이 더 편안하기도 하고, 글쓰기보다 더 다급한 강의 준비, 보고서 때문에 글쓰기가 아닌 다른 작업을 해야 한다고 생각할 수도 있다. 논문이나 책의 집필을 시작하고 글이 잘 써지지 않는 경우 오래도록 열어보지 않고 두게 될 수도 있다. 나 역시 이 책을 쓰기 시작하고 몇 번이나 오랜 휴지기를 가진 후에 다시 시작하는 과정을 되풀이 했다. 이러한 회피가 잦아질수록 글 쓰는 것이 어렵게 된다. 두려움은 맞부딪칠 때만 극복될 수 있다. 글쓰기를 회피하게 하는 변명들을 제거하고 글쓰기를 하는 것이 필요하다. 글쓰기를 시작하기 위해서는 글쓰기 일상(writing routine)을 만드는 것이 필요하다.

글쓰기 일상을 만들라

질적 연구자들은 대부분 자신이 언제 효과적으로 글을 쓸 수 있는지,

---

[38] 앞서 질적 연구의 경우 3인칭적 쓰기를 피하고 1인칭 주어를 허용한다고 기술하였다. 그러나 이 책을 쓰면서 내내 "필자"라는 3인칭 주어를 사용하였다. 이 책이 질적 연구 결과를 기술하는 것이 아니기 때문이기도 하고, 독자는 3인칭 주어에 더 익숙하기 때문에 그에 부응해야 한다는 고려도 있었다. 그러나 무엇보다 내 자신이 1인칭 주어를 사용하는 '쑥스러움', 무엇인가 해 보지 않은 일을 하는 데 대한 주저함 같은 것이 있다고 고백할 수밖에 없다. 이 책의 다른 장에서는 3인칭 주어를 사용했지만 머리말과 나가는 말, 그리고 글쓰기에 대한 제안을 하는 장에서는 내 자신의 경험을 이야기하기 때문에 자연스럽게 1인칭 주어로 전환하게 되었음을 밝혀둔다.

어떤 환경에서 글을 잘 쓸 수 있는지 알고 있다. 사람에 따라서는 조용한 도서관이나 연구실에서 하는 글쓰기 작업을 좋아할 수도 있고, 카페 같은 적절한 소음이 있는 곳에서 효율적으로 일하는 경우도 있다. 어떠한 경우이든 자신이 가장 효율적으로 일할 수 있는 조건을 아는 것은 중요하다.

나는 아침 일찍 일어나 커피를 마시고 난 후 몇 시간 동안 가장 집중할 수 있다. 그러기 위해서는 저녁모임을 피하고, 너무 늦지 않은 시간에 잠자리에 들어야 아침에 힘들지 않게 일어날 수 있다. 주말에는 사람이 많지 않은 카페에서 작업을 하는 것도 좋아한다. 나의 경우 아침에는 집중해서 쓰거나, 논문을 읽고, 카페에서는 자료 코딩이나 원고 수정, 편집 등 시간이 많이 걸리는 작업을 한다. 학교에서는 강의 준비나 행정적인 업무, 학생 상담 등의 일로 시간이 쪼개지기 때문에 집중해서 뭔가를 읽고 쓰는 작업은 잘 되지 않는다. 그래서 학교에 있는 동안에 자투리 시간이 있다면 문헌을 검색한다든가, 참고문헌을 정리한다든가 하는 기계적인 작업을 한다. 이처럼 자신이 글을 쓰는 데 가장 편안하고, 쾌적한 일상을 만들어 거기에 익숙해지는 것이 필요하다.

글을 쓰는 것은 어렵다. 다른 사람은 쉽게 쓰는데 나에게만 어렵다고 느껴지는 것은 착각이다. 다른 사람이 쉽게 쓰는 것처럼 느껴지는 것은 그들의 이러한 글쓰기 일상이 보이지 않기 때문이다. 글을 쓰는 것은 어려운 과정이기 때문에 글을 쓰는 과정에서 진전이 없을 때 오랫동안의 휴지기를 가질 수 있다. 휴지기가 길어질수록 글을 쓰는 것은 더 어렵기 때문에 꾸준히 쓰는 일상을 가지는 것이 필요하다.

글쓰기 목표를 정하라

대학원 선배 한 분이 박사 논문을 쓰면서 좀처럼 글이 써지지 않자 매일 '오늘은 몇 자를 쓰자'라는 목표를 세우고, 그 목표를 달성할 때까지

도서관에서 나오지 않는 방법을 썼다고 했다. 얼마 정도의 시간이 있는지, 나의 쓰기 속도는 어느 정도인지, 목표를 달성하기 위해서는 하루에 몇 단락, 몇 글자를 써야 하는지에 대한 대략적인 계획이 있어야 내가 목표에 가까워지고 있는지 확인할 수 있다. 나는 한 달의 목표를 세우고, 이를 다시 주로 나누어 목표를 정한다. 매일 해야 할 분량을 메모에 써서 컴퓨터가 시작될 때마다 목표가 무엇인지 상기한다. 물론 이렇게 해도 항상 일정보다 늦어지는 경우가 많다. 그러나 목표 분량을 정하고 그것을 매일 상기하지 않으면 쓰는 것을 쉽게 그만두게 되고, 한동안의 휴지기를 거친 후 다시 시작하는 것은 몇 배의 노력을 필요로 한다. 목표를 달성하기 위해서 스스로 계획을 상기하는 것도 필요하고, 다른 사람(지도 교수, 동료)에게 언제까지 초고를 주겠다는 약속을 하는 것도 기한 내에 쓰기를 할 수 있도록 하는 방법이 된다.

자료를 조직하라

질적 연구자들이 겪는 어려움 중 한 가지는 자료의 양이 방대하다는 것이다. 인터뷰, 현장노트, 메모, 시각 자료, 인공물, 멀티미디어 자료 등 여러 종류의 자료를 수집하게 될 때 자료를 잃어버리지 않도록 정리하는 것이 필요하다. 자료를 어떤 방식으로 구조화하여 정리할 것인지 생각해야 한다. 참고하기 위해 찾은 논문이나 책도 있을 것이다. 이런 자료들이 어디에 있는지 다 기억하는 것은 어렵다. 어떤 부분의 정보가 필요하거나 인용할 필요가 있을 때 쉽게 찾아볼 수 있도록 하는 것이 필요하다. 파일링 시스템을 활용하여 물리적으로 자료를 정리하는 것이 필요하다. 연구 참여자별, 혹은 연도별로 자료를 정리할지, 두 가지 방식을 혼합하여 정리할 수 있을지 등을 고려해야 한다. 컴퓨터에 정리할 때에도 폴더명을 어떻게 정할 것인지, 어떤 문헌들을 같은 폴더에 담아두는 것이 좋을지 생각해야 한다.

　작업한 파일이나 검색한 자료를 잘 분류하여 보관하는 것도 글쓰기에 매우 중요하다. 필요한 정보를 빨리 찾기 위해서는 파일 정리가 구조적으로 되어 있어야 한다. 나는 연구실의 컴퓨터는 주로 강의나 업무를 위해 사용하고, 개인적인 글쓰기는 노트북과 구글 드라이브에 저장하여 필요한 경우 어디서든 문서 작업한 파일이나 자료를 쉽게 찾아볼 수 있도록 한다.

　연구를 한눈에 정리하기 위한 방법으로 연구의 주요 내용을 표로 정리하는 방법을 권한다. 많은 논문을 읽다 보면 논문의 내용을 기억하기 쉽지 않고, 읽었던 내용 중에 중요한 부분을 다시 활용하기 위해서는 다시 논문을 찾아야 하기 때문에 시간이 걸릴 수 있다. 논문을 읽을 때마다 간단하게 정리를 해 두면 논문을 쓰기 위한 선행연구 리뷰에 많은 도움이 될 수 있다.

피드백을 요청하라

　다른 사람의 글을 읽고 수정을 제안하는 것이 쉬운 일은 아니지만 누구나 자기 글보다 남의 글을 읽고 틀린 부분이나 잘못된 부분을 찾아내기가 쉬운 법이다. 대학원 학생이라면 반드시 자신이 쓴 글을 동료와 교환하여 읽는 것이 필요하다. 서로 피드백을 주는 과정에서 상대로부터 배울 수 있고, 무엇보다 자신이 반복하는 나쁜 글쓰기 버릇을 발견할 수 있다. 예를 들어 문장을 길게 쓰는 경향이 있다든지, 수동태 문장을 지나치게 많이 쓴다든지 하는 경우 자신은 잘 알지 못하지만 다른 사람의 눈에는 쉽게 보일 수 있다. 동료의 피드백을 받고 수정하는 과정을 반복하다 보면 혼자 수정하는 것보다 효과적으로 글을 다듬을 수 있다. 적절한 피드백을 교환할 수 있는 동료는 글쓰기 일상을 유지하는 데에도 도움이 될 뿐 아니라 정서적인 안정감을 가지는 데에도 도움이 된다. 이런 점에서 같은 학문 분야의 동료, 같은 연구 주제에 관심을 공유하는 동료들과 학문적 공동체를 구성하는 것이 매우 중요하다.

작가처럼 읽고 독자처럼 써라

Hatch(2002)는 좋은 글을 쓰기 위해 다른 글을 읽으면서 텍스트 전체의 구조와 수사적인 특징을 파악하면서 읽기를 권한다. 또한 글을 쓸 때에는 가상의 독자를 생각하고 독자들이 알고 싶은 것이 무엇인지, 이들을 쉽게 이해시키기 위해서는 어떻게 써야할지를 생각하면서 쓰라고 한다. 즉 독자처럼 쓰게 되면 이해하기 쉽고 간결한 글을 쓸 수 있다고 조언한다.

영어로 글을 쓸 때나 한글로 글을 쓸 때나 좋은 글에 대한 기준은 거의 동일하다. 좋은 글은 자연스럽게 읽히는 글이다. 문어로 된 글이지만 읽기에도 적절한 글은 곧 문장의 길이, 단어의 선택 등이 적절함을 의미한다. 그러기 위해서는 좋은 글이 무엇인지에 대한 개념을 가질 필요가 있다. 막연하게 '이렇게 써야 한다'라는 의견에 의존하는 대신 글쓰기에 대한 체계적인 글을 공부하는 것이 필요하다. 글쓰기에 대한 많은 저서들이 출판되었다. 그러한 책에 소개된 기본적인 원칙과 예제를 통해 글쓰기 훈련을 하는 것이 필요하다.

Goodall(2000, p. 24)은 "누구도 작가로 태어나지 않지만 우리 자신이 부단히 애쓰고 노력하여 이루려고 하는 과정"으로 글쓰기를 요약하였다. 즉 글쓰기는 인내심을 가지고 오랫동안 연습해야 하는 과정이라는 것이다. 타고난 글재주를 가지고 있는 사람이라고 하더라도 학술 논문은 쉽게 써지는 것은 아니다. 꾸준한 연습을 통해 조금씩 나아질 것이라는 기대를 가지고 써야한다는 점을 기억해야 한다. 글을 쓰는 과정이 쉽지 않지만 그만큼 보람이 느껴지는 작업이기도 하다. 글쓰기는 예술가가 자신의 스타일대로 작품을 창작하듯 자신의 목소리를 담은 작품을 완성하는 것과 유사하다. 예술가가 자신의 작품에 대해 보람과 희열을 느끼는 것처럼 연구자도 고되지만 성실하게 글쓰기 작업에 임할 때 보람을 느낄 수 있는 결과물이 창조될 것이다.

11장
연구윤리

11.1 연구윤리의 필요성

연구윤리(research ethics)는 연구자가 연구를 수행하면서 지켜야 할 원칙이나 행동양식을 말한다. 이는 바람직한 연구 활동이 이루어지기 위해서 지켜야 할 가치와 규범을 의미한다.[39] 현재 통용되는 연구윤리 개념은 연구자들에게 요구되는 직업윤리로 '과학적 연구'를 수행하는 전문 연구자들에게 적용되어 왔으나, 최근에는 사회과학과 인문학, 예술을 포괄하는 학문과 창작 활동 전반에 종사하는 사람들에게 확대·적용되는 추세다.

현대적인 의미의 연구윤리에 대한 사회적 관심이 일어나기 시작한 것은 2차 세계대전 이후였다. 전쟁 중 나치 독일의 의사들이 유태인을 비롯한 강제수용소 내의 민간인과 전쟁 포로들을 대상으로 독가스, 전염병, 동사 실험, 불임시술 등 여러 잔인한 생체실험을 자행했다는 사실이 폭로되었다. 이에 관련된 23명이 뉘른베르크에서 열린 전범재판에 회부되었

---

[39] 윤정로, 교수신문. 문화의 안과 밖 시즌3 윤리 38강. 윤정로 KAIST교수의 '학문 연구와 윤리' 출처: 교수신문(http://www.kyosu.net)

고, 재판부는 1947년 8월, 15명에 대해서 유죄판결을 내리면서, '인간을 대상으로 하는 실험'(human experimentation)의 10가지 원칙을 제시했다. 이는 '뉘른베르크 강령'(Nuremberg Code)이라 불리게 되었고, 이 강령은 오늘날에도 유효한 연구윤리의 주요 원칙들을 담고 있지만 실제적인 면에서 큰 영향력을 발휘하지는 못했다. 실제적으로 국제적인 연구윤리 규약의 초석을 놓은 것은 1964년 세계의사협회(World Medical Association) 총회에서 발표된 '헬싱키 선언'이라고 평가된다. 또한 1979년 미국에서 공식적으로 출판된 '벨몬트 보고서'는 연구윤리에 관한 논의에서 빠질 수 없는 기념비적 문건이다. 미국 연구윤리국(Office of Research Integrity)은 연구윤리를 다음과 같이 정의한다.

> 현대 사회에서 연구 활동의 결과로 생산, 공유되는 지식은 인간의 삶과 사회 구조에 막대한 영향을 미친다. 이러한 지식이 인간의 삶의 질을 향상시키고 지속가능한 생태계 보전을 위해 활용되기 위해서는 연구의 주체인 연구자가 연구의 결과가 미치는 영향력과 파급효과를 신중하게 고려하고 이에 대한 윤리적 책임의식을 가지는 것이 필요하다. 이런 의미에서 연구윤리란 연구자가 연구를 하면서 지켜야할 행동의 기준이나 원칙을 말하는 것이고 좁은 의미에서는 연구를 수행하고, 결과를 보고하는 과정에서 지켜야 할 원칙을 말한다. 연구윤리의 출발점은 정직성, 정확성, 효율성 및 객관성으로 요약된다. (미국 연구윤리국, ORI 「연구윤리의 소개」, 박완규 외 6인, 2014, p. 6).

연구윤리란 결국 연구자가 연구를 수행하는 전 과정에 걸쳐 행동의 기준이나 원칙을 지켜야 함을 말하는 것으로, 정보를 정확하게 전달하고 약속을 지키는 정직성, 연구 결과를 정확하게 보고하고 오차를 피하는 데 최선을 다하는 정확성, 자원을 현명하게 사용하고 낭비하지 않는 효율성, 사실을 명확하게 밝히고 부당한 편견을 피하는 객관성을 바탕으로 한다.

한국에서는 2000년대에 와서야 연구윤리와 연구부정행위에 대한 사회적 관심이 집중되기 시작했다. 이는 연구자들의 자각에서 시작되기보다는 고위공직자 후보들이 연구윤리 위반으로 물의를 일으키면서 정부 차원에서 연구윤리에 대한 지침을 마련하게 되면서 중요한 문제로 떠오르게 되었다. 연구윤리에 대한 논의는 1997년 *Nature*에 발표된 복제양 '돌리'의 탄생으로 쟁점화되었고, 종교계, 학계, 시민단체가 생명복제에 반대하고 첨단 생명과학기술의 위험에 대한 경각심을 일깨우려는 움직임이 일어나면서 생명윤리 문제가 부상했다. 생명과학기술의 육성을 주장하는 연구자들과 생명윤리 확보를 주장하는 윤리론자들 사이의 논쟁이 가중되는 가운데 2003년 '생명윤리 및 안전에 관한 법률'(이하 생명윤리법)이 국회를 통과해 2005년 1월부터 발효됐다. 2005년 말에 '황우석 스캔들'이 불거지면서 연구윤리 제도를 정비하는 계기가 마련되었다. 2003년에 생명윤리법이 제정되었지만 자료 조작을 비롯한 연구부정행위에 대한 처리 방안은 제도화되지 않았다. 2006년 초부터 정책연구와 공청회 등 의견수렴 과정을 거쳐, 2007년 2월 정부 차원의 '연구윤리지침'이 최초로 제정되었다. 연구윤리지침은 '학술진흥법'에 근거해서 연구윤리 확보와 연구부정행위를 방지하는 것을 목적으로 하며, 국가와 민간에서 지원하는 학문 활동 전 영역과 대학원생을 포함하는 연구자 전체에 적용되는 것으로 해석된다.

11.1.1 연구윤리의 목표

모든 학문 분야에서 연구자들은 이제 개인의 양심과 가치에 의해서만 윤리적 기준을 설정할 수 없다. 따라서 이러한 연구지침은 연구자들이 복잡한 상황에서 윤리적 판단을 해야 할 때 가이드라인을 제공하고, 연구자들이 연구윤리 문제에 적극적인 관심을 가질 필요를 촉구한다. 정부

주도로 만들어진 하향식의 연구윤리 기준을 바탕으로 실제 연구 활동에 참여하는 연구자들이 적극적으로 참여하여 각 학문 분야의 특징을 반영하는 적절한 윤리기준이 마련되도록 노력할 필요가 있다. 연구윤리는 다음과 같은 세 가지 목표를 달성하기 위해 필요하다고 할 수 있다(김태영, 2016).

과학적 지식의 정확성 보장

과학적 연구가 되기 위해서는 연구가 반복될 수 있고 입증될 수 있어야 한다. 따라서 자료가 조작되거나 위조되어서는 안 된다는 것이 기본원칙이다. 논문 자료를 수집하고, 분석하는 과정에서 타당성, 신뢰성을 담보하기 위해 노력해야 하고, 결과를 제시하는 데 있어서도 오류가 없도록 하는 것이 필요하다. 논문 심사위원이나 학술지 편집자가 자료를 요청하는 경우 특별한 이유가 없으면 자료를 공개하여야 한다. 따라서 논문을 발표한 이후에도 연구를 위해 수집한 자료는 최소 5년간 보안이 유지되는 장소에 보관해야 한다. 최근에는 복제연구에 대한 관심이 높아지면서 선행연구의 자료 수집 방법, 절차, 분석 방법을 동일하게 따르되, 시간과 장소 및 연구 대상을 달리하여 동일한 결과를 도출할 수 있는지 보는 연구가 시행되고 있다. 이러한 연구를 하기 위해서는 연구와 관련된 자료와 함께 서면 동의서를 받아야 한다. 서면 동의서에는 이미 출판된 연구 자료를 공유하고, 공유한 자료를 무단으로 사용하지 않는다는 내용이 포함되어 있어야 한다.

연구 참여자들의 권리와 복리 보호

연구 참여자가 연구에 참여할 때에는 연구의 목적과 연구 참여로 인한 어떠한 불이익을 받지 않고, 자유롭게 연구를 중단할 수 있다는 점을 분명히 밝힌 연구 동의서를 제공해야 한다. 연구 동의서에는 연구 참여자의 개인 정보는 유출되어서는 안 되며 자료 수집 과정에서 얻은 정보는 연구를 위해서만 사용하겠다는 내용을 담아야 한다. 다음은 연구 참여 동의서 예시이다.

[표 52] 연구 참여 동의서 예시

안녕하세요?

　본 내용은 OO대학교 교육대학원에서 주최하는 "2018교육포럼" 준비를 위한 연구 과정의 일환입니다. 최근, 학교 현장에서 융합 교육이 강조되는 흐름에 맞추어 OO대학교 교육대학원에서는 재학생들의 융합 교육 역량 강화를 위해 연구를 진행하고 있습니다.
　연구를 위해 집단면담이 진행되며, 면담 자료의 정리 및 분석을 위해 응답하신 내용의 녹음 또는 녹화(음성자료만 사용)가 이루어집니다.

　본 연구에 참여하여 모든 응답하신 내용은 연구의 목적으로만 사용되며 개인적인 정보는 동의 없이 사용되지 않습니다. 본 연구의 내용을 이해했으며 자발적인 의사에 의해 연구에 참여합니다.

2018. _____　　연구 참여자: _____ (인)

연구 책임자: OO대학교 교육대학원 OOO 교수
전화번호: 000-000-0000　　이메일 : 000@000.00.00

위에서 보듯이 연구 참여 동의서에는 연구의 목적과 내용을 간단히 소개하고, 어떤 형태로 자료 수집이 이루어지는지 밝혀야 한다. 연구 참여자가 제공한 정보는 연구의 목적으로만 사용되고, 자발적인 의사로 연구에 참여한다는 점도 기술해야 한다. 연구 참여자가 필요한 경우 연구자와 연락할 수 있도록 연구 책임자의 소속, 이름, 연락처 등의 정보를 기록한다. 원하는 경우 연구 참여자에게 동의서의 사본을 제공할 수도 있다.

지적 재산권 보호

학위 논문의 경우 논문의 단독 저자는 당연히 논문을 작성한 학생이 되겠지만 이공계열 및 사회과학 계열의 경우에는 글을 쓴 사람뿐 아니라 실험 진행, 자료 수집 등의 연구 과정에 일정한 공헌한 사람 모두를 포함하는 경향이 있다. 일반적으로 논문을 작성한 연구자가 제1저자가 되며, 논문 작성 과정에 조언을 제공하며 논문 투고 및 심사과정에서 편집자와 연락하며 최종 게재까지 관여하는 사람이 교신저자가 된다. 연구 과정 및 논문 작성 과정에서의 공헌도를 따져 저자의 순위를 결정해야 하고, 연구에 전혀 기여하지 않은 사람을 공동 연구자로 끼워 넣지 않아야 한다. 연구를 시작하기 전 단계에서 연구윤리 준수를 위한 사항을 살펴보고 이를 연구 전 과정에서 참고하는 것이 필요하다. 이를 위해 김태영(2016, p. 268)은 다음과 같은 체크리스트를 활용할 것을 제안한다.

[표 53] 연구윤리 준수를 위한 체크리스트

√ 연구윤리 준수를 위한 체크리스트
□ 다른 연구자가 자신의 소유라고 여기는 미 출판된 도구, 절차, 또는 데이터를 사용하기 위해 서면 허가(예: 이메일 승인)를 받았는가? □ 원고의 일부에 제시된 다른 사람의 출판물을 정당하게 인용하였는가? □ 연구 절차나 연구 고지 및 동의 등과 관련하여, 연구를 검토한 기관 및 편집자의 질문에 답변할 준비가 되었는가? □ 만약 연구의 실험 대상으로 미성년자 혹은 아동이 포함되어 있다면, 이들의 부모 혹은 교사에게 동의를 받았는지, 또한 이들에 대한 인도적 처우에 대한 질문에 답변할 준비가 되어 있는가? □ 공동연구일 경우 모든 저자가 원고를 검토하고 그 내용에 대한 책임 여부에 동의하였는가? □ 연구 참여자들의 사생활이 충분히 보호되었는가? □ 모든 저자들이 제1저자, 교신저자 및 기타 저자 순서에 동의하였는가? □ 저작권이 있는 자료를 사용할 때 허가를 얻었는가?

11.1.2 연구윤리 평가규정

연구윤리 평가 규정은 연구부정행위와 연구부적절행위로 구분할 수 있다. 이에 대한 자세한 정의를 살펴보면 다음과 같다.

연구부정행위

연구부정행위란 연구의 제안, 수행, 결과 보고 및 발표 과정에서 행해진 위조, 변조, 표절, 부당한 저자 표시 등을 말하는데 이는 다음과 같은 내용을 포함한다(박완규 외 6인, 2014, pp. 10-11).

- 위조: 존재하지 않는 자료 혹은 연구 결과를 허위로 만들거나 기록, 보고하는 행위
- 변조: 연구 재료, 기기, 연구 과정 등을 인위로 조작하거나 자료를 임의로 변형, 삭제함으로써 연구 내용 또는 결과를 왜곡하는 행위
- 표절: 해당 분야의 일반적인 지식이 아닌 타인의 저작물 또는 아이디어를 적절한 출처표시 없이 자기 것처럼 부당하게 사용하는 행위
- 부당한 저자 표시: 연구 내용 또는 결과에 대하여 실질적으로 중요한 공헌 또는 기여를 한 사람에게 정당한 이유 없이 논문저자 자격을 부여하지 않거나, 실질적으로 중요한 공헌 또는 기여를 하지 않은 사람에게 논문저자 자격을 부여하는 행위

연구부적절행위

연구부적절행위란 연구의 독창성을 해할 정도로 자신의 이전 저작물을 이후 자신의 저작물에서 부적절하게 사용하는 중복게재 혹은 이중게재를 말한다.

중복 게재

자신이 이미 발표(게재)한 저작물의 일부를 출처를 밝히지 않고 다시

활용하는 자기표절과 자신의 이전 저작물과 동일 또는 실질적으로 유사한 저작물을 선행 저작물의 존재 사실을 밝히지 않은 채 다시 발표(게재)하는 이중게재를 포함한다. 새로운 연구 방법 및 분석으로 기존 연구를 다시 조명할 필요가 있을 때에는 중복된 자료의 양이 논문 전체 길이에 비해 적어야 하고, 이미 게재된 논문이었다는 사실이 논문의 본문, 각주, 혹은 미주에 분명히 기술되어야 한다. 표나 그림을 다시 사용할 경우에는 출처를 본문과 그림의 각주에 반드시 포함해야 한다(김태영, 2016, p. 264).

부분 게재

대규모 연구이거나 장기간에 걸친 연구의 경우, 혹은 여러 학문 분야에 걸친 연구의 경우 여러 학술지에 논문을 게재하는 것이 필요할 수 있다. 이 경우 이미 출판된 논문과 현재의 논문이 어떤 점에서 차별성이 있는지 언급해주는 것이 필요하다.

표절과 자기표절

표절이란 다른 사람의 말이나 생각을 출처를 밝히지 않고 자신의 말인 것처럼 그대로 사용하는 것을 말한다. 교육부와 한국연구재단의 정의에 따르면 "연속적으로 같은 단어가 여섯 단어 이상"일 때는 표절로 규정한다. 따라서 다른 사람의 글과 말을 그대로 사용하는 경우에는 인용부호를 사용해야 하고, 저자의 성, 출판연도, 페이지가 모두 포함된 출처를 밝혀야 하고, 다른 사람의 말을 바꾸어서(paraphrase) 사용하는 경우에도 본문과 참고문헌에 출처를 밝혀주어야 한다. 다른 사람의 말이나 글을 자신의 것으로 제시해서는 안 되는 것과 마찬가지로 자신이 이전에 출판했던 연구를 인용 없이 그대로 사용하는 것은 표절로 간주한다. 자신이 이전 연구에서 했던 말이나 글을 가져올 때에도 인용한 부분 다음에 출처를 밝히는 것이 필요하다.

11.1.3 올바른 출처, 인용표시 방법

출처표시 방법

원칙적으로 출처 표시는 문장 단위로 한다. 출처표시 방법은 학문 분야별 특성이나 연구기관의 자체규정에 따라 달리 정할 수 있지만 어떤 방식을 따르든 일관성을 유지해야 한다. 영어교육은 사회과학 영역으로 분류되어 미국심리학회가 규정한 문헌 작성양식을 따르고 있다. APA 양식(APA style, APA 스타일)은 사회과학 분야(심리학, 교육학 등)에서 많이 사용하며, 일부 자연과학 분야(생물학, 식물학, 지구과학)에서도 사용한다. 본문에는 저자-연도 형식으로 인용하고, 논문 끝의 참고문헌 목록을 이름순으로 정리하는 것이 특징이다.[40] APA 양식에 따르면 본문에 인용한 문헌은 반드시 참고문헌에 서지사항을 제시해야 하고, 본문에서 인용하지 않았거나 참고하지 않은 문헌이지만 다른 연구자의 관련 연구 및 심화 연구를 위해 참고해야 할 자료를 제시할 경우에는 "관련자료 목록"이라는 제목 하에 포함시켜야 한다.

인용방법

자신의 말과 타인의 말이 정확하게 구분될 수 있도록 인용하는 것이 원칙이다. 3줄 이내로 짧게 인용하는 경우에는 인용부호(" ")를, 길게 인

---

[40] 최근 출판된 APA 양식 7판(2019)이 개정되어 출판되었다. 미국심리학회 홈페이지(https://apastyle.apa.org/) 혹은 Purdue Online Writing Lab(https://owl.purdue.edu/owl/research_and_citation/apa_style/apa_formatting_and_style_guide/general_format.html)에서 최근 양식을 확인할 수 있다.

용할 경우에는 단락을 나누어 단락표시하고 해당 페이지를 밝혀야 한다. 말바꿔 쓰기, 요약 등의 방법으로 간접 인용할 경우에도 출처를 표시해야 한다. 자신의 저작물이 주가 되고 인용되는 부분이 부수적인 부분이 되도록 인용은 적정한 범위 내에서 해야 한다. 다른 사람의 말을 일관성 없이 나열하는 것은 큰 의미가 없다. 다른 사람의 말을 연구자가 어떻게 이해하고 평가하는지를 명확하기 위해서 인용부호를 적절하게 사용하는 것이 필요하다.

출처 표시 대상

출처가 표시되어야 하는 대상은 인쇄된 책, 학술 논문, 신문 등만 아니라 데이터 베이스, 웹사이트, SNS 같은 전자 자료를 포함한다. 설문조사에서 나온 데이터, 인구 조사 자료, 경제 지표 등의 자료도 출처가 표시되어야 한다. 이외에도 차트, 그래프, 표, 설계 도면, 사진 등의 이미지, 텔레비전 방송물, 대중 연설문 등의 기록물, 인터뷰, 강의 학술 세미나 등에서 얻은 정보도 출처를 밝혀야 한다.

인용은 공식적으로 검증되었거나 권위를 인정받고 있는 자료에 대해 꼭 필요한 경우에만 하는 것이 좋다. 인용이 필요한 경우에는 연구자가 주장하는 맥락과 인용한 자료가 어떠한 관련이 있는지를 분명히 해야 한다. 연구 보고서에서 타인 및 자신의 저작물을 직접 인용한 경우, 인용부호 및 인용단락 표시 그리고 출처와 해당 페이지를 정확하게 밝히고 참고문헌에도 서지사항을 구체적으로 제시해야 한다.

11.2 질적 연구자를 위한 연구윤리

질적 연구의 경우 연구자와 연구 참여자가 밀접한 관계를 가지고 연구 과정에 참여하기 때문에 연구자가 힘과 통제권을 남용할 위험성이 있다. 양적 연구의 경우 연구자와 참여자가 객관적인 거리를 유지하고자 노력하기 때문에 연구자가 통제력을 미칠 가능성이 적지만 현장 참여 관찰, 인터뷰의 경우 연구자가 참여자에 대해 영향을 미칠 가능성이 커진다는 점을 기억해야 한다. 질적 연구의 윤리적 딜레마는 자료를 수집하고 연구 결과를 공유하는 과정에서 나타나게 된다. 연구자는 연구의 목적을 참여자에게 얼마나 드러낼지, 참여자를 보호하기 위해 비밀을 유지하고 보호하기 위해 어떤 배려를 할지 등의 결정을 해야 한다.

Stake(1995, p. 244)는 "질적 연구자들은 모든 사적인 공간에서 손님이다. 그들은 좋은 태도를 가져야 하고, 엄격한 윤리 강령을 지켜야 한다"고 강조한다. 구조화 혹은 반구조화된 인터뷰는 어떤 양식이든 정보 제공자에게 위험과 이익을 동시에 줄 수 있다는 점을 기억해야 한다. 응답자들은 자신의 사적인 정보를 침해당한다고 느낄 수 있고, 어떤 질문에서는 당황스럽고 밝히고 싶지 않은 이야기를 해야 할 수도 있다는 점을 고려해야 한다. 심층 인터뷰의 경우 인터뷰의 영향이 장기적일 수도 있다. 인터뷰에 참여함으로써 연구 참여자가 새로운 인식과 각성을 하게 되는 것이 이후의 그의 삶에 어떠한 영향을 미칠지에 대한 고려 또한 필요하다. 연구자는 인터뷰 과정이 상담이나 치료의 과정이 아님을 분명히 할 필요가 있다. Patton(2002)은 인터뷰는 가장 우선적으로 자료를 수집하는 것이지 사람을 바꾸는 것이 아니라고 지적한다. 즉 연구자가 연구 참여자에게 영향을 미쳐 변화를 유도하는 것이 목표가 아니라는 점을 분명히 해야 한다.

질적 연구의 자료 수집 방법 도구인 관찰은 연구자의 개입 정도에 따라 연구 결과에 영향을 미칠 수 있기 때문에 윤리적 함정을 가지고 있다. 관찰 대상이 자신이 관찰되고 있다는 점을 알고 있다는 것과 그렇지 못하다는 점은 참여자들의 행동에 영향을 미칠 수 있기 때문에 신중하게 접근해야 한다. 특히 참여 관찰의 경우는 연구자와 연구 참여자 모두에게 문제를 야기한다. 관찰 행위 자체가 연구 참여자의 행동에 변화를 가져와 원래 관찰하고자 했던 점을 관찰하지 못할 수 있다. 다른 한편으로는 연구 참여자들이 연구자의 존재에 익숙해져서 그들이 노출시킬 의도가 없었던 정보를 노출시키는 결과를 가져올 수도 있다. 어떤 경우에는 행동 자체가 윤리적 딜레마를 야기하는 행위(학대, 범죄 등)를 목격할 수도 있다. 자료 수집 과정에서 목격하게 되는 부적절한 행동에 대해 연구자가 언제, 어떻게 개입해야 하는지를 결정하는 것이 질적 연구자가 직면하는 곤혹스러운 윤리적 문제이다. 연구 참여자가 위협을 당하는 상황에 있을 때 연구자가 뒷짐을 지고 서 있는 것은 비도덕적이라고 할 수 있다. 그러나 섣불리 개입하는 것은 연구 참여자의 개인정보를 보호하지 못하는 위험을 초래할 수 있다. 개인정보를 보호하되 연구 참여자가 위협에서 벗어날 수 있도록 전문가의 도움을 받는 방법을 고려할 필요가 있다.

 자료를 분석하는 과정에서도 윤리적인 문제가 제기될 수 있다. 질적 연구에서는 연구자 자신이 자료 수집의 주요 도구이기 때문에 연구자의 입장이나 편견을 통해 자료를 걸러서 해석할 수 있다. 즉 자료를 수집하고 분석할 때 무엇이 중요한지를 결정하는 것은 전적으로 연구자에게 달려 있기 때문에 자신의 입장과 배치되는 자료는 의도적으로 제외할 수도 있다. 연구자가 어떤 편견도 없이 연구를 계획하고, 실행하고, 분석하고 보고할 수 있도록 하는 방법은 없지만 가능한 한 정확성을 기하기 위해 방법론적 장치를 두어야 하고, 통제할 수 없는 편견은 서면으로 기술하는 것이 필요하다. 연구자의 편견이 예견되는 곳에서 독자가 가능한 한 객관적인 해석을 할 수 있도록 자료를 충분히 제공하는 것이 필요하다.

 연구 결과를 공유하는 과정에서도 윤리적 고려가 필요하다. 질적 연구의 경우 연구의 대상이 된 사람들이 유일하거나 일반적으로 정상적이라고 간주되는 범위에 속하지 않는 경우, 특히 참여자들의 익명성을 보장하는 것이 매우 중요하다. 연구 결과가 논문으로 출판되었을 때 참여자의 이름이 익명 혹은 가명으로 언급되었다고 하더라도 여러 가지 정황상 누구인지 알 수 있을 때는 익명성을 위반하게 된다. 연구를 수행하기 전에 연구의 결과가 미칠 영향을 고려하고, 연구의 잠재적 이점을 최대화하되, 결과의 왜곡이 최소화되도록 해야 하고, 결과를 알리는 데 특별한 주의를 기울일 필요가 있다.

질적 연구의 경우 윤리적 기준, 지침, 그리고 제안을 따르더라도 결국 윤리적 실천은 연구자의 가치 판단에 따르게 된다. 연구자가 모든 윤리적 딜레마 상황을 예측할 수 없고, 모든 경우에 지침이 마련되어 있는 것은 아니기 때문에 질적 연구자는 매 순간 자신의 행동이 윤리적인가에 대한 가치 판단을 해야 하며, 이는 연구 시작 전에 한 번만 이루어지는 것이 아니라 연구의 전 과정에서 매 순간 이루어져야 한다.

11.3 기관 심의를 위한 문서 작성법

인간을 대상으로 하는 연구의 경우 연구의 방법 및 절차가 연구 목적에 맞게 설계되었고, 연구 수행이 인간에게 위협이 되지 않음을 확인하는 절차를 거쳐야 한다. 연구를 시작하기 전 연구자가 속한 기관 연구윤리위원회(Institutional Review Board, IRB)의 승인을 받는 절차를 거쳐야 하며 이 과정에서 기관이 요구하는 문서를 작성해야 한다. 심사서 양식은 기관별로 다를 수 있으나 문서에 포함되어야 하는 내용은 유사하기 때문에 이를 참고하여 연구 승인계획서를 작성해야 한다. 다음은 대학의 생명윤리위원회에서 제시하는 예시와 이에 따라 작성한 심사서의 예이다.

11.3.1 심의 의뢰서

심의 의뢰서는 연구에 대한 개요를 작성하는 양식으로 연구 과제명, 연구 책임자 및 공동 연구자, 연구 기간, 연구 참여자 등에 대한 정보를 기록해야 한다. 다음은 필자가 소속된 기관의 심의 의뢰서 양식이다.

[표 54] 생명윤리위원회 심의의뢰서 예시

연구과제명	국문	한국 대학 원어민 교수의 정체성 형성 및 변화과정에 관한 연구					
	영문	The Formation and Transformation of Professional Identities: Native Speaker Teachers in Korean Universities					
구분		성명		소속	직위		연락처
연구책임자		김 신 혜		사범대학 영어교육과	교수		xxx-xxxx-xxxx
공동연구자							
공동연구자							
과제번호		(기관관리번호)			연구대상자 수		(10)명
연구 기간		2014. 5. 1. ~ 2015. 4. 31. (1 년 월)					
연구 종류		단독연구 (O)		다기관 연구: ( )기관		다국가 연구: ( )국	
취약한 환경의 연구대상자 여부		1. 임산부 ( ) 2. 인지능력 결여 성인 ( ) 3. 시설에 수용된 자 ( ) 4. 미성년자 ( ) 5. 장애인 ( ) 6. 사회적 소수자 ( ) 7. 연구기관, 연구책임자의 피고용인 ( ) 8. 소속 기관의 피고용인 또는 학생 (O) 9. 기타 ( )					
연구의 형태		1. 연구대상자에 대한 채혈, X-선 투시, 투약, 처치 등 물리적 개입이 있는 연구: 예 ( ) / 아니오 (O) 2. 연구대상자의 개인식별 정보의 이용 여부: 예 (O) / 아니오 ( ) 3. 연구대상자 모집을 위한 광고, 전단 (인터넷, 전자메일 등) 사용 여부: 예 (O) / 아니오 ( )					
연구대상자 동의 취득		서면동의 (O): 동의서 첨부			동의면제( ): 사유기재		
신청 일자		2014. 4. 2.		연구책임자	김 신 혜 (서명)		
접수 일자		. . .		접 수 자			(서명)
제출서류 목록		1. 연구계획서 1부 6. 연구비 집행계획서 (해당시) 2. 연구대상자 동의서 1부 (해당 시) 7. 연구대상자 모집관련 문서 3. 이해상충보고서 1부 (해당 시) 8. 연구(책임)자의 생명윤리 준수 서약서 4. 연구책임자 이력 및 경력 1부 5. 연구윤리 교육이수증 1부 (구체적 사항은 홈페이지 참조)					

이 연구의 경우 연구 참여자가 연구자와 같은 기관의 피고용인이기 때문에 연구자가 수집하는 정보가 연구 참여자의 고용에 아무 영향을 미치지 않고 연구의 목적으로만 사용됨을 연구 참여 동의서에 명시해야 한다. 어떤 방법으로 연구 참여자를 모집할지를 명시하여야 한다. 이 연구의 경우, 연구 참여자를 모집하기 위해 원어민 교수 모두에게 이메일을 보내 연구 참여 의사를 물었다. 연구 참여 의사를 밝힌 지원자에게 서면 동의서를 받을 것을 표시하고, 동의서 양식도 첨부하도록 되어있다. 심의의뢰서와 함께 연구 계획서와 연구자가 연구윤리교육을 받았음을 증명하는 수료증도 제출해야 한다. 연구윤리는 국가과학기술인력개발원 홈페이지에 탑재된 온라인 강좌를 수강할 수 있다.[41]

11.3.2 연구계획서

기관 심의를 위해서는 심사의뢰서와 함께 연구 계획서를 제출해야 한다. 연구 계획서는 되도록 구체적으로 기술하여야 하고 관련 분야의 전문가가 아니더라도 쉽게 이해할 수 있도록 작성해야 한다. 연구 계획서에는 연구 과제명, 연구자 소속기관명 및 연구자명과 함께 다음과 같은 내용이 포함되어야 한다.

- **연구배경**
  - 선행연구 등 연구 배경과 연구의 정당성에 대한 분명한 설명
  - 연구에서 제기된 윤리적 문제나 고려사항에 대한 연구자의 관점, 그리고 필요한 경우에 그 문제나 고려사항을 어떻게 다룰지에 대한 제안
  - 연구가 안전하고 적절하게 수행되기 위해 연구가 수행되는 장소에 대한 간단한 기술 및 해당 나라나 지역에 관련된 인구통계적 정보 등을 제공

---

[41] 국가과학기술인력개발원 홈페이지: https://cyber.kird.re.kr/

- 연구 목적

연구가 구체적으로 달성하고자 하는 목적이 무엇인지 기술해야 한다. 이는 연구 문제와 밀접한 관련이 있다. 연구 문제에 대한 답을 찾음으로써 연구가 궁극적으로 추구하는 것이 무엇인지 기술해야 한다.

- 연구 실시 기관명 및 주소

실제 연구가 수행되는 기관의 기관명 및 주소 기술

- 연구 지원기관

연구비, 물품, 인력 등 경제적, 인력 지원을 받은 경우에만 기술하면 된다. 연구가 종료된 후 관련 논문을 출판할 때에는 반드시 지원기관을 사사표기에 밝혀야 한다. 사사표기 방식은 기관마다 정해져 있기 때문에 논문 출판 전에 반드시 확인하는 것이 필요하다. 예를 들어 한국연구재단의 지원을 받은 논문의 경우 연구과제 고유번호를 명시하여 "이 연구는 한국연구재단의 지원을 받아 수행되었음(NRF-2014S1A5A2A01016895)" 혹은 "This work was supported by the National Research Foundation of Korea Grant funded by the Korean Government (NRF-2014S1A5A2A0101689)"로 표기해야 한다.

- 연구참여(소요) 기간에 관한 사항

연구에 소요되는 예상 기간으로 연구심의를 거쳐 승인일 이후부터 얼마나 소요될지를 기록한다. 주로 1년 과제이나 다년과제인 경우 1, 2차 연구기간을 명시해야 한다(예: 승인일로부터 ~ 00년 00월 00일 또는 00년 00개월).

- 연구 대상자 선정에 관한 사항

연구 참여자를 직접 모집하는 경우, 선정기준과 제외기준을 반드시 명시해야 한다. 잠재적인 연구 참여자의 선정 또는 제외기준에 대한 범위 및 나이, 성별, 사회적 또는 경제적 요인, 연구 참여 제외 조건 및 이유를 자세히 기술하여 연구의 목적을 달성하기 위해 어떤 연구 참여자를 어떻게 모집할지 밝혀야 한다. 연구 설계가 대조군이 필요한 양적 연구의 경우, 필요성 및 각 군에 대한 배정 방법(무작위, 이중맹검 등) 및 필요성 등에 대해 구체적으로 기술해야 한다. 연구 참여 동의를 하기에 제한적인 능력을 가진 사람들(미성년자, 장애자 등)이나 취약한 사람들을 연구 참여자로 포함시키는 경우 이에 대한 정당성과 이러한 연구 참여자의 위험 및 불편함을 최소화하려는 노력을 기술해야 한다.

- **예상 연구 참여자 수와 산출 근거**

연구에 필요한 연구 참여자 수를 선행연구, 통계학적 평가방법에 근거하여 제시해야 한다. 예상 연구 참여자 수는 절대적인 것이 아니면 변경될 수 있으나 연구에서 필요한 결과를 얻을 수 있는 최소한의 연구 참여자를 선정해야 한다.

- **연구 참여자 모집에 관련된 사항**

모집 과정(예: 광고), 모집하는 동안 개인의 사생활 보호와 비밀 유지를 위하여 취해야 할 단계 등을 기술해야 한다. 게시판을 이용하는 경우 공지 방법이나 문구도 작성하여 어떤 방식으로 연구 참여자에게 홍보할지를 기술하는 것이 좋다.

- **연구 참여자 동의에 관한 사항**

연구 참여자의 서면 동의를 얻기 위하여 어떤 방법을 사용할지, 연구 참여자들에게 정보를 전달하기 위해 어떤 절차를 거칠지를 기술한다. 서면동의 면제를 필요로 하는 경우, 동의면제 사유를 반드시 기록해야 한다. 이 경우에는 별도의 서면동의 면제신청서를 제출해야 한다.

- **연구 방법**

연구 참여자가 해야 할 일과 소요시간 등을 기술해야 한다. 연구의 계획과 절차, 그리고 연구 참여자의 자발성에 영향을 미칠 수 있는 요인 등에 대해서 기술한다.

- **연구로 인해 수집되는 자료 및 정보 등 관찰 항목에 관한 사항**

연구를 통해 얻고자 하는 정보 또는 자료의 내용을 구체적으로 나열하고 기술해야 한다. 예를 들어 참여자의 인터뷰 자료 혹은 저널 등을 수집하겠다는 것을 밝혀야 한다.

- **연구로 인한 연구 참여자의 위험과 이익, 보상 등에 관한 사항**
연구 참여로 인해 연구 참여자에게 발생할 수 있는 위험이나 불이익, 그리고 연구에 참여함으로써 연구 참여자에게 기대되는 이익, 보상 등에 대하여 기술한다.

- **연구 참여자 안전대책 및 개인정보 보호대책에 관한 사항**
교육 분야 연구의 경우 연구 참여자에게 신체적 손상을 입힐 위험은 거의 없다. 그러나 의학 및 보건에 관련된 경우 연구 참여자를 안전하게 보호하기 위한 대책을 마련하고 연구와 관련된 손상이 발생하였을 경우 보상/배상이나 치료방법 등을 구체적으로 기술해야 한다. 설문 등을 통하여 연구 참여자에 관련된 정보를 수집하는 경우 수집하는 개인정보의 항목 및 정보의 보관과 폐기 방법 등에 관해 기술해야 한다.

- **예측 부작용 및 주의사항과 조치**
연구에서 나타날 수 있는 부작용과 연구 참여를 중단시킬 수 있는 경우의 조처에 대해 기술한다. 연구 대상자를 연구에서 제외하거나, 참여를 중지시키거나, 연구를 종결하도록 할 수 있는 규정 또는 범위를 지정한다. 이는 대부분 의약학 분야에서 중요하게 기술해야 하는 부분으로 응용언어학 분야에서는 특별한 부작용이나 그에 따른 조치 사항을 적는 경우가 거의 없다. 그러나 연구 참여자가 특정 그룹이거나 취약계층인 경우, 발생할 수 있는 부작용을 예측하고 어떻게 적절히 대응할지를 기술해야 한다.

- **중지 및 탈락기준**
연구자에 의해서 연구 참여자의 연구 참여가 제한되는 경우 기술한다. 연구 참여자가 연구에 성실하게 참여할 의사가 없을 때 연구자가 참여를 중지할 수 있는 기준이 무엇인지 기술한다.

- **평가 기준 및 방법, 자료 분석과 통계적 방법**
연구를 통해 수집된 자료 또는 정보의 이용하는 방법(통계적 방법 포함)을 기술해야 한다. 질적 연구의 경우 양적 연구와 같이 통계분석 방법을 언급하지는 않지만 어떤 식으로 분석 절차를 거치는지, 코딩을 할 경우 어떤 방식으로 진행하는지, 연구 참여자들에게 멤버 확인을 통한 타당도를 확인하는지 등에 대한 계획이 포함되어야 한다.

- **연구책임자, 공동연구자, 담당자의 성명과 직명**
  연구에 실제 참여하는 연구진을 기술한다.

- **참고문헌 및 기타**
  참고문헌 등 연구의 수행 및 결과의 활용과 관련한 사항 등의 첨부 자료, 설문, 인터뷰 자료 등을 부록으로 제출한다.

11.3.3 연구 참여자 동의서 및 설명문

연구 참여자에게 연구의 내용에 대해 설명을 하고 동의를 구하는 설명문 및 동의서를 작성하고, 동의서에 승인을 받아야 한다. 연구 참여자의 동의서 및 설명문을 작성할 때에는 다음과 같은 항목들이 반드시 포함되어야 한다. 동의서 내용은 심의위원회 심사 시 필요 항목 유무를 확인하게 되므로 해당하는 항목이 모두 포함되도록 유의하여 동의서를 작성해야 한다. 다음 표는 연구 동의서에 포함되는 항목 및 내용을 보여준다.

[표 55] 동의서에 포함되는 항목 및 내용

목적	연구 목적 및 배경
	연구 목적으로 수행된다는 사실
절차	예상 연구기간 및 대략적인 전체 연구 참여자 수
	연구를 위해 연구 대상자가 준수해야 하는 사항
	연구 대상자가 연구에 참여함
위험/이익	연구에 참여함으로써 연구 대상자에게 발생할 수 있는 위험이나 불편
	연구에 참여함으로써 어떤 시술이나 절차는 예상치 못하는 위험을 수반할 수 있다는 사실
	연구에 참여함으로써 연구 대상자에게 기대되는 이익
	기대되는 이익이 없는 경우에는 없다는 사실
보상/배상	연구와 관련된 손상이 발생할 경우 연구 대상자에게 주어지는 보상
	연구와 관련된 손상이 발생할 경우 보상의 주체

비용	연구에 참여함으로써 주어지는 금전적 보상이 있는 경우 지급방법, 금액 및 지급시기
	금전적 보상이 연구 참여의 정도나 기간에 따라 조절될 것이라는 사실
	연구에 참여함으로써 연구 대상자에게 발생이 예상되는 비용 및 이에 대한 부담 주체
참여/중지	연구 참여는 자발적으로 이루어진다는 사실
	연구 참여자가 연구의 참가에 동의하지 않더라도 어떠한 불이익도 받지 않는다는 사실
	연구 참여자가 연구의 참가에 동의한 경우라도 자유의사에 의해서 이를 철회할 수 있다는 사실
	연구 참여 중에 연구 참여를 중단하더라도 어떠한 불이익도 받지 않는다는 사실
	연구 참여 중에 연구 참여자의 동의 없이도 연구가 중지되는 경우 및 해당 사유
	연구 참여 중에도 연구 참여에 영향을 미칠만한 새로운 정보가 얻어질 경우 적시에 알려준다는 사실
비밀보장	연구 참여자의 신원을 파악할 수 있는 기록은 비밀로 보장될 것이며 연구의 결과가 출판될 경우에도 연구 대상자의 신원은 비밀상태로 유지될 것이라는 사실
비교임상시험	시험군 또는 대조군에 속할 수 있다는 사실
	무작위 배정시험일 경우 무작위배정에 대한 설명 및 각 군에 무작위배정될 확률
	이중맹검 시험일 경우 해당 사실에 대한 설명
자료수집	연구 종료 시 자료의 처리방법 및 보관 기관
	자료는 연구의 목적으로만 사용되며 신원에 대한 정보는 보호될 것이라는 사실
연락처정보	동의서의 연구과제명이 신청서(계획서 포함)의 연구과제명과 일치
	동의서에 기술된 연구자가 신청서(계획서 포함)의 연구자 명단에 포함
	동의서에 연구 대상자가 연구에 대해서 문의할 수 있는 연구 담당자의 이름과 연락처 정보가 적절히 기술
	연구 대상자의 권익에 대한 추가적인 정보를 얻고자 하는 경우 접촉해야 하는 사람(연구윤리심의위원회 담당자)에 대해 기술

 연구 참여 동의서를 작성할 때 연구 참여자의 권리가 제한될 수 있음을 암시하는 내용을 쓰지 않아야 한다. 교육 분야의 연구는 연구 참여자에게 물리적 위험이 될 요소를 거의 가지고 있지 않지만 단정적으로 어

떤 위험도 없는 것으로 기술하지 않아야 한다. 또한 금전적 보상이 참여 정도나 기간에 비하여 과도하거나 미흡하게 책정되지 않도록 해야 한다. 연구 참여 동의서는 무엇보다 이해하기 쉬운 용어로 기술되어야 한다. 지나치게 전문적인 용어를 사용하여 어렵게 작성하면 연구 참여자가 내용을 충분히 이해할 것으로 기대하기 어렵기 때문에 평이하고 쉬운 문장으로 기술해야 한다. 다음은 위에서 언급한 지침에 따라 작성한 연구 참여 동의서의 예시를 통해 연구 설명문과 동의서의 내용을 살펴보겠다.

[표 56] 연구 대상자 설명문 예시(S. Kim, 2017)

연구 대상자 설명문

연구과제명: 한국 대학 원어민 교수의 정체성 형성 및 변화과정에 관한 연구

본 연구는 한국 대학에서 가르치는 원어민 교수의 정체성 형성 및 변화과정에 대한 연구입니다. 귀하는 본 연구에 참여할 것인지 여부를 결정하기 전에, 설명서와 동의서를 신중하게 읽어보셔야 합니다. 이 연구가 왜 수행되며, 무엇을 수행하는지 귀하가 이해하는 것이 중요합니다. 이 연구를 수행하는 연구 책임자(000)가 귀하에게 이 연구에 대해 설명해 줄 것입니다. 이 연구는 자발적으로 참여 의사를 밝히신 분에 한하여 수행 될 것입니다. 다음 내용을 신중히 읽어보신 후 참여 의사를 밝혀 주시길 바라며, 필요하다면 가족이나 친구들과 의논해 보십시오. 만일 어떠한 질문이 있다면 연구 책임자가 자세하게 설명해 줄 것입니다.

귀하의 서명은 귀하가 본 연구에 대해 그리고 위험성에 대해 설명을 들었음을 의미하며, 이 문서에 대한 귀하의 서명은 귀하께서 자신(또는 법정대리인)이 본 연구에 참가를 원한다는 것을 의미합니다.

위에 제시하는 것처럼 연구 참여자는 자발적 의사에 의해서만 연구에 참여하여 연구 참여로 인해 발생할 수 있는 위험에 대해서 설명을 들었음을 포함하여 기술한다. 이후에 연구 동의서의 구체적인 내용을 다음과 같이 기술할 수 있다.

1. 연구의 배경과 목적

본 연구는 한국 대학에서 가르치는 원어민 교수들을 대상으로 이들이 외국어를 가르치는 교사로서 자신을 어떻게 인식하며 이러한 인식이 수업에 미치는 영향이 무엇인지 조사하고자 합니다. 이를 통해 교사 정체성이 형성되고 변화하는 과정을 살펴보고, 이 과정에 영향을 미치는 사회문화적 요인을 고찰하고자 합니다.

2. 연구 참여 대상

본 연구에서 가장 중요한 연구 참여 대상은 원어민 교수이며 한국 대학에서 가르친 경험이 1~2년 정도인 초보교사와 5년 이상인 경력교사를 포함하도록 할 것입니다. 이들은 대학에서 영어 과목을 담당하는 교수들이며 설문은 50명 이상, 면담 및 수업관찰 연구의 대상은 최대 6명 정도일 것입니다. 이외에 한국인 교수 및 행정직원, 학생들에 대한 설문의 참여대상은 각각 최소 50명 정도로 계획합니다.

3. 연구 참여 절차

만일 귀하가 참여의사를 밝혀 주시면 다음과 같은 과정이 진행될 것입니다. 귀하에게 인터넷으로 참여할 수 있는 설문이 전달될 것입니다. 원어민 교수에 대한 설문은 이들의 학습 경험, 교육 경험 및 한국대학에서의 수업에 대한 의견을 묻는 설문이고, 한국인 교수, 행정직원, 학생들에게는 원어민 교사에 대한 기대, 만족도 등에 관한 내용입니다. 설문은 무기명으로 하되 원어민 교수의 경우 면담 및 관찰 연구에 참여할 의사를 밝히는 경우에만 연락처를 남기도록 할 것입니다. 설문은 1회 이루어지고 10분 이내로 진행됩니다. 원어민 대상의 면담은 4회 이루어지고, 수업관찰은 3회 이루어질 계획입니다. 면담과 수업관찰 장소는 연구 참여자의 편의에 따라 결정할 것입니다. 면담과 수업관찰은 녹음 혹은 녹화될 것이면 면담과 수업은 각각 1시간 정도 소요될 것입니다.

4. 연구 참여 기간

귀하는 본 연구를 위해 총 8개월에 걸쳐 총 7회(면담 4회, 수업관찰 3회) 참여하도록 요청받을 것입니다. 설문의 경우 1회만 참여하면 됩니다.

5. 연구 참여 도중 중도탈락

귀하는 연구에 참여하신 후에도 언제든지 도중에 그만 둘 수 있습니다. 만일 귀하가 연구에 참여하는 것을 그만두고 싶다면 연구 책임자에게 즉시 말씀해 주십시오.

6. 부작용 또는 위험요소

본 연구에는 특별한 부작용이나 위험요소가 없습니다. 그러나 만일 연구 참여 도중 발생할 수 있는 문제에 대해 질문이 있으시면 연구책임자에게 즉시 문의해 주십시오.

7. 연구 참여에 따른 혜택

귀하가 이 연구에 참여하는 데 있어서 직접적인 이득은 없으며, 어떠한 금전적 보상도 없습니다. 그러나 연구 참여자가 원하는 경우 본인의 수업 녹화자료 CD를 제공할 수 있습니다. 귀하가 제공하는 정보는 한국 대학에서 가르치는 원어민 교수들에 대한 이해를 증진하는 데 도움이 될 것입니다.

8. 연구에 참여하지 않을 시 불이익

귀하는 본 연구에 참여하지 않을 자유가 있습니다. 또한, 귀하가 본 연구에 참여하지 않아도 귀하에게는 어떠한 불이익도 없습니다.

9. 개인정보와 비밀보장(개인식별정보, 고유식별정보, 민감정보 수집 여부 및 수집하게 되는 개인정보의 목록나열 그리고 이에 관한 사항)

본 연구의 참여로 귀하에게서 수집되는 개인정보는 다음과 같습니다 - 국적, 학력, 교수경험, 학생 및 수업에 대한 의견, 동료에 대한 의견, 한국대학에서의 경험이 개인에게 주는 의미 등. 이 정보는 연구를 위해 3년간 사용되며 수집된 정보는 개인정보보호법에 따라 적절히 관리됩니다. 관련 정보는 잠금장치가 있는 서류함에 보관되며 연구 책임자만 접근 가능합니다. 연구를 통해 얻은 모든 개인 정보의 비밀 보장을 위해 최선을 다할 것입니다. 이 연구에서 얻어진 개인 정보가 학회지나 학회에 공개 될 때 귀하의 이름과 다른 개인 정보는 사용되지 않을 것입니다. 그러나 만일 법이 요구하면 귀하의 개인정보는 제공될 수도 있습니다. 또한 모니터

요원, 점검 요원, OO대학교 생명윤리위원회는 연구 대상자의 비밀보장을 침해하지 않고 관련규정이 정하는 범위 안에서 본 연구의 실시 절차와 자료의 신뢰성을 검증하기 위해 연구 결과를 직접 열람할 수 있습니다. 귀하가 본 동의서에 서명하는 것은, 이러한 사항에 대하여 사전에 알고 있었으며 이를 허용한다는 의사로 간주될 것입니다. 연구 종료 후 연구관련 자료는 5년간 보관되며 이후 파일 삭제 방법으로 폐기될 것이다.

10. 동의의 철회에 관한 사항

본 연구 동의서에 서명한 이후에 개인적인 사정으로 연구에 참여할 수 없는 경우 책임 연구자에게 알려주시면 동의를 철회할 수 있습니다.

11. 연구 문의

본 연구에 대해 질문이 있거나 연구 중간에 문제가 생길 시 다음 연구 담당자에게 언제든지 연락하십시오.

이름: O O O   전화번호: OOO-OOO-OOOO

만일 어느 때라도 연구 대상자로서 귀하의 권리에 대한 질문이 있다면 OO대학교 생명윤리위원회에 연락하십시오.

OO대학교 생명윤리위원회
전화번호: OOO-OOO-OOOO   이메일: OOO@OOO.OO.OO

    이러한 심의 절차를 거치는 것은 자료 수집 과정에 혹시 발생할 수 있는 문제를 생각해 보고 대처하기 위해서 필요하다. 응용언어학 분야의 경우 자료 수집 및 분석 과정에 부작용, 불이익 등의 문제가 생길 여지는 적지만 연구자가 연구윤리와 관련 내용을 잘 숙지하여 준수할 필요가 있다.

나가는 말

이 책의 첫 머리에 질적 연구에 관심을 가지는 사람들에게 '친절한 안내서' 역할을 하는 글을 쓰고 싶다고 했다. 책의 마지막 부분을 쓰면서 정말 알기 쉽게 기술했을까 하는 물음과 함께 그런 친절한 안내서는 보다 많은 공부가 있어야 가능하다는 것을 깨닫게 되었다. 내가 이해하고 있는 내용 혹은 이해하고 있다고 생각하는 내용을 명확한 언어로 다른 사람에게 전달한다는 것이 얼마나 고되고 어려운 작업인지를 새삼 배우게 되었다. 그러면서 왜 질적 연구를 하는가에 대한 질문으로 다시 돌아가게 된다. 질적 연구는 무엇보다 관계에 대한 탐구이다. 질적 연구자는 참여자들이 특정 상황에서 다른 사람들과 어떤 관계를 형성하는지, 그런 관계가 어떤 경험을 하도록 하고, 그런 경험이 주는 의미가 무엇인지 밝히는 데 관심을 둔다. 또한 연구자는 연구 참여자와 연구라는 목적을 위해서만 만나는 것이 아니라 서로의 이야기를 공유하는 관계를 형성하게 된다. 연구자는 연구 참여자, 연구 대상을 탐구하는 동시에 자신을 돌아보게 되고, 자신을 연구 참여자의 위치에 대입하여 경험을 이해하려고 노력하게 된다. 이런 관계성에 대한 이야기는 무궁무진하다. 이런 이야기는 통계적인 숫자로 변환되기 어렵다. 다양한 질적 연구 방법은 연구자와 연구 참여자가 함께 만든 이야기를 담을 수 있는 도구를 제공한다고 할 수 있다. 어떤 도구를 사용하든 질적 연구에서는 사람에 대한 관심, 합리적이거나 논리적이지만은 않은 인간 행동을 이해하고자 하는 탐구심이 중요하다고 할 수 있다.

 Richards(2003)는 질적 연구를 하는 것은 답이 있기 때문이 아니라 질문이 중요하기 때문이라고 했다(We need it [qualitative research] not because it has answers but because it understand what questions are important. Richards, 2003, p. 298). 다시 말해서 우리 주변의 현상, 사람들에 대해 호기심을 가지고 질문을 던지고 있는가가 질적 연구에서 중요하다. 질적 연구 방법론에 대해 읽고 공부하면서 나는 선행연구에 등장하는 다양한 학습자, 교사들을 간접적으로 만날 수 있었다. 이들의 제2언어 학습 과정에 대한 이야기는 나의 이야기와 유사하기도 하고, 나의 학생들과 동료들의 이야기와 닮아있기도 하지만 다르기도 하다. 나는 연구자로서, 가르치는 사람으로서, 그리고 한 인간으로서 어떤 사람인지, 무엇에 대한 답을 찾고 있는지 끊임없이 묻게 되었다. 이런 많은 질문을 통해 우리는 성숙한 사람으로 성장해 간다고 믿는다. 질적 연구는 우리 자신과 주변의 상황, 사람들에 대해 호기심을 가지고 끊임없이 질문함으로써 인간으로 성숙해 가는 과정에 매개 역할을 한다고 생각한다.

 질적 연구는 확실성, 객관성을 요구하지 않는 대신 실제 상황을 관찰하고 해석하는 데서 오는 애매함을 견딜 것을 요구한다. 자료를 수집하고, 분석하고 해석하고, 다시 자료로 돌아가 분석과 해석이 맞는지 확인하는 순환적이고 반복적인 과정을 통해 인간 행동에 대해 우리가 설명할 수 있는 부분이 지극히 일부임을 인정하게 된다. 따라서 질적 연구는 연구를 통해 확실하고 객관적인 사실을 알게 된 것처럼 생각하는 오만함을 경계한다. Richards(2003)는 이를 다음과 같이 기술한다.

We should resist the arrogance of certainty and promote the sharing of understanding, which means presenting our research in a way that does not establish an agonistic relationship with other researchers: 'making a choice does not mean turning those who make a different choice into our enemies or rivals' (Bochner, 2001, p. 154, Richards, 2003, p. 299에서 재인용)

그는 질적 연구자는 확실함에 대한 확신을 버리고 다른 연구자와 적대적, 경쟁적 관계 대신 현상에 대한 이해를 공유하려는 자세가 필요하다고 강조한다. 이 점에서 질적 연구자는 차이를 인정하고 수용하려는 자세를 필요로 한다. 연구자들 간의 협력적 관계와 연구 결과의 공유를 통해 연구 커뮤니티를 형성함으로써 다양한 질적 연구 방법이 논의되고 모색될 필요가 있다.

국내 영어교육과 응용언어학 분야에서는 아직 양적 연구 방법이 주류를 이루고 있다. 최근 질적 연구에 대한 관심이 높아지면서 연구 방법에 대한 논의도 꾸준히 되고 있으나 몇 가지 유형의 질적 연구 방법이 고착화되어 있어, 좀 더 다양한 실험적인 질적 연구 방법이 모색될 필요가 있다. 특히 제2언어 학습자, 비원어민 교사, 다문화 가정 학생, 북한 이탈자 등 자신의 목소리를 낼 수 없었던 사람들의 목소리를 들려주는 수단으로써 질적 연구 방법이 활용되고 확대되기를 바란다.

참고문헌

강현석. (2016). *인문 사회과학의 새로운 연구방법론: 내러티브학 탐구*. 서울: 한국문화사.
강후동. (2012). 초등 예비교사의 영어수업보조교사제를 통한 수업컨설팅 및 교육실습 강화 방안. *영어교육연구*, 24(1), 117-143.
강후동. (2016). 국내 영어교육분야 실행연구 동향 분석. *영어교육*, 71(2), 111-139.
곽영순. (2014). *교사, 그리고 질적연구: 앎에서 삶으로*. 파주, 경기도: 교육과학사.
김계문. (2014). *상위담화 표지어 데이터 비교 연구: 개정 고등학교 영어교과서와 대학수학능력평가를 중심으로*. 석사학위논문. 부산대학교 대학원, 부산.
김신혜. (2015). 조기 유학생의 내러티브에 나타난 정체성 형성. *중등영어교육*, 8(3), 51-77.
김신혜. (2019a). 내러티브 프레임 분석을 통해 본 한국 대학생 영어학습자의 동기적 자아. *중등영어교육*, 12(1), 175-200.
김신혜. (2019b). 중국어 학습동기 변화에 관한 일기연구: 행위이론 관점에서. *외국어교육*, 26(2), 143-168.
김신혜. (2020). *내러티브 탐구와 제2언어 학습*. 대구: 계명대학교 출판부. (출간 예정).
김영천. (2010). *질적연구방법론 III: 글쓰기의 모든 것*. 파주, 경기도: 아카데믹프레스.
김영천. (2012). *질적연구방법론 I: Bricoleur* (2판). 파주, 경기도: 아카데미프레스.
김영천, 김진희. (2008). *질적연구방법론 II*. 서울: 아카데미 프레스.
김인숙, 장혜경. (2014). *근거이론 분석의 기초: 글레이저의 방법*(역) (*Basics of grounded theory analysis* (Glaser, B. G.). 서울: 학지사.
김진완. (2004). 한국과 세계의 영어교육 연구방법론과 연구내용에 대한 비교분석: 한국의 영어교육 현장에의 시사. *영어교육*, 59(4), 45-70.
김진완. (2006). 한국 영어교육의 연구동향과 과제: 연구방법, 연구성향 및 연구 주제. 초등영어교육, 7(2), 247-260.
김태영. (2016). 외국어교육 논문 작성법. 서울: 한국문화사.
김해연, 김용진, 김명희, 서경희, 김규현, 박용예, 김혜숙, 백경숙. (2016). 담화분석. 서울: 종합출판 EnG.
김혜련. (2014). 근거이론을 활용한 초등학생의 영어 학습불안 요인 분석. 영어교과교육, 13(2), 89-114.
김혜영. (2004). 소설 장르의 허구성 연구. 현대소설연구, 21, 47-65.
박선아. (2015). 지역수준 영어교육강화정책에 대한 현장 연구: 충남 '영어교과서 외우기 정책' 사례. 석사학위논문, 전남대학교, 전남.
박은실, 김태영. (2019). 저소득층 중학생들의 영어 학습 동기 향상을 위한 언어 하기 활동 실행연구. 학습자중심교과교육연구, 19(6), 105-131.
박완규, 김병일, 박흥식, 이인재, 정재식, 이성도, 김이교. (2014). 연구윤리란 무엇인가? 서울: 경제인문사회연구회. 월드와이드웹 http://research.ssu.ac.kr/static/uploads/%EC%97%B0%EA%B5%AC%EC%9C%A4%EB%A6%AC_%EA%B5%90%EC%9C%A1%EA%B5%90%EC%9E%AC.pdf 에서 검색함
박용예. (2012). 전자 담화 연구의 경향 및 쟁점들. 담화와 인지, 19(3), 103-132.
박용예. (2016). 교육과 담화분석. 김해연 외, 담화분석 (pp. 241-277). 서울: 종합출판 EnG.
박창민, 조재성. (2017). 실행연구. 김영천, 이현철(편). 질적연구: 열다섯가지 접근(pp. 338-379). 파주, 경기도: 아카데믹프레스.
송경숙. (2002). 상호작용적 전자담화의 특성: 한국어와 영어 인터넷 채팅을 중심으로. 언어연구, 23(4), 723-743.
신동일. (2005). 영어평가 프로그램 개발 실행연구: 채점자 교육과정에 관한 성찰과 반석. 영어교과교육, 4(1), 83-112.
양은미. (2015). 한국 대학생들의 단기해외어학연수 경험에 대한 근거이론 기반 연구. Journal of the Korea English Education Society, 14(1), 103-134.
엄철주, 김정아, 남혜은, 오유나. (2009). 영어 L1과 L2 사용자의 학술 논문에 나타난 상위담화 비교 분석. 담화와 인지, 16(2), 63-90.
오연희, 손현동, 오익수. (2019). 근거이론에 의한 초등학교 교사의 소진과 회복 경험에 관한 연구. 교육문화연구, 25(4), 553-576.
유기웅, 정종원, 김영석, 김한별. (2012). 질적연구방법의 이해. 서울: 박영사.
이동성, 김영천. (2012). 질적연구방법으로서 근거이론의 철학적 배경과 방법론적 특성에 대한 고찰. 열린교육연구, 20(2), 1-26.

이부미. (2012). 공동육아 교사들의 협력적 실행연구 경험에 대한 탐색. *유아교육학논집, 14*(3), 123-171.
이상우. (2017). 내러티브 탐구. 김영천, 이현철(편). *질적연구: 열다섯 가지 접근* (pp. 550-603). 경기도: 아카데믹프레스.
이영숙, 김영천, 이혁규, 김영미, 조덕주. (2005). *실행연구방법*. 서울: 학지사.
이우주, 김경한. (2019). 영어교육 실행연구 논문 분석을 통한 실행연구 방법론 방향성 연구. *현대영어교육, 20*(3), 104-116.
이윤. (2010). 현장연구를 통한 초등영어 교사의 전문성 신장: 교사의 실행 지식 변화를 중심으로. *초등영어교육, 16*(3), 147-179.
이인숙, 김혜리. (2015). 초등영어 창의적 쓰기 지도에 관한 실행 연구: 판타지 그림책 활용을 중심으로. *영어교육연구, 27*(1), 111-135.
이정임. (2014). *영화자료를 활용한 초등영어 수업지도 실행연구*. 석사학위논문, 서울교육대학교, 서울.
이효신. (2013). 협력적 실행연구를 통한 영어교사 전문성 신장 가능성 탐색. *응용언어학, 29*(2), 357-386.
정숙현. (2018). 한국인 영어 학습자와 원어민 학위 논문에 나타난 유보어와 강조어 코퍼스 비교 분석. *담화와 인지, 25*(3), 101-128.
조용환. (2004). 질적연구와 질적 교육. *교육인류학연구, 7*(2), 57-77.
최희경. (2009). 교수일지 분석을 통한 초등영어 협동수업 사례연구. *외국어교육, 16*(2), 103-129.
홍영숙. (2019). '관계적 탐구'로서의 내러티브 탐구. *질적탐구, 5*(1), 81-107.

APA [American Psychological Association] (2019). *Publication manual of the American Psychological Association* (7th ed.). Washington, DC: APA.
Auerbach, E. T. (1995). The politics of the ESL classroom: Issues of power in pedagogical choices. In J. W. Tellefson (Ed.), *Power and inequality in language education* (pp. 9-33). New York: Cambridge University Press.
Abraham, L. B., & Williams, L. (2009). *Electronic discourse in language learning and language teaching*. Amsterdam: John Benjamins.
Allen, J. P. B., Fröhlich, M., & Spada, N. (1984). The communicative orientation of language teaching: An observation scheme. In J. Handscombe, R. Orem, & B. Taylor (Eds.), *ON TESOL '83: The Question of Contro* TESOL (pp. 231-252). Washington, DC.
Allwright, D. (1988). *Observation in the language classroom*. London: Longman.

Atkinson, D. (Ed.). (2011). *Alternative approaches to second language acquisition*. New York: Routledge.

Austin, J. L. (1962). *How to do things with words*. Cambridge: Cambridge University Press.

Bamberg, M. (2003). How does environmental concern influence specific environmentally related behaviors? A new answer to an old question. *Journal of Environmental Psychology, 23*, 21-32

Bamberg, M. (2004). Talk, small stories, and adolescent identities. *Human Development, 47*, 366-369.

Bamberg, M., & Georgakopoulou, A. (2008). Small stories as a new perspective in narrative and identity analysis. *Text & Talk, 28*(3), 377-396.

Bailey, M. (1983). Competitiveness and anxiety in adult second language learning: Looking at and through the diary studies. In H. W. Selinger & M. H. Long (Eds.), *Classroom oriented research in second language acquisition* (pp. 67-103). Rowley, MA: Newbury House.

Bailey, M. (1990). The use of diary studies in teacher education programs. In J. C. Richards & D. Nunan (Eds.), *Second language teacher education* (pp. 215-226). New York: Cambridge University Press.

Bailey, M., Curtis, A., & Nunan, D. (2001). *Pursuing professional development: The self as source*. Boston, MA: Heinle & Heinle.

Bailey, M., & Ochner, R. (1983). "A methodological" review of the diary studies: Windmill tilting or social science? In K. M. Bailey, M. H. Long, & S. Peck (Eds.), *Second language acquisition studies* (pp. 188-198). Rowley, MA: Newbury House.

Bardovi-Harlig, K., & Hartford, B. S. (1993). Learning the rules of academic talk. *Studies in Second Language Acquisition, 15*, 279-304.

Barkhuizen, G. (2008). A narrative approach to exploring context in language teaching. *English Language Teaching Journal, 62*(3), 231-239.

Barkhuizen, G. (2010). An extended positioning analysis of a pre-service teacher's better life small story. *Applied Linguistics, 31*(2), 282-300.

Barkhuizen, G., Benson, P., & Chik, A. (2014). *Narrative inquiry in language teaching and learning research*. New York: Routledge.

Barkhuizen, G., & Wette, R. (2008). Narrative frames for investigating the experiences of language teachers. *System, 36*, 372-387.

Baralt, M. (2012). Coding qualitative data. In M. Mackey & S. M. Gass (Eds.), *Research methods in second language acquisition: A practical guide* (pp. 222-244). Malden, MA: Wiley-Blackwell.

Bazerman, C. (1988). *Shaping written knowledge: The genre and activity of the experimental articles in science*. Madison, WI: University of Wisconsin Press.

Becker, H. S. (2007). *Writing for social scientists: How to start, finish your book, thesis, or article*. Chicago, IL: University of Chicago Press.

Benson, P. (2004). (Auto)biography and learner diversity. In P. Benson & D. Nunan (Eds.), *Learners' stories: Difference and diversity in language learning* (pp. 4-21). Cambridge: Cambridge University Press.

Benson, P., Chik, A., & Lim, H. (2003). Becoming autonomous in an Asian context: Autonomy as a sociocultural process. In D. Palfreyman & R. Smith (Eds.), *Learner autonomy across cultures: Language education perspectives* (pp. 23-40). London: Palgrave Macmillan.

Block, D. (1998). Tale of a language learner. *Language Teaching Research, 2*(3), 148-176.

Block, D. (2003). *The social turn in second language acquisition*. New York: Georgetown University Press.

Block, D. (2006). *Multilingual identities in a global city: London stories*. Basingstoke, UK: Palgrave Macmillan.

Block, D. (2007). *Second language identities*. London: Continuum.

Bogdan, R. C., & Biklen, S. K. (1992). *Qualitative research for education: An introduction to theory and methods*. Boston, MA: Allyn & Bacon.

Bogdan, R. C., & Biklen, S. K. (2007). *Qualitative research for education: An introduction to theories and methods* (5th ed.). Boston, MA: Pearson Education.

Bou-Franch, P. (2011). Opening and closing in Spanish email conversation. *Journal of Pragmatics, 43*, 1772-1785.

Brown, J. D., & Rodgers, T. S. (2009). *Doing second language research*. New York: Oxford University Press.

Bruner, J. (1986). *Actual minds, possible worlds*. Cambridge, MA: Cambridge University Press.

Bruner, J. (1990). *Acts of meaning*. Cambridge: Harvard University Press.

Burns, A. (1999). *Collaborative action research for English language teachers*. Cambridge: Cambridge University Press.

Burns, A. (2005). Action research. In E. Hinkel (Ed.), *Handbook of research in second language teaching and learning* (pp. 241-256). Mahwah, NJ: Lawrence Erlbaum.

Burns, A. (2009). Action research in second language teacher education. In A. Burns & J. C. Richards (Eds.), *The Cambridge guide to second language teacher education* (pp. 289-297). New York: Cambridge.

Campbell, R. (1996). New learners and new challenges. In R. C. Lafayette (Ed.), *National standards: A catalyst for reform* (pp. 97-117). Lincolnwood, IL: National Textbook.

Carr, W., & Kemmis, S. (1986). *Becoming critical: Knowing through action research*. London: Farlmer Press.

Casanave, C. P. (2012). Diary of a dabbler: Ecological influences on an EFL teacher's efforts to study Japanese informally. *TESOL Quarterly, 46*(4), 642-670.

Celce-Murcia, M. (1980). Contextual analysis and its application to teaching English as a second language. In D. Larsen-Freeman (Ed.), *Discourse analysis and second language research* (pp. 41-55). Rowley, MA: Newbury House.

Celce-Murcia, M., & Olshtain, E. (2000). *Discourse and context in language teaching*. Cambridge: Cambridge University Press.

Chafe, W. (1980). The deployment of consciousness in the production of a narrative. In W. Chafe (Ed.), *The pear stories: Cognitive, cultural and linguistic aspects of narrative production* (pp. 9-50). Norwood, NJ: Ablex.

Chang, C. F. (2012). Peer review via three modes in an EFL writing course. *Computers and Composition, 29*, 63-78.

Charmaz, K. (2005). Grounded theory in the 21st century: Applications for advancing social justice studies. In N. K. Denzin & Y. S. Lincoln (Eds.), *The Sage handbook of qualitative research* (pp. 507-535). Thousand Oaks, CA: Sage.

Charmaz, K. (2006). *Constructing grounded theory*. London: Sage.

Charmaz, K. (2009). Shifting the grounds: Constructivist grounded theory methods for the twenty-first century. In J. Morse, P. Stern, J. Corbin, B.

Bowers, K. Charmaz, & A. Clarke. (Eds.), *Developing grounded theory: The second generation* (pp. 127-154). Walnut Creek, CA: Left Coast Press.

Charmaz, K. (2014). *Constructing grounded theory* (2nd ed.). Thousand Oaks, CA: Sage.

Chase, S. E. (2003). Talking narrative seriously: Consequences for method and theory in interview studies. In Y. S. Lincoln & N. K. Denzin (Eds.), *Turning points in qualitative research: Tying knots in a handkerchief* (pp. 279-296). Walnut Creek, CA: AltaMira Press.

Chaudron, C. (1988). *Second language classrooms: Research on teaching and learning.* Cambridge: Cambridge University Press.

Chick, A. (2007). From learner identity to learner autonomy. A biographical study of two Hong Kong learners of English. In P. Benson (Ed.), *Learner autonomy 8: Insider perspective on autonomy in language teaching and learning* (pp. 41-60). Dublin: Authentik.

Chik, A., & Benson, P. (2008). Frequent flyer: A narrative of overseas study in English. In P. Kalaja, V. Menezes, & A. M. F. Barcelos (Eds.), *Narratives of learning and teaching EFL* (pp. 155-168). Basingstoke, UK: Palgrave Macmillan.

Chick, A., & Breidbach, S. (2011). Online language learning histories exchange: Hong Kong and German perspectives. *TESOL Quarterly, 45*(3), 553-564.

Cho, H.-S., Ahn, B.-K., & Na, Y.-H. (2007). Exploring EFL students' CMC discourse practice in a college-level classroom. *English Teaching, 62*(2), 217-242.

Chun, D. M. (2008). Computer mediated discourse in instructed environment. In S. S. Magnan (Ed.), *Mediating discourse online* (pp. 15-45). John Benjamins.

Clandinin, D. J., & Connelly, F. M. (2000). *Narrative inquiry: Experience and story in qualitative research.* San Francisco: Jossey-Bass.

Clarke, A. E. (2005). *Situational analysis: Grounded theory after the postmodern turn.* Thousand Oaks, CA: Sage.

Coffey, A., & Atkinson, P. (1996). *Making sense of qualitative data: Complementary research strategies.* Thousand Oaks, CA: Sage.

Coffey, S., & Street, B. (2008). Narrative and identity in the "Language Learning Project". *The Modern Language Journal, 92*(3), 452-464.

Connelly, F. M., & Clandinin, D. J. (2006). Narrative inquiry: A methodology for studying lived experience. *Research Studies in Music Education, 27*, 44-54.

Corbin, J., & Strauss, A. L. (2008). *Basics of qualitative research: Techniques and procedures for developing grounded theory* (3rd ed.). Thousand Oaks, CA: Sage.

Coryell, J. E., Clark, M. C., & Pomerantz, A. (2010). Cultural fantasy narratives and heritage language learning: A case study of adult heritage learners of Spanish. *The Modern Language Journal, 94*(3), 453-469.

Cotterall, S. (2004). Learners strategies: A guide for teachers. Portfolio Series # 12. Singapore: Southeast Asian Ministers of Education Organization (SEAMEO) Regional Language Centre (RELC).

Creswell, J. W. (2005). *Educational research: Planning, conducting, and evaluating quantitative and qualitative research* (2nd ed.). Upper Saddle River, NJ: Pearson Education.

Creswell, J. W. (2007). *Qualitative inquiry & research design: Choosing among five approaches* (2nd ed.). Thousand Oaks, CA: Sage.

Creswell, J. W., & Poth, C. N. (2018). *Qualitative inquiry & research design: Choosing among five approaches* (4th ed.). Thousand Oaks, CA: Sage.

Crystal, D. (2001). *Language and the Internet.* Cambridge: Cambridge University Press.

Davies, C. E., & Tyler, A. E. (2005). Discourse strategies in the context of crosscultural institutional talk: Uncovering interlanguage pragmatics in the university classroom. In K. Bardovi-Harlig & B. Hartford (Eds.), *Interlanguage pragmatics* (pp. 133-156). Mahwah, NJ: Lawrence Erlbaum.

Davis, K. A. (1995). Qualitative theory and methods in applied linguistics research. *TESOL Quarterly, 29*(3), 427-453.

Day, R. R. (1990). Teacher observation in second language teacher education. In J. C. Richards & D. Nunan (Eds.), *Second language teacher education* (pp. 43-61). Cambridge: Cambridge University Press.

De Fina, A., & Georgakopoulou, A. (2012). *Analyzing narrative: Discourse and sociolinguistic perspectives.* Cambridge: Cambridge University Press.

Denzin, N. K., & Lincoln, Y. S. (1998). *Strategies of qualitative inquiry.* Thousand Oaks, CA: Sage.

Denzin, N. K., & Lincoln, Y. S. (2005). *The SAGE handbook of qualitative research* (3rd ed.). Thousand Oaks, CA: Sage.

Denzin, N. K., & Lincoln, Y. S. (2011). *The SAGE handbook of qualitative research* (4th ed.). London: Sage.

Dewey, J. (1997). *Experience and education*. New York: Simon and Schuster (original work published in 1938).

Dörnyei, Z. (2007). *Research methods in applied linguistics: Quantitative, qualitative, and mixed methodologies*. Oxford: Oxford University Press.

Duff, P. (2008). *Case study research in applied linguistics*. New York: Lawrence Erlbaum.

Duff, P., & Uchida, Y. (1997). The negotiation of teachers' sociocultural identities and practices in postsecondary EFL classrooms. *TESOL Quarterly, 31*(3), 451-486.

Durrheim, K. (2009). Different kinds of knowing: Generating qualitative data through mobile interviewing. *Qualitative Inquiry, 15*(5), 911-930.

Economidou-Kogetsidis, M. (2011). "Please answer me as soon as possible": Pragmatic failure in non-native speakers' email requests to faculty. *Journal of Pragmatics, 43*, 3193-3215.

Edge, J., & Richards, K. (1998). Why best practice is not good enough. *TESOL Quarterly, 32*(3), 569-575.

Einer, E. W., & Peshkin, A. (1990). *Qualitative inquiry in education: The continuing debate*. New York: Teachers College Press.

Ellis, R., & Barkhuizen, G. (2005). *Analyzing learner language*. Oxford: Oxford University Press.

Fairclough, N. (1989). *Language and power*. London: Longman.

Fairclough, N. (1992). *Discourse and social change*. Cambridge: Polity Press.

Fairclough, N. (1995). *Critical discourse analysis*. Boston, MA: Addison Wesley.

Fairclough, N. (2003). *Analysing discourse: Textual analysis for social research*. London: Routledge.

Firth, A., & Wagner, J. (1997). On discourse, communication, and (some) fundamental concepts in SLA research. *The Modern Language Journal, 81*(3), 285-300.

Flick, U. (2011). *Introducing research methodology: A beginner's guide to doing a research project*. London: Sage.

Gao, X. (2007). A tale of Blue Rain Café: A study on the online narrative construction about a community of English learners on the Chinese mainland. *System*, *35*, 259-270.

Geertz, C. (1973). *Thick description*. In C. Geertz (Ed.), *The interpretation of cultures* (pp. 3-33). New York: Basic Books.

Givón, T. (1979). *On understanding grammar*. New York: Academic Press.

Givón, T. (1983). *Topic continuity and discourse*. Amsterdam: John Benjamin.

Glaser, B. G. (1978). *Theoretical sensitivity: Advances in the methodology of grounded theory*. Mill Valley. CA: Sociology Press.

Glaser, B. G., & Strauss, A. L. (1965). *Awareness of dying*. Chicago, IL: Aldine.

Glaser, B. G., & Strauss, A. L. (1967). *The discovery of grounded theory: Strategies for qualitative research*. Chicago, IL: Aldine.

Goetz, J. P., & LeCompte, M. D. (1981). Ethnographic research and the problem of data reduction. *Anthropology & Education Quarterly*, *12*(1), 51-70.

Goetz, J. P., & LeCompte, M. D. (1984). *Ethnography and qualitative design in education research*. New York: Academic Press.

Goldstein. L., & Conrad, S. (1990). Student input and the negotiation of meaning in ESL writing conferences. *TESOL Quarterly*, *24*, 443-460.

Golombek, P. R., & Johnson, K. E. (2004). Narrative inquiry as a mediation space: Examining emotional and cognitive dissonance in second-language teachers' development. *Teachers and Teaching, Theory and Practice*, *10*, 307-327.

Goodall, H. L. (2000). *Writing the new ethnography*. Lanham, MD: AltaMira Press.

Grabe, W., & Kaplan, R. B. (1996). *Theory and practice of writing*. London: Addison Wesley Longman.

Grice, P. (1975). Logic and conversation. In Cole, P. & Morgan, J. (Eds.), *Syntax and semantics, Vol. 3. Speech acts* (pp. 41-58). New York: Academic Press.

Guba, P. Y. (1978). *Toward a methodology of naturalistic inquiry in educational evaluation*. Center for the Study of Evaluation, UCLA Graduate School of Education, CA: University of California Press.

Gumperz, J. J. (1977). Sociocultural knowledge in conversational inference. In Saville-Troike, M. (Ed.), *Georgetown University round table on languages and linguistics* (pp. 191-212). Washington, DC: Georgetown University Press.

Gumperz, J. J. (1982). *Discourse strategies.* Cambridge: Cambridge University Press.

Hahn, H. R., & Jiang, Y. H. (2006). Topic management in email exchanges between non-native speakers of English. *English Teaching, 61*(4), 205-233.

Hakuta, K. (1976). A case study of a Japanese child learning English as a second language. *Language Learning, 26,* 321-351.

Halliday, M. A. K. (1973). *Explorations in the functions of language.* London: Edward Arnold.

Halliday, M. A. K., & Hasan. R. (1976). *Cohesion in English.* London: Longman.

Hammersley M., & Atkinson P. (1983). *Ethnography: Principles in practice.* London: Tavistock.

Harklau, L. (2000). From the "Good kids" to the "worst": Representations of English language learners across educational settings. *TESOL Quarterly, 34*(1), 35-67.

Hatch, J. A. (2002). *Doing qualitative research in education settings.* New York: SUNY Press.

Heath, S. B. (1983). *Ways with words: Language, life, and work in communities and classrooms.* Cambridge: Cambridge University Press.

Heigham, J., & Croker, R. A. (2009). *Qualitative research in applied linguistics: A practical introduction.* New York: Palgrave Macmillan.

Heigham, J., & Sakui, K. (2009). Ethnography. In J. Heigham & R. A. Croker (Eds.), *Qualitative research in applied linguistics: A practical introduction* (pp. 91-111). Basingstoke, UK: Palgrave Macmillan.

Holliday, A. (2007). *Doing and writing qualitative research* (2nd ed.). Thousand Oaks, CA: Sage.

Howard, M. (2019). *Study abroad, second language acquisition and interculturality.* Bristol, UK: Multilingual Matters.

Hyland, K. (2002). *Teaching and researching writing.* London: Longman.

Hyland, K., & Tse, P. (2004). Metadiscourse in academic writing: A reappraisal. *Applied Linguistics, 25,* 156-177.

Hymes, D. (1964) *Language in culture and society: A reader in linguistics and anthropology.* New York: Harper & Row.

Hymes, D. (1972). Models of interaction of language and social life. In J. Gumperz & D. Hymes (Eds.), *Directions in sociolinguistics: The ethnography of communication* (pp. 35-71). New York: Holt, Rinehart & Winston.

Kanno, Y. (2003). *Negotiating bilingual and bicultural identities*. Mahwah, NJ: Erlbaum.

Kasper, G. (1998). Analyzing verbal protocols. *TESOL Quarterly, 32*(2), 358-362.

Kasper, G. (2006). Beyond repair: Conversation analysis as an approach to SLA. *AILA Review, 19*, 83-99.

Kemmis, S., & McTaggart, R. (1988). *The action research planner*. Victoria, Australia: Deakin University Press.

Kemmis, S., & McTaggart, R. (2000). Participatory action research. In N. K. Denzin & Y. S. Lincoln (Eds.), *Handbook of qualitative research* (2nd ed.) (pp. 507-606). London: Sage.

Kern, R. (1995). Restructuring classroom interaction with networked computers: Effects on quantity and characteristics of language production. *The Modern Language Journal, 79*, 457-476.

Kim, J. H. (2011). Narrative inquiry into (re)imagining alternative schools; A case study of Kevin Gonzales. *International Journal of Qualitative Studies in Education, 24*(1), 77-96.

Kim, J. H. (2016). *Understanding narrative inquiry*. Thousand Oaks, CA: Sage.

Kim, S. H. (2015). Demotivation and L2 motivational self of Korean college students. *English Teaching, 70*(1), 29-55.

Kim, S. H. (2017). We are English professors: Identity construction of native English speaker teachers at a Korean university. *English Teaching, 72*(2), 3-28.

Kim, S. H. (2018). Learning English and identity construction of Korean early study abroad students. *English Language & Literature Teaching, 24*(2), 89-110.

Kinginger, C. (2004). Alice doesn't live here anymore: Foreign language learning and identity reconstruction. In A. Pavlenko & A. Blackledge (Eds.), *Negotiation of identities in mutilingual contexts* (pp. 219-242). Clevedon, UK: Multilingual Matters.

Kinginger, C. (2008). Language learning in study abroad: Case studies of Americans in France. *The Modern Language Journal, 92*, 1-131.

Koshik, I. (2002). A conversation analytic study of yes/no questions which convey reversed polarity assertions. *Journal of Pragmatics, 34*, 1851-1877.

Kouritzin, S. (1999). *Face[t]s of first language loss.* Mahwah, NJ: Erlbaum.

Kouritzin, S. (2000). Bringing life to research: Life history research in ESL. *TESL Canada Journal, 17,* 1-35.

Kramsch, C., & Thorne, S. L. (2002). Authenticity and authorship in the computer-mediated acquisition of L2 literacy. *Language Learning & Technology, 4*(2), 78-104.

Labov, W. (1972). *Sociolinguistic patterns.* Philadelphia, PA: University of Pennsylvania Press.

Lam, W. S. E. (2004). Second language socialization in a bilingual chat room: Global and local considerations. *Language Learning and Technology, 8*(3), 44-65.

Lantolf, J. (2000). *Sociocultural theory and second language learning.* Oxford. Oxford University Press.

Larsen-Freeman, D., & Long, M. H. (1991). *An introduction to second language acquisition research.* London: Longman.

Lather, P. (1992). Getting smart: Feminist research and pedagogy with/in the postmodern. *Journal of Leisure Research, 24*(4), 394-400.

Lather, P. (2006). Paradigm proliferation as a good thing to think with: Teaching research in education as a wild profusion. *International Journal of Qualitative Studies in Education, 19*(1), 35-57.

Lazaraton, A. (1992). The structural organization of a language interview: A conversation analytic perspective. *System, 20,* 373-386.

Lazaraton, A. (1995). Qualitative research in applied linguistics. A progress report. *TESOL Quarterly, 29*(3), 455-472.

Lazaraton, A. (2000). Current trends in research methodology and statistics in applied linguistics. *TESOL Quarterly, 34*(1), 175-181.

Lazaraton, A. (2002). *A qualitative approach to the validation of oral language tests.* Cambridge: Cambridge University Press.

Lazaraton, A. (2003). Evaluation criteria for qualitative research in applied linguistics: Whose criteria and whose research? *The Modern Language Journal, 87*(1), 1-12.

Lazaraton, A. (2009). The use of statistics in SLA: A response to Loewen & Gass (2009). *Language Teaching, 42*(2), 415-416.

LeCompte, M. D., & Goetz, J. P. (1982). Problems of reliability and validity in

ethnographic research. *Review of Education Research*, *51*(3), 31-60.
LeCompte, M. D., & Schensul, J. J. (1999). *Analyzing and interpreting ethnographic data*. Walnut Creek, CA: AltaMira Press.
Lee, B. C., & Chern, C. L. (2011). ESP reading literacy and reader identity: A narrative enquiry into the reader in Taiwan. *Journal of Language, Identity and Education*, *10*(5), 346-360.
Lee, K. (2018). An analysis of English teachers' metaliguistic discourse. *The Sociolinguistic Journal of Korea*, *26*(2), 195-223.
Lee, M. W. (2014). A participatory EFL curriculum for the marginalized: The case of North Korean refugee students in South Korea. *System*, *47*(3), 1-11.
Lester, J., & Paulus, T. (2011). Accountability and public displays of knowing in an undergraduate computer-mediated communication context. *Discourse Studies*, *13*(6), 671-686.
Lewin, K. (1946). Action research and minority problems. *Journal of Social Issues*, *2*, 34-46.
Li, W. (2011). Multilinguality, multimodality, and multicompetence: Code- and mode-switching by minority ethnic children in complementary school. *The Modern Language Journal*, *95*(3), 370-384.
Lichtman, M. (2014). *Qualitative research for the social sciences*. Thousand Oaks, CA: Sage.
Lincoln, Y. S., & Guba, E. G. (1985). *Naturalistic inquiry*. Beverly Hills, CA: Sage.
Lincoln, Y. S., & Guba, E. G. (2000). Paradigmatic controversies, contradictions, and emerging confluences. In N. K. Denzin & Y. S. Lincoln (Eds.), *The handbook of qualitative research* (2nd ed.) (pp. 1065-1122). Thousand Oaks, CA: Sage.
Long, M. H. (1983). Training the second language teacher as classroom researcher. In J. E. Alatis, H. H. Stern, & P. Strevens (Eds.), *Applied linguistics and the preparation of teachers: Towards a rationale* (pp. 281-297). Washington, DC: Georgetown University Press.
Macalister, J. (2012). Narrative frames and needs analysis. *System*, *40*, 120-128.
Mackey, A., & Gass, S. (2005). *Second language research: Methodology and design*. Mahwah, NJ: Lawrence Erlbaum.
Mackey, A., & Gass, S. (Eds.). (2012). *Research methods in second language*

acquisition: *A practical guide*. Malden, MA: Wiley-Blackwell.

Magnan, S. S. (2008). *Mediating discourses online*. Amsterdam: Benjamins.

McCarthy, M. J. (1991). *Discourse analysis for language teachers*. Cambridge: Cambridge University Press.

McKay, S. L. (2006). *Researching second language classrooms*. Mahwah, NJ: Lawrence Erlbaum.

Menard-Warwick, J. (2004). 'I always had the desire to progress a little': Gendered narratives of immigrant language learners. *Journal of Language, Identity, and Education*, *3*(4), 295-311.

Menezes, V. (2008). Multimedia language learning histories. In P. Kalaja, V. Menezes, & A. M. F. Barcelos (Eds.), *Narrative of learning and teaching EFL* (pp. 199-213). Basingstoke, UK: Palgrave Macmillan.

Merriam, S. B. (1998). *Qualitative research and case study applications in education*. San Francisco, CA: Jossey-Bass.

Merriam, S. B. (2009). *Qualitative research: A guide to design and implementation*. San Francisco, CA: Jossey-Bass.

Metler, C. A. (2014). *Action research: Improving schools and empowering educators* (4th ed.). Thousand Oaks, CA: Sage.

Miller, E. (2010). Agency in the making; Adult immigrants' accounts of language learning and work. *TESOL Quarterly*, *44*(3), 465-487.

Miles, M. B., & Huberman, A. M. (1994). *Qualitative data analysis: An expanded source-book* (2nd ed.). Thousand Oaks, CA: Sage.

Morita, N. (2000). Discourse socialization through oral classroom activities in a TESL graduate program. *TESOL Quarterly*, *34*(2), 279-310.

Morita, N. (2004). Negotiating participation and identity in second language academic communities. *TESOL Quarterly*, *38*(4), 573-603.

Murphey, T., & Carpenter, C. (2008). The seeds of agency in language learning histories. In O. Kalaja, V. Menezes, & A. M. F. Barcelos (Eds.), *Narratives of learning and teaching EFL* (pp. 17-34). Basingstoke, UK: Palgrave Macmillan.

Murphey, T., Chen, J., & Chen, L, C. (2004). Learners' constructions of identities and imagined communities. In P. Benson & D. Nunan (Eds.), *Learners' stories: Difference and diversity in language learning* (pp. 83-100). Cambridge: Cambridge University Press.

Murray, G., & Kojima, M. (2007). Out-of-class language learning: One learner's story. In P. Benson (Ed.), *Learner autonomy: Insider perspectives on autonomy in language learning and teaching* (pp. 25-40). Dublin: Authentik.

Nassaji, H., & Wells, G. (2000). What's the use of "triadic dialogue"?: An investigation of teacher-student interaction. *Applied Linguistics, 21*(3), 376-406.

Norton, B. (2000). *Identity and language learning: Gender, ethnicity and educational change*. Harlow, UK: Pearson Education.

Norton Pierce, B. (1995). Social identity investment, and language learning. *TESOL Quarterly, 29*(1), 9-31.

Numrich, C. (1996). On becoming a language teacher: Insights from diary studies. *TESOL Quarterly, 30*(1), 131-153.

Nunan, D. (1992). *Research methods in language learning*. Cambridge: Cambridge University Press.

Nunan, D., & Bailey, K. M. (2009). *Exploring second language classroom research: A comprehensive guide*. Boston, MA: Heinle, Cengage Learning.

Nunan, D., & Richards, J. C. (2003). *Language learning beyond the classroom*. New York: Routledge.

Ortega, L. (2007). SLA after the social turn: Where cognitivism and its alternatives stand. In D. Atkinson (Ed.), *Alternative approaches to second language acquisition* (pp. 167-180). New York: Routledge.

Ortega, L. (2015). Second language learning explained? SLA across 10 contemporary theories. In B. VanPatten & J. Williams (Eds.), *Theories in second language acquisition: An introduction* (pp. 245-272). New York: Routledge.

Patton, M. Q. (2002). *Qualitative research and evaluation methods* (3rd ed.). Thousand Oaks, CA: Sage.

Pavlenko, A. (2007). Autobiographic narratives as data in applied linguistics. *Applied Linguistics, 28*(2), 163-188.

Pavlenko, A., & Blackledge, A. (2004). *Negotiation of identities in multilingual contexts*. Clevedon: Multilingual Matters.

Polkinghorne, D. (1995). Narrative configuration in qualitative analysis. *Qualitative Studies in Education, 8*, 5-23.

Porte, G., & McManus, K. (2019). *Doing replication research in applied linguistics*.

New York: Routledge.

Pyo, K. (2005). Action research on cooperative language learning classroom. *Foreign Languages Education, 12*(4), 183-209.

Rajadurai, J. (2010). "Malays are expected to speak Malay": Community ideologies, language use and the negotiation of identities. *Journal of Language, Identity and Education, 9*(2), 91-106.

Richards, K. (2003). *Qualitative inquiry in TESOL*. Basingstoke, UK: Palgrave Macmillan.

Richards, J. C., & Farrell, T. S. C. (2005). *Professional development for language teachers*. New York: Cambridge University Press.

Richardson, L. (1990). *Writing strategies: Reaching diverse audiences*. Newbury Park, CA: Sage.

Richardson, L. (2000). Writing: A method of inquiry. In N. K. Denzin & Y. S. Lincoln (Eds.), *Handbook of qualitative research* (2nd ed.) (pp. 923-948). Thousand Oaks, CA: Sage.

Riessman, C. K. (1993). *Narrative analysis*. Newbury Park, CA: Sage.

Reissman, C. K. (2008). *Narrative methods for the human sciences*. Thousand Oaks, CA: Sage.

Roberts, C. (1997). Transcribing talk: Issues of representation. *TESOL Quarterly, 31*(1): 167-172.

Ryoo, H. K. (2017). Discourse analysis of microteaching: Dynamic identities and situational frames. *The Sociolinguistic Journal of Korea, 25*(2), 165-196.

Sacks, H., Shegloff, E. A., & Jefferson, G. (1974). A simple systematics for the organization of turn-taking for conversation. *Language, 50*(4), 696-735.

Saldaña, J. (2009). *The coding manual for qualitative researchers*. Thousand Oaks, CA: Sage.

Schegloff, E. A. (1997). Whose text? whose context? *Discourse and Society, 8*, 165-187.

Schiffrin, D. (1994). *Approaches to discourse*. Oxford: Basil Blackwell.

Schmidt, R. (1983). Interaction, acculturation, and the acquisition of communicative competence: A case study of an adult. In N. Wolfson & E. Judd (Eds.), *Sociolinguistics and language acquisition* (pp. 137-174). Rowley, MA: Newbury House.

Schmidt, R., & Frota, S. (1986). Developing basic conversational ability in a foreign language: A case study of an adult learner of Portuguese. In R. Day (Ed.), *Talking to learn: Conversation in second language acquisition* (pp. 237-369). Rowley, MA: Newbury House.

Schumann, J. (1978). Second language acquisition: The pidginization hypothesis. In E. Hatch (Ed.), *Second language acquisition* (pp. 256-271). Rowley, MA: Newbury House.

Schumann, J. (1997). *The neurobiology of effect in language.* Malden, MA: Blackwell.

Shoaib, A., & Dörnyei, Z. (2004). Affect in lifelong learning: Exploring L2 motivation as a dynamic process. In P. Benson & D. Nunan (Eds.), *Learners' stories: Difference and diversity in language learning* (pp. 22-41). Cambridge: Cambridge University Press.

Searle, J. (1969). *Speech acts: An essay in the philosophy of language.* Cambridge: Cambridge University Press.

Seedhouse, P. (2004). *The interactional architecture of the language classroom: A conversation analysis perspective.* Oxford: Blackwell.

Silverman, D. (2000). *Doing qualitative research.* Thousand Oaks, CA: Sage.

Sinclair, J., & Coulthard, M. (1975). *Toward an analysis of discourse: The English used by teachers and pupils.* Oxford: Oxford University Press.

So, S., with Domíngues, R. (2004). In P. Benson & D. Nunan (Eds.), *Learners' stories: Differences and diversity in langauge learning* (pp. 42-55). Cambridge: Cambridge University Press.

Spack, R. (1997). The rhetorical construction of multilingual students. *TESOL Quarterly, 31*(4), 765-774.

Stake, R. E. (1995). *The art of case study research.* Thousand Oaks, CA: Sage.

Stake, R. E. (2000). Case studies. In N. K. Denzin & Y. S. Lincoln (Eds.), *Handbook of qualitative research* (pp. 435-454). Thousand Oaks, CA: Sage.

Stake, R. E. (2005). Qualitative case studies. In N. K. Denzin & Y. S. Lincoln (Eds.), *The Sage handbook of qualitative research* (3rd ed.) (pp. 443-466). Thousand Oaks, CA: Sage.

Strauss, A. L., & Corbin, J. (1990). *Basics of qualitative research: Grounded theory procedures and techniques.* Thousand Oaks, CA: Sage.

Strauss, A. L., & Corbin, J. (1998). *Basics of qualitative research: Techniques and procedures for developing grounded theory* (2nd ed.). Thousand Oaks,

CA: Sage.
Swain, M. (2006). Languaging, agency and collaboration in advanced second language proficiency. In H. Byrnes (Ed.), *Advanced language learning: The contribution of Halliday and Vygotsky* (pp. 95-108). London/New York: Continuum.
Swain, M., & Miccoli, L. (1994). Learning in a content-based, collaboratively structured course: The experience of an adult ESL learner. *TESL Canada Journal, 12*(1), 15-29.
Tsui, A. B. M. (2007). Complexities of identity formation: A narrative inquiry of an EFL teacher. *TESOL Quarterly, 41*(4), 657-680.
Tyler, A. (1995). The construction of cross-cultural miscommunication: Conflicts in perception, negotiation, and enactment of participant role and status. *Studies in Second Language Acquisition, 17*(2), 129-152.
Vasudevan, L., Schultz, K., & Bateman, J. (2010). Rethinking composing in a digital age: Authoring literate identities through multimodal storytelling. *Written Communication, 27*(4), 442-468.
Wallace, M. (1998). *Action research for language teachers*. Cambridge: Cambridge University Press.
Warschauer, M. (1996). Comparing face-to-face and electronic communication in the second language classroom. *CALICO Journal, 13*(2), 7-16.
Watson-Gegeo, K. A. (1988). Ethnography in ESL: Defining the essentials. *TESOL Quarterly, 22*(4), 575-592.
Watson-Gegeo, K. A. (1992). Thick explanation in the ethnographic study of child socialization: A longitudinal study of the problem of schooling for Kwara'ae (Solomon Islands) children. *New Directions for Child and Adolescent, 58*, 51-66.
Wenger, E. (1998). *Communities of practice: Learning, meaning, and identity*. Cambridge: Cambridge University Press.
Wolcott, H. F. (1990). *Writing up qualitative research*. Thousand Oaks, CA: Sage.
Wolcott, H. F. (1994). *Transforming qualitative data: Description, analysis, and interpretation*. Thousand Oaks, CA: Sage.
Wolcott, H. F. (1999). *Ethnography: A way of seeing*. Walnut Creek, CA: AltaMira Press.
Wong, J. (2005). Sidestepping grammar. In K. Richards & P. Seedhouse (Eds.),

Applying conversation analysis (pp. 159-173). Basingstoke, UK: Palgrave Macmillan.

Yates, S. J. (1996). Oral and written linguistic aspects of computer conferencing. In S. Herring (Ed.), *Computer-mediated communication: Linguistic, social and cross-cultural perspectives* (pp. 29-46). Amsterdam/Philadelphia: John Benjamins.

Yin, R. K. (2003). *Applications of case study research* (2nd ed.). Thousand Oaks, CA: Sage.

Yin, R. K. (2008). *Case study research: Design and methods* (4th ed.). Thousand Oaks, CA: Sage.

Young, R., & He, A. (1998). *Talking and testing: Discourse approaches to the assessment of oral proficiency.* Amsterdam: Benjamins.

Zeichner, K. M., & Liston, D. P. (1996). *Reflective teaching: An introduction.* Mahwah, NJ: Erlbaum.

부록

1. 질적 연구 분야의 주요 연구자 및 저서(김영천, 2012, pp. 3-4)

1977   Geertz, *Interpretation of cultures*
        질적 연구에서 해석주의 패러다임의 이해를 제공한 저서, 국지적 지식의 중요성 설명

1979   Spradley, *The ethnographic interview*
        질적 연구에서의 면담방법의 이론화에 기여, 다양한 분석 방법 제시

1979   Spradley, *The participant observation*
        질적 연구에서의 참여 관찰방법의 이론화에 기여

1980   Patton, *Qualitative evaluation and research methods*
        프로그램 질적 평가 전문가가 저술한 질적 연구 방법 개론서. 질적 연구 방법의 교과서로 널리 활용됨

1984   Miles & Humerman, *Qualitative data analysis*
        질적 연구의 양적분석 방법을 이론화한 저술

1985   Guba & Lincoln, *Naturalistic inquiry*
        질적 연구의 원조 연구자로 인식론/방법론적 기초를 제공한 저서, 자연주의적 탐구라는 용어를 처음으로 사용함

1986   Carr & Kemmis, *Becoming critical: Education knowledge and action research*
        질적 연구 방법을 활용한 현장개선 방법으로 실행연구에 대한 이론적 기초를 제공

1988   Van Maanen, *Tales of the field*
        질적 연구에서 활용할 수 있는 다양한 글쓰기 방법 제시

1990   Strauss & Corbin, *Basics of qualitative research: Grounded theory perspective*
        질적 연구 핵심연구 과정인 분석절차를 근거이론에 기초하여 개념화

1992   Bogdan & Biklen, *Qualitative research in education*
        교육학을 비롯한 여러 학문 분야에서 초보 연구자에게 질적 연구 전반에 대한 지식 제공

1995	Denzin & Lincoln, *Handbook of qualitative research*	

1995   Denzin & Lincoln, *Handbook of qualitative research*
　　　　질적 연구의 전반적 방법론과 이론을 체계화한 첫 번째 핸드북
1995   Van Maanen, *Representation in ethnography*
　　　　질적 연구에서 3인칭 관심의 사실적 글쓰기를 벗어나 새로운 글쓰기를 시도한 다양한 글쓰기 시도를 소개
1996   Ellis & Bochner, *Composing ethnography: Alternative forms of qualitative writing*
　　　　새로운 형태의 질적 연구 글쓰기 양식 소개
2001   Atkinson, *Interviews*
　　　　심층면담 관련 이론과 구체적 방법 기술
2002   Creswell, *Educational research: Quantitative and qualitative research*
　　　　교육연구의 동향을 양적 방법과 질적 방법으로 나누어 차이와 특성을 설명
2001   Van Maanen, *Writing in the dark: Phenomenological studies in interpretive inquiry*
　　　　현상학 탐구에 대한 이론적 토대 제공
2004   Clandinin & Connelly, *Narrative inquiry*
　　　　내러티브 탐구 방법의 이론적 토대 제공
2005   Denzin & Lincoln, *The Sage handbook of qualitative research* (3rd ed.)
　　　　기존의 질적 연구 핸드북을 개정한 책
2009   Teddie & Tashakkori, *Foundations of mixed methods research*
　　　　질적 연구와 혼합연구의 통합연구 방법의 이론화를 제시

2. 응용언어학 분야 질적 연구 관련 저서

응용언어학 분야에서 질적 연구만을 다룬 연구 방법론 저서는 많지 않다. 질적 연구의 특징, 연구 설계, 방법론 등에 대한 기본적인 안내서로 읽기에 적합하다고 생각하는 저서는 다음과 같다.

Dörnyei, Z. (2007). *Research methods in applied linguistics: Quantitative, qualitative, and mixed methodologies.* Oxford: Oxford University Press.
　양적 연구, 질적 연구(사례연구, 일기연구), 혼합연구 방법, 교실 연구(실행연

구)의 특징, 자료 수집 및 분석 과정을 자세히 소개하고 있음. 자료 수집 및 분석 절차에 대해 자세히 기술하고 있어 연구 방법을 이해하는 데 도움이 됨.

Duff, P. (2008). *Case study research in applied linguistics*. New York: Lawrence Erlbaum.
사례연구의 정의, 연구의 예시, 연구 방법, 결과 기술방법을 자세히 소개하고 있음. 사례연구의 연구 방법과 주제별 관련 연구를 살펴볼 수 있음.

Heigham, J., & Croker, R. A. (2009). *Qualitative research in applied linguistics: A practical introduction.* New York: Palgrave Macmillan.
응용언어학 분야의 질적 연구 유형을 소개하고 있어 각 유형의 특징을 파악하는 데 도움이 됨. 내러티브 탐구, 사례연구, 문화기술지, 실행연구, 혼합연구의 특징을 개략적으로 소개하고, 관찰, 인터뷰, 개방형 설문, 자기 성찰, 담화분석 등의 자료 수집 방법에 대해 기술함. 연구윤리 및 결과 보고서 기술에 대한 장을 포함하고 있음.

Mackey, A., & Gass, S. (Eds.). (2012). *Research methods in second language acquisition*: *A practical guide.* Malden, MA: Wiley-Blackwell.
질적 연구만을 다룬 방법론 저서는 아니나 사례연구, 질적 연구 자료 수집 및 분석 방법, 코딩 절차, 코딩의 타당도 및 신뢰도 등에 대한 장을 포함하고 있어 간략한 안내서로 읽기에 적절함.

Nunan, D., & Bailey, K. M. (2009). *Exploring second language classroom research*: *A comprehensive guide.* Boston, MA: Heinle, Cengage Learning.
교실 상황에 관련된 연구(classroom research) 방법을 다루고 있음. 교실 상황에 대한 사례연구, 문화기술지, 실행연구 방법을 예시 연구와 함께 소개하고 있음. 자료 수집 및 분석 방법에 대해서 자세히 기술하고 있어, 교실 상황에 대한 질적 연구를 이해하는 데 도움이 됨.

Richards, K. (2003). *Qualitative inquiry in TESOL*. New York: Palgrave Macmillan.
질적 연구 유형 중 문화기술지, 근거이론, 현상학, 사례연구, 생애사, 실행연구, 대화분석에 대한 간략한 소개와 존재론적, 인식론적 입장을 가장 포괄적으로 다루고 있음. 질적 연구의 대표적인 자료 수집 방법인 인터뷰와 관찰에 대해 자세히 기술하고, 자료 수집, 분석 방법에 대해서도 상세히 다룸, 연구를 어떻게 설계하고 수행할지에 대한 장을 포함하고 있음.

응용언어학 분야 저서는 아니지만 질적 연구에 대한 전반적인 이해와 다양한 질적 연구 유형에 대한 이해를 위해 읽을 수 있는 저서는 다음과 같다.

Creswell, J. W. (2007). *Qualitative inquiry and research design: Choosing among five approaches* (2nd ed.). Thousand Oaks, CA: Sage.

Creswell, J. W., & Poth, C. N. (2018). *Qualitative inquiry and research design: Choosing among five approaches* (4th ed.). Thousand Oaks, CA: Sage.
질적 연구의 철학적 가정과, 해석적 프레임에 대한 소개가 있음(후기실증주의, 사회적 구성주의, 포스트모던주의, 실용주의 등). 이에 기반 한 질적 연구 유형 중 내러티브 탐구, 현상학, 근거이론, 문화기술지, 사례연구에 대한 정의, 특징, 유형, 절차, 생각해 볼 점들을 포함하고, 각 유형에 해당하는 예시 연구를 제시함. 자료 수집, 분석, 결과 기술에 대해 질적 연구 유형별로 특징적인 면을 소개함. 각 질적 연구 유형에 대한 가장 포괄적인 소개를 하고 있어 질적 연구 유형을 이해하고 응용언어학 분야에 적용하고자 할 때 도움이 됨.

Merriam, S. B. (2009). *Qualitative research: A guide to design and implementation*. San Francisco, CA: Jossey-Bass.
질적 연구에 대한 특징과 자료 수집, 분석, 결과 기술을 소개하고 있음. 질적 연구에 대해 기본적으로 알아야 할 내용을 다 포함하고 있어 질적 연구가 양적 연구와 어떤 점에서 차별화되는지 파악하는 데 도움이 됨.

Saldaña, J. (2009). *The coding manual for qualitative researchers*. Thousand Oaks, CA: Sage.
여러 가지 다양한 코딩 방법을 소개함. 구체적인 예시와 함께 코딩 방법을 기술하여 질적 자료 코딩 절차를 이해하는 데 도움이 됨.

Strauss, A. L., & Corbin, J. (1990). *Basics of qualitative research: Grounded theory procedures and techniques.* Thousand Oaks, CA: Sage.
Strauss, A., & Corbin, J. (1998). *Basics of qualitative research: Techniques and procedures for developing grounded theory* (2nd ed.). Thousand Oaks, CA: Sage.

    근거이론의 특징, 코딩 방법을 자세히 소개한 저서. 개방 코딩, 축 코딩, 선택적 코딩 등의 개념을 이해하는 데 도움이 됨

3. 질적 연구 관련 웹페이지

컴퓨터 활용 질적 자료 분석 소프트웨어 관련 웹페이지

Atlas.ti	https://atlasti.com/
Ethnograph	http://www.qualisresearch.com
HyperRESEARCH	http://www.researchware.com
MAXQUA	http://www.maxqda.com
NVivo	http://www.qsrinternational.com
Qualrus	http://www.ideaworks.com

질적 연구 관련 온라인 저널 웹페이지

Cultural Analysis
https://www.ocf.berkeley.edu/~culturalanalysis/

Ecological and Environmental Anthropology
https://digitalcommons.unl.edu/icwdmeea/

Graduate Journal of Social Science
http://gjss.org/

질적 연구 관련 교육 및 연구기관 웹페이지

University of Alberta International Institute for Qualitative Methodology

질적 연구 방법론 전문 학술지
International Journal of Methodology
Journal of Narrative and Life History
Oral History Review
Phenomenological Inquiry
Narrative Inquiry
Qualitative Inquiry
Qualitative Research

인류학
American Anthropologist
Anthropology and Education Quarterly
Current Anthropology
Visual Anthropology Review

사회학
American Journal of Sociology
Qualitative Sociology

교육학
Educational Action Research
International Journal of Education & Arts
Qualitative Inquiry
QSE: International Journal of Qualitative Studies in Education

찾아보기

ㄱ

가상 문화기술지__188
가설 검증__12
감사 추적(Audit Trail)__144
개방 코딩__90, 106, 228
개방적__28
개방적 탐구__28
개방형 관찰__72
개방형 설문__41
개방형 인터뷰__254
객관적__15
거대이론__122
경계__148
경계성(boundedness)__149
경험__245, 248
계통 표본추출(systematic sampling)__137
과일반화__89
과정 코딩__114
관찰__41, 70
관찰자의 역설__44
교사중심 연구__315
교실담화__279, 284
교육적 담화__283
구두 보고__76
구성주의__14, 15, 248
구성주의 근거이론__212
구술사__253
구어 내러티브__253

구어 보고서(verbal reports)__42
구조적 인터뷰__46
구조적 코딩__113
구조화된 인터뷰__254
귀납적__26, 27
귀납적 코드__107
그럴듯함(verisimilitude)__339
근거이론__34, 211
기관 연구윤리위원회__173, 409
기능주의__275
기능주의적 담화분석__277
기술적 사례연구__157
기술적 저널__326
기술적 코딩__113
기술적(descriptive) 연구__2

ㄴ

나선형__316
내러티브 문화기술지__34
내러티브 분석(narrative analysis)__251, 258
내러티브 탐구 유형__250
내러티브 탐구(narrative inquiry)__11, 34, 245
내러티브 프레임(narrative frame)__253, 255, 256, 271
내러티브에 대한 분석__258
내러티브의 분석(analysis of narrative)__251

내러티브적 경향__2
내러티브적 사고__247
내러티브적 전환__247
내러티브적 전회__2, 247
내부자적 관점__25
내용분석__251, 267
내재적 사례연구__156, 158
내적 신뢰도(internal reliability)__142, 203, 204
내적 타당도(Internal validity)__136, 174, 204
누증표집__171

ㄷ ───

다중 사례연구__158
다중모드 내러티브__256
다중모드 텍스트__257
단일 사례연구__157
담화분석__265, 275
대화격률__275
대화분석__278, 279, 293
도구적 사례연구__156, 158
동료 관찰__327
동시 코딩(Simultaneous coding)__112
두꺼운 기술(thick description)__31, 32, 74, 138, 194, 302, 344
디스커션 보드__289
디지털 다중모드 텍스트__257
디지털 이야기__257
딕토글로스(dictogloss)__43

ㅁ ───

말차례__65

멀티미디어 언어학습사__257
멀티미디어 텍스트__257
메타 메시지__301
메타담화__301, 305, 310
멤버 확인(member checking)__25, 33, 58
모집단__12
무구조적 인터뷰__45
무작위 표본추출(random sampling)__137
문어 내러티브__253, 255
문지기(gatekeeper)__73, 171, 198
문화기술지__11
문화기술지 연구__34, 187
미시적 이론__122
민족방법론(ethnomethodology)__279

ㅂ ───

반구조적 인터뷰__46
반구조화된 인터뷰__254
반복적__29, 86, 257
반성적 성찰__315
발견적__107, 154
방법론__13
배 이야기__277
복수 사례연구__157
복제연구__363
부정적 사례(negative case)__84
분석노트__85
분석적 귀납방법__144
분석적 메모(analytical memoing)__100, 201
분석적 일반화__175
분석적 추론__223

비교가능성(comparability)__179, 193
비교실담화__286
비교육적 상황 담화__283
비구조적 인터뷰__46, 48
비네트(vignettes)__100, 173, 372
비디지털 다중모드 텍스트__257
비선형적__29, 257
비참여 관찰(non-participant observation)__71
비판이론__14, 15, 16
비판적 담화분석__16, 278, 281, 312
비판적 문화기술지__16, 188
비판적 실행연구__16
비판적 인종 이론__16
비판적(critical) 연구__2

ㅅ ——

사례 간 횡단분석(cross-sectional analysis)__164
사례 내 분석(within-case analysis)__164
사례연구__34, 147
사실적 가치__235
사실적 저널__326
사전 코드__105
사회문화이론(Sociocultural theory)__19
사회성__249
사회적 경향(social turn)__1, 19
사회적 전회__1
삼각화(triangulation)__31, 41, 139, 165
상상적 커뮤니티(imagined community)__160
상위담화__301
상향식(bottom-up) 연구__315

상호작용 분석__262, 281
상호작용 언어학__278
생성(generate)__213
생애사__245
설명적 사례연구__157
성찰적 저널__326
세그멘팅__106
소리 내며 생각하기__76
소멸(mortality)__180
소모(attrition)__180
속성 코딩__111
수행 문화기술지__34
순환적__28, 29, 318
시각 사투리(eye dialet)__94
시간성__249
시카고학파__10
신뢰도__12, 123, 142, 175, 267
신뢰성(credibility)__35, 138
실증주의__14, 246
실증주의적 패러다임__1
실천연구__317
실행 커뮤니티(community of practice)__19, 182, 185
실행연구(action research)__11, 34, 315
심의 의뢰서__410
심층 코딩__90, 108
심층적 기술__344

ㅇ ——

어학연수__57
언어학습 커리어(Language learning careers)__256
언어학습사(Language Learning

History)__62, 255
엄격성__267
에틱 관점__194, 202
연구 참여 동의서__401, 416
연구 참여자__246
연구노트/저널__99
연구부적절행위__403
연구부정행위__403
연구윤리__397
연구저널__85, 163
연속성__248
연역적__27
예술기반 내러티브 탐구__262
외부 감사(Audit)__141
외부자적 관점__25
외적 신뢰도(external reliability)__142, 203, 204
외적 타당도(External validity)__136, 142, 174, 204
유의표본추출(purposive sampling)__137
응결성__277
응집성__277
의사소통의 민속지학__278
의존성(dependability)__35, 138, 142, 146, 175
이동 인터뷰__48
이론 생성__212
이론 형성__221
이론기반(theory-driven)__29
이론적 민감성__216
이론적 코딩__106
이론적 포화(theoretical saturation)__216, 223
이론적 표본추출__216
이메일__288
이믹(emic) 관점__10, 194, 202
2차 코딩__106, 115
인공물(artifacts)__163
인비보 코드__102
인비보 코딩__104, 114
인식론__13
인지주의적 관점__1
인터뷰__41, 44, 65, 219, 328
일관성(consistency)__142, 175, 235
일기__66
일반적 코딩 체계(Genetic coding schemes)__281
일반화__12, 246
1차 코딩__106

ㅈ

자가민속지학(autoethnography)__11
자극 회상법__78
자기 관찰__327
자기 성찰__316
자료 분석__81
자료 축소__82
자료 포화__29
자료기반(data-driven)__29, 155
자문화기술지__188
자서전적 문화기술지(autoethnography)__348
자연스러운 상황__23
자연적(naturalistic)__23
자전적 내러티브__66

작가의 폐색(writer's block)__383
작은 이야기(small story)__262
장기 관찰(Long-term Observation)__140
장소__249
저널/일기__41, 65, 66
적용가능성(applicability)__235
전기적 내러티브__255
전기적 일기(biographical journal)__260
전사__90, 265
전사문__90
전이가능성__138, 193
전이성(transferability)__35, 138, 268
전자담화__286
정량적 연구__1, 10
제한적 코딩 체계(Limited coding scheme)__281
조기 유학생__172
존재론__13
주관적__248
주제분석__252
줄 코딩(line-by-line coding)__229
중간단계 이론__122
중립성(neutrality)__235
중심 현상__231, 236
중요도 코딩__112
지속적 비교 방법(constant comparative method)__104
지속적 비교분석__223
지속적 비교분석 방법(constant comparison method)__218
진실성(trustworthiness)__137
진정성(authenticity)__146
질적 연구 소프트웨어__128

집단추출(cluster sampling)__137
집합적 사례연구__158

ㅊ ──

참여 관찰__71
참여 관찰(participant observation)__71
참여적 실행연구__34
창발적__86
채팅__290
체계기능문법__275
체크리스트__72
초기 코딩__106
총체성__248
총체적__35
축 코딩__106, 229
출현(emerge)__213, 219, 226
층화추출(stratified sampling)__137

ㅋ ──

커뮤니티 내러티브__64
컴퓨터 활용 질적 자료 분석 소프트웨어__126
컴퓨터를 매개로 하는 의사소통 담화__287
컴퓨터를 활용한 질적 자료 분석__126
코더 간 신뢰도(intercorder reliability)__267
코딩(coding)__101
퀴어이론__18
클로즈 테스트(cloze-test)__43

ㅌ

타당도__12, 135, 175
타인 관찰__327
탐구적 사례연구__157
투자(investment)__160

ㅍ

패러다임(paradigms)__13
패러다임적 사고__247, 251
패턴 코딩__116
페미니스트 문화기술지__188
페미니스트 이론__16
편의추출(convenience sampling)__137
폐쇄형/구조적 관찰__72
포스트모더니즘__17
포스트모던__14
포커스 그룹__63
포커스 그룹 인터뷰__220
포커스 참여자__165
포커스 코딩__119
포크 전사(folk transcription)__94
표본추출(sampling)__137
표적집단__63

ㅎ

해방적 실행연구__316
해석적__86, 155
해석적(interpretive) 연구__2
해석주의__15
해외어학연수__242
핵심 범주__215, 216, 227, 231, 236, 240
현장 작업 이야기(fieldwork tale)__346
현장 작업 회고록(fieldwork memoir)__346
현장노트__71, 74, 221
현장실천연구__317
혼합연구__34
화용론__275
화행이론__275
확증성(confirmability)__138
회고적 저널__326
회상 보고__76
회상적 인터뷰__48
후기구조주의__14, 17

기타

APA__342
APA 양식__405
ATLAS.ti__128
COLT__281
IRE__284
IRF__284
NUD*IST__128
NVivo__128, 130, 132
T-unit__300

┃표 목차┃

[표 1] 존재론적 관점에서 질적 연구 분류(Merriam, 2009, p. 11)__14
[표 2] Qualitative data collection methods(Heigham & Croker, 2009, p. 19)__42
[표 3] 질적 자료 유형__43
[표 4] 인터뷰 질문 유형(Duff, 2008, p. 136)__50
[표 5] 좋은 인터뷰 연구자의 자질(Duff, 2008, p. 137)__56
[표 6] 언어학습사를 위한 인터뷰 질문(Coryell et al., 2010, p. 469)__62
[표 7] 영어 학습부진에 관한 인터뷰 전사문__63
[표 8] 관찰 범주 내용(Heigham & Croker, 2009, p. 172)__75
[표 9] 포커스 코딩의 예(Saldiña, 2009, pp. 82-83, pp. 156-157)__119
[표 10] 질적 연구 소프트웨어의 종류(김영천, 김진희, 2008, p. 39)__129
[표 11] 질적 연구 타당도에 대한 관점 및 용어(Creswell & Poth, 2018, p. 255)__138
[표 12] 사례연구의 검증기준__176
[표 13] 사례연구에 대한 오해(Flyvbjerg, 2006, pp. 219-245, Merriam, 2009, p. 53에서 재인용)__179
[표 14] 연구 요약: Morita(2004)__181
[표 15] 자료 수집 방법__183
[표 16] 연구 요약: S. Kim(2017)__185
[표 17] Contrasting psychometry and ethnography: Principles (Nunan, 1992, p. 70)__193
[표 18] 문화기술지 연구의 특징(Nunan, 1992, p. 56)__195
[표 19] 타당도 및 신뢰도(Nunan, 1992, p. 61)__204
[표 20] 연구요약: Harklau(2000)__206
[표 21] 근거이론 분석 절차 비교__225
[표 22] 연구 요약: 오연희 외 2인(2019)__232
[표 23] 인터뷰 질문(오연희 외 2인, 2019, p. 556)__233
[표 24] 초등학교 교사의 소진 및 회복 경험에서 도출된 개념과 범주(오연희 외, 2019, pp. 558-560)__233
[표 25] 핵심 범주의 속성과 차원(오연희 외 2인, 2019, p. 568)__237
[표 26] 연구 요약: S. Kim(2015)__239

[표 27] 연구 요약: 양은미(2015)__242
[표 28] 실증주의 연구와 내러티브 탐구의 차이(Morgan-Fleming, Riegle, & Fryer, 2007, p. 82, 이상우, 2017, p. 571에서 재인용)__246
[표 29] 내러티브 탐구의 유형화 방식(강현석, 2016, p. 533)__251
[표 30] 자료 유형에 따른 내러티브 탐구__253
[표 31] Polkinghorne(1995)의 내러티브의 분석과 내러티브 분석 비교(이상우, 2017, p. 566)__259
[표 32] 연구 요약: Casanave(2012)__269
[표 33] 연구 요약: Barkhuizen & Wette(2008)__272
[표 34] 담화분석 전사문에 사용되는 기호__295
[표 35] 연구 요약: 엄철주 외 3인(2009)__304
[표 36] 연구 요약: Ryoo(2017)__307
[표 37] 연구 요약(K. Lee, 2018)__309
[표 38] 연구요약: M. Lee(2014)__311
[표 39] 비판적 담화분석의 예(M. Lee, 2014, p. 5)__312
[표 40] 실행연구에서의 저널 활용(Heigham & Croker, 2009, p. 119)__326
[표 41] 실행연구의 관찰 및 비관찰 방법(Heigham & Croker, 2009, p. 117)__328
[표 42] 연구 요약: 이인숙, 김혜리(2015)__332
[표 43] 창의적 쓰기 지도를 위한 수업 모형(이인숙, 김혜리, 2015, p. 125)__334
[표 44] 연구 요약: 박은실, 김태영(2019)__335
[표 45] 포스트모더니즘적 글쓰기 방법의 종류(김영천, 2010, p. 20)__352
[표 46] 초록 예시: Morita(2000)__360
[표 47] S. Kim(2018)의 논문 구성__375
[표 48] Morita(2000)의 논문 구성__377
[표 49] Harklau(2000)의 논문 구성__380
[표 50] Menard-Warwick(2004)의 논문 구성__381
[표 51] 글쓰기를 위한 개요 작성 예시__383
[표 52] 연구 참여 동의서 예시__401
[표 53] 연구윤리 준수를 위한 체크리스트__402
[표 54] 생명윤리위원회 심의의뢰서 예시__410
[표 55] 동의서에 포함되는 항목 및 내용__415
[표 56] 연구 대상자 설명문 예시(S. Kim, 2017)__417

그림 목차

[그림 1] NVivo 코딩 작업 화면 예시__130
[그림 2] 질적 연구 타당화 전략(Creswell & Poth, 2018, p. 260)__145
[그림 3] Spack(1997)의 연구 문제 개발(Duff, 2008, p. 105에서 재인용)__169
[그림 4] 소진 경험에 대한 결과(오연희 외 2인, 2019, p. 560)__236
[그림 5] Learner Demotivation and L2 Motivational Self (S. Kim, 2015, p. 49)__242
[그림 6] 해외어학연수 경험의 패러다임 모형(양은미, 2015, p. 116)__244